LA FRANCE EN ZIGZAG

LIVRE DE LECTURE COURANTE

A L'USAGE DE TOUTES LES ÉCOLES

PAR

EUDOXIE DUPUIS

PARIS
LIBRAIRIE CH. DELAGRAVE
15, RUE SOUFFLOT, 15

L 15
93

LA FRANCE

EN ZIGZAG

OUVRAGES DU MÊME AUTEUR

Premières lectures des petits enfants, syllabées et suivies de leçons d'après la méthode Frœbel, 1 vol. in-12, avec nombreuses vignettes, cart.. . . . . » **65**

Premières leçons de choses usuelles, à l'usage des enfants de 7 à 9 ans, 1 vol. in-12, avec vignettes explicatives, cart.. . . . . » **80**

Toinette et Louison, 1 vol. in-18, cart.. . . . . . » **60**

La Famille de la Meunière, ou un bienfait n'est jamais perdu, 1 vol. in-18 cart . . . . » **75**

La Merlette, livre de lecture courante, 1 vol. in-12 cart.. . . . . **1 50**

— *La même,* édition de luxe, avec illustrations par Bayard, 1 vol. in-12, br.. . . . . **2** »

Daniel Hureau, livre de lecture courante, à l'usage des écoles et des familles, 1 vol. in-12, cart.. . . . . . . **1 50**

— *Le même,* édition de luxe, avec illustrations par Bayard, 1 vol. in-12, br.. . . . . **2** »

Cyprienne et Cyprien, 1 vol. in-12, cart.. . . . **1 50**

— *Le même,* édition de luxe, 1 vol. in-12, br. . . **2** »

Comédies enfantines à 2, 3, 4 et 5 personnes pour les enfants de 6 à 12 ans, 1 vol. in-12 br.. . . . . **3 50**

PARIS. — IMP. P MOUILLOT, 13-15, QUAI VOLTAIRE. — 27946.

LA FRANCE EN ZIGZAG

LIVRE DE LECTURE COURANTE
A L'USAGE DE TOUTES LES ÉCOLES

PAR

Eudoxie DUPUIS

TROISIÈME ÉDITION

PARIS
LIBRAIRIE CH. DELAGRAVE
15, RUE SOUFFLOT, 15

1882

LA FRANCE EN ZIGZAG

I. — La Grand'mère.

Par une belle matinée de la fin d'avril, une femme âgée était assise dans un grand fauteuil de paille, près de sa fenêtre ouverte. Ses vêtements de couleur sombre et d'une netteté irréprochable, ainsi que son bonnet blanc finement plissé, étaient ceux des paysannes de la *Sologne*, car le village de Fréville, qu'elle habitait, est situé dans la contrée de la France qui porte ce nom et qui occupe une partie des départements du *Loiret* et de *Loir-et-Cher*.

La pièce où se tenait Mme Petit, — c'était le nom de la vieille femme, — servait à la fois de salle à manger et de cuisine, suivant l'usage de la campagne. Elle était garnie de meubles très simples, mais tout y était reluisant de propreté.

Un beau rosier courait sur la façade de la maison, devant laquelle s'étendait un jardinet, entouré d'une haie verdissante; mais ni le délicieux parfum qui s'échappait des boutons commençant à s'ouvrir, ni le gai rayon de soleil dansant au milieu de la chambre, ni le gazouillement des oiseaux, qui prenaient leurs ébats dans un cerisier tout blanc de fleurs, ne réussissaient à tirer Mme Petit de ses méditations.

Ces méditations étaient tristes, à en juger par les larmes qui coulaient sur sa figure, et qu'elle essuya en entendant sur le chemin des pas qui s'approchaient mêlés de bruits de voix et de joyeux éclats de rire. Son visage se rasséréna tout à fait lorsque la porte s'ouvrit.

Ceux qui entraient étaient deux garçons; ses deux petits-fils. L'un pouvait avoir une douzaine d'années, l'autre deux ou trois ans de plus.

Les traits de Savinien, c'était le plus jeune, ne peignaient que la vivacité et la joyeuse humeur de son âge; mais ceux de Bernard avaient une expression réfléchie qui n'est pas habituelle à la jeunesse. C'était en effet un garçon sérieux et déjà assez avancé dans ses classes. Lorsqu'il était tout petit, sa santé était délicate; aussi sa grand'mère, pensant qu'il ne pourrait supporter les fatigues des travaux de la terre, avait eu l'intention de le mettre dans le commerce; mais à l'école l'enfant avait montré tant de goût pour l'étude et une application si soutenue, que le maître s'était plu à développer de son mieux ces bonnes dispositions; aussi Bernard était-il plus instruit, non seulement que tous ses camarades, mais même que la plupart des jeunes gens de sa condition.

A mesure qu'il acquérait des connaissances il s'apercevait qu'il n'avait aucune inclination pour l'état auquel sa grand'mère le destinait. Il se sentait au contraire très vivement porté vers la carrière de l'enseignement. Il n'en voyait pas de plus belle et ne souhaitait pas autre chose que de devenir instituteur à son tour, afin de donner aux autres les soins et l'instruction qu'il avait reçus. Mme Petit ne s'était pas opposée à son désir, et il travaillait avec ardeur pour le réaliser.

Savinien, après s'être jeté au cou de sa grand'mère, allait commencer à lui faire, avec sa gaieté et son animation habituelles, le récit de ce qui s'était passé à l'école pendant la journée; mais un geste de Mme Petit l'arrêta.

— Mes enfants, dit-elle à ses petits-fils, prenez chacun une chaise, et venez vous asseoir à côté de moi.

Les deux frères, après avoir déposé sur la table leurs sacs aux livres, s'empressèrent d'obéir, surpris du ton dont leur grand'mère avait parlé.

— Depuis longtemps, reprit Mme Petit, vous ne m'avez

pas questionnée sur votre père, vous saviez que cela m'était pénible. C'est vrai, je ne peux pas prononcer son nom sans pleurer. Mon pauvre Jean! je l'aimais tant! D'ailleurs que vous en aurais-je dit, puisque je n'en savais rien? Eh bien, c'est de lui que je veux vous entretenir aujourd'hui.

— Est-ce que vous avez de ses nouvelles, grand'mère? demanda Bernard avec empressement.

— Oui, mon enfant.

— Oh! dites alors; dites bien vite. Est-ce qu'il n'est plus en Amérique?

— Non. Il travaille aux mines d'Anzin.

— Dans le département du Nord?

— C'est cela.

— Eh bien, grand'mère, il faut lui écrire tout de suite.

— C'est ce que j'ai fait, mon garçon; mais cela n'a servi à rien.

— Comment?

— Il ne m'a pas répondu.

— Est-ce qu'il ne veut pas revenir?

— Je le crains.

— Et vous êtes bien sûre qu'il est à Anzin?

— Sûre et certaine. Chrétien Vidal, notre voisin, en allant visiter un de ses parents, qui demeure par là, l'a rencontré il y a deux mois. Il a causé avec lui et l'a engagé à nous donner de ses nouvelles : votre père lui a fait la réponse qu'il a faite à tous ceux qui lui ont parlé de nous.

— Quelle réponse?

— Qu'il ne nous donnerait signe de vie que lorsqu'il aurait réparé ses torts.

Bernard ouvrit la bouche pour demander : « Quels torts? » puis comme s'il eût craint d'apprendre quelque chose de répréhensible sur le compte de son père, il s'arrêta tout court et une expression d'angoisse se répandit sur tous ses traits. Sa grand'mère devina sa pensée.

— Vous n'avez pas, mes chers enfants, dit-elle à rougir de votre père. Les fautes qu'il a commises ne touchent pas Dieu merci! à l'honneur. Sa famille seule a eu à en souffrir. Le plus précieux héritage qu'un père puisse laisser à ses fils, c'est celui d'une réputation sans tache; cet héritage ne vous manquera pas, et Jean Petit est toujours digne de l'affection et du respect de ses enfants.

QUESTIONNAIRE. — Quel état voudriez-vous exercer? — Quelles sont vos raisons pour le préférer à un autre? — Qu'appelle-t-on des fautes qui touchent à l'honneur? — Donnez des exemples.

I
(Suite)

— Ce que votre père appelle ses torts, reprit Mme Petit, c'est l'imprudence, imprudence blâmable, j'en conviens, avec laquelle il s'est lancé dans des spéculations d'argent. Ces spéculations n'ont pas réussi. Le malheur s'en est mêlé et l'a forcé à vendre une partie du bien qu'il avait ici. Profondément affligé de l'idée d'avoir ruiné sa femme et ses enfants, au lieu de les enrichir, comme il s'en était flatté, il est parti pour l'Amérique, où, disait-on, on faisait fortune rapidement, avec l'espoir de recouvrer par un travail incessant ce qu'il avait perdu. Savinien venait alors de naître, et toi, Bernard, tu n'avais que trois ans.

Avant de partir il vous recommanda tous à moi, vous et votre mère. J'avais un peu d'aisance, et il savait bien que vous ne manqueriez de rien. Ma pauvre bru, quoique bien triste de ce départ, ne se laissa pas abattre par le chagrin. Elle se persuadait que l'absence de son mari ne serait pas longue; Jean nous avait d'abord donné de bonnes espérances; ces espérances ne se réalisèrent pas. L'expédition dont il faisait partie était mal conduite. Mon fils, après avoir enduré toutes sortes de privations et de souffrances, fut obligé de l'abandonner et de chercher à se tirer d'affaire d'un autre côté; mais il paraît qu'il ne réussit pas mieux.

— Pauvre papa! dit Savinien.

— Sur ces entrefaites votre mère fut atteinte par une fièvre pernicieuse, qui l'enleva en peu de jours. Lorsque Jean apprit cette nouvelle, il s'imagina que le chagrin avait causé la mort de sa femme. Les reproches qu'il croyait mériter à ce sujet, ajoutés à ceux qu'il s'adressait déjà, le plongèrent dans le désespoir, et il déclara qu'on n'entendrait plus parler de lui qu'il n'eût rendu à ses fils ce dont il les avait privés. J'ai eu beau lui écrire, pour le supplier de revenir se mettre à la tête de sa famille; mes prières n'ont abouti à rien. La lettre que je lui ai adressée, aussitôt que j'ai su par Chrétien Vidal qu'il était de retour en France, n'a pas eu un résultat plus favorable, comme je vous le disais tout à l'heure.

— Ainsi, dit encore Savinien, papa est resté tout ce temps-là sans s'inquiéter de nous?

— Je ne le suppose pas, mon enfant; je crois bien qu'il a trouvé moyen d'avoir quelquefois de nos nouvelles; mais, quant à moi, malgré toutes les démarches que j'ai faites, ce n'est que de loin en loin et par hasard que j'ai appris quelque chose sur son compte.

Mme Petit s'arrêta, ne pouvant retenir ses larmes; ses petits-fils, tout émus eux-mêmes, s'efforcèrent par leurs caresses de la consoler.

— Maintenant, mes enfants, reprit-elle quand elle eut recouvré un peu de sang-froid, voilà ce que je voulais vous dire : Je me fais vieille, je peux mourir d'un moment à l'autre, vous laisser seuls, sans appui. Je ne serai tranquille que lorsque je saurai que vous êtes réunis à votre père; qu'il est en mesure de vous diriger, de vous protéger. D'ailleurs je veux l'embrasser encore une fois, mon cher Jean, avant de m'en aller auprès du bon Dieu.

— Oh! chère grand'mère, dit Bernard, nous désirons autant que vous qu'il revienne; mais comment l'y décider?

— Il résiste aux lettres de sa mère, il ne résistera pas aux paroles de son fils; il faut que tu ailles le trouver.

— Je ne demande pas mieux.

— C'est le seul moyen de le revoir au milieu de nous.

— Peut-être avez-vous raison, grand'mère; je le supplierai tant, qu'il finira par céder à notre désir. Oui, je vous le ramènerai.

— J'ai confiance en toi, mon enfant. Je te devrai la satisfaction de bénir mon cher fils avant de quitter ce monde.

— Je ferai de mon mieux, dit Bernard en embrassant son aïeule.

— C'est un long voyage, reprit Mme Petit, et ce sera une grosse dépense; mais j'ai mis de côté quelques centaines de francs; je ne saurais mieux les employer que dans cette occasion. Voilà qui est dit; la semaine prochaine tu partiras.

— Ah! grand'mère, bien volontiers. Je serais si heureux de réussir!

QUESTIONNAIRE. — Pourquoi dit-on que les fautes de Jean Petit ne touchent pas à l'honneur? — Croyez-vous que le père de Bernard et de Savinien soit toujours resté sans nouvelles de sa famille, et s'il l'a fait, que pensez-vous de lui?

II. — A pied ou en Chemin de fer ?

Savinien n'avait pris aucune part à la fin de l'entretien. Pendant le souper il demeura également silencieux. Ni sa grand'mère, ni son frère, occupés tous deux de leurs projets, n'y prirent garde; mais le soir, lorsque les deux jeunes garçons furent réunis dans la petite chambre qu'ils occupaient en commun, Savinien se laissa tomber tout pensif sur son lit.

— Qu'as-tu donc? dit son frère aîné.
— Bernard! tu vas aller trouver notre père?
— Tu l'as bien entendu.
— Que je serais content si tu voulais m'emmener!
— A quoi bon! puisqu'il doit revenir avec moi?
— Cela n'est pas certain. S'il refuse de te suivre, s'il persiste à demeurer loin de nous, alors je ne l'aurai jamais vu, moi! je ne le connaîtrai pas!
— Je ne demanderais pas mieux que de te satisfaire, dit Bernard, touché du ton dont le jeune garçon avait parlé; mais sais-tu que le département du Nord est très éloigné? Il faut traverser la moitié de la France et dépenser beaucoup d'argent pour s'y rendre? Les chemins de fer sont chers.
— A pied, murmura Savinien, il n'en coûterait pas tant.
— A pied! tu n'y penses pas! Tu n'as pas l'air de te douter que d'ici à Anzin il y a plus de 450 kilomètres!
— 450 kilomètres, répéta Savinien, à qui ce chiffre n'apprenait pas grand'chose, car en effet il n'avait pas la moindre idée des distances : c'est beaucoup de chemin?
— Si c'est beaucoup de chemin? Je le crois bien! En supposant que nous marchions sept ou huit heures par jour, nous en aurions pour plus de deux semaines.
— Oh! ce n'est pas là ce qui m'effrayerait. J'ai de bonnes jambes. Je ne me plaindrais ni de la fatigue, ni de la faim, ni de la soif. Je serais si heureux, moi aussi, d'embrasser mon père! de lui dire qu'on nous a toujours appris à le respecter, à l'aimer!
— C'est impossible, mon pauvre Savinien; du moins pour l'instant. J'ai bon espoir que je le ramènerai. Console-toi et dors.

Malgré l'injonction de son aîné, l'enfant resta longtemps éveillé. Bernard, lui, ne dormit pas davantage.

A force d'y penser, l'idée du voyage à pied, d'abord repoussée, faisait du chemin dans son esprit et prenait des couleurs de plus en plus séduisantes. En effet, quelle plus agréable manière de voir du pays que de s'en aller à deux le long des routes, jouissant de toutes les belles choses qui se présentent aux regards, libres de les examiner de près et à loisir, et échangeant avec un compagnon les réflexions qu'elles vous inspirent.

Ce n'est pas lorsqu'on est blotti derrière l'étroite fenêtre d'un wagon qu'on peut connaître les contrées qu'on traverse. — Voilà un joli paysage : des bois, des prairies, un ruisseau qui coule entre les saules! Vous auriez du plaisir à les contempler quelques instants; Là-bas se dresse une haute cheminée d'usine : vous seriez curieux de savoir ce qu'on y fabrique. Puis c'est un monument, un vieux château, une cathédrale qui se montrent : vous voudriez les visiter. Mais la locomotive vous emporte si vite que vous avez à peine le temps de les entrevoir. De plus, voilà des talus qui montent, montent de chaque côté de la route : le paysage, la cheminée d'usine, la cathédrale, disparaissent et vous ne voyez plus rien; rien que les deux hautes murailles qui vous enferment à droite et à gauche, pendant que derrière ce rempart le paysage fuit à toute vitesse.

Il ne faut pourtant pas pour cela médire des chemins de fer. Heureux celui qui, lorsqu'il est pressé ou que ses forces ne lui permettent pas de se rendre où ses affaires l'appellent, se sent emporté par la vapeur et file aussi vite que l'oiseau; mais plus heureux encore celui à qui ne manquent ni le temps ni les jambes, et qui peut parcourir le monde à sa fantaisie, sans être forcé d'avoir recours à d'autres moyens de locomotion que ceux que la nature lui a donnés!

C'est ce que se disait Bernard; aussi, à peine levé, s'empressa-t-il de solliciter de sa grand'mère la permission de faire son expédition à pied et par conséquent d'emmener Savinien.

Mme Petit eut un peu de peine à y consentir. Elle craignait pour ses deux enfants, et surtout pour le plus jeune, les fatigues qui pouvaient résulter d'une entreprise de ce genre. Une considération pourtant la détermina.

C'était la ressemblance de Savinien avec sa mère. Cette ressemblance ne pouvait manquer de frapper le père de l'enfant, de le toucher, et contribuerait peut-être à lui faire prendre la résolution qu'elle désirait si ardemment.

— Fais ce que tu désires, finit-elle par dire à Bernard; que Savinien parte avec toi; mais, mon cher garçon, aie bien soin de lui : ménage ses forces. Il y a dans la somme que je te remets de quoi payer vos places en chemin de fer; néanmoins, comme tu le proposes, il vaut mieux, si c'est possible, faire une partie de la route à pied et épargner l'argent. Votre père peut en avoir besoin pour régler ses affaires, avant de quitter le pays où il est. Il est bon aussi de faire la part des choses imprévues. Sois donc économe, sans te refuser cependant à faire les dépenses nécessaires.

QUESTIONNAIRE. — Préférez-vous voyager à pied ou en chemin de fer ? — Cherchez Romorantin sur la carte. — Y a-t-il plus loin de Romorantin à Anzin que de Romorantin à Marseille, à Nantes, à Brest, à Lyon ? — Si vous alliez de Romorantin à Marseille, passeriez-vous par Paris ? — Si vous alliez de Romorantin à Brest ou à Bordeaux, passeriez-vous par Lyon ?

III. — **Préparatifs de voyage.**

Cette résolution arrêtée, on s'occupa des préparatifs de voyage. Bernard commença par porter chez maître Crépin, le cordonnier de Fréville, ses souliers et ceux de Savinien, afin qu'il les garnît de deux bonnes rangées de clous. Pendant ce temps leur grand'mère, les lunettes sur le nez visitait avec soin leur petite garde-robe, plaçait un bouton ici, une pièce là, reprisait des bas, repassait chemises et mouchoirs. Leurs vestes de tous les jours, encore propres quoique défraîchies, devaient suffire pour la route; mais ils emporteraient leurs vêtements neufs afin de les trouver à l'occasion.

Mme Petit avait dans son armoire un morceau de toile bise neuve, très forte et très serrée; vite Bernard en confectionna deux sacs de voyage. Il les munit de bandes de cuir et de boucles, afin de pouvoir les porter sur le dos. Comme il n'était pas maladroit il parvint à leur donner une fort bonne tournure.

Le sac de Bernard devait contenir les effets d'habillement; l'autre les provisions de bouche; car les deux frères, habitués à une grande sobriété, ne comptaient demander leurs repas aux auberges de la route que le plus rarement possible. L'aîné avait imaginé cette distribution des bagages pour ménager les forces de Savinien. En effet le sac aux provisions, rempli chaque matin, devait s'alléger à mesure que la journée s'avancerait et que la fatigue se ferait sentir davantage. L'autre, au contraire, pèserait d'un poids égal et constant sur les épaules qui en seraient chargées.

Aussitôt que leur départ fut décidé, les deux frères allèrent l'annoncer à l'instituteur, M. Liégard. Celui-ci approuva fort le projet du voyage à pied, leur donna de bons et affectueux conseils et fit cadeau à Bernard d'une belle carte de France.

QUESTIONNAIRE. — Quels sont les conseils que M. Liégard a pu donner à Bernard et à Savinien et quels sont ceux que vous-même donneriez dans une occasion semblable ?

IV. — La Carte de France.

De retour à la maison, le jeune homme plaça sa carte tout ouverte sur une table, prit des mesures avec un compas; puis, à l'aide d'une règle et d'un crayon, il se mit à tracer dessus des lignes droites, disposées à égales distances, d'abord dans un sens de la carte, puis dans l'autre; trois de droite à gauche, trois du haut en bas.

Savinien le regardait faire avec étonnement, se demandant où il en voulait venir; à plusieurs reprises il l'avait interrogé, sans que Bernard, absorbé dans ses calculs, lui répondît autre chose que: « Tu vas voir. » La stupéfaction du jeune garçon fut donc au comble lorsqu'il vit son frère, qui avait saisi les grands ciseaux de Mme Petit, commencer à entailler la carte. Pour le coup il le crut devenu fou et lui saisit le bras.

— Laisse-moi donc, dit Bernard, tu vas me faire aller de travers.

— Mais pourquoi coupes-tu cette carte?

— Tu vas voir, fut encore la seule réponse qu'il obtint.

Savinien, habitué à respecter et même à admirer son aîné, se tint alors tranquille, suivant avec attention les mouvements de Bernard.

Celui-ci, promenant ses ciseaux sur les raies tracées au crayon, divisa d'abord la carte en quatre larges bandes; puis, coupant chacune de ces bandes en quatre, il se trouva avoir seize morceaux de forme et de grandeur égales.

Savinien ne se disait plus que son frère était fou, mais il était fortement intrigué.

Bernard étendit sur la table un morceau d'étoffe mince que lui avait donné Mme Petit, puis délaya un peu de farine dans de l'eau bouillante, ce qui produisit ce qu'on appelle de la *colle de pâte*. Savinien suivait ses allées et venues avec un intérêt croissant.

Le frère aîné prit l'un des morceaux de la carte qu'il venait de couper. C'était celui qui représentait le sud-ouest de l'Angleterre avec une portion de l'océan Atlantique et de la Bretagne. Il enduisit l'envers de colle et le plaça sur son étoffe, au coin du haut, à gauche. A côté, il colla de même le carré où se voyaient le reste de l'Angleterre, la Manche et la Normandie, en ayant soin de laisser entre les morceaux un petit espace.

Savinien, devinant à peu près de quoi il s'agissait, et désirant se rendre utile, s'empressa de tendre un à un les morceaux découpés à son frère. Comme Bernard avait pris soin de les mettre par petits paquets, il n'était pas besoin de grandes connaissances géographiques pour les présenter à propos.

Après une demi-heure de travail, chaque morceau se trouva collé à l'endroit qu'il devait occuper, toujours en laissant un petit intervalle entre lui et son voisin. La France eut alors repris la forme qu'elle avait avant l'opération que nous venons de décrire. L'Espagne et les Pyrénées étaient de nouveau logées en bas et à gauche, pendant que les Alpes, l'Italie et la Méditerranée leur faisaient pendant à l'autre coin.

Ce ne fut pourtant que, quand tous les carrés étant placés et la carte sèche, Bernard la plia dans les vides laissés entre eux, que Savinien comprit l'utilité du travail de son frère. En effet, ainsi préparée, la carte ne devait plus se couper, ni se déformer, et on pouvait facilement la mettre dans une poche d'habit. Alors, plus que jamais le jeune garçon admira son aîné.

QUESTIONNAIRE. — Dans quel morceau de la carte de Bernard pouvaient se trouver la Suisse, le golfe de Gascogne, le département du Var, celui du Pas-de-Calais, des Pyrénées-Orientales, des Alpes-Maritimes, etc. ; l'embouchure de la Seine, celle du Rhône, etc., etc. ?

V. — Malheur inattendu et départ.

Au moment où les deux frères se préparaient gaiement au voyage et se voyaient déjà ramenant leur père avec eux, un coup terrible les atteignit. Leur grand'mère fut frappée d'apoplexie. Deux jours après, elle expirait sans avoir repris connaissance.

Les deux jeunes gens se trouvaient pour ainsi dire orphelins. Après avoir rendu les derniers devoirs à leur aïeule, ils songèrent à aller retrouver leur père.

Si la pauvre Mme Petit n'avait pas été enlevée aussi subitement, elle leur eût probablement conseillé de commencer par lui écrire. Elle ne pouvait supposer que son fils refusât de s'occuper de ses enfants, lorsqu'il apprendrait qu'elle n'était plus là pour les protéger.

Mais elle n'avait pu exprimer ses dernières volontés et ses petits-fils crurent s'y conformer en ne changeant rien au projet qui avait été arrêté.

Huit jours après, Bernard et son frère quittèrent la maison où s'était écoulée leur enfance. A plusieurs reprises, en partant, ils se retournèrent comme s'ils avaient espéré voir leur bonne grand'mère leur sourire du seuil. Arrivés à un petit monticule qui dominait tout le village de Fréville, ils s'arrêtèrent pour y jeter encore un coup d'œil. Le soleil levant faisait étinceler les ardoises du petit clocher et dorait la cheminée de la demeure de Mme Petit; mais celle qui l'avait habitée si longtemps, qui les avait si tendrement aimés, n'était plus là. Poussant un profond soupir, et avec des larmes dans les yeux, nos jeunes amis se remirent en marche.

Adieux à Fréville.

La position des pauvres enfants était bien triste, en effet. Ils se trouvaient sans autre appui dans le monde qu'un père qu'ils ne connaissaient pas et qui ne leur avait jamais donné aucune marque de tendresse. Il était complètement un étranger pour Savinien, puisque l'enfant n'avait que quelques mois lorsque Jean Petit avait quitté sa famille ; Bernard n'en conservait pas non plus le moindre souvenir. Ce que les deux enfants savaient seulement, c'est qu'il avait la barbe et les cheveux noirs. — C'était un beau brun, disait leur grand'mère. — Tels étaient tous les renseignements qu'ils possédaient sur celui à la recherche duquel ils se mettaient ainsi.

En y réfléchissant, Bernard se disait bien, comme Mme Petit, que sans doute leur père avait trouvé moyen d'avoir quelquefois de leurs nouvelles. Il se refusait à croire que ses fils lui fussent devenus tout à fait indifférents ; cependant il n'avait aucune certitude à cet égard, et il se demandait avec inquiétude quel serait le résultat du voyage qu'ils entreprenaient et comment ils seraient reçus par Jean Petit.

Ils cheminèrent d'abord silencieusement et le cœur bien gros ; mais quand on est jeune, les impressions ne sont pas durables. Quoique le souvenir de leur excellente grand'mère ne les eût pas abandonnés, le plaisir et la nouveauté du voyage, la beauté de la matinée, chassèrent peu à peu les pensées tristes.

Chacun d'eux était muni de son sac et d'un beau pain rond et doré, cuit de la nuit même; Bernard était, en outre, porteur d'une somme de trois cents francs : c'était celle que leur grand'mère elle-même destinait au voyage. Elle était renfermée presque totalement dans une pochette pratiquée dans la doublure de son pantalon.

Le reste de l'argent trouvé chez Mme Petit, ainsi que les papiers importants, avaient été déposés par son petit-fils, avec la clef de la maison, chez le curé de Fréville, qui avait bien voulu se charger de les garder pendant l'absence des jeunes gens.

QUESTIONNAIRE. — Est-ce un grand malheur pour des enfants de rester orphelins? — Quels sont, dans ce cas-là, les devoirs des frères ou sœurs les uns envers les autres? ceux des aînés envers les jeunes et de ceux-ci envers les aînés?

VI. — Comment on s'oriente.

La journée s'annonçait belle et nos deux amis marchaient d'un bon pas. Savinien n'avait pas encore pensé à s'enquérir du chemin qu'ils allaient suivre. Il était habitué à s'en remettre à la science et au jugement supérieurs de son aîné, et, après tout, il trouvait cela plus commode. Ce ne fut que lorsqu'ils s'assirent, à l'ombre d'un bouquet de bois qui bordait la route, pour faire honneur aux provisions du déjeuner, que le jeune garçon s'avisa d'interroger son frère.

— De quel côté est Anzin? demanda-t-il.

— Dans le département du Nord. On te l'a déjà dit, répliqua celui-ci.

Savinien ne parut pas beaucoup plus avancé.

— Ne sais-tu pas, reprit Bernard, un peu mécontent de voir que l'enfant semblait ignorer les premiers éléments de la géographie, que la France est divisée en 86 départements qui prennent leur nom soit des rivières qui les traversent, soit de quelque autre particularité géographique. Le nom de celui où nous nous rendons ne doit-il pas, par conséquent, te dire où il est situé?

Tout en parlant, Bernard avait tiré sa carte de sa poche; il la développa sur le gazon.

— Voilà notre département, dit-il, en désignant un de ceux qui en occupaient le centre. Connais-tu son nom au moins?

Pour le coup l'ignorance de Savinien n'allait pas jusque-là. Ce département c'était celui de *Loir-et-Cher*, dont le chef-lieu est *Blois;* il le savait.

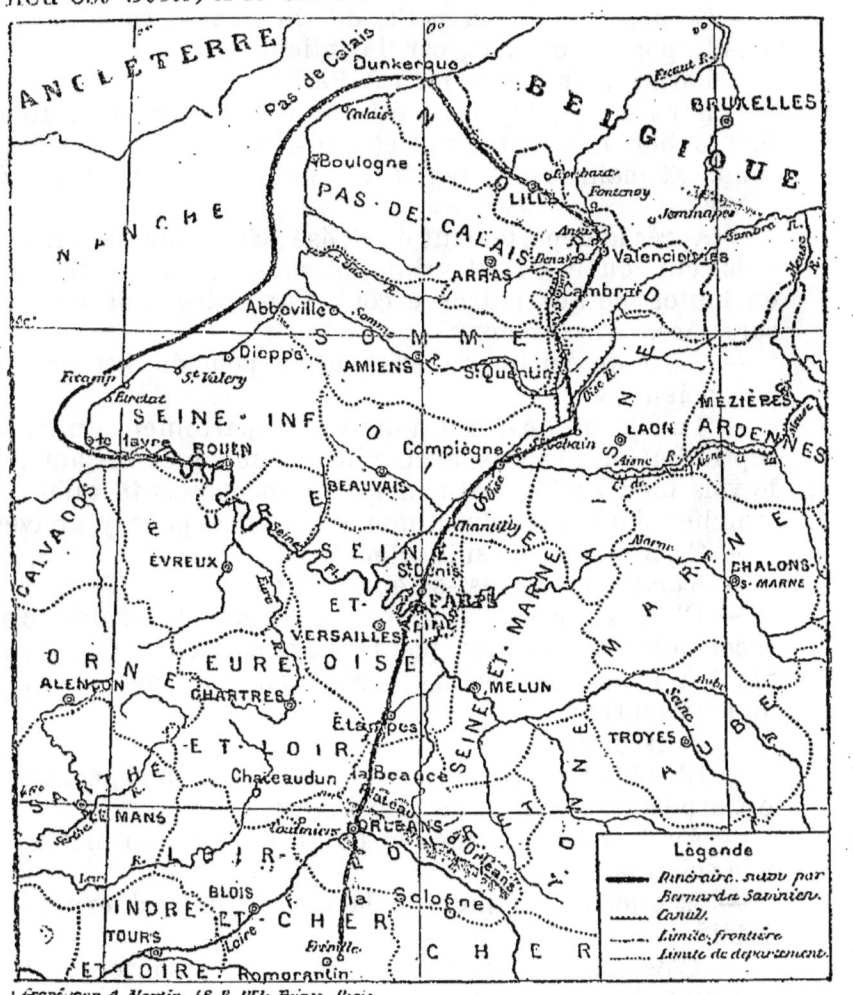

— Et tiens, ajouta-t-il, voilà Romorantin qui n'est qu'à deux lieues de chez nous.

— Et le département du Nord?

— Le voici, dit Savinien, après avoir un peu cherché, en montrant le haut de la carte.

— Quels départements traverserons-nous pour nous y rendre?

— Celui du L-O-I — loi, R-E-T, — ret, dit l'enfant en épelant sur la carte les lettres capitales, qui indiquaient les principales divisions; puis ceux de Seine-et-Oise, de l'Oise...

— Tu en oublies un, au milieu de Seine-et-Oise.

— Oh! il est si petit: ce n'est pas la peine d'en parler.

— Ce département si petit, dit en riant Bernard, est le plus important de tous, car il contient Paris.

— Paris! nous passerons par Paris?

— Sans doute, puisqu'il est sur notre chemin. D'abord Mme Lubert m'a donné une commission pour son fils Marcelin. Et maintenant, reprit-il, après le département de l'Oise?

— Après le département de l'Oise, c'est celui de l'Aisne, puis celui du Nord; et même, attends, je vois Anzin écrit en toutes petites lettres à côté d'un autre mot en gros caractères : *Valenciennes*.

— C'est qu'Anzin, en effet, est à peu de distance de Valenciennes.

— Tu dis que Anzin est dans le département du Nord, reprit Savinien après avoir réfléchi quelques instants; je le vois bien sur la carte, mais comment sais-tu qu'il faut marcher d'un côté plutôt que d'un autre pour y arriver?

— C'est que je me suis orienté.

— *S'orienter?* Qu'est-ce que cela?

— C'est chercher l'Orient. En d'autres termes c'est reconnaître sa position par rapport au soleil. On y parvient à l'aide des points cardinaux. Tu sais ce qu'on appelle ainsi?

— Sans doute.

— Eh bien! puisque tu es si savant, dis-moi, comment est exposée la maison de grand'mère?

— Au Levant. Quand on ouvre la porte le matin, on a le soleil dans l'œil.

— Et quel est le mur de la maison qui est exposé au Midi?

— C'est celui sur lequel se trouve le poirier de bon-chrétien. Il est quelquefois brûlant.

— Si tu te places devant la maison de manière à avoir le soleil levant à ta droite, auras-tu le mur au poirier devant ou derrière toi?

— Derrière, bien sûr.

— Et le Nord?

— Devant, juste en face du Midi.

— Et le Couchant?
— A gauche, juste à l'opposé du Levant.
— Et bien! pour t'orienter facilement, il faut te placer *en réalité* comme tu viens de te placer *en idée* devant la maison de grand'mère, c'est-à-dire de manière à avoir le Levant à ta droite. Tu te rappelleras que le Midi doit se trouver derrière toi, comme se trouverait le poirier de bon-chrétien, si tu t'orientais dans notre maison de Fréville. Tu n'auras pas de peine alors à trouver tes autres points cardinaux. Et, tiens, dans ce moment il est environ midi, indique-les-moi tous quatre.

Savinien chercha des yeux le soleil au travers des arbres qui les abritaient. Il se montrait sur la droite. Alors l'enfant se leva et faisant un quart de conversion:
— Voilà le Midi ou Sud, dit-il, en indiquant du doigt par-dessus son épaule le point auquel il tournait le dos. Par conséquent, le Nord est en face, le Levant ici et le Couchant là, ajouta-t-il en désignant successivement sa droite et sa gauche.
— Bravo! fit Bernard.
— Je commence à comprendre comment, à l'aide d'une carte, et en connaissant ses points cardinaux, on peut trouver son chemin.

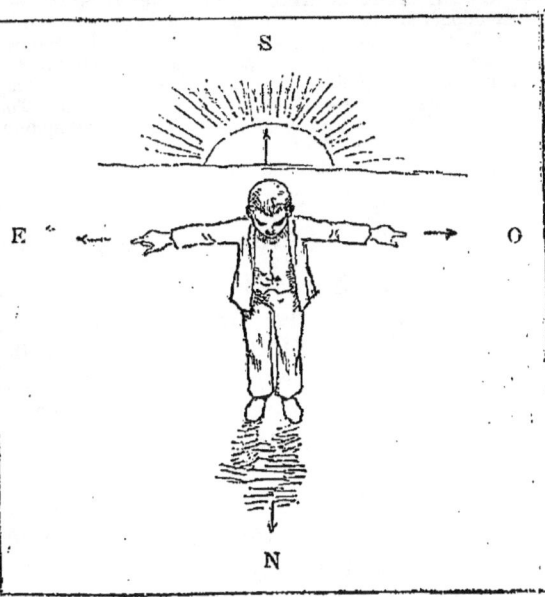

Le levant est ici et le couchant là.

L'Est ou Levant est placé sur la carte à droite et fait vis-à-vis à l'Ouest ou Couchant; de même que le Midi, qui est en bas, correspond au Nord, qui est en haut. La carte nous dit vers quel point cardinal se trouve un pays, c'est à nous ensuite à chercher ce point à l'aide du soleil. Ainsi nous venons des environs de Romorantin que voici, et nous nous dirigeons vers Orléans que voilà, continua Savinien, en arrachant un brin d'herbe pour suivre sa démonstration sur la carte, Orléans étant plus au Nord que Romorantin, nous devons nous diriger vers le Nord, c'est-à-dire de ce côté-ci, fit-il en désignant le côté opposé à celui où se voyait le soleil.

— Bravo! répéta Bernard. Je te dirai encore, ajouta-t-il, que pour s'orienter plus aisément, il faut, quand on a reconnu ses points cardinaux, se placer, ainsi que je te l'ai dit tout à l'heure, avec le Levant à droite, puis poser sa carte devant soi de manière à ce que l'Est, l'Ouest, le Nord et le Midi qui y sont portés se trouvent dans la même direction que l'Est, l'Ouest, le Nord et le Midi véritables. On n'a plus alors qu'à marcher dans le sens du chemin tracé sur la carte. Comprends-tu?

— Très bien, dit Savinien, tout joyeux.

QUESTIONNAIRE. — De quoi les départements du Finistère, du Gard, du Jura, de l'Ain, des Pyrénées-Orientales, du Pas-de-Calais, prennent-ils leur nom ? — Quel est le département que vous habitez ?— Romorantin est-il à l'Est, à l'Ouest, au Nord ou au Midi ? — Même question pour Anzin.— Cherchez vos points cardinaux, ici, dans la classe. — Comment est exposée la vigne (ou le poirier) qui est sur le mur de la maison? — Tracez sur la carte un itinéraire d'ici à *** (d'Amiens à Lyon, par exemple, en passant par Rouen, le Mans, Tours, Nevers, Clermont), et dites quelle direction vous suivrez quant aux points cardinaux.

VII. — **Plus d'arbres, plus de fertilité.**

Les deux frères se remirent en route. Le paysage ne présentait rien de bien agréable. La Sologne, qui s'étend jusqu'à peu de distance d'Orléans, est un pays de landes et de marécages, en partie couvert de roseaux et de bruyères. De temps en temps se montrait un berger, entouré de moutons. Ces pauvres animaux trouvaient difficilement leur vie dans ces plaines arides.

— Voilà des terrains bien mauvais, dit Savinien ; car si le jeune garçon témoignait jusqu'ici peu de penchant pour ce qui s'apprend dans les livres, il avait du moins le goût des travaux de la campagne et il aimait à voir aux champs une bonne apparence.

— Ceux de Fréville ne valaient pas mieux il y a quelques années, répliqua Bernard : ils étaient, comme ceux-ci, parsemés d'une multitude de petits étangs et ne produisaient presque rien ; mais on les a drainés, et maintenant ils sont de bon rapport.

Savinien savait ce qu'était que le *drainage*, il en avait vu faire dans son pays, mais tous nos jeunes lecteurs ne sont peut-être pas aussi avancés que lui. Nous leur dirons donc que *drainer des terres*, c'est en faire écouler les eaux au moyen de fossés au fond desquels on place des tuyaux qui vont porter ces eaux à une rivière ou à un étang. Ces tuyaux, après qu'on les a posés, sont recouverts par les terres qu'on a enlevées pour faire le travail, en sorte qu'on peut cultiver les champs comme auparavant.

— Depuis que le terrain a été drainé, continua Bernard, on peut semer chez nous du blé et de l'avoine; dans d'autres endroits on a planté des pins. Il faut espérer que cet exemple sera suivi par ici et que toute la Sologne présentera bientôt un coup d'œil satisfaisant. On dit qu'autrefois, il y a des siècles, ce pays était renommé pour ses pâturages. On y voyait aussi de belles forêts. Elles ont été abattues, et c'est ce qui a rendu la contrée marécageuse et improductive. Le déboisement a produit les mêmes effets dans une partie du département de l'*Ain* qu'on appelle les *Dombes*, et dans la *Brenne*, au sud de la *Touraine*. Là aussi on a détruit les forêts, et alors les marais les ont remplacées. — Plus d'arbres, plus de fertilité.

Ce n'est pas tout; ces eaux stagnantes rendent le pays très insalubre. J'ai entendu dire à grand'mère que chez nous, avant qu'on eût drainé, il s'élevait au-dessus des champs, vers le soir, des vapeurs très dangereuses à respirer et qui donnaient les fièvres. Et, tiens, vois là-bas ce brouillard, qui commence à se former à mesure que vient la nuit. Nos habits sont humides comme si on les avait trempés dans l'eau. Heureusement, voici les premières maisons du village où nous devons coucher; hâtons-nous; ne nous exposons pas plus longtemps à ces émanations malsaines.

Les deux frères arrivaient à une auberge dont l'enseigne portait un soleil à large face, environnée d'une auréole de rayons d'or.

Une demi-heure après, ils dormaient à poings fermés.

QUESTIONNAIRE. — Pourquoi une contrée marécageuse est-elle improductive ? — Comment remédie-t-on à une trop grande humidité ? — Avez-vous vu drainer ? — Expliquez en détail quels sont les travaux qu'il faut faire pour drainer un terrain. — Pourquoi y a-t-il des propriétaires qui font abattre tous leurs arbres ? — Montrez sur la carte l'emplacement de la Brenne et des Dombes.

VIII. — Les Chemins de fer.

Le soleil levant les trouva de nouveau arpentant la route. Le pays prenait un aspect plus agréable. Les landes avaient disparu presque en entier et les cultures gagnaient du terrain sur elles. De chaque côté du chemin des canaux d'assèchement témoignaient des efforts faits pour disputer le pays aux marécages; des plantations reposaient la vue; des troupeaux de bonne mine se montraient dans les prairies, et Savinien, qui la veille avait blâmé, ne trouvait plus aujourd'hui qu'à louer.

Tout en causant et en examinant le paysage, nos jeunes voyageurs arrivèrent à un point de la route où une barrière interdisait le passage. Des piétons, des voitures, des femmes avec leur vache ou leur âne, étaient comme eux arrêtés par cet obstacle; ils ne semblaient pas s'en étonner et attendaient tranquillement.

Savinien ne savait ce que cela signifiait. Ils avaient marché toute la journée précédente sans rencontrer le moindre empêchement. Il allait demander des explications à son frère, lorsqu'un coup de sifflet aigu le fit tressaillir, et presque aussitôt une longue file de voitures, tirées par une énorme machine qui jetait une épaisse fumée, passa avec la rapidité de l'éclair et en ébranlant le sol.

Le chemin de fer! Savinien n'en avait pas vu encore, quoiqu'il en eût souvent entendu parler; aussi sa joie fut-elle vive à cette apparition.

Quelques secondes après, le garde-barrière, qui jusque-là s'était tenu sur le bord de la voie, immobile au port d'armes, le bras gauche étendu, un drapeau rouge roulé à la main, vint ouvrir la porte. En traversant le chemin de fer Savinien put voir les rails de métal poli, sur lesquels glissaient

La maison du garde-barrière.

les voitures et qui dessinaient, sur la voie parfaitement unie, quatre rubans étroits.

Le moment étant venu de déjeuner, il obtint de Bernard qu'on s'installât à quelques pas de là, sur une petite éminence d'où l'on dominait les environs, dans l'espoir qu'un autre train viendrait à passer.

— Les roues des voitures qui vont sur les chemins de fer, dit-il en mordant à belles dents dans son pain, ne doivent pas être pareilles à celles des autres voitures.

— Non; elles sont faites de manière à emboîter les rails. Ne pouvant s'écarter ni à droite ni à gauche, et ne rencontrant aucun obstacle sur ces barres de fer poli, elles tournent avec la plus grande facilité.

— Alors un chemin de fer c'est une route sur laquelle on pose des rails de fer.

— Oui, mais avant de poser ces rails il a fallu niveler le terrain, et c'est là la partie la plus difficile de la construction du chemin.

Lorsqu'il s'agit d'établir une voie ferrée dans des plaines comme celle-ci, ou même dans des terrains faiblement inclinés, il n'y a à faire que des *terrassements*. On creuse le sol dans les endroits où il est trop élevé; c'est ce qu'on appelle des *tranchées*. Au contraire on rapporte des terres dans ceux où il est trop bas; c'est ce qu'on nomme des *remblais*. Mais lorsqu'on a à traverser un pays accidenté, montagneux ou sillonné par des cours d'eau, c'est tout différent. Il faut alors jeter sur les vallées et les rivières des ponts en pierre ou en fer. Ces ponts ou ces *viaducs* ont quelquefois plusieurs kilomètres de longueur. Il faut aussi construire des *tunnels*.

— Qu'est-ce que des tunnels?

— Ce sont de longues voûtes qu'on creuse au travers des montagnes.

— Comment! on passe sous terre?

— Oui.

— Et si la montagne s'écroulait!

— Il n'y a pas de danger. Les terres sont soutenues par des voûtes en maçonnerie d'une grande solidité.

— Est-ce qu'on reste longtemps sous ces tunnels?

— C'est selon : les plus longs en France sont ceux de Blaizy-Bas, près de Dijon; celui de la Nerthe, en arrivant à Marseille, et celui du Mont-Cenis, sur la frontière d'Italie. On met près d'une demi-heure à parcourir ce dernier.

— Une demi-heure sans voir le jour !

— Les tunnels, les ponts et les viaducs forment ce que, dans les chemins de fer, on appelle des *ouvrages d'art*. Ces ouvrages sont dirigés par des *ingénieurs*. Tu dois penser qu'il faut beaucoup d'argent, de temps et de science pour les mener à bien ; aussi les chemins de fer suivent-ils de préférence le fond des vallées, parce que le sol y est moins inégal et nécessite moins de travaux de ce genre.

Quand le chemin est aplani, on y place de distance en distance de grosses pièces de bois appelées *traverses*. C'est sur ces traverses qu'on pose les *rails* et on les y ajuste à l'aide de crampons en fer.

— Ah ! en effet, dit Savinien ; en passant sur la voie j'ai aperçu le bout de ces pièces de bois et de ces crampons.

Et une *locomotive*, reprit-il, comment est-ce fait ? Je n'ai pas eu le temps de regarder celle de tout à l'heure. Elle a filé si vite.

— Oh ! toutes mes descriptions ne t'en donneraient pas une idée, mais peut-être serons-nous à même d'en voir une de plus près dans la suite de notre voyage.

QUESTIONNAIRE. — Quel est l'emploi du garde-barrière ? — Un homme qui se livrerait à la boisson ou qui serait négligent ferait-il un bon garde barrière ? — A quoi sert le drapeau du garde-barrière ? — Doit-on obéir au garde-barrière quand il vous défend de passer ? — Que pensez-vous de ce qu'on appelle les ouvrages d'art dans les chemins de fer ?

IX. — La Statue d'une héroïne.

Quoique l'après-midi fût fort avancée, il faisait encore grand jour lorsque nos voyageurs atteignirent le pont d'Orléans. A l'entrée était une statue sur un piédestal ; ils s'avancèrent pour la considérer.

— Voilà qui est bien singulier, dit Savinien ; cette statue représente une femme : cela se voit à sa figure, et elle porte une cuirasse comme un homme.

Son étonnement cessa lorsque, ayant fait quelques pas de plus, il put lire sur le socle :

— A Jeanne Darc.

Quoique Savinien ne fût pas très fort en histoire, il n'ignorait pas du moins celle de la glorieuse héroïne.

— Ah ! dit-il, il est bien juste que les habitants d'Orléans aient élevé un monument à celle qui a sauvé leur ville.

— Je vois, dit son frère, que tu connais Jeanne Darc.

— Oui ! c'était une bergère de Lorraine.

Pour délivrer la France, envahie par les Anglais, elle quitta son pays et sa famille et vint offrir ses services au roi de France, Charles VII, qui s'empressa de les accepter. Orléans était assiégé depuis longtemps ; Jeanne y pénétra et força les ennemis à se retirer.

— Et la suite de son histoire, la sais-tu?

— Elle fit sacrer le roi à Reims ; mais elle fut prise aux portes de Compiègne par les Bourguignons qui en faisaient le siège, et vendue par eux aux Anglais, qui la brûlèrent vive à Rouen. C'est une histoire bien triste que la sienne.

— Bien triste, mais bien belle et bien touchante!

— Elle a été bien mal récompensée de son dévouement!

— Si le dévouement était récompensé, ce ne serait plus le dévouement. Ce qui fait la beauté d'une action c'est qu'elle est désintéressée. Jeanne Darc, en abandonnant son existence simple et modeste, n'a pas pensé un instant à elle-même ; elle n'a songé qu'à la France qui avait besoin d'elle, et elle lui a sacrifié sa vie sans hésiter. Crois-tu qu'elle t'inspirerait autant de sympathie, d'amour et de respect si elle avait été payée de ses efforts par des richesses et des honneurs, au lieu de l'être par une mort affreuse?

—Oh! non, bien sûr; et quand je pense à ses malheurs, je sens mon admiration pour elle redoubler.

En parlant ainsi Savinien promenait ses regards autour de lui, et tout ce qu'il voyait lui sembla plus intéressant à cause des souvenirs qui s'y rattachaient.

A Jeanne Darc.

— Peut-être, pensait-il, Jeanne a-t-elle passé en cet endroit. Peut-être a-t-elle combattu à cette même place. Peut-être est-ce ici qu'elle a été blessée. Il comprit en ce moment que l'instruction donnait bien plus d'intérêt aux choses qui passent sous nos yeux en leur prêtant pour ainsi dire de la vie. Il se dit aussi que Bernard, ayant si bien profité des leçons qu'il avait reçues, devait tirer beaucoup plus d'agrément que lui de son voyage, et il regretta de s'être montré si souvent négligent et paresseux.

Les deux frères s'engagèrent ensuite sur le pont qui traverse la Loire.

— Quelle drôle de rivière! dit Savinien en s'arrêtant. Vois donc, Bernard, elle n'a pas d'eau. A peine quelques petites rigoles, par-ci, par-là, qui courent au milieu du sable.

— Elle est presque à sec en effet, dit un homme appuyé comme eux sur le parapet du pont, parce que le printemps a été froid et peu pluvieux; mais si vous l'aviez vue l'année dernière à pareille époque vous ne parleriez pas ainsi. Non seulement elle coulait à pleins bords, et cachait presque en entier les piles du pont, mois encore dans

Une scène d'inondation.

la campagne les champs étaient submergés sur une largeur de plus d'un kilomètre. La Loire est un fleuve terrible pour ses débordements. J'en peux dire quelque chose.

Et comme les deux frères l'interrogeaient du regard:

— Oui, j'avais une maison à deux lieues d'ici; elle a été emportée par les eaux. Ma mère, ma femme, mes petits enfants et moi-même nous avons eu bien de la peine à nous sauver. Heureusement que dans de semblables malheurs, il y a toujours de bonnes âmes qui viennent au secours des autres. De braves gendarmes nous ont tirés de là, au péril de leur vie. Dieu vous préserve de voir jamais une inondation!

QUESTIONNAIRE. — Que pensez-vous de Jeanne Darc? — Quel est le vêtement qu'elle porte sur la gravure et que tient-elle à la main gauche? — Quels sont les départements et les principales villes traversées par la Loire? — Où ce fleuve termine-t-il son cours? — Racontez-nous une inondation, si vous en avez vu une. — Que pensez-vous de ceux qui se sacrifient pour sauver les autres?

X. — Orléans. — Le Gaz. — Le Fragment d'obus.

Les deux frères n'avaient pas encore traversé de ville de l'importance d'Orléans; aussi marchaient-ils d'étonnement en étonnement. La largeur de certaines rues, la hauteur des maisons, la richesse des magasins, la quantité d'allants et venants, par-dessus tout la beauté des édifices, provoquaient leurs exclamations.

Ce fut bien autre chose lorsque s'allumèrent les premiers becs de gaz. Fréville, on peut le croire, ne jouissait pas de semblable illumination.

Quoique Bernard n'eût pas encore vu de ville ainsi éclairée, il savait du moins comment était produite la lumière du gaz, et put satisfaire à ce sujet la curiosité de Savinien, qui ne manqua pas de demander :

— Qu'est-ce que le gaz?

— Voici, répondit le frère aîné, comment on l'obtient. On remplit de charbon de terre de grandes chaudières ou *cornues* qu'on chauffe fortement. Il s'y forme alors une chose qu'on ne peut ni voir ni toucher, et qui n'a pas de couleur; une espèce d'air, dont l'odeur est très forte et très désagréable; c'est le gaz d'éclairage.

Ce gaz, à mesure qu'il sort des cornues, est enfermé dans un grand réservoir qu'on appelle *gazomètre*. Du gazomètre, d'innombrables tuyaux souterrains vont le porter dans les rues, les boutiques et les maisons de la ville. Lorsqu'on veut en faire usage, on n'a qu'à tourner un robinet et à en approcher une lumière,

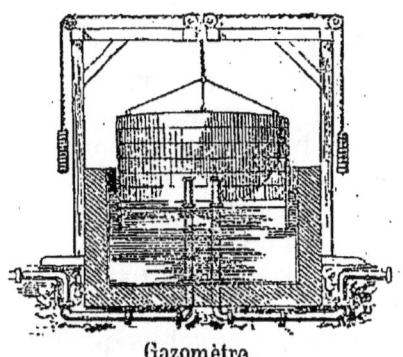
Gazomètre.

comme celle que l'allumeur de réverbères porte au bout de son bâton; immédiatement le gaz prend feu.

Pendant plus d'une heure, les deux frères parcoururent les rues d'Orléans, sans pouvoir se rassasier de la vue des brillantes boutiques et des merveilles qu'elles contenaient. Il fallut pourtant se décider à aller dormir, car il s'agissait de se remettre en route le lendemain.

En sortant d'Orléans, le matin suivant, nos voyageurs gravirent une longue côte, puis traversèrent la forêt qui s'étend au nord de la ville et qui en porte le nom. Vers le milieu du jour ils se trouvaient dans une vaste plaine, lorsque Savinien aperçut un objet qui lui parut être du fer rouillé. Il le ramassa.

— D'où cela peut-il venir? dit-il à son frère.

Bernard prit ce que son frère lui tendait et l'examina de tous côtés.

— Je ne sais pas, conclut-il.

En cet instant un homme, qui labourait son champ le long de la route, interrompit son travail, et s'avançant vers eux :

— Vous vous demandez, leur dit-il, ce que c'est que cela. C'est un fragment d'obus. Il n'en manque pas dans les environs. Chaque fois que je laboure, j'en fais sortir de terre. C'est qu'on a brûlé bien de la poudre de nos côtés, pendant la guerre de 1870. Ça a été un triste temps ; ceux qui en ont été témoins ne l'oublieront pas; mais vous êtes trop jeunes pour savoir ce que je veux dire.

— Je vous demande pardon, dit Bernard, j'étais encore bien enfant, il est vrai, à cette époque ; cependant je m'en souviens. J'en ai tant entendu parler, à ma grand'mère surtout. Elle ne cessait de plaindre la France et nos pauvres soldats.

— Oui, reprit l'homme, ça a été terrible dans nos départements. Je peux en parler, car j'y étais.

— Vraiment! dit Savinien, vivement intéressé.

— Tenez, j'en porte encore les marques, continua le laboureur relevant la manche de sa blouse et montrant sur son bras une profonde cicatrice. J'ai le pendant à la jambe gauche; dame! j'ai fait de mon mieux, comme les autres. Quand la patrie est attaquée, il faut la défendre ; tout ce qu'on regrette, c'est de n'avoir pas réussi.

Oh! oui, on s'est battu dans nos environs! Pendant plus de trois mois, on peut dire que le canon n'a pas cessé de rouler. Les obus pleuvaient dru comme grêle ici, à Terminiers, à Patay, à Beaune-la-Rolande. Dans la ville de Châteaudun, qui est à huit ou dix lieues par là, dit l'homme en étendant la main vers l'Ouest, il n'est pas resté, pour ainsi dire, une maison debout. Les ennemis l'ont bombardée et incendiée. Oh! les habitants se sont comportés vaillamment; aussi, pour perpétuer le souvenir de leur belle conduite, on a donné le nom de leur ville à une rue de Paris.

Voyant avec quelle attention les deux jeunes garçons l'écoutaient, le paysan continua :

— Une fois, après la bataille de Coulmiers, — c'est le nom d'un village situé non loin d'ici, — on a eu de l'espoir. La victoire enfin nous avait favorisés; on avait fait reculer les ennemis. Nous étions parvenus à reprendre Orléans, dont ils s'étaient emparés peu de temps auparavant. Baste! quelques jours après ils étaient revenus en si grand nombre que nous avions perdu tous nos avantages. Oh! oui, ce sont de malheureux temps! Dieu veuille que nous ne les revoyions jamais!

Quoique la guerre soit une triste chose, ajouta le laboureur, on est quelquefois forcé de l'entreprendre. Si cela arrive quand vous serez en âge de porter les armes, mes enfants, comportez-vous comme tout bon citoyen doit le faire. En attendant, travaillez et soyez honnêtes : ce sera encore servir votre pays.

Le bombardement de Châteaudun.

Le cœur tout attristé par ces lugubres récits, les deux frères continuèrent leur route. Le temps était devenu lourd, et la plaine s'étendait à perte de vue sans leur présenter le moindre abri. A droite et à gauche, aussi loin que les regards pouvaient porter, ils ne rencontraient que d'immenses champs de blé.

Cette région est la *Beauce*, et on la surnomme le *Grenier de la France*. C'est elle qui approvisionne Paris de blé. Savinien admirait les tiges encore vertes et basses, mais vigoureuses. Cependant comme le soleil devenait de plus en plus chaud et que la fatigue commençait à se faire sentir, il accueillit avec joie la proposition de gagner

Étampes par le chemin de fer. Aller en chemin de fer, c'était son rêve! De temps en temps, depuis qu'ils avaient quitté Orléans, il entendait la vapeur siffler à ses oreilles et les convois glisser à quelque distance : car la route qu'ils suivaient longeait la voie ferrée. Ragaillardi par la pensée d'essayer de ce moyen inconnu de locomotion, le jeune garçon s'élança en courant dans le sentier qu'on leur avait indiqué comme conduisant à la station.

QUESTIONNAIRE. — Avez-vous bien compris la manière dont on fait le gaz? — Décrivez-la-nous et expliquez-nous, si vous le pouvez, l'emploi du gazomètre. — Avez-vous entendu parler de la guerre dont il est question ici? — Qu'était-ce que cette guerre? — Avec quel peuple l'avons-nous eue? — Que pensez-vous des habitants de Châteaudun? — Quels sont les sentiments qu'on doit avoir pour son pays?

XI. — La Locomotive.

Le train se dirigeant vers Paris ne devait passer que dans une demi-heure, mais Savinien ne songeait pas à se plaindre de l'attente.

Une locomotive se promenait devant le quai d'embarquement. Le jeune garçon la considérait avec curiosité. Bernard lui fournissait, selon sa coutume, des éclaircissements à sa portée et lui en nommait les principales parties.

Une locomotive

— Une locomotive, dit-il, est une voiture que la vapeur fait marcher. Elle est, comme tu le vois, portée sur six roues : deux grandes et quatre petites. Cette immense caisse de métal, qui en forme comme le corps, est la *chaudière;* dessous, tu aperçois le *foyer*, d'où s'échappent des étincelles. La *boîte à feu*, où se concentre la chaleur, est placée sous cette espèce de petit dôme, à l'arrière de la chaudière. En avant, ce gros tuyau donne passage à la fumée, et cet autre, plus petit, au superflu de la vapeur.

— Que fait cet homme qui se tient sur cette galerie au bout de la locomotive? demanda le jeune frère.

— C'est le *mécanicien*. Il la dirige; il en règle les mouvements; il en accélère ou en ralentit la marche.

— Et puis, sans doute, il entretient le feu?

— Non; ceci est l'affaire du *chauffeur*. La provision de charbon pour le voyage est contenue dans cette voiture attachée à la locomotive et qu'on appelle *tender*.

En ce moment, la machine s'arrêtait devant eux. Elle marchait encore, mais très lentement, et on pouvait observer une partie du mécanisme.

— Vois-tu, demanda Bernard, ce qui met les roues en mouvement?

— Je vois, répliqua Savinien, une grosse pièce de fer attachée au milieu de la roue principale. On dirait un grand bras qui a saisi l'essieu et le tient solidement pour le faire tourner, et la roue avec.

— Ce bras, comme tu dis, se nomme la *bielle*; c'est elle, en effet, qui fait marcher la roue, mais comment marche-t-elle, elle-même?

— Elle est attachée par une autre pièce de fer, à cette petite barre de métal qui va et vient sans interruption, sortant de cette espèce de boîte en forme de tube placée en avant des roues, et y rentrant aussitôt.

— Ce que tu appelles une boîte est un *cylindre*. A l'intérieur se trouve une sorte de bouchon, appelé *piston*, fixé à cette tige de fer, que tu vois aller et venir. Il y a un cylindre semblable de l'autre côté de la locomotive, et c'est ce qui en constitue la partie principale, la vie pour ainsi dire. C'est de là que part le mouvement qui s'imprime à toute la machine, et qui lui est donné par la vapeur.

— Je me rappelle maintenant que tu m'as déjà parlé de la force de la vapeur, au sujet du couvercle de la marmite, qui se soulève lorsque l'eau qu'elle contient se met à bouillir.

— Oui; eh bien, c'est par le moyen de cette force que marchent les locomotives et tout ce qu'on appelle *machines à vapeur*.

On commence par faire chauffer l'eau dont on a rempli la chaudière. Cette eau se change alors en vapeur. Des tuyaux conduisent cette vapeur tantôt à un bout, tantôt à l'autre du cylindre. Dans le cylindre elle rencontre le piston et le pousse avec force, d'abord dans un sens, puis dans l'autre, le faisant alternativement avancer et reculer.

— Je comprends à peu près.

— Le piston à son tour fait avancer et reculer la bielle, qui elle-même fait mouvoir la grande roue. De là, par une suite de barres de fer et de rouages, le mouvement se communique aux autres roues.

— Comme tout cela est bien imaginé! s'écria Savinien, frappant ses mains avec admiration. Quel est donc le premier qui a eu la bonne idée de se servir de la vapeur?

— Celui qui en a découvert les propriétés est un Français nommé *Salomon de Caus*, qui vivait il y a 250 ans environ. Un autre Français, *Denis Papin*, a inventé la première machine mise en mouvement par la vapeur; mais un Anglais, *James Watt*, y a apporté de grands perfectionnements, et c'est un autre Anglais, *Stephenson*, qui a construit la première locomotive.

— Répète-moi ces noms-là, autrement je ne les retiendrai pas.

Bernard fit ce que son frère désirait.

— Salomon de Caus, Denis Papin, deux Français; James Watt, Stephenson, deux Anglais, répéta à son tour Savinien. Bon! maintenant je ne les oublierai plus.

En ce moment le jeune professeur, qui allait entrer dans de nouvelles explications, fut interrompu par un coup de sifflet aigu qui fit tressauter son frère.

— C'est notre train qui s'avance, dit-il, et ce coup de sifflet est produit par un jet de vapeur qu'on laisse échapper par un étroit tuyau. C'est ce qu'on appelle le *sifflet d'alarme*. Le mécanicien se sert du sifflet d'alarme pour donner des avertissements lorsque cela est nécessaire ; par exemple, quand il traverse un tunnel ou qu'il approche d'une gare. Selon ce qu'il veut dire, il fait entendre un ou plusieurs sifflements; il en allonge ou il en raccourcit le son. C'est comme une langue, connue des employés de chemin de fer, des mécaniciens, de tous ceux qui ont besoin de la comprendre, et qui est utile à la marche des trains ainsi qu'à la sécurité des voyageurs.

Un instant après, nos deux amis étaient installés dans un wagon de troisième classe et voyaient les champs s'enfuir de chaque côté, au grand ébahissement de Savinien.

— Combien aurions-nous mis de temps pour venir de l'endroit où nous avons pris le chemin de fer jusqu'ici? demanda-t-il lorsque, la station d'Étampes ayant été annoncée, ils descendirent du train.

— Nous y serions arrivés demain soir.

— Demain soir... Ainsi nous aurions mis un jour et demi pour accomplir un trajet que nous avons fait en trois heures. La belle invention que les chemins de fer !

Bernard sourit de l'enthousiasme du jeune garçon :

— Est-ce que le voyage à pied ne serait plus de ton goût ?

— Oh ! si, vraiment, répliqua Savinien en regardant autour de lui. Quand on est dans un joli pays comme celui que j'aperçois, rien ne me semble plus agréable que de marcher. C'est égal, je suis bien content d'avoir été en chemin de fer, et d'avoir vu de près une locomotive.

QUESTIONNAIRE. — Montrez les différentes parties de la locomotive qui sont visibles sur la gravure. — Avec quoi chauffe-t-on les locomotives en France ? — Pourrait-on les chauffer avec un autre combustible ? — N'est-ce que sur les chemins de fer qu'on se sert de machines à vapeur ? — Avez-vous bien compris le jeu du piston ? — Décrivez le. — Que pensez vous de celui qui le premier a reconnu l'emploi qu'on pouvait faire de la vapeur ? Quelles sont les qualités qui font les grands inventeurs ? — Un étourdi pourrait-il inventer une machine comme la locomotive ?

XII. — Bon voyage jusqu'à la mer ! — Ce que c'est qu'un bassin.

La contrée qu'ils s'apprêtaient à traverser était charmante, en effet. Elle ne ressemblait ni à la Sologne, ni à la Beauce. C'était comme un parc immense, coupé de bouquets de bois et de prairies. De petites rivières scintillaient entre les arbres, après avoir fait tourner les nombreux *moulins à farine* d'Étampes. De coquettes maisons de campagne, de magnifiques châteaux, de riants villages se montraient de tous côtés. Cet enchantement devait durer presque jusqu'à Paris, dont nos voyageurs étaient encore séparés par deux journées de marche.

Ils venaient de prendre leur repas au bord d'un des jolis cours d'eau qui arrosaient le pays. Ce repas se composait de pain et de noix sèches. Pendant que son frère étudiait la carte, afin de se faire un *itinéraire*, c'est-à-dire un tracé de voyage, qui les dispensât de suivre la grande route, poudreuse et ensoleillée, Savinien s'amusait à gratter soigneusement une de ses coquilles de noix. Il y fixa un petit bâton et y ajusta une feuille. Le bâton figurait un mât et la feuille une voile. Son travail fini, il lança l'esquif sur le ruisseau.

— Bon voyage jusqu'à la mer ! dit en riant Bernard, qui, ayant trouvé ce qu'il désirait, repliait sa carte.

— Jusqu'à la mer ! s'écria Savinien ; la mer est donc près d'ici ?

— Nous en sommes à plus de cinquante lieues.

— Alors, pourquoi penses-tu que mon bateau s'y rendra ?

— C'est que tous les cours d'eau s'y rendent, celui-ci comme les autres ; et si rien ne s'y oppose, il y emportera ton bateau.

— Comment cela ?

— Ce ruisseau va rejoindre la Seine ou l'une des rivières qui se jettent dans ce fleuve, et toutes ces eaux réunies tombent dans l'Océan.

Bon voyage jusqu'à la mer !

— D'abord, comment devines-tu que ce ruisseau va rejoindre la Seine ?

— Parce que nous sommes dans le département de Seine-et-Oise, qui fait partie du bassin de la Seine.

— Un *bassin* ? Qu'est-ce encore ? Tu sais donc cela, toi ? Comment fais-tu ?

— J'ai simplement retenu les leçons de notre instituteur parce que je les ai écoutées avec attention, et tu en saurais à peu près autant que moi si tu avais fait de même.

Savinien baissa la tête un peu honteux.

— Eh bien ! reprit-il au bout d'un instant, je regrette d'avoir été paresseux. Maintenant je désire m'instruire et je te promets de saisir toutes les occasions de le faire, car je commence à reconnaître combien l'instruction est utile et agréable en même temps.

— C'est une bonne résolution ; j'espère que tu la tiendras. Écoute-moi donc.

Tu sais certainement que l'eau coule toujours en descendant et gagne toujours par conséquent le terrain le plus bas. Eh bien, le bassin d'un fleuve est une vaste étendue de terrain, entourée de chaînes de montagnes ou de collines, et dont ce fleuve occupe la partie la plus basse, le fond, qu'on appelle *le lit du fleuve*.

N'as-tu pas remarqué qu'en sortant d'Orléans nous avons monté beaucoup?

— Oui, et en arrivant à Étampes nous avons descendu de même.

— Eh bien, cette hauteur que nous avons franchie entre Orléans et Étampes, c'est le *plateau d'Orléans*. Il sépare le bassin de la Loire de celui de la Seine et forme ce qu'on appelle la *ligne de partage des eaux*; les eaux qui descendent du plateau vont d'un côté à la Seine et de l'autre côté à la Loire.

— Bon ! je vois cela.

— Le bassin d'un fleuve ne forme pas un terrain plat ou régulièrement incliné; il s'y rencontre d'autres chaînes de collines moins importantes.

Les espaces compris entre ces chaînes de collines se nomment des *vallées*.

Nous sommes là dans une vallée, et ces hauteurs, que tu aperçois à quelque distance nous séparent d'une autre vallée. Au fond de chacune d'elles est un cours d'eau comme celui-ci, dans lequel descend l'eau tombée sur toutes les terres environnantes. Ce ruisseau, en continuant son chemin, rencontrera tôt ou tard le lit du fleuve, puisque ce lit est plus bas que le sien, et il s'y jettera. Ainsi font toutes les rivières ou ruisseaux qui parcourent les vallées d'un bassin. On les appelle les *affluents* du fleuve. Toutes vont rejoindre le fleuve, qui porte à la mer leurs eaux réunies aux siennes.

— Je comprends, dit Savinien. Une vallée est un terrain environné de hauteurs, au fond duquel coule une rivière ou un ruisseau, et un bassin est en quelque sorte une vallée très grande, dans laquelle les eaux des autres vallées viennent se réunir pour former un fleuve.

— C'est à peu près cela. Seulement, il faut que tu saches

bien qu'un bassin occupe une étendue de terre considérable, car la France n'en comprend guère que quatre. Celui de la Seine, à lui seul, forme douze départements, et il est arrosé par de grandes rivières, telles que l'Yonne, la Marne et l'Oise.

— Fréville, reprit Savinien, doit être dans le bassin de la Loire.

— Oui, car le Loir et le Cher, qui donnent leur nom au département, sont des rivières qui toutes deux se jettent dans la Loire.

QUESTIONNAIRE. — Si vous étiez sur le ruisseau ou sur la rivière qui passe près d'ici et que vous laissiez aller le bateau au fil de l'eau, où arriveriez-vous ? — D'où vient cela ? — De quel bassin fait partie le département que vous habitez ? — Quelles sont les montagnes qui séparent ce bassin des bassins de *** et de *** ?

XIII. — Les Fleuves : rive droite, rive gauche; en amont, en aval.

— A présent, fais bien attention, continua Bernard. L'eau suivant toujours une pente, le lieu où une rivière prend sa *source*, c'est-à-dire sort de terre, est toujours plus élevé que son *confluent* ou son *embouchure*, c'est-à-dire l'endroit où elle se jette dans une autre rivière ou dans la mer.

— Bien sûr.

— C'est pourquoi, lorsqu'on parcourt une rivière en bateau, ou qu'on en suit les bords, on dit qu'on la *descend* ou qu'on la *remonte*, selon qu'on suit le fil de l'eau, ou bien qu'on marche en sens contraire; c'est-à-dire qu'on se dirige vers sa source ou vers son embouchure.

— Je comprends.

— On dit encore de la source qu'elle est en *amont*, ce qui signifie en *haut*, et de l'embouchure, qu'elle est en *aval*, ce qui signifie en *bas*. On se sert souvent de ces deux termes pour désigner les villes et les objets qui se trouvent sur les bords d'une rivière, par rapport à d'autres villes ou à d'autres objets. Ainsi ce saule que tu vois à notre droite est en amont par rapport à nous, puisqu'il est du côté d'où vient l'eau.

— Et ce bouquet d'aubépine, répliqua vivement Savinien, est en aval, puisque c'est de son côté que l'eau s'écoule.

— Fort bien. Pendant que nous y sommes, je veux encore t'expliquer ce qu'on appelle la *rive droite* et la *rive gauche* d'une rivière. Pour que tu saisisses mieux ce que j'ai à te dire, il faut que tu te figures que tu es placé au milieu de celle-ci, et que tu en *descends* le courant.

— Comme si j'étais dans mon bateau.

— Précisément. Tu aurais alors une rive de chaque côté. La rive qu'on voit à *droite* quand on *descend* le courant, c'est la *rive droite*; la rive qu'on voit à *gauche*, c'est la *rive gauche*. Si l'on remonte le courant, ce sera le contraire.

Pendant que son frère parlait, Savinien s'était levé. Il fit quelques pas en suivant le fil de l'eau.

— Le bord où nous nous trouvons, dit-il, est la rive gauche : car, si j'étais au milieu du ruisseau, je l'aurais à gauche; et celui qui est en face de nous, c'est la rive droite.

— Bon! maintenant retourne-toi et marche dans le sens opposé.

L'enfant obéit.

— J'aurai maintenant, dit-il, la rive droite à ma gauche, et la rive gauche à ma droite; mais ce côté-ci sera toujours la rive gauche.

— Très bien, dit Bernard en se levant pour se remettre en route. Il me semble que tu as bien compris mes explications.

— Oui, et maintenant je dirai aussi à ma coquille de noix : Bon voyage jusqu'à la mer !

QUESTIONNAIRE. — La maison de M. ***, celle de Mme *** (mettre des noms) sont-elles sur la rive droite ou sur la rive gauche du ruisseau voisin? — Le moulin (ou toute autre construction) est-il en amont ou en aval de telle ou telle maison? (S'il n'y a pas de cours d'eau dans le voisinage, faire figurer la rivière par la rue, indiquer l'extrémité qui représente la source et faire désigner ce qui serait sur la rive droite, la rive gauche, en amont et en aval.)

XIV. — La Fête de la paix.

Le jour suivant, nos voyageurs arrivèrent sur le sommet d'une colline environnée de champs de fraisiers, de violettes et d'arbustes d'agrément, qui ont valu à l'un des villages des environs le joli nom de *Fontenay-aux-Roses*. A leurs pieds s'étendait une immense plaine, et au milieu une agglomération de maisons si considérable que Bernard et son frère poussèrent une exclamation de surprise à cette vue. Jamais ils n'auraient cru qu'il en existât une telle quantité. Les cheminées qui les surmontaient étaient aussi pressées que les arbres dans une forêt ou que les épis dans un champ de blé. Des tours, des flèches, des clochers, des aiguilles se détachaient sur le ciel empourpré du soir. Quelques dômes faisaient étinceler l'or dont ils étaient revêtus, tandis que les derniers plans du tableau disparaissaient dans la brume.

— Paris! Paris! c'était Paris!

Lorsque les deux frères eurent contemplé le spectacle que présente la grande ville vue du plateau de Châtillon, ils se hâtèrent de se remettre en marche, afin d'y arriver avant la nuit.

En passant devant les habitations disséminées sur leur route, ils s'aperçurent que quelques-unes étaient décorées de drapeaux. A mesure qu'ils approchaient, les drapeaux devenaient plus nombreux. Chaque maison, chaque porte,

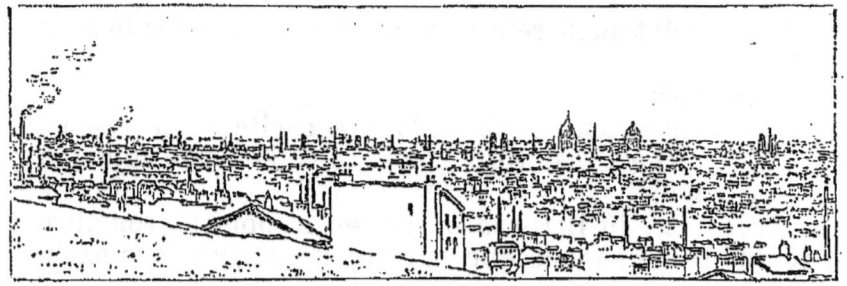

Vue de Paris.

chaque fenêtre avait le sien. Du rez-de-chaussée aux mansardes flottaient les couleurs tricolores. Parfois même, sur une corde tendue en travers de la rue, des bannières s'agitaient au vent; çà et là se dressaient des arcs de triomphe. Les deux frères, un peu intimidés, n'osaient interroger et continuaient à s'avancer en jetant des regards émerveillés autour d'eux.

La nuit était venue; mais voilà que de tous côtés mille lumières apparaissent, comme pour remplacer le jour; les unes envoyant leurs rayons adoucis au travers de coquettes lanternes aux formes variées, les autres s'étendant en brillantes traînées de gaz. Tous les balcons se festonnent de feux de couleur; nos voyageurs se croyaient transportés dans ces palais que décrivent les contes de fées. A mesure qu'ils avançaient, l'illumination devenait de plus en plus éclatante. A chaque coin de rue, c'était une nouvelle décoration, une nouvelle fête pour les yeux. Les globes transparents, les verres peints formaient des lustres, des guirlandes, des girandoles, des pyramides lumineuses. La foule circulait, joyeuse et pressée, sous ces feux éblouissants, poussant des exclamations chaque fois que se montrait quelque nouveau faisceau de lumières.

Bernard se hasarda enfin à demander à un passant quelle était la fête qu'on célébrait.

— Quelle fête! D'où venez-vous pour faire une pareille question? La fête qu'on célèbre, c'est celle du travail, de la paix, de l'intelligence! Ne savez-vous pas que c'est aujourd'hui l'ouverture de l'Exposition universelle?

Bernard ne l'ignorait pas absolument; mais, dans la

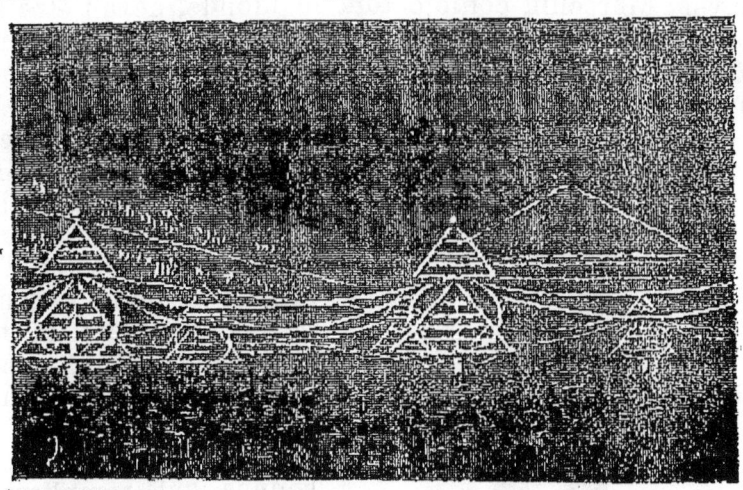

La Fête de la paix.

préoccupation des derniers jours, il l'avait oublié. Il comprenait maintenant l'air de satisfaction répandu sur tous les visages; il s'y associait de tout son cœur, et il ne regrettait qu'une chose, c'est que la nécessité où Savinien et lui étaient de continuer leur voyage ne leur permît pas de visiter le palais où se trouvaient réunis les chefs-d'œuvre de l'industrie du monde entier, qui devaient former cette magnifique Exposition.

Tant que la fête brilla de tout son éclat, les deux frères ne songèrent ni à la faim, ni à la fatigue d'une longue journée de marche; mais lorsque les lanternes commencèrent à s'éteindre, ils furent forcés de s'enquérir d'un gîte. Ils en trouvèrent un facilement.

QUESTIONNAIRE. — Pourquoi l'ouverture de l'Exposition universelle était-elle célébrée comme une fête? — Pourquoi l'appelle-t-on la Fête de la Paix? — Avez-vous déjà vu des expositions, des illuminations, des maisons pavoisées? — Parlez-nous de ces choses.

XV. — Promenade à travers Paris. — Le Luxembourg. Le Panthéon.

Avant qu'ils quittassent Fréville, une des voisines de Mᵐᵉ Petit, dont le fils travaillait à Paris, était venue, on se le rappelle, prier Bernard de vouloir bien se charger d'une commission pour lui.

Au milieu des magnificences de la veille au soir, Bernard n'avait guère songé à Marcelin Lubert. Du reste, quand il aurait eu la pensée de se rendre au domicile de l'ouvrier serrurier, il eût couru grand risque de ne pas le trouver; Marcelin, comme tout le monde, devait être à la fête. Le lendemain matin la mémoire revint à nos amis.

Ils avaient passé la nuit dans un petit hôtel de la rue de Vaugirard. Il s'agissait de se rendre rue Corbeau.

Un gardien de la paix.

Où était la rue Corbeau? Ils le demandèrent à leur hôtelier; mais celui-ci ne se rappelait pas avoir jamais entendu parler d'une rue de ce nom. Les deux frères quittèrent la maison néanmoins, résolus de s'adresser à un passant.

Mais ils n'étaient pas très hardis. Toutes les personnes qui remplissaient les rues leur paraissaient si affairées, qu'ils n'osaient en arrêter aucune pour demander les renseignements dont ils avaient besoin.

Enfin, voyant un personnage portant un képi galonné, qui se promenait tranquillement, Bernard se hasarda à le questionner.

— La rue Corbeau, dit l'homme au képi, je crois que c'est dans le faubourg du Temple, mais je n'en suis pas sûr. Attendez.

Il tira alors un livre de sa poche et le feuilleta.

— Oui, reprit-il, c'est

bien, comme il me semblait, derrière l'hôpital Saint-Louis.

Et voyant que Bernard ne semblait pas beaucoup plus avancé qu'avant :

— Vous ne connaissez pas Paris, à ce que je devine. Eh bien! écoutez tous deux avec attention. Voici ce qu'il faut faire.

Il se mit alors à leur indiquer soigneusement le chemin qu'ils devaient prendre, leur nommant les rues et les boulevards par lesquels ils auraient à passer. — Arrivés à l'entrée du faubourg du Temple, dit-il en terminant, vous demanderez la rue Corbeau.

Bernard nota dans sa mémoire le nom des différentes

Le Luxembourg.

voies qu'on lui indiquait et se confondit en remerciements.
— Vraiment, on est bien aimable à Paris, pensait-il ; voilà un monsieur qui s'est arrêté, a pris la peine de chercher dans un livre la rue où ils allaient et leur avait donné toutes les explications nécessaires du ton le plus poli. On ne pouvait être plus obligeant!

Ils marchaient depuis quelques minutes, lorsqu'ils rencontrèrent un individu si exactement semblable d'habillement à celui auquel ils venaient de parler, qu'ils crurent d'abord que c'était le même. Un peu plus loin, ils en virent un autre, puis un autre encore. Ils devinèrent alors que ces personnages ne se promenaient pas uniquement pour leur plaisir, comme ils l'avaient cru d'abord, mais qu'ils étaient chargés d'un service public. Ces hommes, en effet, n'étaient autres que des *gardiens de la paix*, auxquels est confié le soin de maintenir le bon ordre, d'arrêter les voleurs et aussi de donner des renseignements à ceux qui en demandent, comme l'un d'eux venait de le faire pour nos amis.

Bernard et Savinien arrivèrent bientôt à un grand et beau jardin, planté d'arbres magnifiques, et qui entourait un palais. C'était le Luxembourg. Bernard pensa que, sans s'éloigner beaucoup de leur chemin, ils pouvaient le traverser. Le long des allées étaient placées de distance en distance des statues de marbre blanc, représentant les femmes les plus célèbres de France, et Savinien, parmi elles, put reconnaître Jeanne Darc.

Là, une multitude d'enfants, petits garçons et petites filles, jouaient surveillés par leur mère ou leur bonne, et envoyaient de tous côtés de joyeux éclats de rire. Tous avaient l'air si heureux, au milieu de la verdure, des fleurs et des oiseaux, que c'était un plaisir de les regarder courir et sauter.

Au bout de la grande allée, partant du milieu du palais, se voyait une sorte de petit dôme blanchâtre de forme singulière. Bernard avait grande envie de savoir ce que c'était. Il interrogea un vieux monsieur, assis sur un banc, qui se réchauffait au soleil.

— C'est l'Observatoire, dit celui-ci.

Un astronome.

Cette réponse parut satisfaire Bernard, mais ne produisit pas le même effet sur Savinien.

— L'Observatoire, dit le vieux monsieur, est un édifice dans lequel des savants *observent* les astres. A l'aide d'énormes lunettes, appelées *télescopes*, ils étudient la marche et les mouvements de la lune, du soleil, des étoiles et des planètes.

Il existe à Paris une foule d'établissements destinés à l'étude des sciences et des arts. On y enseigne le droit, la médecine, la chirurgie, l'histoire naturelle, l'astronomie, la physique, la chimie, la peinture, la musique. Il y a aussi des lycées et des écoles pour les jeunes garçons; puis l'Ecole normale, l'Ecole polytechnique, l'Ecole d'état-major, l'Ecole centrale, l'Ecole des beaux-arts, qui forment des professeurs, des officiers, des ingénieurs et des artistes; l'Ecole des Arts et Métiers, où des savants font des cours à l'usage des ouvriers principalement. Paris renferme en outre des bibliothèques qui contiennent des centaines de mille volumes; des musées remplis de tableaux et de statues faits par les artistes célèbres de tous les temps et de tous les pays. Oh! à Paris les gens qui désirent s'instruire en trouvent les moyens!

— Je serais bien content de vivre à Paris pour voir

Un cours du soir

toutes ces belles choses, dit Savinien à son frère, quand ils se furent remis en marche. Et toi, Bernard?

— Moi, j'aimerais à passer quelques années à l'Ecole normale. Je tâcherais de profiter de mon mieux des leçons qu'on y donne et de devenir un savant professeur. Oh! c'est ce que je désirerais le plus au monde!

En ce moment, nos voyageurs sortaient du jardin par la grille qui donne au coin du boulevard Saint-Michel et demeurèrent muets d'admiration. Devant eux se dressait le Panthéon, avec son magnifique péristyle et son superbe dôme. Comment ne pas désirer le voir de plus près et lire la belle inscription qui en décore le fronton?

AUX GRANDS HOMMES, LA PATRIE RECONNAISSANTE.

Quand ils furent entrés dans le monument, qu'ils en eurent admiré l'intérieur, les deux frères ne purent résister à la tentation de gagner le sommet.

Ils eurent bientôt fait de franchir les quatre cents marches qui y conduisent et n'eurent pas à s'en repentir. De là l'œil embrasse tout le cours de la Seine, coupée par ses vingt-six ponts. Ils virent les belles tours de Notre-Dame, de Saint-Sulpice, de Saint-Jacques-la-Boucherie; les dômes du Val-de-Grâce, de la Sorbonne, des Invalides; les flèches de la Sainte-Chapelle et de Sainte-Clotilde se dresser au-dessus des maisons; le palais du

Le Louvre.

Louvre, qui renferme les musées de peinture et de sculpture, former une longue ligne bordant les quais.

De là, on découvre presque en entier une porte magnifique qu'ils avaient aperçue la veille du haut de Châtillon.

— C'est l'Arc de Triomphe, leur dit le guide. Ces vastes constructions que vous distinguez vers l'ouest, ce sont les bâtiments de l'Exposition ainsi que le Palais du Trocadéro. Ils sont établis en partie dans le Champ de Mars, qui est la place la plus vaste de Paris, et dans laquelle tiendraient une demi-douzaine de villages.

Comme il n'y avait pas moyen d'aller visiter les curiosités que ce lieu renfermait, les deux frères durent se contenter d'y jeter un lointain regard de regret et redescendirent pour continuer leur course.

QUESTIONNAIRE. — Connaissez-vous une grande ville? — L'institution des gardiens de la paix est-elle utile? — Si vous vous trouviez à Paris et que vous fussiez embarrassé, vous adresseriez-vous à eux? — Quelles sont les principales différences entre Paris et le village (ou la ville) que vous habitez? — Quelles sont les choses que vous désirez le plus voir à Paris? — Qu'apprend-on dans les différentes grandes écoles de Paris?

XVI. — Notre-Dame, le Palais de Justice, les Halles.

Ils rejoignirent le boulevard Saint-Michel et, selon les instructions reçues du gardien de la paix, ils le suivirent jusqu'à la Seine, non sans s'arrêter de temps en temps aux étalages et sans jeter un coup d'œil à droite sur les Thermes de Julien, restes du palais d'un empereur romain, et à gauche sur la fontaine Saint-Michel.

Parvenus au pont, ils virent devant eux, sur la droite, l'église qu'ils avaient aperçue du haut du Panthéon : la cathédrale de Paris, Notre-Dame.

Du point où ils se trouvaient, l'œil embrase l'édifice tout entier, les trois portails qui y donnent entrée et les deux énormes tours qui les surmontent. Les deux frères s'empressèrent de se diriger de ce côté.

A mesure qu'ils approchaient, le monument leur semblait de plus en plus digne d'admiration. Ils distinguaient les riches sculptures qui en décorent la façade, les statues occupant les niches, les fines colonnettes formant comme une galerie à jour d'une tour à l'autre, les figures, les feuillages, les clochetons aigus, découpés dans la pierre. A chaque pas leur ravissement augmentait. Cette cathédrale était autrement grande et belle que celle d'Orléans, qu'ils avaient admirée quelques jours auparavant.

Après avoir examiné le dehors, ils pénétrèrent à l'intérieur et un sentiment de respect et de vénération les saisit.

Fenêtre en ogive.

C'est que Notre-Dame de Paris est un des édifices les plus imposants qui existent. Il est soutenu par une multitude de piliers, les uns lourds et massifs, les autres minces et élancés, semblables aux arbres d'une forêt.

Les voûtes de Notre-Dame forment ce qu'on appelle des *ogives*, c'est-à-dire une arcade terminée en pointe. La même disposition se retrouve dans l'encadrement des portes et des fenêtres, et dans la légère galerie qui court au-dessus des piliers de la nef.

Les édifices dont les voûtes ou les ornements présentent la forme d'ogives, sont appelés *gothiques* ou de *style ogival.* Il y a en France un grand nombre de belles églises gothiques ; les plus remarquables sont les cathédrales de Paris, de Reims, d'Amiens, de Chartres et de Bourges. Ces édifices se distinguent par la hardiesse, la légèreté et l'élévation des voûtes ; par la richesse, la variété et la profusion des ornements ; par la beauté et l'éclat des vitraux.

Ce qui charma le plus Savinien, ce fut la contemplation de la rosace qui décorait le dessus des portes.

Rosace.

Il avait vu une fois, sur une boîte de dragées, un papier de soie figurant de la dentelle ; certainement la pierre de ces rosaces était aussi finement découpée. En ce moment, un rayon de soleil, passant au travers de l'une d'elles, faisait étinceler les mille couleurs de ses vitraux, et teignait la muraille qui lui faisait face de bleu, de pourpre et de violet.

En sortant de la cathédrale, Savinien vit de l'autre côté de la place une porte sur laquelle était écrit : Hôtel-Dieu.

Une salle de l'Hôtel-Dieu.

— Qu'est cela ? dit-il.

— C'est un hôpital, le plus grand de Paris, on y soigne les malades pauvres gratuitement.

— Ah ! je suis bien aise de savoir que, dans ce Paris si riche et si beau, on a pensé aussi aux pauvres.

— Cet hôpital n'est pas le seul. Paris en possède près de vingt, tant pour les malades que pour les vieillards, les infirmes, les aliénés, et chaque jour on parle d'en établir davantage.

Après quelques détours, les deux frères reprirent leur direction et virent alors devant eux un vaste monument, précédé d'une grande cour fermée de grilles dorées. C'était le Palais de Justice, où comparaissent les criminels, voleurs ou assassins. Par malheur il y en a à Paris plus qu'en aucune autre ville de France.

Savinien fut fort étonné en se retrouvant sur un pont;

Les Halles centrales.

il crut être revenu sur ses pas. Il fallut que Bernard lui expliquât qu'ils avaient traversé une île, que cette île s'appelait la *Cité* et avait formé autrefois une ville du nom de *Lutèce*, laquelle est devenue, en s'agrandissant, le Paris actuel.

Après avoir consulté les plaques fixées au coin des rues pour en indiquer le nom, et reconnu la large voie plantée d'arbres qui porte la désignation de boulevard de Sébastopol, Bernard s'y engagea.

— Que Paris est grand ! disait Savinien.

Par bonheur, nous le savons, il était excellent marcheur; et d'ailleurs le désir de voir donnait à ses jambes comme des ressorts d'acier.

En arrivant à une rue transversale, nos voyageurs aperçurent sur leur gauche des constructions qui ne ressemblaient à aucune de celles qu'ils connaissaient. Elles paraissaient être presque entièrement en fer et en vitres.

C'étaient les Halles centrales.

Cet endroit présentait un coup d'œil tout particulier. On y voyait des montagnes de carottes et de poireaux, des voitures de choux, des monceaux d'artichauts, d'énormes tas de radis, de navets, de salades, d'oignons; ici des pommes; plus loin des oranges. Des hommes allaient et venaient, des paniers sur l'épaule. L'animation, déjà si active dans les autres rues, l'était là encore bien davantage.

Ils pénétrèrent dans l'un des bâtiments. Il était occupé tout entier par des marchands de pommes de terre. Dans celui qu'ils visitèrent ensuite, on ne vendait que du poisson. Des turbots, des maquereaux, des soles, pêchés la veille dans l'Océan, s'étalaient sur des tables de marbre blanc, incessamment rafraîchies par des eaux courantes. Vraiment c'était une vue appétissante, car tout y était présenté avec une propreté parfaite.

Dans d'autres pavillons, on vendait la viande de boucherie, la charcuterie, la volaille; dans un autre encore des fruits et des fleurs. Aux étalages de quelques marchandes, on voyait des fraises rangées dans de petits pots, quatre ou cinq au plus dans chaque. Savinien les montra avec étonnement à son frère. Dans le jardin de leur grand'mère elles n'étaient pas encore en fleur.

Un monsieur s'approcha pour en demander le prix.

— Un franc cinquante le pot, répondit la marchande.

Le monsieur s'en fit envelopper une douzaine, les paya et les emporta dans sa voiture qui attendait.

— Il faut être bien gourmand, dit Savinien avec indignation, lorsque l'acheteur fut parti, pour mettre tant d'argent à une friandise!

— Aimes-tu les fraises? demanda Bernard.

— Sans doute.

— Eh bien, ce monsieur les aime aussi, et probablement les amis auxquels il les offrira partagent son goût: car je ne suppose pas qu'il mange celles qu'il vient d'acheter à lui tout seul. Si ses moyens lui permettent de se donner cette satisfaction, pourquoi se la refuserait-il? Je suis sûr que la marchande ne se plaint pas de sa gourmandise, pas plus que le jardinier qui s'est donné bien du mal pour faire venir ces fruits en *primeur*, c'est-à-dire avant la saison. Il faut se garder de blâmer les riches de ce qu'ils usent de leur fortune, car parfois ce blâme provient d'un très vilain sentiment : l'envie. On doit se dire que les fantaisies auxquelles ils se livrent, et auxquelles nous nous livrerions sans doute nous-mêmes si nous étions à leur place, font vivre bien des pauvres gens, et ne pas leur reprocher un goût qui ne cause du mal à personne et qui profite à beaucoup de monde.

QUESTIONNAIRE. — Connaissez-vous des églises de style ogival ? — Que pensez vous des femmes qui se dévouent à soigner les malades ? — Avez-vous bien compris où est située la partie de Paris appelée *la Cité* ? — L'un de vous est-il allé à Paris et pourrait-il nous tracer l'itinéraire suivi par les deux frères ? — Avez-vous une idée du coup d'œil que présentent les Halles ? — Êtes-vous de l'avis de Bernard ou de celui de Savinien au sujet de l'acheteur de fraises ?

XVII. — L'ouvrier serrurier.

Quoiqu'ils fussent partis de bonne heure de leur hôtel, il était onze heures et demie lorsque nos amis atteignirent l'entrée du faubourg du Temple. Après s'être fait indiquer la rue Corbeau, les deux frères hâtèrent le pas, car ils voulaient arriver à l'atelier de serrurerie dans lequel travaillait Marcelin Lubert, avant l'heure du déjeuner.

Lorsqu'ils l'atteignirent, l'horloge marquait midi moins deux minutes. Quelques instants après la cloche se fit entendre. Les ouvriers sortirent et se répandirent chez les petits restaurateurs et marchands de vin des environs pour y prendre leur repas.

Bernard n'en laissait pas passer un sans le regarder en face. Enfin, Marcelin se montra.

Il parut d'abord étonné lorsque le jeune homme lui adressa la parole. Le fait est que le garçon qu'il avait laissé au village deux ans auparavant ne ressemblait pas à celui qui l'arrêtait au passage, car deux années apportent de grands changements dans l'extérieur à l'âge de notre jeune ami.

Cependant, aussitôt que Bernard eût dit son nom, Marcelin lui fit le meilleur accueil.

Après avoir demandé des nouvelles de sa mère et de ses autres parents :

— Je vous emmène tous deux déjeuner, dit-il; c'est moi qui paye.

— Je ne demande pas mieux que de déjeuner en votre compagnie, dit Bernard; nous parlerons de Fréville; mais il n'est pas nécessaire que vous payiez pour nous.

— Pourquoi cela ?

— Parce que nous sommes en état de le faire et que nous

ne voulons pas vous causer de dépense ; mais je ne vous en sais pas moins gré de l'intention.

Marcelin insista, puis voyant que Bernard tenait bon :
— Comme vous voudrez, dit-il.

Tous trois furent bientôt installés dans un petit éta-

La sortie de la fabrique.

blissement du voisinage. La course que les deux frères venaient de faire, leur avait donné de l'appétit.

Avant de déjeuner, Bernard remit à Marcelin un petit paquet, contenant des papiers et diverses choses dont Mme Lubert l'avait chargé pour son fils.

— Je vous remercie bien, dit l'ouvrier serrurier, de m'avoir apporté cela; mais c'était une peine inutile. Je vais retourner au pays.

— Retourner au pays! s'écria Savinien, qui, l'esprit encore tout rempli des merveilles qu'il venait de contempler, ne comprenait pas qu'on pût quitter Paris, lorsqu'on pouvait y rester.

— Oui, Paris est bien beau à voir, reprit Marcelin, comme s'il devinait sa pensée; mais le pays vaut mieux pour y vivre.

— Pourquoi cela?

— On y a plus d'aisance.

— Je croyais, dit le jeune garçon, qu'à Paris on gagnait de l'argent tant qu'on voulait.

— Qu'importe qu'on en gagne beaucoup si l'on en dépense beaucoup aussi? La nourriture, le logement, l'éclairage, le chauffage, coûtent bien moins cher chez nous qu'ici. Et puis ce n'est pas tout, à Paris on a toutes sortes de tentations qu'on ne connaît pas à la campagne. L'argent glisse entre les doigts. Je gagne de bonnes journées; malgré cela, bien souvent je n'ai pas un sou et j'ai de la peine à atteindre le samedi de la paye. Ce qui vous perd à Paris, voyez-vous, et retenez-le, ce sont les mauvaises connaissances.

— On peut aussi faire de mauvaises connaissances au village, dit Bernard.

— Pas aussi aisément qu'ici. Quand un garçon est mal noté, tout le monde le sait et, à moins de se faire mal noter soi-même, on ne le fréquente pas. A Paris, ce n'est pas la même chose; on ne sait pas tout de suite à qui l'on a affaire, et quand on le sait l'habitude est prise.

Il y a une foule de raisons encore qui font qu'il est plus facile de se bien conduire au pays qu'à Paris : le souvenir du père, bien plus vivant là où on l'a connu; la présence de la mère, dont on craint les reproches; les voisins, à la bonne opinion desquels on tient; et puis la maison, qui est là, qui vous fait un chez-soi, qu'on retrouve tous les soirs, en rentrant de l'ouvrage. A Paris rien de tout cela. Personne qui sache qui vous êtes, qui se soucie de vous, et alors vous ne vous souciez pas non plus autant, vous-même de faire des efforts pour conserver votre réputation.

Bernard parut un peu étonné de ce qu'il entendait. Selon lui, quand on se conduisait bien c'était pour soi, pour avoir le témoignage de sa propre conscience, non pour ce que les autres pensaient de vous.

Marcelin reprit :

— Je sais bien que, pour ceux qui ont de la résolution, ces prétextes-là ne valent rien. Que voulez-vous ? Il y a des gens qui ne sont pas méchants, mais faibles seulement. Ils détestent le mal, ils seraient bien fâchés de le faire ; mais ils craignent de subir l'influence des mauvais exemples. Je suis de ceux-là. C'est pourquoi e préfère retourner là-bas.

— Qu'y ferez-vous ?

— Je travaillerai chez le père Lebrault, le serrurier de Saint-Gomer ; je me suis entendu avec lui : c'est une affaire conclue. Je n'ai pas voulu en parler à la mère avant que tout fût arrêté, de peur de lui faire une fausse joie à la pauvre femme. Saint-Gomer n'est qu'à une demi-lieue de Fréville ; je pourrai tous les jours revenir souper et coucher chez nous. Le dimanche, au lieu de dépenser beaucoup d'argent pour aller chercher la campagne bien loin, comme je suis obligé de le faire ici lorsque l'envie me prend de respirer l'air des champs, je l'aurai à ma porte. Le soir, au lieu d'aller passer au cabaret deux heures dont je ne sais que faire, je resterai au coin du feu à lire, ou bien je travaillerai au jardin selon la saison.

— Est-on donc forcé à Paris, demanda naïvement Savinien, d'aller au cabaret tous les soirs ?

— Eh ! non, sans doute. Il y a d'autres moyens de s'occuper. On trouve ici des bibliothèques, des écoles, où l'on fait des cours gratuits aux ouvriers et à tous ceux qui désirent s'instruire. J'y suis allé pendant quelque temps, cela m'intéressait ; et puis c'est l'un, c'est l'autre qui m'en ont détourné : ce qu'il y a de terrible, dans la société des paresseux, c'est qu'ils ne sont contents que lorsqu'ils voient leurs camarades leur ressembler ! Comme cela, ils ont moins honte d'eux-mêmes !

Bernard pensa en lui-même que son compatriote avait bien peu de caractère ; mais, ne voulant pas le désobliger :

— Puisqu'il en est ainsi, dit-il simplement, vous ferez bien, en effet, de retourner au pays.

— Oui, et j'aurais fait mieux encore de ne pas le quitter ; mais on trouve au-dessous de soi de travailler à la campagne : on veut absolument aller à Paris ! C'est un sot orgueil j'en suis bien guéri.

Le repas était terminé. Marcelin proposa à Bernard et à son frère de leur faire visiter Paris.

— Mais voilà l'heure de rentrer à votre atelier, dit le jeune homme.

— Bah! on se passera de moi!

— Je vous remercie de votre proposition, reprit Bernard; nous serions bien fâchés de vous faire perdre votre temps. D'ailleurs, nous avons déjà pas mal marché aujourd'hui et nous avons vu beaucoup de choses. Nous devons nous remettre en route demain, il faut que nous ménagions nos forces. Nous allons retourner à notre hôtel en prenant, comme on dit, le chemin des écoliers. Je me suis orienté en venant, et je crois que je retrouverai facilement la rue de Vaugirard. En tout cas je saurai bien la demander.

— Comme il vous plaira, dit Marcelin, qui devina que ses compatriotes n'étaient pas des fainéants et ne voulut pas leur faire prendre trop mauvaise opinion de lui. Ils se séparèrent en se donnant rendez-vous dans peu de temps à Fréville.

— Il aura bien raison, pensa Bernard, de ne pas rester à Paris. Si je l'avais laissé faire, il dépensait le prix d'une demi-journée de travail à nous payer à déjeuner, et il perdait l'autre moitié à nous promener. Il n'est pas étonnant, comme il dit, que l'argent lui glisse entre les doigts.

QUESTIONNAIRE. — Aimeriez-vous mieux être ouvrier à Paris ou à la campagne? — Comment emploieriez-vous vos loisirs si vous étiez à Paris? — Marcelin agissait-il sagement en offrant à déjeuner à Bernard et à Savinien? — Doit-on faire des invitations au delà de ses moyens? — Que pensez-vous des discours de Marcelin et des réflexions de Bernard?

XVIII. — Les Boulevards. — La Place de la Concorde. — Les Champs-Élysées. — Les Fortifications.

En quittant Marcelin, les deux frères cheminèrent à travers des rues toutes différentes de celles par lesquelles ils avaient déjà passé. Ils avaient parcouru le matin, aux environs du Panthéon, le Paris savant, celui des lycées et des écoles; puis aux environs des Halles, le Paris du commerce; maintenant, c'était le Paris des fabriques. On ne voyait que vastes ateliers, hautes cheminées d'usines. Dans les ruisseaux coulaient des eaux savonneuses ou bien colorées en noir, rouge, bleu, et qui avaient servi aux diverses industries. De tous côtés, on entendait le bruit des machines, et de nombreux ouvriers se pressaient aux portes des établissements de travail: car l'heure de la reprise de l'ouvrage avait sonné.

Après avoir marché un certain temps dans ce quartier et traversé le canal Saint-Martin, nos amis rejoignirent le boulevard.

Là, l'émerveillement causé par les boutiques recommença, et augmenta même à mesure qu'ils poursuivaient leur promenade. Ils se trouvaient dans le Paris riche, le Paris du

Les boulevards.

luxe. Les magasins étincelaient de glaces et de dorures.

Les deux frères s'arrêtaient à toutes les boutiques, et Savinien ne manquait pas d'acheter en idée quelques-unes des marchandises exposées dans les vitrines ; mais, à peine avait-il fixé son choix, que des objets, plus séduisants encore, s'offrant à sa vue, lui causaient d'autres tentations. A chaque pas de nouveaux étalages amenaient de nouvelles emplettes imaginaires. Quand ils atteignirent la Madeleine, un train entier de chemin de fer n'aurait pas suffi à transporter toutes les acquisitions que le jeune garçon aurait faites, s'il avait été à même de réaliser tous ses désirs.

Ce qui le surprenait surtout, c'était l'immense quantité de marchandises que les magasins renfermaient.

Il n'en était pas ici comme de ce qu'il avait vu à la Halle. On n'achetait pas tous les jours des bijoux, des châles, des meubles. Où donc passait tout cela ?

— C'est que, lui dit Bernard, Paris ne travaille pas seu-

Place de la Concorde.

lement pour ses habitants, mais pour la terre entière. Ce qui sort des mains des ouvriers parisiens, se distingue par des qualités de goût et d'élégance qui ne sont atteintes par les ouvriers d'aucune autre nation. La bijouterie de Paris, ses meubles de luxe, ses broderies, ses fleurs artificielles, ses bronzes, sont renommés dans les pays les plus éloignés.

Leurs nombreuses stations devant les boutiques, et quelque temps d'arrêt pour se reposer sur les bancs du boulevard, avaient pris toute l'après-midi.

La journée était fort avancée lorsqu'ils atteignirent la place de la Concorde, et là il y eut une nouvelle pause d'admiration.

Le coup d'œil que présente cette place vaut bien, en effet, la peine qu'on s'y arrête.

Bernard et Savinien étaient parvenus au pied de l'obélisque, qui en occupe le milieu. Cet obélisque est un monument d'une seule pierre, rapporté d'Égypte et couvert de caractères appelés *hiéroglyphes* qui retracent l'histoire des anciens Égyptiens. Cette place est ornée en outre de superbes candélabres, de fontaines jaillissantes, et bordée d'un côté de superbes palais. Les deux frères avaient derrière eux le jardin des Tuileries avec ses massifs de marronniers encore en fleur. A droite, l'église de la Madeleine, et à gauche, lui faisant pendant, le Palais-Bourbon, où se tient la Chambre des députés lorsqu'elle siège à Paris. En face d'eux, au bout d'une longue avenue d'arbres magnifiques, qu'on appelle les Champs-Elysées, l'Arc de Triomphe se dessinait sur le ciel doré du couchant. De nombreux équipages la parcouraient. Les becs de gaz commençaient à s'allumer et formaient deux files enflammées interminables.

Autour d'eux, la place s'éclairait de superbes candélabres, dont l'éclat était reflété par les eaux jaillissantes des fontaines; tout étincelait de feux innombrables, et Savinien s'imagina d'abord que, se conformant au proverbe : « Il n'y a pas de bonne fête sans lendemain », Paris recommençait l'illumination de la veille. Il eut bien de la peine à croire qu'il en était ainsi tous les jours, et que chaque soir des milliers de becs de gaz s'allumaient pour brûler jusqu'au matin.

Ainsi que l'avait dit Bernard, ils auraient pu rester tout une semaine à Paris, plus même, et ils auraient toujours eu du nouveau à voir. Mais ils ne pouvaient y demeurer davantage. Ils ne le désiraient pas non plus. C'eût été retarder le moment de retrouver leur père, et cette considération leur eût enlevé tout l'agrément d'un plus long séjour. Ils espéraient, du reste, y repasser avec lui en revenant.

C'est pourquoi, après une autre nuit à l'hôtel, ils reprirent leurs sacs de voyage.

Mais avant de quitter Paris, il était une chose dont Savinien avait grande envie. Il en toucha timidement quelques mots à Bernard. Comme celui-ci pouvait satisfaire son frère à peu de frais, il se rendit à son désir. Tous deux donc, en sortant de la rue de Vaugirard, grimpèrent sur l'impériale d'un *tramway* : car telle était l'ambition du jeune garçon.

Moyennant quinze centimes, ils traversèrent ainsi tout Paris, et Savinien s'aperçut que la ville était beaucoup plus grande encore qu'il ne l'avait cru. Il descendit enchanté de son observatoire. Bientôt on atteignit les fortifications, épaisses murailles bordées de larges fossés et pouvant se garnir de canons qui servent à la défense de la ville.

— J'ai entendu raconter, dit Bernard, qu'en 1870, pendant cette guerre si malheureuse dont le laboureur, près d'Orléans, nous a parlé, Paris a été assiégé, c'est-à-dire que les Allemands ont cherché à s'en emparer. Ne pouvant y parvenir, ils ont entouré la ville de troupes, de manière à empêcher les vivres d'y entrer, ainsi que les choses de première nécessité. Pendant plus de quatre mois, les Parisiens ont souffert du froid et de la faim plutôt que de se rendre.

— Oh! c'est bien à eux! s'écria Savinien.

QUESTIONNAIRE. — Que choisiriez-vous dans les boutiques de Paris si vous étiez à même d'acheter ce qui vous plait? — Montrez quelques-uns des monuments de la place de la Concorde. — Etes-vous de l'avis de Savinien quant au siège de Paris et aux Parisiens? — Avez-vous déjà entendu cette expression : *hiéroglyphe* ?

XIX. — Les environs de Paris. — La manufacture des glaces de Saint-Gobain.

Voilà nos voyageurs de nouveau sur la grande route. De chaque côté se dressent des cheminées d'usines, de vastes bâtiments, fabriques, magasins, ateliers, qui témoignent de l'activité et de l'industrie des habitants. Puis la campagne devient plus riante, déroulant de nouveau ses bois, ses vallées et ses coteaux.

Là aussi se voit la preuve du travail incessant de l'homme. Ce sont tantôt des vignes bien entretenues qui commencent à fleurir, tantôt des champs de blé, tantôt de vastes enclos couverts de salades et de légumes, qui sont arrosés sans relâche et serviront à l'approvisionnement de Paris.

Au fond de la plaine, au milieu de plantations de cerisiers et d'autres arbres à fruits, s'étendent de grands et riches villages. Les hauteurs sont égayées de maisons de campagne, qui se détachent sur la verdure. On entrevoit le haut de l'abbaye de Saint-Denis, où sont inhumés les rois de France. La forêt de Montmorency, où les Parisiens vont se promener le dimanche, couronne une suite de coteaux.

— Ce côté de Paris est aussi joli que celui que nous avons traversé pour y arriver, dit Savinien.

— Les environs de la capitale de la France sont renommés, à ce qu'on m'a dit, répliqua Bernard, et plusieurs des châteaux qu'on y voit, appartiennent à l'Etat. Le plus magnifique de tous est celui de Versailles. Par malheur, il n'est pas sur notre chemin.

Pendant plusieurs jours, nos voyageurs cheminèrent

L'Abbaye de Saint-Denis.

dans une contrée fertile et bien cultivée. Chaque fois qu'ils faisaient halte pour passer la nuit, ils trouvaient des auberges abondamment approvisionnées. Au lieu de ma-

Le Palais de Versailles

sures en terre, couvertes en chaume, comme il y en a encore beaucoup en Sologne, ils voyaient le long de la route des maisons en briques ou en pierre, s'abritant sous des toits de tuiles et d'ardoises qui réjouissaient la vue. Le petit jardin qui les entourait était bien entretenu; quelques rosiers fleurissaient au milieu des carrés de légumes, ou bien recouvraient un mur en compagnie d'un cep de vigne ou d'un poirier. Des pots de fleurs égayaient les fenêtres. L'intérieur de la maison, qu'on entrevoyait par la porte ouverte, paraissait propre et même confortable. Les femmes étaient bien vêtues; les enfants aussi. Tout présentait enfin l'aspect de l'aisance et du bien-être, résultats heureux du travail, au lieu de cet extérieur misérable, triste fruit de l'incurie et de l'ignorance.

Après avoir traversé de vertes prairies et les belles forêts de Senlis, de Chantilly, de Compiègne, les deux frères se trouvèrent à peu de distance de la manufacture de glaces de Saint-Gobain. Bernard, qui ne voulait pas perdre une occasion de s'instruire, demanda et obtint la permission de visiter l'établissement.

Tout le monde sait que les glaces sont du verre souvent étamé. Mais le verre des glaces est plus beau que le verre ordinaire.

Le verre ordinaire se fait avec du sable et de la potasse fondus ensemble et devenus liquides au feu. On en prend une petite portion au bout d'une longue canne creuse, et on souffle dans la canne,

Ouvrier soufflant le verre.

comme vous soufflez dans un tuyau de paille trempé dans de l'eau de savon pour faire ces jolies bulles si légères, si brillantes et si fragiles, et alors le verre s'enfle en forme de bouteille, de carafe, ou bien de globe, qu'on coupe et qu'on aplatit pour faire des verres à vitres.

Les glaces ne se soufflent pas comme le verre ordinaire; on ne pourrait ainsi en obtenir d'assez grandes. On les coule.

On fit entrer Bernard et son frère dans l'endroit où s'opérait ce travail.

C'était un grand hangar où se trouvaient d'énormes fours. Là chaleur y était si forte, que Savinien faillit être suffoqué; mais il se remit bien vite, pour examiner ce qui se faisait.

Des hommes amenèrent sur un chariot une sorte de grande table de métal; puis d'autres ouvriers, à l'aide de pinces de fer, saisirent dans l'un des fours un *creuset*, vase de terre qui peut aller au feu sans se briser, et qui contenait le verre en fusion. Ils le vidèrent sur la plaque. On aurait dit du feu liquide. Ils étendirent ce verre avec soin, pour qu'il eût partout la même épaisseur; puis ils glissèrent la plaque dans un four tiède, afin qu'elle s'y refroidît lentement.

— Ouf! fit Savinien en sortant lorsque le coulage fut terminé, pour se rendre dans l'atelier où l'on polissait les glaces, et en s'épongeant la figure à tour de bras; j'ai cru que j'allais fondre! Que je plains les gens qui passent toute leur journée dans cette fournaise!

Lorsque les glaces sont polies, ce qui est une opération très longue, il ne reste plus qu'à les *étamer*, c'est-à-dire à fixer sur l'une des faces une mince couche d'*étain* et de *mercure*, appelée *tain des glaces*. Les glaces étamées réfléchissent les objets; celles qui ne le sont pas servent aux devantures des boutiques.

Savinien, avant de quitter son village, n'avait guère vu de miroir plus grand que celui devant lequel sa grand'mère ajustait son bonnet, et qui avait un pied carré. La glace qu'on étamait devant lui lui semblait énorme

— On en fabrique de bien autrement grandes que celle-ci, dit un ouvrier remarquant son étonnement. Nous en avons envoyé à l'Exposition universelle qui ont six mètres de haut, autant que deux étages d'une maison de Paris, et qui sont larges à proportion. Oh! c'est que la manufacture de glaces de Saint-Gobain est renommée dans le monde entier!

QUESTIONNAIRE. — D'où vient que certains pays présentent un aspect aisé et d'autres un aspect misérable? — Dans quel département est Saint-Gobain? — Quelle différence y a-t-il entre le verre et les glaces? — Qu'est-ce que l'étain et le mercure? — La glace dont parle l'ouvrier de Saint-Gobain entrerait-elle dans la classe? — Si elle y entrait, quelle place y tiendrait-elle?

XX. — Les productions du département de l'Aisne.

Tantôt nos voyageurs suivaient les sentiers de traverse, et tantôt la grande route. Les sentiers de traverse avaient leurs agréments; mais ce qui plaisait à nos amis sur la grande route, c'est que, grâce aux *bornes kilométriques*, ils pouvaient mieux régler leur marche. Ces bornes sont placées le long des routes, à un *kilomètre* ou *mille mètres* l'une de l'autre. Sur chacune d'elles est gravé un numéro, qui indique à combien de kilomètres la borne qui le porte se trouve du point où commence la route.

Borne kilométrique.

Entre deux bornes kilométriques se voient d'autres bornes plus petites, qui indiquent les *hectomètres*, c'est-à-dire les centaines de mètres, de sorte que rien n'est plus facile que de savoir à quelle distance on se trouve d'une ville, et de calculer le temps qu'il faut pour s'y rendre.

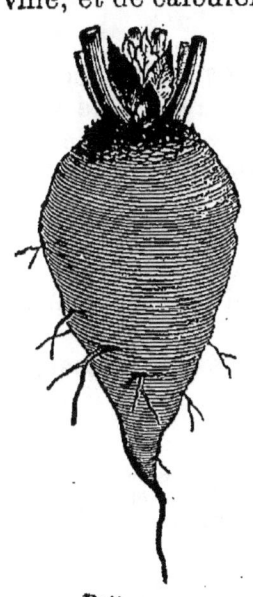

Betterave.

Les deux frères n'avaient pas non plus besoin de s'orienter, comme Bernard avait appris à Savinien à le faire : car des poteaux, placés au coin des chemins, leur donnaient tous les renseignements dont ils avaient besoin.

A peu de distance de Saint-Gobain, ils arrivèrent à un endroit où plusieurs routes, en se croisant, formaient un carrefour, une *étoile* comme on dit quelquefois. L'une d'elles courait vers l'Est et le poteau portait les noms de *Laon, Reims,* avec le nombre de kilomètres à parcourir pour atteindre ces villes. Au coin de la route qui lui faisait vis-à-vis, on lisait *Amiens*. Entre les deux s'en trouvait une troisième. L'écriteau annonçait qu'elle menait à *Saint-Quentin*. C'est celle-là que choisirent nos amis : car Bernard avait vu sur la carte que Saint-Quentin était entre Saint-Gobain, qu'ils venaient de quitter, et Anzin, où ils se rendaient.

La campagne était toujours cultivée avec le plus grand soin; pas un pouce de terrain n'était perdu. Sur d'immenses espaces les betteraves montraient leurs touffes de feuillage d'un vert sombre. Comme chacun sait, on fait du sucre avec la betterave. Il y en a de grandes fabriques dans le département de l'Aisne et dans celui du Nord. La *pulpe* de la betterave, c'est-à-dire ce qui en reste lorsqu'on a extrait la matière sucrée, sert à nourrir les bestiaux.

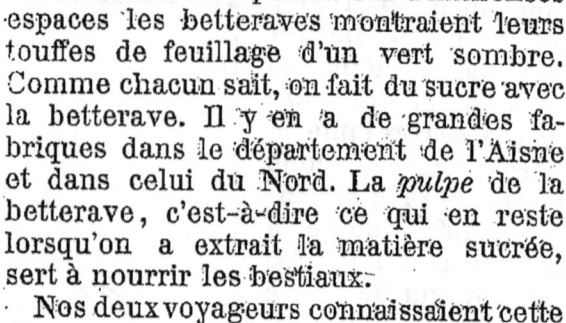

Le colza.

Nos deux voyageurs connaissaient cette plante utile, mais ils en voyaient d'autres dont ils ignoraient le nom. Ils s'en informaient, et personne ne refusait de leur répondre, car ils s'exprimaient poliment.

— Cette fleur jaune, leur dit une fois un paysan se rendant au marché, et qu'ils interrogeaient en faisant route avec lui, est celle du *colza*. Le colza produit une graine que l'on écrase sous des meules, et dont on tire l'*huile à brûler*.

Cette jolie fleur lilas est celle du *lin*. Le lin donne une *filasse* plus douce et plus fine que celle du chanvre. Elle sert à fabriquer les fines toiles appelées batistes, et les riches dentelles dont on fait un commerce important dans cette partie de la France.

Cette plante qui grimpe le long de perches, en formant des guirlandes, c'est du *houblon*. Le houblon entre avec l'*orge* dans la composition de la *bière*, qui est la boisson habituelle dans nos départements.

Ainsi nos jeunes amis ne manquaient pas une occasion d'apprendre et de profiter de leur voyage.

QUESTIONNAIRE. — A quoi servent les bornes kilométriques ? — Qu'est-ce qu'un kilomètre, un hectomètre ? — Combien y a-t-il de kilomètres d'ici à ***. — Combien mettez-vous de temps pour vous y rendre ? — Combien alors mettez-vous pour faire un kilomètre ? — Calculez, d'après ces données, combien vous mettriez de temps à parcourir une distance de 20, 30, 50 kilomètres. — Les indications placées au coin des chemins sont-elles utiles ? — Quelles sont les principales productions du département de l'Aisne et quel est leur emploi ? — Dans quels départements sont situés Laon, Reims, Saint-Quentin ?

XXI. — Saint-Quentin.

Le lin.

Depuis que nos amis avaient quitté Fréville, le temps avait été beau ; mais le lendemain de leur visite à Saint-Gobain la pluie vint à tomber. Il fallait songer à rejoindre une station de chemin de fer, pour gagner Saint-Quentin, qui n'était pas bien éloigné.

En ce moment un cabriolet qui venait derrière eux, croisa un troupeau de vaches. Le cheval prit peur, s'emporta, et se mit à descendre la côte à grande vitesse, menaçant de briser la voiture à laquelle il était attelé. Bernard, voyant le danger que courait le conducteur, se jeta vivement à la tête du cheval, l'arrêta ; puis, à l'aide de quelques paroles d'encouragement, vint à bout de le dompter : car, avec les animaux, aussi bien qu'avec les hommes, « Plus fait douceur que violence. » Il profita alors de l'occasion pour demander au voyageur le chemin de la gare la plus voisine.

Ce voyageur était un médecin, rentrant chez lui après sa tournée. Il jeta un coup d'œil sur les deux frères.

— Où allez-vous ? leur demanda-t-il.

— A Saint-Quentin.

— A Saint-Quentin ? Eh bien ! montez avec moi.

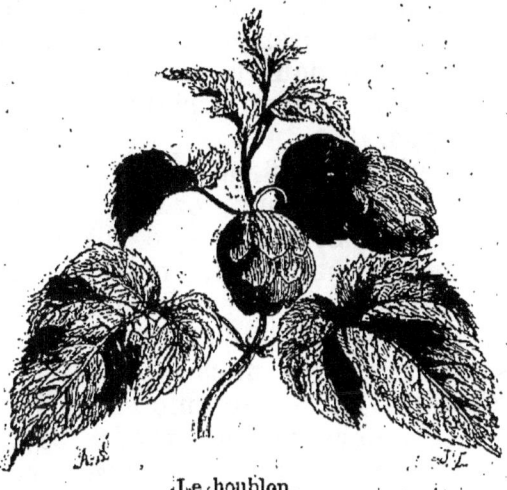
Le houblon.

Bernard fit d'abord quelques difficultés. Il craignait d'être indiscret ; mais le médecin insista.

— Allons, allons, dit-il, ne faites pas de façons. Vous n'êtes pas bien gros ni l'un ni l'autre, et mon cabriolet est large. D'ailleurs, la station n'est pas tout près, et que dirait ma femme, Mme Morlot, en apprenant que j'ai laissé à la pluie, et exposés à prendre une fluxion de poitrine ceux qui m'ont peut-être empêché de me rompre les os?

Au lieu de courir la chance d'attraper, sinon une fluxion de poitrine, du moins un bon rhume, nos voyageurs firent très agréablement leur entrée dans la ville de Saint-Quentin, en compagnie du docteur Morlot. Celui-ci, découvrant en Bernard un garçon déjà instruit et désireux d'apprendre, se plut à lui faire connaître ce qui pouvait l'intéresser.

— Notre ville est célèbre dans l'histoire, lui dit-il; elle a vu bien des batailles, et plus d'une fois elle s'est héroïquement défendue. Dans la dernière guerre, si les habitants de Saint-Quentin n'ont pas réussi à repousser les Allemands, ils peuvent dire du moins qu'ils ont fait leur devoir. Je suis à même d'en parler : car j'ai soigné une bonne partie de ceux qui ont payé de leur sang leur dette à la patrie.

Mais Saint-Quentin, continua M. Morlot, n'est pas seulement connu par des souvenirs de guerre. Peu de villes sont le centre d'une plus grande industrie et déploient plus d'activité. Cet état de choses est dû à sa position sur le chemin de fer et sur la Somme, mais surtout à son canal.

Vous n'ignorez pas les avantages qui résultent pour une ville d'être pourvue de *voies navigables;* mais voilà mon petit ami, dit-il en désignant Savinien, qui ne le sait peut-être pas.

— Non, monsieur, fit l'enfant.

— Eh bien, apprenez donc, mon garçon, que ces avantages viennent de ce que les transports par eau coûtent beaucoup moins cher que ceux qui se font par terre, et cela pour toutes sortes de raisons que vous n'êtes pas encore en âge de comprendre. De plus, les canaux relient les rivières les unes aux autres. Ainsi le canal de Saint-Quentin fait communiquer la Somme avec l'Escaut; par un second canal cette rivière se joint à l'Oise; un autre va de l'Oise à l'Aisne; un autre encore de cette rivière à la Meuse. De sorte que, de canal en rivière et de rivière en canal, on peut traverser toute la France par eau, depuis la mer du Nord jusqu'à l'océan Atlantique et depuis le golfe de Gascogne jusqu'à la Méditerranée. Comprenez-vous maintenant l'utilité des canaux?

— Oh! oui, monsieur.

En ce moment, on arrivait aux portes de Saint-Quentin. Bernard se préparait à descendre, M. Morlot le retint.

— Il pleut toujours, dit-il. Vous allez venir avec moi à la maison. Je ne vous laisserai pas partir sans souper, et même nous aurions bien du malheur si Mme Morlot ne trouvait pas un lit à vous donner. Venez, elle sera enchantée de connaître celui qui a rendu service à son mari, et demain je vous ferai visiter la ville.

Quelques tours de roue conduisirent nos voyageurs devant la maison du médecin. Ainsi que celui-ci l'avait annoncé, Mme Morlot fit le meilleur accueil à ces hôtes inattendus, et, après un excellent repas, ceux-ci s'endormirent profondément dans une jolie chambre, entre des draps parfumés de lavande.

QUESTIONNAIRE. — Que signifient ces paroles : Plus fait douceur que violence ? — Qu'est-ce que des voies navigables ? — Quels sont les avantages qu'elles présentent ? — Cherchez sur la carte les canaux dont il est question ici, et dites comment vous pourriez aller par eau de Dunkerque au Havre.

XXII. — La filature.

Peu accoutumés à un lit si moelleux, Bernard et Savinien ne se réveillèrent le lendemain que longtemps après que le soleil eut paru sur l'horizon. Une bonne tasse de café au lait les attendait. Le docteur était déjà en course : il avait été matinal afin d'avoir plus de temps à donner à ses nouveaux amis, comme il disait.

Il les mena d'abord chez les négociants en *châles, broderies, dentelles, mousselines*. En voyant les monceaux de marchandises accumulées dans les magasins, les deux frères purent se faire une idée de l'importance commerciale de la ville.

De là, ils allèrent visiter une *filature*. Une filature est un établissement dans lequel on *file* les matières *textiles*, c'est-à-dire celles avec lesquelles on fait des *tissus ;* les principales sont : le *coton*, le *chanvre*, le *lin*, la *laine* et la *soie*.

La filature où l'on fit entrer nos amis était une filature de coton. Les machines marchaient comme marchent toutes les machines : à la vapeur. Quel tapage dans les salles qui les contenaient! C'étaient de tous côtés des roues qui tournaient, des courroies de transmission qui battaient, des masses de fer qui gémissaient, d'énormes métiers qui, sans que personne y touchât, avançaient et reculaient en faisant clic-clac, clic-clac.

4

Vous savez tous que le coton est le produit d'un arbre, croissant dans les pays chauds, et qu'on appelle le *cotonnier*. Voici comme on s'y prend pour convertir le coton en fil, propre à coudre ou à fabriquer des étoffes.

On commence par jeter à la machine une masse de coton semblable à de l'ouate, c'est-à-dire tel, ou à peu près, qu'il sort du fruit. La machine tire cette masse avec ses dents de fer et en forme des mèches épaisses comme le doigt. Ces mèches s'enroulent, en formant de grosses pelotes, sur des broches de fer, qui tournent sans cesse, comme tourne le fuseau sous la main de la fileuse; elles sont rangées par centaines à côté les unes des autres.

Ces mèches ainsi dévidées passent alors dans une autre

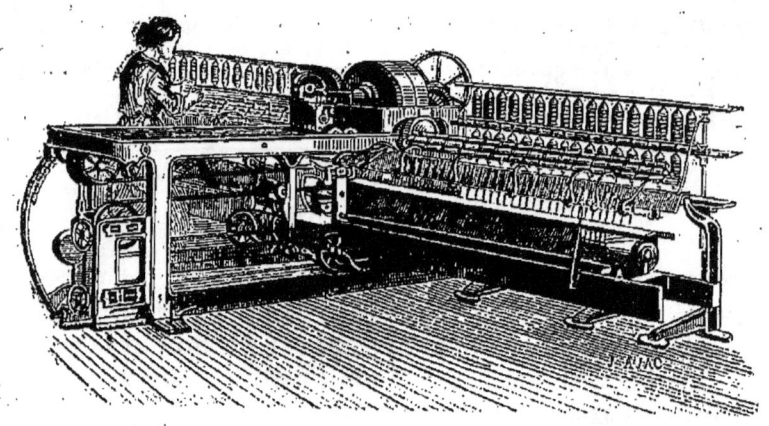

Métier à filer le coton.

machine. Là le coton est étiré une seconde fois, réduit à la grosseur d'une ficelle et s'enroule sur d'autres broches. De cette machine il passe dans une nouvelle, toujours étiré et toujours peloté, et s'amincissant chaque fois. Il en est ainsi jusqu'à ce qu'il soit devenu aussi fin qu'on le désire. A mesure que le fil s'amincit, la broche tourne plus vite; si vite qu'elle semble rester immobile, comme fait une toupie bien lancée, et cependant le coton vient s'y enrouler si régulièrement qu'on serait tenté de croire que ce sont les fées qui le dévident.

Il ne faut pas demander si Bernard prit plaisir à cette visite. Il multipliait les questions, afin de se rendre un compte aussi exact que possible de ce qu'il voyait, et son guide y répondait avec une complaisance infatigable, heureux du plaisir sérieux et utile qu'il procurait.

Quant à Savinien, il n'avait pas assez d'yeux pour suivre le mouvement des machines. Il ne comprenait pas très bien comment elles fonctionnaient, et beaucoup d'autres enfants de son âge n'en auraient pas compris davantage; mais il admirait leur travail, et il se disait que ceux qui les avaient inventées étaient des hommes bien savants et bien habiles.

QUESTIONNAIRE. — Qu'est-ce qu'une filature? Quelles sont les principales matières textiles et d'où proviennent-elles? — Dites-nous comment le coton se transforme en fil. — Fabrique-t-on un seul de ces fils à la fois?

XXIII. — Philippe de Girard

— Outre les machines à filer le coton, nous avons encore ici, dit M. Morlot, des machines à filer le lin et le chanvre.

— Ce ne sont donc pas les mêmes que celles qui servent à filer le coton? demanda Savinien.

— Non; elles sont bien différentes. Ces dernières étaient inventées depuis longtemps qu'on n'avait pas encore trouvé le moyen de filer le lin autrement qu'au rouet ou au fuseau, comme vous l'avez vu faire sans doute.

— Oui, monsieur : grand'mère filait très bien et très vite.

— Si habile qu'elle fût, elle ne pouvait faire autant d'ouvrage qu'une machine dans le même espace de temps.

— Bien sûr.

— Votre grand'mère filait pour son entretien et pour le vôtre, son travail lui suffisait donc; mais tout le monde n'a pas une bonne grand'mère, occupée à pourvoir à ses besoins. Autrefois, bien des gens ne possédaient ni bas ni chemises. Ils portaient des habits percés, déguenillés, répugnants à voir, et qui ne les préservaient pas du froid. Pourquoi cela?

— C'est qu'ils n'avaient pas le moyen d'en acheter d'autres.

— Sans doute; mais d'où vient qu'aujourd'hui vous ne voyez plus personne en haillons? C'est que les étoffes sont à bien meilleur marché que dans ce temps-là, et ce qui en est cause, c'est que, au lieu de filer au rouet ou au fuseau, on file à la mécanique. De même, les métiers à tisser des temps passés ont été remplacés par des machines, qui font la besogne beaucoup plus vite; de sorte que l'on peut donner pour un franc ce qui jadis en coûtait quatre ou cinq. Chacun peut donc aller proprement et chaudement vêtu. Trouvez-vous que ce soit un avantage?

— Oh! oui, monsieur, un très grand.

— Eh bien, celui à qui on le doit, en partie du moins, est un Français, Philippe de Girard. Il est né près d'Avignon et vivait au commencement de ce siècle. Pas plus âgé que vous, il s'occupait de mécanique.

Il devint un savant ingénieur, et ses machines lui avaient déjà valu des médailles d'or aux expositions, lorsque Napoléon Ier proposa un prix d'un million à celui qui découvrirait le moyen de filer le lin à la mécanique.

— Un million! s'écria Savinien.

— Un million, c'est une somme énorme, n'est-ce pas? et qui doit vous dire l'importance qu'on attachait à cette découverte et l'utilité qu'elle devait avoir?

— Et Philippe de Girard obtint-il le prix?

— A force de temps et de travail il parvint à inventer la machine qu'on demandait; mais Napoléon n'était plus sur le trône, et le gouvernement qui lui succédait refusa de donner la somme promise. Philippe de Girard, qui avait dépensé pour construire sa machine tout ce qu'il possédait, se trouva sans ressources. Il fut forcé de s'exiler et alla fonder une filature en Pologne.

— Ainsi, s'écria Savinien, il s'était donné beaucoup de mal, il avait travaillé bien longtemps pour se voir enlever la récompense qu'il avait méritée!

— C'est souvent, mon enfant, le sort des grands inventeurs. Nous devons d'autant plus honorer leur mémoire que presque toujours leurs travaux ont profité à tout le monde, excepté à eux-mêmes, et que, en semant la prospérité autour d'eux, ils n'ont récolté que la ruine.

QUESTIONNAIRE. — Quels sont les avantages des machines? — Avez-vous vu filer à la main? — Comment s'y prend-on? — Quels sont les instruments qu'on emploie? — Racontez la vie de Philippe de Girard. — Quelle comparaison pouvez-vous établir entre lui et vous? — Quels sentiments doit-on avoir pour les grands hommes?

XXIV. — En bateau. — Le canal. — L'écluse.

Mme Morlot voulut absolument retenir les deux frères le reste de la journée et la nuit suivante. La pluie continuait à tomber abondamment et ne permettait guère un voyage pédestre. Avant de les laisser partir le lendemain, elle les embrassa maternellement et garnit abondamment leurs sacs de provisions.

Le temps s'était remis au beau, et le jour de repos que

nos amis venaient de prendre leur avait donné une nouvelle ardeur. Ils ne manquaient pas de sujets de conversation. Savinien ne tarissait pas sur les choses intéressantes qu'ils avaient vues, sur la cordialité de M. Morlot et sur le bon accueil de Mme Morlot. Ils arrivèrent tout en causant sur la rive du canal dont on a parlé, et qui est bordé d'arbres.

Un bateau, chargé de marchandises, suivait la même direction, remorqué par des chevaux. Savinien regardait avec curiosité la lourde embarcation, qui côtoyait de très près le chemin de halage.

Un bateau chargé de marchandises......

Un homme fumait sa pipe, tout en manœuvrant la barre du gouvernail.

— Voulez-vous aller en bateau ? demanda-t-il.

Rien ne pouvait être plus agréable au jeune garçon. Il leva les yeux sur son frère.

Celui-ci lut un désir si vif dans ce regard qu'il consentit de bon cœur à donner satisfaction à l'enfant, et quelques instants après nos voyageurs étaient installés sur les barriques formant le chargement du bateau, qui glissait doucement sur le canal.

Ce mode de locomotion était fort du goût de Savinien : car, pour lui comme pour bien d'autres, « Tout nouveau, tout beau. »

Au bout d'un quart d'heure environ, à un détour du canal, Savinien aperçut une haute porte de bois, qui en barrait complètement la largeur.

4.

— Vois donc! dit-il à son frère; nous n'allons pas pouvoir passer.

— Sois tranquille, répliqua Bernard, notre conducteur n'est pas embarrassé.

En effet, le bateau continua d'avancer jusqu'à ce qu'il fût tout près de l'obstacle. Là il s'arrêta; le pilote héla d'une voix forte; un homme se présenta avec lequel s'échangèrent quelques paroles.

Alors Savinien vit, dans la porte qu'il ne quittait pas des yeux, se former des ouvertures, par lesquelles l'eau s'échappa en cascade. On venait de lever les *vannes* ou plan-

On venait de lever les vannes.....

ches qui les bouchaient. Pendant quelques minutes l'eau coula avec la même abondance; puis notre jeune observateur vit paraître au-dessus de la porte l'homme qui avait parlé au pilote. Il tourna une manivelle; alors l'un des vantaux s'ouvrit lentement et vint se coller contre le mur du canal.

L'homme courut aussitôt à une seconde porte, placée à peu de distance au delà de la première, et, se servant de la partie supérieure de cette porte comme d'un pont, il traversa le canal et vint ouvrir l'autre vantail de la première porte. Le passage étant libre, le bateau reprit sa marche et dépassa l'obstacle. Alors l'homme fit de nouveau jouer sa manivelle et les deux vantaux se refermèrent.

L'embarcation venait de franchir la première porte d'une *écluse*.

Elle se trouvait pour l'instant au fond d'une sorte de

bassin, fermé, du côté opposé à celui par lequel elle était entrée, par la porte sur laquelle l'homme avait passé un instant auparavant. A peine l'écluse fut-elle close en arrière que des ouvertures se formèrent dans la porte en avant, comme il s'en était formé dans l'autre, et que l'eau en sortit avec la même impétuosité. Ne pouvant s'échapper de ce bassin, elle le remplit peu à peu et en éleva le niveau, en sorte que le bateau, qui en entrant se trouvait de plusieurs mètres au-dessous du chemin bordant le canal, se trouva en peu de temps presque aussi haut que lui.

Alors il arriva ce qui était arrivé une fois déjà : la porte en avant de nos voyageurs s'ouvrit et le bateau glissa dans une autre partie du canal.

Savinien avait suivi avec l'attention la plus profonde toute cette opération ; néanmoins, quelques parties en restaient encore obscures pour lui. Selon sa coutume, il interrogea Bernard.

— Un canal, dit celui-ci, est une rivière artificielle, c'est-à-dire creusée de main d'homme. Il sert ordinairement, comme te l'a dit M. Morlot, à faire communiquer deux rivières ; mais il arrive le plus souvent que ces deux rivières ne sont pas sur le même plan, c'est-à-dire que le lit de l'une occupe un terrain plus élevé que le lit de l'autre, de sorte que, si l'on creusait simplement un fossé pour les réunir, ce fossé aurait une pente. Lorsqu'on voudrait le remplir il se viderait aussitôt dans la plus basse des deux rivières et demeurerait à sec.

Les écluses remédient à cet inconvénient. Les canaux sont faits par portions parfaitement horizontales, c'est-à-dire d'égal niveau, mais plus élevées ou plus basses selon que le terrain monte ou descend. Toutes ces portions sont réunies par des écluses, qui sont comme des marches pour monter ou descendre le canal.

— Ah ! je comprends. La partie dans laquelle nous sommes à présent est plus élevée que celle dans laquelle nous étions il y a une heure. Pour nous y faire monter, on a commencé par baisser le niveau du bassin de l'écluse au niveau de la première partie du canal, puis on nous y a introduits. Alors on a élevé le niveau de ce bassin en y faisant entrer de l'eau. Lorsque notre bateau a été au raz du canal supérieur, on nous en a ouvert la porte. N'est-ce pas cela ?

— Justement.

Bernard craignait, en suivant trop longtemps le canal, d'alonger leur chemin ; aussi, après avoir navigué pendant quelques heures, ils quittèrent le marinier en le remerciant chaleureusement de sa complaisance.

— Je regrette, dit-il à Savinien, lorsqu'ils se furent remis en route, de ne pouvoir passer par Cambrai. C'est une ville qui, comme Saint-Quentin, est célèbre dans l'histoire et qui, comme elle aussi, est très industrieuse. De plus Fénelon en a été archevêque.

— Qui est Fénelon ? demanda le jeune frère.

— C'est un des hommes les plus remarquables du temps de Louis XIV. Il a écrit un très beau livre, qui a pour titre *Télémaque*. De plus, il était humain et charitable, et a donné l'exemple des plus grandes vertus.

— Oh ! alors, moi aussi, je regrette de ne pas voir la ville qu'il a habitée ; mais nous tâcherons d'y passer en retournant chez nous. Qu'en dis-tu ?

— Je ne demande pas mieux.

QUESTIONNAIRE. — Qu'est-ce que le chemin de halage ? — Que veut dire : Tout nouveau tout beau ? — Qu'est-ce qu'un canal ? — Qu'est-ce qu'une écluse ? — Qu'est-ce que le pilote d'une embarcation ? — Pourrait-on faire un canal sans écluses ? — Montrez les vannes sur la gravure. — Expliquez-nous tout au long le fonctionnement des portes de l'écluse ? — Qui est Fénelon, et que pensez-vous de lui ?

XXV. — Comment on s'oriente la nuit

Afin de gagner du temps, nos voyageurs faisaient des étapes aussi longues que possible. Un soir, quoique le soleil eût disparu depuis longtemps, ils n'avaient pas encore atteint le lieu du coucher.

— Oh ! dit Savinien en riant, il est bon que nous ne nous trompions pas de chemin, car il n'y aurait pas moyen de s'orienter pour le coup !

— Tu crois cela ?

— Puisqu'il n'y a plus de soleil.

— Il y a quelque chose qui le remplace jusqu'à un certain point. Tu vois bien ces quatre étoiles si grosses et si brillantes qui forment un carré irrégulier ?

— Oh ! je les connais bien : c'est le Chariot de David ; les trois étoiles en avant représentent les chevaux et le conducteur.

— Bien ! Le nom véritable de cette constellation (on appelle ainsi une réunion d'étoiles rapprochées les unes des autres et formant comme un dessin) est la *Grande Ourse*. Maintenant distingues-tu, à peu de distance, une autre constellation, formée, elle aussi, de sept étoiles, moins grosses que les premières et reproduisant la même figure, mais en plus petit?

— Je la vois très bien, s'écria Savinien tout joyeux.

— C'est la *Petite Ourse*. Eh bien, l'étoile placée en avant des autres, le conducteur, comme tu dis, est l'*Étoile polaire;* elle indique le Nord. Il suffit de la découvrir pour avoir ses quatre points cardinaux.

— C'est juste, puisque, lorsqu'on en connaît un, on connaît tous les autres. Je vois maintenant qu'il est toujours facile de s'orienter, aussi bien la nuit que le jour. Excepté pourtant, ajouta-t-il après un moment de réflexion, quand il n'y a pas d'étoiles.

— Dans ce cas on a recours à la *boussole*.

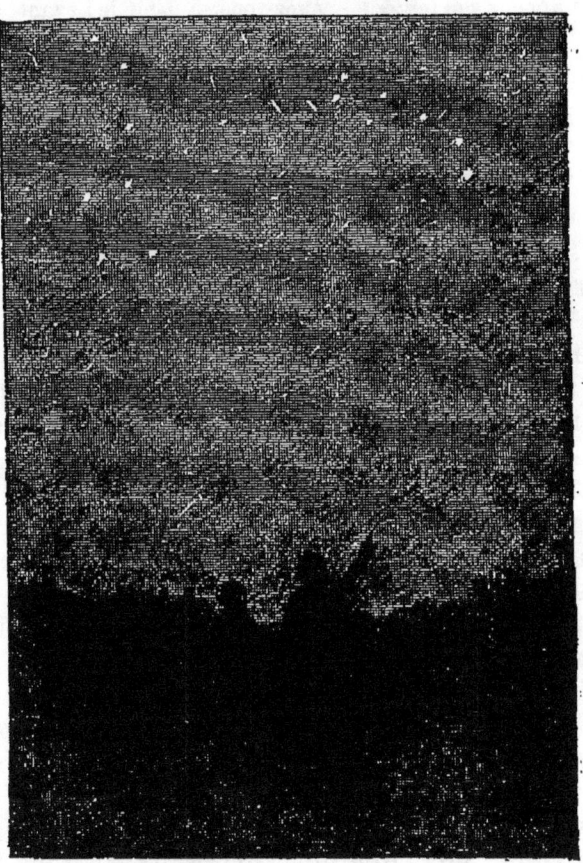

Tu vois bien ces quatre étoiles....

— La boussole? demanda Savinien.

— C'est un petit instrument, dont la partie principale est une *aiguille de fer aimantée*, placée sur un pivot, de manière à pouvoir tourner facilement. Cette aiguille a une propriété extraordinaire: c'est celle de se diriger vers le Nord.

On fait surtout usage de la boussole pour voyager sur mer.

— C'est vrai qu'un instrument de ce genre doit être bien utile pour les marins. Ils ne trouvent pas comme nous sur terre des routes toutes tracées avec des poteaux indicateurs.

— Ni des auberges comme j'en aperçois une, dans laquelle, je l'espère, on nous donnera un souper et un lit.

QUESTIONNAIRE. — Qu'est-ce qu'une étape ? — Vous rappelez-vous ce qu'on appelle *s'orienter* ? — Avez-vous remarqué au ciel les constellations dont il est question ici ? — Montrez la Petite et la Grande Ourse sur la gravure. l'étoile polaire. — Si l'étoile polaire est visible de votre fenêtre, où sera le Midi, le Levant, le Couchant ? — Qu'est-ce que l'aimant ? — Qu'est-ce qu'une aiguille *imantée* ? — Dans quel cas une boussole est-elle utile ?

XXVI. — Les villes du Nord. — Cambrai, Valenciennes, Roubaix.

Ce fut une vive satisfaction pour les deux frères lorsqu'un jour, vers midi, ils virent à peu de distance devant eux une ville qu'on leur dit être Valenciennes ; Anzin n'en est qu'à quelques kilomètres.

Valenciennes, comme Paris, est entourée de remparts et de fossés, car c'est une place de guerre.

— Les fortifications de Valenciennes, dit Bernard, sont l'œuvre de Vauban, célèbre ingénieur qui vivait du temps de Louis XIV. Ces constructions sont admirables, à ce qu'il paraît, pour l'époque où on les a élevées ; mais depuis qu'on a inventé des canons à très longue portée, elles sont devenues insuffisantes et l'on est obligé d'en ajouter de nouvelles aux anciennes.

Comme ils étaient arrêtés sur une éminence pour considérer l'ensemble de la ville, ils furent rejoints par un homme encore jeune, qui paraissait d'humeur joviale, et entama sans façon la conversation.

— Je vois que vous aussi, dit-il en désignant les sacs qui pendaient aux épaules des deux frères, vous aimez les voyages à pied. Pour moi, je ne trouve rien de plus agréable. C'est ce qui est cause que je me fais toujours précéder de mon bagage dans les villes où j'ai affaire, et que je ne garde sur moi que des échantillons. Cela me suffit pour placer quelques marchandises dans les bourgades qui sont sur mon passage. J'étais, il y a trois jours, à Cambrai, je resterai demain et après-demain à Valenciennes ; ensuite je pousserai plus loin. Je suis assez content jusqu'à présent de ma tournée. J'ai trouvé de bonnes occasions, des occasions inattendues.

En ce moment, le loquace personnage fut obligé de reprendre haleine. Bernard, un peu surpris, en profita pour lui demander quel genre d'affaires il faisait.

— Je suis, dit l'autre, voyageur de commerce pour le compte d'une grande maison de blanc et de dentelles de Paris. Deux ou trois fois par an, je parcours toutes les villes du Nord, depuis Saint-Quentin jusqu'à Saint-Pierre-lès-Calais.

A Cambrai, continua le commis voyageur, on fabrique surtout la toile fine, celle qu'on appelle la *toile de Cambrai*; à Valenciennes, la dentelle qui porte le nom de cette ville; puis le linon, la batiste.... Mais je parie que vous ne vous doutez pas de ce que c'est que du linon et de la batiste !

Entr'ouvrant alors vivement son paletot, il tira de sa poche le paquet contenant ses échantillons, l'ouvrit prestement, et, sans interrompre son discours, il déploya des petits carrés d'une étoffe si transparente et si soyeuse qu'elle semblait tissée avec ces fils légers qui flottent l'automne dans les champs.

— Je suis voyageur de commerce....

Le commis voyageur apprit à Bernard qu'on y employait le lin le plus fin et le plus beau.

— Tâtez-moi ça, dit-il en maniant l'étoffe entre ses doigts, et du ton dont il se serait adressé à des marchands. Voyez la qualité ! Quelle blancheur ! Quelle finesse ! Quelle souplesse ! Quelle régularité dans les fils ! Il n'y a que le département du Nord pour produire de semblables tissus !

Le nouveau venu s'était mis à marcher à côté des deux frères. Bernard prenait plaisir à l'interroger sur le commerce du pays, qu'il paraissait bien connaître. Au milieu du fatras de paroles que débitait le commis voyageur, il y en avait de bonnes à retenir, et notre jeune ami ne faisait attention qu'à celles-là.

— J'ai un camarade, disait le nouveau venu, qui, comme moi, parcourt ces pays-ci. Son affaire à lui, c'est le lainage. Quand je l'ai quitté à Saint-Quentin, il se dirigeait vers Amiens, pour s'approvisionner de velours, de casimir, de tapis, d'étoffes pour meubles. De là, il ira à Abbeville et à Saint-Omer pour les draps. Nous nous rencontrerons de nouveau à Roubaix, près de Lille. Roubaix est une ville manufacturière des plus importantes. Chaque jour, on apporte dans ses fabriques des milliers de toisons. Ces toisons viennent d'*Australie*, pays bien loin d'ici, par delà les mers, et sortent de là lavées, peignées, filées et tissées.

Tout en causant, on était arrivé aux portes de Valenciennes, et comme leur compagnon paraissait connaître le pays, Bernard le pria de leur indiquer une auberge modeste. Le commis voyageur, qui était un excellent garçon, et qui voyait bien que ses nouveaux amis n'étaient pas dans une position à faire des dépenses inutiles, les renseigna de son mieux.

Une heure après, ayant mis leurs plus beaux habits, ceux-ci étaient sur le chemin d'Anzin.

Le cœur leur battait bien fort à la pensée de voir enfin ce père qu'ils étaient venus chercher si loin; mais ce n'est pas la joie seule qui les agitait. Ils se demandaient avec inquiétude quel accueil ils allaient en recevoir. Jean Petit s'était dérobé avec tant de soin jusque-là aux recherches de sa famille, qu'il serait peut-être mécontent que ses fils fussent venus le trouver et semblassent ainsi vouloir forcer sa volonté. Cependant, quand il apprendrait qu'ils étaient seuls au monde, pourrait-il les blâmer de la résolution qu'ils avaient prise et se refuser à leur ouvrir les bras?

QUESTIONNAIRE. — Pourquoi les anciennes fortifications sont-elles insuffisantes maintenant? — Qu'est-ce qu'un voyageur de commerce? — Qu'appelle-t-on maison de blanc? — Nommez des étoffes fabriquées avec du coton, du chanvre, du lin, de la laine, de la soie. — Montrez sur la carte les villes dont il est question en nommant ce qu'on y fabrique? — Quelle préparation doit subir la laine depuis le moment où on tond le mouton jusqu'à ce qu'elle devienne étoffe? — Où est l'Australie?

XXVII. — Anzin. — Amère déception.

Anzin n'est guère qu'à une lieue de Valenciennes. La route, bordée de chaque côté d'usines surmontées de hautes cheminées, était comme cailloutée de débris de charbon, brillant au soleil. Un enduit noirâtre couvrait tous les objets, et la rare verdure qu'on apercevait çà et là en était même saupoudrée. Les gens qu'on rencontrait faifaient tous l'effet de charbonniers. L'air était obscurci par une fine poussière de charbon qui se répandait de tout côté et pénétrait dans les moindres recoins. Les deux frères prenaient toutes les précautions possibles pour qu'elle ne s'infiltrât pas dans leurs vêtements et ne ternît pas la blancheur de leur linge : car ils tenaient à se présenter à leur père sous l'aspect le plus favorable.

Ils arrivèrent bientôt au lieu d'exploitation. Là s'élevaient de vastes hangars et des voies ferrées sillonnaient le sol.

Là s'élevaient de vastes hangars...

Un long convoi, chargé de houille, s'apprêtait à quitter l'établissement. Un employé donnait des ordres ; la machine chauffait, la vapeur commençait à siffler. Bernard résolut d'attendre, pour demander des renseignements, que le train fût parti. Impossible, d'ailleurs, de parler au commis qui allait et venait, affairé, du quai d'embarquement à son bureau, faisant des calculs, prenant des notes, réunissant des papiers.

— Barbe-Bleue! cria-t-il.

Un homme se présenta. Bernard et son frère, étonnés, levèrent les yeux, avec une certaine appréhension, sur celui qu'on désignait ainsi. Rien dans ses traits, excepté peut-être une longue et épaisse barbe noire à reflets bleuâtres ne justifiait ce nom. C'était un homme de trente-cinq à trente-huit ans, à la physionomie ouverte et franche, sur laquelle se lisait une expression un peu triste. Ses regards tombèrent sur Savinien, au moment où il passait devant lui, et il parut éprouver une certaine émotion.

Sans doute quelque chose dans la figure du jeune garçon l'avait particulièrement frappé, car lorsqu'il repassa, tenant les papiers que l'employé venait de lui remettre, il fixa de nouveau les yeux sur l'enfant, et il sembla qu'ils ne pussent plus s'en détacher. Il fit un pas en avant, comme pour lui adresser la parole; mais il s'arrêta et secoua la tête. Alors, poussant un soupir et faisant un geste de regret, il s'élança sur la locomotive, à côté du mécanicien. La vapeur siffla de nouveau et le train partit.

Ses regards se portèrent sur Savinien.

A peine eut-il disparu, que Bernard s'approcha du commis et lui présenta sa requête.

— Jean Petit? dit celui-ci... Il me semble, en effet, que nous avons un contre-maître de ce nom. — Plantreux, continua-t-il en s'adressant à un homme qui se trouvait là, connaissez-vous un nommé Jean Petit?

— Oui; il y a un homme qui s'appelle ainsi au puits de ***.

— Eh bien! prévenez-le qu'il y a deux jeunes gens qui veulent lui parler.

Bernard et Savinien, après avoir remercié le commis, suivirent Plantreux. Celui-ci leur fit traverser de grands espaces où régnait une activité prodigieuse. Des wagons, remplis de la houille qu'on venait d'extraire de la mine, circulaient sur des voies ferrées. Des armées de camionneurs, d'ouvriers et d'employés allaient et venaient.

— Quel nom singulier a cet homme qui vient de partir sur la locomotive! dit Savinien à leur guide tout en le suivant, car cette appellation de Barbe-Bleue l'avait frappé.

— C'est un surnom, dit en riant Plantreux.

— Il est donc méchant, qu'on le lui a donné?

— Lui! c'est le meilleur garçon du monde : obligeant, toujours prêt à rendre service; et puis, honnête, bon travailleur. Aussi, quoiqu'il ne soit ici que depuis peu de temps, on lui confie souvent des commissions au dehors pour le compte de la Compagnie. Il a voyagé, il sait plusieurs langues. Oh! c'est un très brave homme; mais pas gai, par exemple! oh! non, pas gai du tout.

On était arrivé près d'un hangar entouré de planches.

— Attendez-moi là, dit Plantreux aux deux frères; je serai bientôt de retour.

— Ne pourrais-je vous accompagner? demanda Bernard.

— M'accompagner! Vous ne savez guère ce que vous demandez! Vous vous imaginez peut-être qu'on descend dans les mines par un escalier, comme dans une cave! D'ailleurs, c'est défendu; ne pénètre pas qui veut là-dedans. Et puis, regardez si c'est tentant.

Savinien s'approcha et vit un grand trou noir, semblable à un puits, mais plus large. Au milieu était suspendu, au lieu de seau, une sorte de grand panier ou *banne*. Plantreux s'y plaça. La banne se mit à descendre, et l'on vit la corde se dérouler, se dérouler longtemps, ce qui prouvait que le puits était très profond.

— Je plains bien notre pauvre papa de travailler ainsi sous terre, dit Savinien; c'est moi qui aurais peur là-dedans.

Bernard, quoiqu'il pensât de même au sujet de leur père, ne lui répondit pas; il était occupé de la prochaine entrevue qu'ils allaient avoir et prêtait l'oreille dans l'espoir d'entendre la banne remonter.

Un bon quart d'heure se passa. Enfin la corde s'agita, grinça de nouveau, et la banne reparut.

Plantreux y était seul comme au départ.

— Eh bien? demanda vivement Bernard.

— Eh bien! Jean Petit est parti depuis trois jours.

— Parti! s'écrièrent ensemble les deux frères.

— Oui, il était malade, à ce qu'il paraît. Il a obtenu un congé pour aller se faire soigner dans la famille de sa femme.

— Dans la famille de sa femme! fit Bernard avec stupéfaction. Vous vous trompez, Jean Petit n'a pas de femme; il est veuf.

— Il *était* veuf; c'est possible, dit le mineur; cela ne veut pas dire qu'il le soit encore. Il est remarié depuis six mois.

— Ah! mon Dieu! fut encore sur le point de s'écrier Bernard; mais il eut la force de retenir cette exclamation, ne voulant pas mettre un étranger dans ses confidences.

— Est-ce qu'il est dangereusement malade? se contenta-t-il de demander.

— Non; il avait besoin seulement, à ce qu'il paraît, de se reposer et de changer d'air. Dame! celui qu'on respire ici n'est pas des plus purs.

— Il a laissé, continua Plantreux, à l'un de ses camarades, qui me l'a donnée, l'adresse de sa belle-mère. C'est chez elle qu'il s'est rendu. La voici : *Mme Roussel, quai de Flandre, à Dunkerque.* Si vous tenez à le voir, c'est là qu'il faut aller.

Bernard, faisant un nouvel effort sur lui-même, remercia Plantreux et reprit avec son frère le chemin de Valenciennes.

On peut se figurer le chagrin que ce qu'ils venaient d'apprendre causait aux pauvres garçons. Ainsi, leur père était remarié! Il avait pris une autre femme sans demander la bénédiction maternelle, sans faire savoir à ses fils qu'il leur donnait une belle-mère! Il avait donc complètement oublié sa famille! Au moment où ses enfants se félicitaient de l'espérance de le revoir bientôt, ils le perdaient pour ainsi dire une seconde fois. Que faire? Devaient-ils retourner à Fréville ou poursuivre leur voyage?

Lorsqu'ils furent revenus à l'auberge :

— Ce n'est pas bien ce que papa a fait là, dit Savinien, pendant que Bernard, penché sur sa carte, réfléchissait profondément au parti à prendre... non, ce n'est pas bien.

— Il était libre de suivre sa volonté, répliqua son frère sortant de sa rêverie, et nous n'avons pas le droit de l'empêcher de se remarier, si cela lui fait plaisir.

— Il aurait dû nous avertir au moins!

— C'eût été moins cruel certainement; mais, quelle que soit la manière dont il a agi, il ne nous est pas permis de le blâmer. Il est toujours notre père, et rien ne peut nous délier envers lui de nos devoirs de respect et d'affection.

— Te sens-tu, ajouta-t-il, le courage d'aller jusqu'à Dunkerque?

— Sans doute! je ferai ce que tu voudras; c'est toi qui décides.

— Quoique notre père soit remarié, je veux croire qu'il nous aime encore. En tous cas, il me semble qu'il faut tenter de le voir, ne serait-ce que pour pouvoir nous dire que nous avons fait tout ce que le devoir nous commandait.

QUESTIONNAIRE. — Qu'est-ce qu'une mine? — Qu'est-ce que la houille? — La houille est-elle très utile? — Quels sentiments éprouveriez-vous si vous vous trouviez à la place de Bernard et de Savinien? — Prendriez-vous le même parti qu'eux? — Que pensez-vous du mariage de leur père?

XXVIII. — Arrivée à Dunkerque. — Nouvelle déception.

Nos jeunes amis se mirent en route le jour même.

Tout le long de leur chemin, ils purent remarquer l'activité la plus grande, aussi bien dans les campagnes, toujours admirablement cultivées, que dans les villes manufacturières. Celles-ci ressemblaient à d'immenses ateliers. De toutes parts s'élevait la noire fumée du charbon. Là, on se livrait aux ouvrages les plus rudes, on travaillait le fer, on fabriquait des machines; ici on tissait les toiles et les batistes les plus fines et les plus blanches, les dentelles les plus riches et les plus délicates, car le département du Nord est l'un des plus industrieux.

Les deux frères s'arrêtèrent quelques heures pour visiter Lille, qui donne à tout le département dont il est le chef-lieu l'exemple de l'application au travail. Ils y virent, avec une satisfaction patriotique, une colonne qui rappelle la belle défense de la ville contre les Autrichiens en 1792. Cette défense valut aux habitants ce décret du gouvernement inscrit sur le socle de la colonne : « *Lille a bien mérité de la patrie.* »

— C'est un honneur dont les Lillois doivent être fiers, s'écria Savinien après avoir lu cette inscription. C'est beau de défendre sa ville.

— Dans ce département que tu vois si riche et si prospère, dit Bernard, se sont livrées bien des batailles : les unes ont été pour nous des défaites et les autres des victoires. Aucune partie de la France n'a vu tant de combats.

— D'où vient cela? demanda Savinien.

— De ce qu'il forme la frontière et que c'est par là, le plus souvent, que les ennemis ont cherché à pénétrer chez nous.

— C'est pour cette raison que, ainsi que je te l'ai fait remarquer, presque toutes les villes sont fortifiées.

— Tu entendras souvent parler des batailles de Denain, de Fontenoy et de Jemmapes, qui se sont livrées non loin d'ici, et où nous avons eu l'avantage.

Arrivés à Dunkerque, les deux frères commencèrent par faire disparaître les traces que le voyage avait laissées sur leurs vêtements, puis ils se rendirent à l'endroit qu'on leur avait indiqué.

Mme Roussel habitait une maison bien tenue, comme presque toutes celles du Nord de la France.

Dans la pièce où furent introduits nos amis, on aurait cherché vainement un grain de poussière; le carreau était soigneusement lavé, les rideaux des fenêtres étincelaient de blancheur et les ustensiles de cuisine, pendus au mur, brillaient comme des soleils. Les vêtements de la vieille femme, aussi bien que ce qui l'entourait, témoignaient des soins et de l'ordre qu'elle apportait à toutes choses et annonçaient qu'elle pratiquait au plus haut point cette précieuse vertu, la propreté, pour laquelle les Flamands sont renommés.

La vue d'un intérieur si paisible et celle de cette bonne vieille à l'air doux, qui sans doute était la belle-mère de leur père, fit une impression favorable sur les deux frères; néanmoins Bernard ne put empêcher sa voix de trembler un peu lorsqu'il demanda à parler à M. Jean Petit.

— Mon gendre? dit Madame Roussel...

— Mon gendre? dit Mme Roussel; vous voulez lui parler; vous arrivez trop tard, mes enfants; il n'est plus ici.

— Plus ici !

— Non ; il avait en effet obtenu un congé pour venir se faire soigner, mais les médecins ont déclaré que le climat de Dunkerque était trop humide pour lui, et ils l'ont envoyé dans un pays plus chaud.

Il est parti hier avec ma fille, chez un de mes neveux. Dieu sait ce qu'il en résultera !

On peut se figurer le saisissement de Bernard et de son frère en entendant ces paroles. Ce qui ajouta à leur émotion, c'est le ton dont la vieille femme les avait prononcées, le chagrin qui se lisait dans ses yeux et la manière dont elle secoua la tête en terminant. La pensée que leur père était gravement atteint faisant taire toute autre considération, Bernard s'écria avec une vivacité qui étonna un peu la vieille femme :

— Monsieur Jean Petit est donc très malade ?

Mme Roussel secoua de nouveau la tête.

— Je le crains, dit-elle. On prétend que sa poitrine est attaquée. Ma pauvre fille ! ajouta-t-elle s'essuyant les yeux, j'ai bien peur qu'elle ne soit bientôt veuve !

Ces paroles redoublèrent le chagrin des deux frères. Bernard fut obligé de prendre sur lui pour demander :

— Est-il bien éloigné ce pays où on l'a envoyé ?

— Vous allez voir ; il m'a laissé son adresse, afin que je lui expédie ses lettres, s'il en venait d'Anzin pour lui.

Elle mit alors sous les yeux du jeune homme un papier qui portait ces mots :

« M. Jean Petit, chez M. Franquelin, à Saint-Pol-de-Léon (Finistère). »

— Finistère ! A l'extrémité de la Bretagne !

Bernard fut consterné. Tout d'abord il avait projeté de rejoindre son père, mais comment songer à le poursuivre à une pareille distance !

QUESTIONNAIRE. — Quelle est l'inscription portée sur la colonne de Lille ? — Sur quelle frontière est situé le département du Nord ? — Denain, Fontenoy et Jemmapes sont-ils en France ? — Y a-t-il loin de Dunkerque à Saint-Pol-de-Léon ? — Quels départements traverse-t-on pour s'y rendre si on s'y rend par terre ?

XXIX. — Que faire ?

Jusque-là Mme Roussel ne s'était pas enquise de la raison pour laquelle ses visiteurs désiraient voir son gendre ; mais, remarquant l'expression de tristesse et de découragement qui s'était répandue sur leur figure, elle les interrogea.

Bernard répondit avec un peu d'hésitation que Jean Petit était leur parent.

— Votre oncle, sans doute ? reprit son interlocutrice. Je crois avoir entendu dire, en effet, qu'un de ses frères ou sœurs, je ne sais plus au juste, avait des enfants. Par exemple, je m'imaginais qu'ils étaient tout petits ; mais le temps passe si vite ! Ainsi vous êtes les neveux de Jean Petit, et orphelins depuis peu de temps sans doute ? cela se voit à vos habits de deuil...

Bernard ne jugea pas à propos de la détromper.

— Peut-être venez-vous de bien loin pour le voir, reprit-elle, sans attendre sa réponse ; vous voulez lui parler de vos petites affaires, lui demander conseil ?

Heureusement pour Bernard, Mme Roussel ne lui laissa pas le temps de placer un mot. Il n'aurait pas voulu mentir, et, d'un autre côté, il ne tenait pas à lui dire ce que Jean Petit était pour eux. Il la laissa donc faire toutes les suppositions qu'elle voulut.

— Mon gendre, reprit la vieille femme, sera bien fâché de ne pas vous avoir vus, car c'est un brave homme, quoique un peu brusque. Je vous conseillerais bien de rester à Dunkerque jusqu'à son retour, mais un mois, c'est bien long, et puis...

Elle termina sa phrase par un soupir et un nouveau hochement de tête, qui semblaient dire qu'elle craignait bien que ce moment ne vînt jamais pour lui.

En ce moment un homme entra dans la maison. Il portait un costume de marin. Son teint était hâlé, son ton et ses manières rudes ; néanmoins l'expression de son visage prévenait en sa faveur. C'était le fils de Mme Roussel.

— A la place de ces garçons-là, dit-il lorsque sa mère lui eut appris ce qu'elle croyait être la vérité, et que Bernard lui eut dit d'où ils venaient, s'ils ont absolument besoin de voir leur oncle, au lieu de l'attendre ici, j'irais le trouver. Ils ont déjà fait près de cent cinquante lieues, si je compte bien. Il leur sera moins pénible d'en faire encore autant, voire un peu plus, que de se morfondre à Dunkerque jusqu'à ce que Jean Petit soit de retour. D'ailleurs, je pars demain pour Rouen ; s'ils le veulent, je les y conduirai dans ma barque ; cela leur épargnera un joli bout de chemin.

Bernard accueillit avec joie et reconnaissance cette proposition. Cependant il demanda du temps pour réfléchir.

— C'est trop juste, dit le marin. Ce soir, à la marée haute, je serai sur la plage. Vous demanderez mon bateau, la *Belle-du-Nord*. Acceptez mon offre; ça me fera plaisir. Vous avez tous deux des figures qui me reviennent, et je serais bien aise de vous rendre service.

Après avoir cordialement remercié Pierre Roussel de son obligeance, et sa mère de son bon accueil, Bernard et Savinien retournèrent à l'auberge, attristés jusqu'au fond de l'âme du départ de leur père et encore plus de ce qu'ils avaient appris de sa santé. Si, comme Mme Roussel semblait le craindre, il ne guérissait pas! s'il allait être enlevé à ses fils avant que ceux-ci le rejoignent; avant qu'ils puissent lui dire qu'ils l'avaient toujours chéri et vénéré dans leur cœur!

De nouveau Bernard tira sa carte pour calculer la distance.

— C'est bien loin! murmura-t-il comme à lui-même après avoir répété plusieurs fois ses opérations.

— Quand ce serait au bout du monde! dit vivement Savinien, et quand nous devrions vivre de pain et d'eau jusque-là, ce ne serait pas une raison pour ne pas y aller! Nous avons de bonnes jambes, partons! Songe, Bernard, si notre père allait mourir loin de nous comme il a toujours vécu! Nous en aurions bien du chagrin.

— Si j'hésite, dit le frère aîné, c'est à cause de toi. J'ai peur que ce voyage ne soit au-dessus de tes forces.

— Au-dessus de mes forces! je n'en manque pas. M'as-tu vu une seule fois, depuis que nous sommes partis de Fréville, me plaindre ou paraître fatigué? Ne pense donc pas à moi et partons pour la Bretagne.

— Partons! répéta Bernard.

Cependant, avant de s'arrêter à cette détermination, le jeune garçon consulta sa bourse. Grâce à leur économie, elle était encore dans un état très satisfaisant. Leur projet ne rencontrerait donc pas d'obstacle de ce côté.

QUESTIONNAIRE. — Quelle est la raison qui détermine Bernard et Savinien à suivre leur père? — Quel parti auriez-vous pris à leur place?

XXX. — Le port et la plage de Dunkerque.

Deux ou trois heures devaient s'écouler avant le rendez-vous que leur avait donné Pierre Roussel; nos amis les employèrent à parcourir le port, dont le mouvement présentait un spectacle bien fait pour retenir leur attention.

Ils ne songeaient pas encore à s'en aller, lorsqu'un jeune garçon, à peu près de l'âge de Savinien, arriva en courant et se plaça près d'eux. Il était suivi d'un monsieur, qui sans doute était son père.

— C'est ça le port! s'écria l'enfant. Je ne vois qu'une sorte de grand bassin fermé de portes. J'ai appris dans ma géographie qu'un port était un lieu où la mer s'enfonçait dans les terres; une baie, une sorte de golfe.

— C'était bien aussi une baie, dit le monsieur, une petite baie. Pour en faire un port on l'a agrandie et creusée afin qu'elle puisse contenir un plus grand nombre de vaisseaux. De plus, on l'a maçonnée tout autour, et l'on y a établi des quais pour y amener les marchandises. Un port se divise souvent en plusieurs bassins, tels que ceux que tu vois là. Le port de Dunkerque en a cinq.

— Pourquoi ferme-t-on ces bassins avec des portes comme celles des écluses?

— C'est, de même que dans les canaux, pour y retenir l'eau, autrement la mer, qui y entrerait à la marée montante, s'en retirerait à la marée descendante; ils seraient la moitié du temps à sec. Dans des bassins fermés on peut procéder facilement et avec sécurité au chargement des navires et réparer leurs avaries sans avoir à craindre les tempêtes et les mouvements de la marée.

M. Ferrière et Henri, c'étaient les noms du père et du fils, s'éloignèrent en causant. Peu après Bernard et Savinien quittèrent à leur tour le port pour se rendre sur la *plage*, autrement dit sur le bord de la mer.

La plage de Dunkerque est couverte d'un sable fin et léger dans lequel les pieds enfoncent et que le moindre vent emporte. Il en forme des éminences appelées *dunes*, qui se déplacent sans cesse. Aujourd'hui ici, demain elles sont à côté. C'est de là que vient le nom de la ville de Dunkerque, qui signifie, en flamand, *église des dunes*.

Les deux frères avaient déjà passé en cet endroit, mais sans s'y arrêter, en se rendant chez Mme Roussel. Au grand étonnement de Savinien, qui alors avait vu la mer venir jusqu'au rivage, on l'apercevait à peine en ce moment. Un large espace de sable les en séparait. Comme Bernard semblait de nouveau plongé dans ses réflexions, il n'osait lui demander la raison de ce changement.

Ils s'avancèrent en silence sur le sable jusqu'à ce qu'ils atteignissent le bord de l'eau et tous deux éprouvèrent une vive jouissance à admirer l'immense étendue qu'ils avaient sous les yeux.

A peine étaient-ils là depuis quelques minutes qu'une

vague, en arrivant, les força de reculer de plusieurs pas. Bientôt la place où ils s'étaient tenus d'abord fut recouverte par la mer.

— Elle commence à remonter, dit une femme qui pêchait des crevettes, en traînant un filet dans des flaques d'eau qui formaient dans le sable comme de petits étangs ; ne vous aventurez pas trop. Pas plus tard que la semaine dernière un jeune homme a été pris par le retour du flot et on ne l'a plus revu. La mer l'avait emporté, et, dame! ce qu'elle emporte, elle ne le rapporte guère!

Bernard remercia la femme de son avertissement, et se rapprocha de la terre.

— Que veut-elle dire? demanda Savinien.

— Elle veut dire que la mer remonte.

— Ah! dit à l'enfant la femme qui venait de le rejoindre, je vois que vous êtes nouveau venu ici, sans cela vous ne feriez pas cette question.

La mer, voyez-vous, mon petit, continua-t-elle, ne reste jamais immobile. Non seulement le vent l'agite et y forme des vagues plus ou moins fortes, mais encore, tour à tour et sans interruption, elle avance et elle recule sur le rivage. Lorsqu'elle avance, c'est le *flux* ou *marée montante;* lorsqu'elle recule, c'est le *reflux* ou *marée descendante.*

— Et pendant combien de temps avance-t-elle ainsi? dit Savinien, que le mouvement du flot forçait à faire un pas en arrière à chaque instant.

— Elle met un peu plus de six heures à monter et autant à descendre.

— Alors elle doit monter deux fois par jour, puisque le jour se compose de vingt-quatre heures.

— Justement.

— Mais quelle est la cause de ce va-et-vient continuel?

— Ah! ça, je n'en sais rien.

— J'ai lu, dit Bernard, qu'il était produit par l'action de la lune.

— Ça se pourrait bien, dit la pêcheuse de crevettes, car la marée est beaucoup plus forte au moment de la pleine lune et surtout quand viennent les *équinoxes*, c'est-à-dire en mars et en septembre, qu'à aucune autre époque de l'année. Alors la mer monte très haut sur le rivage aux heures du flux, et se retire tout là-bas, là-bas, à celles du reflux.

— Maintenant, dit Savinien, c'est le moment du flux?

— Oui.

La mer, en effet, continuait à s'avancer en formant de grandes vagues, qui s'étalaient sur le sable, se retiraient et revenaient presque aussitôt, en inondant des espaces qu'elles n'atteignaient pas l'instant d'auparavant. Elle gagnait du terrain à vue d'œil; aussi Bernard jugea-t-il à propos de rejoindre le bord, craignant quelque imprudence de la part de Savinien.

QUESTIONNAIRE. — Avez-vous bien compris ce que c'est qu'un port? qu'un bassin? — Connaissez-vous la mer? — Pouvez-vous nous décrire le mouvement de la marée? — La marée a-t-elle lieu tous les jours à la même heure? — Pourquoi les deux frères ne virent-ils pas la mer à la même place que la première fois lorsqu'ils repassèrent sur la plage?

XXXI. — Un pêcheur aventureux.

Ils contemplèrent longtemps et sans se lasser ce spectacle magnifique. La mer, à mesure qu'elle montait, laissait derrière elle comme de petits îlots de sable. Elle les entourait d'abord d'un étroit ruisseau, les découvrant et le recouvrant tour à tour jusqu'à ce qu'ils fussent devenus complètement invisibles. Chaque fois qu'un de ces îlots disparaissait et que l'eau s'étendait sans obstacle, Savinien poussait une exclamation de plaisir. Beaucoup de ces petites portions de sable restaient encore à sec au loin, tandis que la mer avait déjà envahi une partie du terrain qui les séparait de la plage.

Tout à coup Bernard jeta un cri d'effroi. Il venait d'apercevoir sur l'un d'eux un enfant, un filet à crevettes à la main, qui cherchait à regagner le rivage. Un regard lui suffit pour le reconnaître. C'était celui qui, quelques heures auparavant, se tenait auprès d'eux sur le port. Le pauvre garçon était dans le plus grand péril. Il courait çà et là d'un air éperdu, cherchant inutilement un endroit praticable. Bernard jeta les yeux avec anxiété autour de lui. Personne ne se trouvait là pour lui prêter secours. La mer gagnait de plus en plus; chaque minute diminuait les chances de salut de l'enfant imprudent. Il allait infailliblement périr.

Bernard n'hésite plus; il se débarrasse de sa veste et prend sa course. Un large canal le séparait d'un premier îlot de sable. Il le traverse, avec de l'eau jusqu'aux genoux; un second bras l'arrête, plus profond celui-là; il réussit cependant à le franchir, en luttant contre le courant. Le voilà près de Henri; il se rappelle que c'était le nom de l'enfant; il l'entraîne et reprend avec lui son périlleux chemin : mais déjà la marée a fait des progrès ; les vagues le renversent. Il se relève ; elles le renversent de nouveau. Il parvient à reprendre pied une seconde fois et au prix des plus grands efforts il atteint le bord opposé. Mais il lui reste encore une rivière, un fleuve à traverser. Ses forces commencent à l'abandonner. Henri a perdu connaissance ; il pèse à son bras comme une masse de plomb. Le torrent grossit, le flot monte, monte toujours, et si vite ! Il semble à Bernard que, au lieu de le porter vers le rivage, il l'entraîne vers la pleine mer. Il déploie tout ce qui lui reste d'énergie ; c'est en vain, la vague le renverse une dernière fois sans qu'il puisse se relever : il roule avec celui qu'il a cherché à sauver et perd connaissance à son tour.

Mais déjà la marée a fait des progrès.

Par bonheur, aussitôt que son frère s'était élancé vers le pêcheur téméraire, Savinien, de son côté, avait couru vers les maisons les plus proches pour demander du secours. Au moment où Bernard disparaissait sous l'eau, le jeune garçon accourait en toute hâte en compagnie de deux hommes. L'un d'eux se jeta à la mer et eut bientôt ramené l'enfant et son sauveur.

On les porta tous deux dans une habitation voisine, où ils ne tardèrent pas à reprendre leurs esprits.

Pendant ce temps M. Ferrière cherchait son fils de tous côtés. Il lui avait défendu d'aller seul sur le bord de la mer. Il était loin de se douter que l'enfant n'avait pas tenu compte de ses ordres. Néanmoins, ayant entendu dire qu'on venait de retirer de l'eau un jeune garçon qui se noyait, l'inquiétude le prit et il se dirigea aussitôt vers la maison où on avait transporté Bernard et Henri.

Quelques instants après il serrait son fils dans ses bras;
mais quand il voulut exprimer sa reconnaissance à celui
qui venait de le lui rendre, le jeune homme avait disparu.

Ce n'est que lorsque leur désobéissance leur a fait courir
un danger que les enfants reconnaissent la sagesse des
défenses qu'on leur avait faites. Oh! s'ils savaient de quels
affreux chagrins, de quelles mortelles angoisses leur imprudence peut remplir le cœur de leurs parents, ils se mon-
treraient plus dociles à exécuter leurs volontés. Ils ne
songent pas non plus, quand ils cèdent à la tentation de
faire ce qui leur est défendu, au péril qu'ils font courir à
ceux qui se dévouent pour eux. En manquant de soumission envers son père, Henri avait non seulement exposé
sa vie, mais il était cause encore que Bernard et le marin
venu à leur secours, deux hommes généreux et dévoués,
avaient exposé la leur. Ainsi trois personnes s'étaient vues
sur le point de périr parce qu'un garçon étourdi et indocile
n'avait pu différer son plaisir de quelques heures.

QUESTIONNAIRE. — Bernard agit-il bien en allant au secours d'Henri? — En quoi les imprudents sont-ils coupables?

XXXII. — La *Belle-du-Nord*. — Calais. — Les grands marins français. — Le tunnel sous-marin.

Le soleil commençait à paraître lorsque Bernard et Savinien arrivèrent au rendez-vous que leur avait donné le soir

La *Belle-du-Nord* sortant du port de Dunkerque.

précédent le patron de la *Belle-du-Nord*, qu'ils étaient allés
trouver aussitôt après ce que nous venons de raconter.

Les derniers arrangements furent bientôt faits et le vent étant favorable, maître Pierre, aidé par deux hommes qui l'accompagnaient, déploya sa voile.

On sortit alors du port, en suivant la *jetée*, sorte d'épaisse muraille en pierre qui s'avance très loin dans la mer et défend l'intérieur de la rade des coups de vents.

L'attrait que le voyage présentait à Savinien fut troublé, un quart d'heure après le départ, par certain malaise qu'il ne s'expliquait pas. Le pauvre garçon, qui avait toujours joui de la meilleure santé et qui ne savait ce que c'était qu'une indigestion, sentait dans son estomac des remue-ménage qui l'inquiétaient. Tout tournait autour de lui, ses jambes lui refusaient le service, il ne pouvait secouer l'engourdissement de ses membres. Qu'est-ce que cela voulait donc dire ?

Ce qui le mortifiait surtout, c'était de voir que, non seulement son état ne semblait alarmer personne, mais qu'encore il lui attirait les quolibets de maître Pierre et de ses compagnons.

— En a-t-il une mine enfarinée ! disait l'un.

— Je te conseille de te faire matelot, petit, disait l'autre ; tu as des dispositions.

— Quand partons-nous pour l'Amérique, monsieur l'amiral ? reprenait un troisième.

Quant à Bernard, il ne pouvait non plus s'occuper de son frère ; le vent venait de fraîchir tout à coup ; le patron orientait ses voiles, et notre jeune ami l'aidait à la manœuvre, se contentant de faire de temps en temps un petit signe de tête à son frère, en lui disant :

— Courage ! ce ne sera rien !

Et pourtant Savinien était malade, bien malade. C'était facile à voir. — Oui, mais d'une maladie peu dangereuse et que connaissent ceux qui ont navigué. Il avait le *mal de mer*; mal causé par le *tangage* et le *roulis*, c'est-à-dire par le balancement que les vagues impriment aux embarcations, et qui donne des nausées et des vomissements. Au bout de quelques heures, Savinien en était quitte, et, avec la santé, il recouvrait sa gaieté et sa bonne humeur.

La barque longeait la côte d'assez près pour qu'aucun détail n'échappât aux yeux. Elle était toujours bordée de *dunes*. De temps en temps se montrait un petit port ou l'embouchure d'une petite rivière. On se trouvait alors dans le Pas-de-Calais, détroit qui sépare la France de l'Angleterre.

Grâce à la pureté du ciel, on apercevait les côtes de cette dernière contrée, qui formaient au nord une sorte de muraille blanchâtre.

Les jeunes passagers ne s'ennuyaient pas; on le croira sans peine. Qui de vous, assis sur un paquet de cordages, n'aimerait à se sentir balancé sur les flots pendant que le paysage passe sous vos yeux, comme une toile qu'on déroule, et que le vent, qui enfle les voiles, vous apporte un souffle frais et pur? L'avant du bateau fend les vagues, qui s'écartent en bouillonnant avec une gentille petite musique. A l'arrière, deux longues raies, semblables à celles que trace une charrue dans la terre, et que pour cela on nomme *sillage*, se forment dans l'eau et indiquent la route déjà parcourue.

— C'est d'ici, dit le patron, en désignant un des points de la côte, que doit partir le tunnel entre la France et l'Angleterre.

— Un tunnel! s'écria Savinien, un tunnel comme ceux des chemins de fer! Un tunnel sous l'eau!

— Oui, et ce sera bien commode pour les poltrons qui craignent la mer, dit un des matelots, ou pour ceux qui sont malades dessus, ajouta-t-il avec malice : ils pourront passer dessous.

— Je croyais, dit Bernard, qu'on avait parlé d'établir un pont.

— Oui, c'est vrai, mais il paraît qu'on s'est décidé pour un tunnel. Ma foi! pont ou tunnel, l'entreprise n'en est pas moins extraordinaire. On s'occupe pourtant de la mettre à exécution, et dans quelques années ce sera sans doute un ouvrage accompli. On pourra se rendre en Angleterre à pied, en voiture ou en chemin de fer.

— Quelle est cette ville entourée de murailles et de fortifications, au milieu desquelles on aperçoit des mâts de vaisseaux? dit Savinien peu après, en désignant un port devant lequel on passait.

— Ça, c'est Calais. Douvres lui fait face en Angleterre : c'est un va-et-vient continuel de bateaux entre ces deux villes.

— On m'a donné à l'école un livre dans lequel il y avait le récit du siège de Calais. Était-ce de ce Calais-là qu'il était question?

— Oui, vraiment, dit Bernard.

— Oh! c'est une histoire bien belle et bien intéressante.

— Alors, dis-la-nous.

L'enfant, un peu intimidé, hésita d'abord ; puis, sur les instances de maître Pierre et de son matelot :

— Un roi d'Angleterre, nommé Édouard III, dit-il, avait mis le siège devant Calais, et les habitants, n'ayant plus de quoi manger, avaient été forcés de se rendre.

Le roi était si furieux de ce que les Calaisiens lui avaient résisté longtemps, qu'il voulait absolument les mettre tous à mort; pourtant il consentit à leur faire grâce de la vie, à condition qu'on lui livrerait six des principaux habitants de la ville pour les faire mourir.

Quand le gouverneur vint leur porter cette nouvelle, tous les habitants se mirent à pleurer. Alors un des plus riches bourgeois, qui s'appelait Eustache de Saint-Pierre, se levant, dit au gouverneur :

— Ce serait bien mal de laisser mourir ce peuple par famine ou autrement quand on peut l'empêcher. Je me mettrai volontiers en chemise, tête nue et la corde au cou à la merci du roi d'Angleterre.

Un autre bourgeois se leva à son tour et dit la même chose ; puis un troisième et un quatrième, puis deux autres encore.

Édouard III et les bourgeois de Calais.

Tous les six sortirent de la ville, portant chacun une poignée des clefs, et se rendirent près du roi.

Le roi commença par les regarder d'un air très courroucé et ordonna qu'on fît venir son coupe-tête.

Alors la reine Philippa, sa femme, se jeta à ses pieds, et lui dit :

— Ah! cher sire, je ne vous ai jamais rien demandé depuis que j'ai passé la mer pour venir vous rejoindre ; mais je vous supplie humblement, pour le fils de sainte Marie et pour l'amour de moi que vous fassiez grâce à ces six hommes.

Et elle pria le roi tant et si bien, qu'il finit par lui dire:

— Eh bien ! je vous les donne.

Alors la reine emmena les six bourgeois, leur donna des habits et les fit reconduire à Calais en sûreté.

— J'avais déjà entendu parler de cette histoire, dit maître Pierre. Pristi! en voilà des hommes de cœur! C'est qu'aussi, dans notre département du Nord, il n'en manque pas de gens qui ont du courage et du patriotisme. Ainsi, à Dunkerque, nous autres, nous avons eu Jean-Bart. C'était aussi un bon Français, qui ne boudait pas au feu, et qui recevait les ennemis de la belle manière!

— Est-ce que vous vous figurez, dit un des matelots, que c'est seulement à Dunkerque qu'il y a de bons Français et de braves marins? Et Duguay-Trouin donc! il était de Saint-Malo, comme moi. Il savait se battre, lui aussi, et faire respecter l'honneur du pavillon.

— Je ne dis pas le contraire ; mais j'ai peine à croire qu'il ait jamais fait ce qu'a fait Jean-Bart. Celui-ci arrivait, au moment où l'on s'y attendait le moins, au milieu de la flotte ennemie, et, une fois là, il lançait ses bordées à brûle-pourpoint. Pendant que les autres, tout étourdis de son audace, ne savaient où donner de la tête, il sautait à l'abordage, frappait à droite, frappait à gauche, et il en abattait du monde !

— Et Duguay-Trouin? Savez-vous bien qu'un jour, avec un seul vaisseau, il s'empara sur la côte d'Angleterre de soixante bâtiments et de deux gros navires. Jean-Bart aurait-il fait mieux?

— Et sa sortie du port de Dunkerque donc! où il était bloqué par trente-deux vaisseaux, n'en ayant, lui, que sept? Ah bien oui! cela ne l'embarrasse guère ! Voilà que, sans que les autres y prennent garde, il lève l'ancre, envoie ses bordées de canons de tous côtés et se fraye un passage après avoir brûlé je ne sais combien de bâtiments aux ennemis!

— Et Duguay-Trouin... allait continuer le matelot.

— Pourquoi vous querellez-vous au sujet de vos compatriotes? interrompit Savinien ; qu'importe que l'un soit né ici, l'autre là, puisque, comme vous dites, ce sont tous deux de braves marins et de bons Français, et qu'ils ont tous deux bien servi leur pays ; il faut les aimer également tous deux.

— Il a raison, ce petit, dit maître Pierre, qui avait déjà pris l'enfant en affection.

Et, tendant la main à son matelot :

— Vive Duguay-Trouin ! fit-il.

— Vive Jean-Bart ! fit l'autre.

QUESTIONNAIRE. — A quoi sert une jetée ? — Le percement d'un tunnel vous semble-t-il un travail extraordinaire ? — Celui qu'on projette rendra-t-il de grands services ? — Que pensez-vous d'Eustache de Saint-Pierre, de Jean Bart, de Duguay-Trouin ? — Lequel de ces trois personnages vous semble avoir accompli l'action la plus héroïque ?

XXXIII. — Les côtes, les phares.

Lorsqu'on arriva en vue de Boulogne, beaucoup de bâtiments en sortaient. Il y en avait de toutes grandeurs : des bâtiments à vapeur, chargés de passagers et de marchandises se rendant dans les pays éloignés ; des barques de pêche et des petits navires à voiles, appelés *caboteurs*, qui transportent les objets de commerce entre les villes de la côte.

— Beaucoup d'entre eux, dit maître Pierre, vont porter à nos voisins les Anglais des fruits, du beurre, des œufs, de la volaille, que produisent en abondance les fermes de Normandie.

— Pourquoi leur en porter ? demanda Savinien ; ils n'en ont donc pas chez eux ?

— Pas assez pour leur consommation.

— Oh ! alors, je les plains. Du beurre, des œufs, des fruits ; ce sont de bien bonnes choses.

— Il n'y a pas sujet de les plaindre puisqu'ils peuvent s'en procurer avec de l'argent, et c'est heureux pour nous qu'ils les aiment, puisque nous en avons de trop. Ainsi tout le monde est content ; eux, de nous acheter ce qui leur manque ; nous de leur vendre notre superflu : et voilà ce que c'est que le commerce.

La barque continuait à filer. Par malheur le soir arrivait ; on ne distinguait plus aussi bien le paysage.

Bientôt il se perdit complètement dans la brume, et l'on ne vit plus rien du tout.

Mais voilà qu'à mesure que le jour s'éteignait, des lumières apparurent sur plusieurs points du rivage.

— On se prépare à faire la veillée, dit Savinien; chacun allume sa chandelle ou sa lampe.

— Des chandelles ou des lampes ordinaires pourraient-elles briller ainsi? dit maître Pierre. Non : Ces lumières ne viennent pas des maisons. Ce sont des *phares*.

— Des phares?

— Oui, des tours élevées dans lesquelles on entretient des lanternes pour guider les navigateurs la nuit, afin qu'ils ne soient pas exposés à perdre leur route ou à se briser contre les rochers dans l'obscurité.

Un phare.

— Ah! s'écria Savinien, les paysans d'ici sont de bonnes gens d'illuminer ainsi leurs côtes.

— Ce n'est pas seulement ici que l'on voit des phares, et ce ne sont pas les paysans qui les ont construits. C'est l'État, et c'est l'État aussi qui y place des gardiens, chargés d'en allumer les lampes. Il y en a en France, tout le long du rivage de la mer, et il en est de même dans tous les pays civilisés. Tantôt les phares indiquent l'entrée d'un port, tantôt ils avertissent de la présence d'un récif, d'un rocher, d'un banc de sable à éviter. Aussitôt qu'on en perd un de vue, un autre se montre.

— Comment fait-on pour se reconnaître entre tous ces phares?

— Les lumières n'en sont pas semblables. Regarde bien. En voilà un où elle est rouge; dans cet autre elle est blanche. Il y en a de vertes, de bleues, de jaunes. Le marin les a étudiées, et il sait, par leur couleur, à quel point de la côte il se trouve.

— Oh! voyez donc, s'écria Savinien, celle de là-bas. Elle brille fortement par instant ; puis on croirait qu'elle va disparaître ; tout à coup elle reprend son éclat. Il semble qu'on éteigne et qu'on rallume la lanterne tour à tour.

— C'est un *feu tournant* ou à éclipses. Tu vois bien qu'on ne peut confondre le phare qui le porte avec les autres.

— Je vois aussi qu'à l'aide de ces inventions-là on peut se diriger le long des côtes presque aussi facilement la nuit que le jour.

— Oui, car on aperçoit ces lumières jusqu'à douze lieues en mer.

— Il faut que ces lanternes soient énormes pour être visibles de si loin.

— Je t'en réponds qu'elles le sont! De plus, on les a munies de verres grossissants appelés *lentilles*, et de *réflecteurs*, en métal poli qui en augmentent encore l'éclat. J'ai visité celui de Dunkerque, dont mon cousin est gardien.

— Je crois, dit Bernard, qu'on appelle ces phares *phares lenticulaires*.

— Oui, c'est justement comme cela que Mathieu a dit, continua Pierre.

— Il ont été inventés, à ce qu'on m'a appris, par deux savants français, *François Arago* et *Fresnel*, il y a une cinquantaine d'années.

— Ah! J'en suis bien aise, dit Savinien. Cela me fait plaisir quand ce sont mes compatriotes qui font une découverte utile. Mais est-ce qu'il n'y avait pas de phares auparavant? ajouta-t-il.

— Oh! si, dit Bernard. J'ai lu dans mon histoire ancienne que le premier phare fut élevé, au IIIe siècle avant Jésus-Christ, dans l'île de *Pharos*, près d'Alexandrie, en Égypte. On dit même que c'est de là que vient leur nom.

— Pharos, phare, dit le patron ; c'est bien possible.

— Ce n'était dans ce temps-là qu'une tour, au sommet de laquelle on allumait des feux pendant la nuit.

— Oh bien! cette invention-là a été joliment perfectionnée depuis, dit Savinien. Dorénavant, lorsque le vent soufflera, ajouta-t-il, je penserai à ceux qui sont en mer, et en même temps je penserai aux deux savants, François Arago et Fresnel, grâce auxquels les pauvres marins peuvent trouver leur route pendant la nuit et gagner le port,

Après avoir soupé à la lueur des étoiles, les deux frères se retirèrent dans la petite cabine, la seule que contînt la

Belle-du-Nord. Le pilote et ses deux hommes demeurèrent sur le pont, car il faisait doux. L'un d'eux, tour à tour, devait prendre du repos pendant que les autres dirigeaient la barque.

QUESTIONNAIRE. — Qu'est-ce que le commerce ? — Expliquez-nous ce que c'est qu'un phare ? — A quoi servent les phares ? — Que pensez-vous de ceux qui les ont inventés ou perfectionnés ?

XXXIV. — Les falaises. — Dieppe. — Fécamp.

Lorsque Bernard et Savinien remontèrent sur le pont, aux premiers rayons du jour, l'aspect de la côte avait changé. Les dunes qu'elle présentait sans interruption depuis Dunkerque avaient fait place à une sorte de haute muraille que les flots venaient battre en certains endroits. Ce sont *les falaises*. Quand il restait une plage entre ces murailles et la mer, on y voyait, au lieu de sable, des *galets*, énormes cailloux arrondis à force d'être roulés les uns sur les autres par la marée montante et descendante.

On arriva bientôt en vue de Dieppe.

— Connaissez-vous Dieppe, patron? demanda Savinien.

— Oui, mon garçon, je connais tous les ports de la côte. Celui-ci est très important. C'est de là et de Fécamp, devant lequel nous passerons dans quelques heures, que partent les plus gros navires pour la *grande pêche*, c'est-à-dire pour celle de la *morue*, sur le banc de *Terre-Neuve*, près de l'Amérique du Nord, et pour celle de la *baleine* sur les côtes de l'*Islande*. L'été, il y a beaucoup de monde à Dieppe, comme dans presque tous les ports de mer. On vient y prendre les bains. Il paraît que c'est fortifiant; que cela rétablit la santé.

Mais demandez à votre frère, je suis sûr qu'il aura quelque histoire à vous raconter au sujet de Dieppe.

— Je sais seulement, dit Bernard en riant, que près de Dieppe se trouve Arques, où Henri IV a gagné une grande bataille.

— Quand je vous disais! fit maître Pierre.

— Et que, après cette bataille, continua Bernard de même, il écrivit à l'un de ses amis, qui était en même temps un vaillant capitaine : — Pends-toi, brave Crillon; nous nous sommes battus à Arques et tu n'y étais pas !

— Là! vous voyez bien! — Ne nous conterez-vous rien autre chose! ajouta-t-il.

— A Dieppe, dit Bernard, en riant de nouveau de la

confiance que Maître Pierre montrait dans son savoir, est né Duquesne, encore un brave marin du temps de Louis XIV.

— Jean Bart aussi, vivait sous Louis XIV, dit le patron.

— Duguay-Trouin aussi, fit le marin de Saint-Malo.

— Duquesne a remporté de grandes victoires navales, c'est-à-dire livrées sur mer, continua Bernard. Il a même vaincu *Ruyter*, un fameux amiral hollandais. Il a fait encore la guerre aux *pirates* qui ravageaient la Méditerranée.

— Des pirates? demanda Savinien. Qu'est-ce que cela?

— C'étaient des brigands qui couraient les mers, s'emparaient des navires, les pillaient, faisaient prisonniers ceux qui les montaient et les emmenaient en esclavage en Afrique ou bien en Turquie.

— Est-ce qu'il y a encore des pirates? demanda l'enfant en regardant autour de lui, comme s'il s'attendait à en voir paraître.

— Non; n'aie pas peur, dit le patron. Maintenant, on peut parcourir les mers sans avoir à redouter des rencontres de ce genre.

Peu après, comme maître Pierre l'avait annoncé, on fut en vue de Fécamp.

— A Fécamp, dit maître Pierre, on ne s'occupe pas seulement de la grande pêche; on fait aussi celle des *poissons de passage*, comme dans tous les ports de la côte.

— Des poissons de passage! s'écria Savinien. Je savais bien qu'il y a des oiseaux qui partent au commencement de l'hiver pour revenir au printemps, mais je ne me doutais pas que les poissons fissent de même.

— Il en est pourtant ainsi, mon camarade. Tous les ans, au mois d'octobre, les *harengs* descendent des mers du Nord en masses énormes et serrées qu'on appelle *bancs*. On jette le filet au milieu de ces bancs et l'on prend des milliers de poissons à la fois.

— Et que fait-on de tant de harengs?

— On les sale et on les fume pour les conserver. Il s'en fait un commerce considérable. C'est la richesse des marins de nos ports. Quand le poisson manque, c'est un grand malheur pour tous les habitants de la côte.

Le *maquereau* vient à une autre époque de l'année et par bancs aussi. Il en est de même des *sardines*, qui se trouvent sur les côtes de la Bretagne et du Poitou.

Un peu plus loin la falaise cessait d'être droite et lisse, comme elle l'avait été jusque-là.

— Voyez donc, patron, ces grandes arcades là-bas, dit

Savinien en étendant sa main dans la direction de la terre. Quelle drôle d'idée a-t-on eue de faire des portes dans la mer !

— On ne les a pas faites. Ce sont les flots eux-mêmes qui les ont percées. Dans des temps très anciens, ils ont miné la falaise et se sont ainsi ouvert un passage. Ce sont eux aussi qui ont détaché du rivage ce bloc de rocher qui forme comme un îlot, et qu'on appelle l'aiguille d'Étretat.

Les falaises d'Étretat.

En parlant ainsi, maître Pierre désignait une sorte d'énorme obélisque situé à quelques pas de la plage et que l'eau entourait de tous côtés.

— Oh ! quelle puissance doit avoir la mer pour remuer des masses pareilles !

— Ah ! c'est qu'il faut la voir pendant les tempêtes, quand les vagues battent le pied des falaises. Elles s'entrechoquent avec un bruit semblable à celui du canon. Rien ne saurait leur résister. Il ne fait pas bon naviguer alors. Aujourd'hui par bonheur, la mer est bien tranquille. Tenez, voici les maisons d'Étretat ; si nous étions au mois d'août, vous verriez toute la plage couverte de baigneurs.

QUESTIONNAIRE. — Quelle préparation fait-on subir à la morue ? — Quels produits tire-t-on de la baleine ? — Où sont l'Islande, Terre-Neuve, la Méditerranée, l'Afrique, la Turquie ? — Pourquoi n'y a-t-il plus de pirates ? — Qu'est-ce qu'un amiral ? — Connaissez-vous Henri IX ? — Que veulent dire les paroles qu'il adresse à Crillon ? — Y a-t-il encore des esclaves ? — Montrez sur la vignette une des portes d'Étretat.

XXXV. — Le Havre. — Les bassins.

Ce même jour, nos voyageurs atteignirent l'embouchure de la Seine, à l'entrée de laquelle est situé le Havre.

— Comment! c'est là le fleuve que nous avons traversé il y a une quinzaine de jours à Paris en une minute ou deux, dit Savinien. Il est autrement large ici. C'est à peine si l'on aperçoit l'autre bord.

— Il en est toujours ainsi à l'endroit où les fleuves se jettent dans la mer, à leur embouchure, dit le patron.

— Voilà beaucoup de bâtiments qui arrivent comme nous, continua Savinien.

— Tous ces bâtiments attendaient l'heure de la *marée montante* pour entrer au Havre, car alors le flot vous pousse vers la terre. A la *marée descendante*, au contraire, il vous entraîne au large, et les bateaux en profitent pour sortir.

La *Belle-du-Nord* entra dans la passe ou canal par laquelle on arrivait au port, longea la jetée et vint se ranger au bord d'un quai. Alors, laissant les deux matelots dans la barque, maître Pierre s'élança dehors avec les deux enfants.

Le marin avait affaire à plusieurs patrons de barque et aussi à d'autres personnes en ville; Bernard et Savinien lui demandèrent la permission de l'accompagner dans ses courses. Cela leur ferait connaître le Havre.

Le port du Havre se compose de vastes et nombreux bassins, remplis de navires de toutes les grandeurs et de toutes les nations. Ils étaient en si grande quantité, que leurs mâts, leurs cordages et leurs cheminées formaient comme une forêt dépouillée de feuillage. Au-dessus flottaient des drapeaux de toutes couleurs, chaque bâtiment portait celui de la nation à laquelle il appartenait.

Une foule empressée, ouvriers portant des fardeaux, commis affairés, négociants et marins parlant toutes les langues, allaient et venaient de tous côtés.

Des machines appelées *grues* enlevaient des bâtiments qui arrivaient les ballots, caisses, barils, colis de toutes sortes et les déposaient sur des camions qui circulaient sur des voies ferrées établies le long des quais. D'autres camions apportaient des chargements du même genre, que des machines semblables enlevaient aussi et déposaient sur des bâtiments prêts à partir.

— Qu'y a-t-il dans toutes ces caisses et ballots? demanda Savinien.

— Ceux qu'on décharge, dit maître Pierre, contiennent

les produits des pays étrangers qu'on apporte en France : coton, thé, café, riz, épices, peaux, bois pour l'ébénisterie. Ce sont des marchandises d'*importation*.

Les autres bâtiments font le commerce d'*exportation*. Ils emportent dans les autres pays des produits sortant des manufactures françaises. Ces caisses que tu vois là contien-

Les bassins du Havre.

nent sans doute des meubles, des objets de toutes sortes fabriqués à Paris et recherchés dans le monde entier, à ce que m'a dit un marin de ma connaissance qui a beaucoup navigué, pour leur élégance et leur bon goût, et qu'on appelle *articles de Paris*. Dans ces ballots, il doit y avoir des tissus, dans ces tonneaux, du vin. Mais j'aurais bientôt fini mes affaires; tantôt, je vous mènerai voir un des bâtiments transatlantiques qui font la traversée de France en Amérique. Un de mes neveux justement est mousse sur le *Labrador*; il nous le fera visiter.

QUESTIONNAIRE. — Vous faites-vous une idée du mouvement d'un port de mer? — Les bâtiments y entrent-ils ou en sortent-ils tous les jours à la même heure? — Les vins de Bourgogne, les soieries de Lyon, le café des colonies, le sucre de canne, le tabac, le marbre des Pyrénées, les cuirs du Brésil, les draps de Sedan, etc., sont-ils marchandises d'exportation ou d'importation?

XXXVI. — **Visite à un bâtiment transatlantique.**

— En voilà un bâtiment d'une belle taille! s'écria Savinien quelques heures après, comme ils arrivaient au bassin de l'Eure, le plus vaste du Havre.

— C'est précisément celui que nous venons voir, dit maître Pierre, le *Labrador* ; il est tout prêt à partir.

— Mais ! c'est une véritable maison, s'écria l'enfant, car à mesure qu'ils approchaient le bâtiment semblait grossir.

— Peu de maisons sont aussi grandes. Il a cent dix mètres de longeur, et de la *cale*, autrement dit de la partie la plus basse, la cave en quelque sorte, jusqu'au *pont*, il y en a dix-sept ; à peu près autant qu'une maison à quatre étages.

— Le pont, c'est cet endroit où l'on voit aller et venir ?

— Oui ; le plancher qui forme le dessus du navire.

Un garçon de treize à quatorze ans, ayant aperçu maître Pierre, accourut à sa rencontre. C'était son neveu. Il fit passer son oncle, ainsi que les deux frères, sur une planche jetée du bord du quai au transatlantique, et sur laquelle circulaient des portefaix, munis de caisses et de ballots destinés au chargement du navire.

Un transatlantique.

— Je le crois bien, dit Savinien parvenu au bâtiment, qu'il y a des maisons moins grandes ! Il en tiendrait ici une douzaine comme celle de ma grand'mère.

— Mais regarde donc, Bernard, poursuivit-il en jetant les yeux par une lucarne qui éclairait une petite construction placée sur le pont. Voici une étable avec une mangeoire pour les vaches !

— Et une bergerie, dit le mousse en ouvrant une porte à côté, avec une crèche toute garnie pour les moutons.

— Qui se serait jamais attendu à trouver des animaux sur un navire !

— Il en faut bien pour la nourriture des passagers et de l'équipage. Ici sont des cages, dit-il en désignant un autre endroit, pour enfermer des coqs, des poules, des poulets.

— De sorte que si le cœur vous en dit, on peut se régaler d'œufs frais à bord d'un vaisseau aussi bien que dans une ferme ? continua Savinien.

— Sans doute.

La petite troupe parcourut le pont de l'*avant* à l'*arrière*. L'*avant*, il n'est pas besoin de le dire, est la partie du bâtiment qui se présente en avant, qui fend l'eau. Il est plus étroit que l'arrière, et il en est ainsi, non seulement dans les grands navires, mais dans les plus petits bateaux. Savinien en avait déjà fait la remarque sur celui de maître Pierre. C'est à l'arrière que se tient le commandant du vaisseau et les autres officiers. Cette partie est plus élevée que le reste du pont, afin qu'on puisse d'un coup d'œil découvrir tout ce qui s'y passe. On l'appelle la *dunette*.

Là se voyait encore une sorte de grande roue autour de laquelle était disposé quelque chose qui ressemblait à des poignées.

— Qu'est-ce donc que cela ? demanda Savinien.

— C'est le *gouvernail*, répondit maître Pierre.

— Il ne ressemble pas du tout à celui de votre barque.

— Le véritable gouvernail est caché sous l'eau. Ce que tu vois là est seulement l'instrument pour le manœuvrer.

Le gouvernail.

Le matelot chargé de le diriger s'appelle *timonier*. Il ne faut pas qu'il s'endorme, autrement le navire risquerait de faire fausse route.

— Et quelle est encore cette autre machine sous verre, qui porte inscrits tout autour les noms des points cardinaux ?

— C'est la boussole.

— Je t'en ai déjà parlé, dit Bernard.

— Oui, je me le rappelle et je suis bien aise d'en voir une. Voilà, au milieu, l'aiguille aimantée, je le devine. Oh! la boussole doit être bien utile sur mer.

— Certes. Le timonier a sans cesse les yeux dessus et y lit son chemin aussi facilement que sur une carte.

En se penchant par-dessus le bord, Savinien aperçut un énorme instrument en fer, avec deux grandes pointes recourbées en forme de crochets. Il était suspendu au flanc extérieur du navire par des cordes ou *câbles* plus grosses que le bras.

— Viens donc voir l'ancre, Bernard, dit-il, elle est autrement grosse que celle du bateau de maître Pierre.

— C'est qu'aussi, dit le patron en riant, le *Labrador* est autrement gros que la *Belle-du-Nord*.

— Alors, dit Savinien, quand on veut que le navire s'arrête, on se sert de l'ancre?

— Oui; on la jette, ou, pour mieux dire, on la laisse tomber dans la mer; elle s'accroche au fond et retient le vaisseau immobile.

Tout le milieu du bâtiment était occupé par la machine à vapeur. Par les *écoutilles* ou *trappes* ouvertes sur le pont, on pouvait en voir tourner les énormes rouages car on l'essayait.

— Est-ce que cette machine a un cylindre et un piston comme les locomotives, demanda Savinien à Bernard.

— Sans doute, répondit celui-ci. Je t'ai déjà dit que toutes les machines à vapeur en étaient pourvues. Seulement, le piston de celle-ci, au lieu de faire tourner des roues de voiture, comme le piston d'une locomotive, met en mouvement une hélice.

— Une hélice?.... Qu'est-ce que c'est que cela?

— C'est une sorte de roue placée sous le navire et qui le fait marcher.

— Et elle le fait marcher vite?

— Je le crois bien, dit maître Pierre. Avec les bateaux à voile, on met trois mois pour se rendre d'ici en Amérique; avec les bateaux à vapeur on fait la traversée en quinze jours.

— Quinze jours et même moins, dit le mousse. La dernière fois le *Labrador* n'en a mis que douze.

QUESTIONNAIRE. — Que veut dire *transatlantique?* — D'où vient le nom de Labrador? — La maison de l'école est-elle aussi haute que le bâtiment dont il est question? — Mesurez la longueur de la classe et dites-nous combien de fois le Labrador est plus long qu'elle? — A quelle occasion Bernard avait-il parlé à son frère de la boussole? — A-t-on toujours navigué à la vapeur? — Autrefois on mettait trois mois pour faire la traversée de France en Amérique; si on met douze jours à présent, quelle est la différence?

XXXVII. — Suite de la visite au transatlantique.

En ce moment, on entrait dans une *cabine* de passagers. Elles sont situées sous le pont, au premier étage pour ainsi dire de la maison, en commençant par le haut.

— Je m'accommoderais bien, dit Savinien, de rester douze jours dans une si jolie chambre.

Ce qui le surprit beaucoup, néanmoins, ce fut de voir plusieurs lits au-dessus les uns des autres.

— Et encore, dit le patron, il n'y a que les passagers de première classe qui jouissent de telles cabines; les autres en occupent où on loge à six ou huit, ou même ils couchent ensemble dans de grandes pièces où les lits sont pressés à côté les uns des autres. C'est ici comme à l'auberge, il y a des logements pour toutes les bourses, seulement, on est toujours un peu à l'étroit; si grand que soit un navire, il faut économiser la place. Un bâtiment comme celui-ci contient plus de mille passagers, sans compter l'équipage; c'est-à-dire les matelots, mécaniciens, chauffeurs, domestiques, cuisiniers, mousses, qui sont déjà plus d'une centaine.

Cabine de passagers.

— Il logerait ici plus de monde que dans tout Fréville, dit Savinien, qui comparait volontiers ce qu'il voyait pour la première fois avec ce qu'il connaissait déjà.

À côté des cabines est une grande salle où les passagers prennent leurs repas, et qui sert aussi de salon. On y voit des fauteuils, une bibliothèque, un piano.

— Quand il y a des musiciens à bord, dit le mousse, on s'amuse, on fait de la musique, on danse même.

Savinien remarqua que les tables étaient entourées de rebords et que les verres, carafes et bouteilles se balançaient à quelques pouces au-dessus, sur des supports garnis de cercles de bois dans lesquels ils entraient.

Il demanda la raison de cet arrangement extraordinaire.

— C'est afin qu'ils ne soient pas exposés à se renverser lorsque la mer est forte et fait pencher le bateau. Les lampes sont suspendues de même, ainsi que les lits.

— Au fait, ce n'est pas mal vu, répliqua l'enfant. Sans

cela on serait exposé à ce que le vin ou les sauces se répandissent sur vos habits, et il pourrait bien arriver quelquefois aussi qu'on se réveillerait le matin par terre, au beau milieu de sa cabine.

— Nous n'avons pas à craindre, nous autres matelots, dit le mousse, d'être jetés en bas de nos lits.

— Pourquoi cela?

— Nous n'en avons pas.

— Pas de lits! Dans quoi couchez-vous alors?

— Dans des *hamacs*. Ce sont des pièces de toile, qu'on suspend de chaque bout à la muraille par deux crochets.

Un hamac de matelot.

— L'on dort bien là dedans?

— Je le crois bien. Le mouvement du navire vous berce. On y est on ne peut mieux.

On avait déjà descendu deux étages; Savinien se croyait au fond du bâtiment.

— Vous n'y êtes pas, dit en riant le mousse. Il y a encore trois étages, d'abord la soute aux vivres, comme on dit, où sont enfermées les provisions de toutes sortes pour la traversée; puis la cale et les magasins contenant les marchandises qui forment le chargement; puis la soute à charbon pour la machine, le réservoir d'eau, etc.

— De l'eau! s'écria Savinien! à quoi bon en emporter? Sur mer on n'en manque pas.

— L'eau de mer ne vaut rien pour boire.

— Ah! c'est vrai, j'en ai goûté; elle est salée et bien désagréable.

QUESTIONNAIRE. — La vie des marins est-elle pénible? — Quels sont les dangers qu'ils ont à redouter? — Nom...ez des marins que vous connaissez? — Aimeriez-vous à être marin? — Croyez-vous la discipline utile sur un navire? — Faites le récit de la visite au *Labrador*.

XXXVIII. — Le mascaret.

L'heure pressait, on abrégea la visite et, peu après, les voyageurs se rembarquaient pour Rouen.

— J'ai vu un temps, qui n'est pas encore bien loin, dit le patron de la *Belle-du-Nord*, où la navigation de la Seine n'était pas aussi facile qu'elle l'est à présent, et plus d'une fois ma barque s'est trouvée arrêtée par les sables.

— Quels sables, demanda Savinien.

— Ceux qui jaunissent l'eau autour de nous et qui sont amenés par les flots de la mer. Ils forment de grands bancs dans la rivière. Depuis quelques années on en a *dragué* ou creusé le lit, ce qui permet à des vaisseaux assez gros de remonter jusqu'à Rouen.

Une fois aussi j'ai été pris par le *mascaret*.

— Qu'est-ce que le mascaret, demanda encore Savinien?

— Je vais tâcher de vous l'expliquer.

La marée ne produit pas d'effet sur le bord de la mer seulement. Elle se fait sentir aussi sur les cours d'eau qui s'y jettent jusqu'à une assez grande distance de leur em-

Le mascaret.

bouchure. Au moment des fortes marées de l'équinoxe, voilà ce qui arrive : la mer montant d'un côté, la Seine descendant de l'autre, se rencontrent et se heurtent avec une violence extrême. On dirait que la mer veut faire rebrousser chemin à la Seine. Toutes deux se livrent bataille et leurs eaux réunies forment, sur toute la largeur du fleuve, une énorme vague qui roule avec une impétuosité effrayante, balaye tout devant elle, et se jette avec fureur sur les rives, où elle cause des dégâts considérables. Voilà ce qu'on appelle le *mascaret* ou la *barre*.

J'y ai été pris une fois, comme je vous le disais, et je vous assure que c'était terrible. J'étais jeune alors, mais jamais je n'oublierai le spectacle que présentait la Seine. La vague était haute, il fallait voir. Notre barque a été jetée sur le rivage et brisée comme une coquille de noix. Le patron et moi nous avons eu beaucoup de peine à nous sauver.

Voilà ce que c'est, ajouta maître Pierre, que de se mettre en mer sans posséder tout son bon sens. Tout le monde avait dit au père Fléchard, c'était mon patron, d'attendre que le mascaret fût fini, mais, ce jour-là comme les autres, il avait fait une visite au cabaret avant de monter dans son bateau. Il prétendait que cela lui donnait du cœur et chassait l'humidité. Il n'a voulu faire qu'à sa tête et vous voyez ce qu est arrivé.

Eh bien, vous ne croiriez pas une chose, c'est que le danger qu'il a couru ce jour-là ne l'a pas corrigé. Peu de temps après il s'est embarqué un matin, après une longue station devant le comptoir et on ne l'a plus revu. Quant à moi, cette aventure aurait suffi pour me dégoûter à jamais de la bouteille, si j'avais eu du penchant à l'aimer, et m'aurait donné de la tempérance pour le restant de ma vie.

— Est-ce que le mascaret ne se voit que sur la Seine? demanda Savinien.

— Il paraît que non. Un marin de Bordeaux m'a dit qu'il avait vu le mascaret sur la *Dordogne*, une grande rivière qui se jette dans la Gironde, et sur d'autres encore. Partout il faisait beaucoup de ravages.

Pendant ces explications la barque continuait à glisser sur la Seine. Les rives, d'abord très écartées l'une de l'autre, s'étaient resserrées tout à coup. Elles présentaient tantôt des coteaux couverts de bois, tantôt des champs et des prairies. De verdoyantes et fertiles vallées s'ouvraient à droite et à gauche du fleuve.

A mesure qu'on avançait, on voyait circuler des embarcations dont le nombre annonçait l'approche d'une grande ville. Les bords se couvraient d'usines et d'ateliers, les collines de châteaux et de maisons de campagne. Bientôt, à un détour, on aperçut le pont de Rouen, le premier sur la Seine en la remontant, et la barque vint aborder au milieu d'une multitude de bâtiments de toutes formes et de toutes grandeurs.

QUESTIONNAIRE. — Expliquez-nous ce qu'est le mascaret et décrivez-nous en les effets. — Que concluez-vous du récit de maître Pierre? — Où est la Dordogne? — Quel est le chef-lieu du département auquel elle donne son nom?

XXXIX. — Rouen.

A peine nos amis eurent-ils mis pied à terre qu'un jeune garçon, qui se promenait sur le quai avec deux messieurs, s'élança vers eux en criant :

— C'est lui! papa; c'est lui!

Les deux frères d'abord ne savaient ce que cela voulait dire, mais bientôt ils reconnurent l'enfant que Bernard avait tiré de l'eau à Dunkerque, quelques jours auparavant.

Il était suivi de son père et d'un Rouennais, ami de celui-ci, qu'on appelait M. Delalande.

— Oui, c'est lui, répétait Henri; c'est le jeune homme qui m'a empêché de me noyer.

M. Ferriere vint alors à Bernard, lui prit affectueusement les mains et lui exprima avec chaleur sa reconnaissance.

— Oh! que je suis content de vous avoir retrouvé, disait Henri, qui, en effet, sautait de joie. Nous vous avons bien cherché dans tout Dunkerque. J'étais si fâché d'être parti sans vous avoir remercié!

Le monsieur qui accompagnait M. Ferrière demanda des explications.

— Eh bien! s'il en est ainsi, dit-il quand on les lui eut données, je vous emmène tous chez moi. Vous aurez certainement du plaisir à vous trouver ensemble.

Bernard commença par refuser cette invitation, craignant d'être indiscret.

— Non, non; ma maison est grande, dit M. Delalande.

Il fallut bien accepter; les deux frères, avant de suivre leurs nouveaux amis, prirent congé de maître Pierre et le remercièrent de tout leur cœur de ce qu'il avait fait pour eux. Celui-ci les chargea de ses amitiés pour son beau-frère Jean Petit, et l'on se sépara avec de cordiales poignées de mains.

Savinien et Henri furent bientôt excellents camarades. Ce dernier apprit à son compagnon qu'ils n'étaient à Rouen que depuis la veille. Son père s'occupait d'un grand ouvrage sur le commerce maritime, c'est-à-dire sur celui qui se fait par mer, c'est à cause de cela qu'il parcourait tous les ports. Il avait visité ceux du Nord ; il devait, après avoir passé quelques jours chez son ami M. Delalande, se rendre au Havre et à Cherbourg.

— Et que fait-il, ce monsieur Delalande, demanda Savinien. Est-ce un négociant?

— Non ; c'est un savant. Il voyage beaucoup. Aujourd'hui, il doit nous faire voyager dans Rouen, ajouta gaiement le jeune garçon.

Après déjeuner, en effet, on se mit en route. Ce fut une vive jouissance pour les enfants de visiter la *cathédrale,* avec sa flèche élancée, l'*église Saint-Ouen*, une des merveilles de l'art ogival, et le *Palais de Justice*, l'un des plus beaux monuments qui existent.

A Rouen, ce ne sont pas les édifices publics seuls qui sont si artistement travaillés. On voit de vieilles maisons, appartenant à de simples particuliers, dont la façade est ornée de sculptures en bois très délicatement ouvragées, représentant des fleurs, des oiseaux, des ornements de toutes sortes, mêlés de figures fantastiques.

— Je n'aurais jamais cru, dit Savinien lorsqu'on lui eut appris que ces maisons avaient trois cents ans d'existence, qu'on sût faire de si belles choses autrefois.

— Il faut se garder de croire qu'il n'y a de bien et de beau que ce qui est de notre temps, dit M. Ferrière. Les ouvriers des siècles passés, au contraire, travaillaient le bois avec beaucoup plus d'habileté qu'on ne le fait aujourd'hui, et leurs ouvrages servent encore de modèles. S'ils n'avaient pas les outils perfectionnés dont on se sert à présent, ils en avaient qui les valaient bien : la patience et le respect de leur art.

On gravit la colline de *Bon-Secours*, où l'on a récemment élevé une chapelle, et d'où l'on domine Rouen.

— Voyez, dit M. Delalande avec animation, lorsqu'on fut parvenu au sommet, si j'ai tort d'être fier de ma ville? Quelle belle position! Au bord d'un large fleuve, qui serpente dans un pays ravissant ; entourée de collines, qui lui font une verdoyante ceinture, ornée de monuments admirables ; à proximité de la mer, qui lui apporte les productions de tout le globe!

— Sans doute, dit Henri, mais ce qui me déplaît à Rouen, c'est de penser que Jeanne Darc y a été brûlée.

— Eh! mon garçon, dit M. Delalande avec la même vivacité, je le regrette autant que toi ; mais les Rouennais ne sont pas coupables de ce crime. Il a eu lieu lorsque leur ville était sous la domination anglaise; néanmoins, ils l'ont réparé autant qu'il était en leur pouvoir en honorant la mémoire de Jeanne et en lui élevant une statue.

— Il me semble qu'on fait un grand commerce à Rouen, dit le jeune garçon quelques instants après.

Vue de Rouen.

— Oui, mon ami. Toutes les vallées environnantes, qui renferment un grand nombre de fabriques, y apportent leurs produits : de la toile, des lainages, les draps d'Elbeuf et de Louviers.

— J'ai vu dans plusieurs endroits, dit Savinien encouragé par l'air de bonté du savant, le mot *Rouenneries* au dessus de la porte des magasins, est-ce que c'est quelque chose que l'on fait ici?

— Mais oui. Ce sont des étoffes de coton très solides, dont on confectionne des blouses, des robes, des tabliers.

— J'ai remarqué tout à l'heure, en passant sur le pont, dit encore Henri, la statue de Pierre Corneille.

— Il est, en effet, né à Rouen.

— Qu'est-ce que Pierre Corneille? demanda Savinien à son nouvel ami, en descendant la colline.

— C'est l'auteur des tragédies de *Cinna*, du *Cid*, d'*Horace*, de *Polyeucte*.

— Mais qu'est-ce qu'une tragédie?

— Les tragédies de Corneille sont des pièces de théâtre, qui ont pour sujet de grandes actions.

Les personnages qu'on y fait parler donnent l'exemple du dévouement, du patriotisme, des plus hautes vertus. Les sentiments qu'ils expriment sont rendus en si beaux vers qu'ils vous donnent envie de les imiter. Quand on a lu une tragédie de Corneille on est plus disposé à bien faire.

— J'aimerais à les lire alors, dit Savinien, quoiqu'il ne comprît pas encore très bien ces explications.

Corneille est-il le seul qui ait fait des tragédies? ajouta-t-il.

— Non. *Racine* en a composé aussi de très belles. Il est né, lui, à la *Ferté-Milon*, dans le département de l'Aisne.

— Le département de l'Aisne, je sais où c'est; nous y avons passé en allant à Anzin.

— Si nous nous revoyons, continua Henri, je vous prêterai mon Corneille et mon Racine.

— J'en serai bien content, répliqua Savinien.

M. Ferrière avait interrogé les deux frères sur le but de leur voyage; mais, remarquant l'embarras que ses questions leur causaient, il ne les poussa pas bien loin. Il devina néanmoins qu'ils méritaient qu'on s'intéressât vivement à eux. D'ailleurs, il avait contracté envers Bernard une dette de reconnaissance qu'il désirait de tout son cœur acquitter, et il espérait un jour ou l'autre en trouver l'occasion. Pour le moment, il se contenta de s'informer du nom des deux jeunes gens, du lieu qu'ils habitaient, et il leur fit promettre de lui écrire, ce à quoi nos amis s'engagèrent bien volontiers.

En outre, apprenant qu'ils se rendaient en Bretagne, il leur donna rendez-vous à Vannes, dans le département du Morbihan, où il possédait une maison et où il devait se rendre bientôt; Vannes était sur la route de Bernard et de Savinien, en quittant Saint-Pol de Léon pour retourner chez eux. M. Ferrière en aurait volontiers fait ses compagnons de voyage pour une partie du chemin; mais ses affaires exigeaient qu'il restât encore quelques jours à Rouen, tandis que celles des deux frères ne souffraient aucun retard.

Henri, ne voulut pas laisser partir son nouveau camarade sans avoir bourré ses poches de friandises et notamment de sucre de pomme. Chacun sait que le sucre de pomme de Rouen est renommé. Le jeune garçon ne l'ignorait pas. Il en avait fait ample provision, pour sa cousine Adèle, disait-il; mais la vérité historique nous oblige à dire que, lorsqu'il vit la susdite cousine, quelques semaines après, la provision était notablement diminuée.

QUESTIONNAIRE. — Que veut dire cette expression *art ogival?* — Connaissez-vous les étoffes appelées rouenneries? — D'où vient ce nom? — Avez-vous lu une tragédie ou des fragments de tragédie? — Cherchez Vannes sur la carte et voyez si, en effet, cette ville est sur la route de Saint-Pol de Léon à Fréville.

XL. — En route de nouveau!

Un ami de M. Delalande, cultivateur à Lisieux, avait envoyé un chariot pour transporter divers instruments aratoires qu'il avait achetés à Rouen. Le conducteur consentit volontiers à prendre avec lui les deux jeunes gens, ce qui devait leur faciliter une partie du chemin.

Les adieux les avaient un peu attristés, mais cette impression se dissipa en parcourant les riches et gaies campagnes de la Seine-Inférieure et du département de l'Eure. D'ailleurs ils se rapprochaient de leur père et se réjouissaient de le revoir bientôt, oubliant les raisons qu'ils avaient de redouter ce moment pour ne songer qu'à la satisfaction de l'embrasser.

La contrée qu'ils traversaient était très industrieuse; de tous côtés, dans les villages, on entendait le bruit des métiers de tisserand. Une fois, pendant que le cheval se reposait, les jeunes voyageurs entrèrent dans une chaumière et demandèrent à une femme qui travaillait, la permission de la regarder faire.

Toutes les étoffes, comme chacun sait, sont formées de deux fils croisés : l'un appelé la *chaîne* et l'autre la *trame*. Le métier à tisser se compose d'une sorte de châssis, ou cadre allongé, sur lequel sont tendus, dans le sens de la longueur, les fils de la *chaîne*. Ces fils sont rangés à côté les uns des autres, dans un ordre parfait, et roulés sur un gros cylindre de bois, placé à l'une des extrémités du châssis. A l'autre extrémité est un cylindre semblable, sur lequel le tissu vient s'enrouler à mesure qu'il se fait.

L'ouvrière était assise de ce côté du métier; elle avait dans la main un petit instrument de bois creux, qu'elle montra aux deux jeunes gens : c'était la *navette*, qui contenait une bobine, sur laquelle était dévidé le fil destiné à faire la trame. L'ouvrière lançait cette navette tantôt de droite à gauche, tantôt de gauche à droite du métier, et en même temps elle appuyait les pieds alternativement sur des planchettes placées sous le métier; les fils de la chaîne semblaient se séparer d'eux-mêmes pour laisser passer la navette. Chaque fois c'était une rangée de fil ajoutée aux autres, et l'étoffe avançait tout doucement. On s'en rendait d'autant mieux compte qu'elle formait de petits carreaux blancs et bleus.

Savinien regardait la femme travailler sans parvenir à comprendre par quel moyen les fils de la chaîne s'écartaient. Il l'interrogea.

Celle-ci lui fit alors remarquer deux espèces de grillages en cordes, appelés *lisses*, placés au milieu et en travers du métier.

— Regardez bien, lui dit-elle, vous verrez que la moitié des fils de la chaîne, de deux en deux, passe dans une des lisses; la seconde moitié passe dans l'autre. Quand je

Métier à tisser.

pose mon pied sur une des pédales, comme je le fais en ce moment, une des lisses monte, et entraîne avec elle tous les fils qui la traversent. En même temps, l'autre lisse descend avec les fils qu'elle porte. C'est le moment que je choisis pour lancer ma navette. Puis, toujours par le mouvement de mon pied, je fais remonter la lisse qui était en bas et descendre celle qui était en haut; les fils se séparent encore une fois; je lance ma navette entre eux de nouveau, et ainsi de suite jusqu'à la fin de la pièce d'étoffe, c'est-à-dire jusqu'au bout des fils de la chaîne.

Savinien remercia la femme de sa complaisance et se retira enchanté de ce qu'il venait d'apprendre. N'est-il pas bien agréable en effet de savoir comment se fabriquent les étoffes dont on est vêtu?

— On ne tisse plus guère au métier aujourd'hui, dit Bernard en rejoignant leur carriole; on a inventé, comme nous l'a dit M. Morlot, à Saint-Quentin, des machines qui travaillent beaucoup plus vite, et qui, par conséquent, permettent au fabricant de donner les étoffes à bien meilleur marché; mais souviens-toi que les tissus ne sont jamais formés que de deux fils : la *chaîne* et la *trame;* que les fils de la chaîne se séparent toujours au moyen des lisses et que ceux de la *trame* sont toujours croisés au moyen de la navette; la principale différence, c'est que les lisses et la navette des machines sont mises en mouvement par la vapeur au lieu de l'être par le pied et la main de l'ouvrier, comme dans les anciens métiers de tisserand.

QUESTIONNAIRE. — Vous rendez-vous bien compte de la manière dont fonctionne le métier à tisser? — Montrez-en les différentes parties sur la gravure? — Ce métier vous semble-t-il bien imaginé? — En quoi les nouvelles machines sont-elles préférables?

XLI. — Le Drap.

De Rouen à Lisieux, il y a dix-huit à vingt lieues; aussi nos voyageurs n'y arrivèrent-ils que le lendemain.

Leur conducteur, ayant remarqué qu'ils s'intéressaient à tout ce qu'ils voyaient, leur dit avant de les quitter :

— J'ai un frère qui travaille ici dans une usine où l'on tisse, blanchit et apprête le drap, et qui rivalise avec les grandes fabriques d'Elbeuf et de Louviers. Auriez-vous du plaisir à visiter l'établissement?

— Certainement, dit Bernard.

— Venez avec moi, alors. Vous savez, continua-t-il en s'adressant à Savinien, avec quoi se fait le drap?

— Bien sûr, c'est avec la laine qui croît sur le dos des moutons et qu'on leur coupe tous les ans. Mais est-ce que cette étoffe-là se tisse comme celle que nous avons vu fabriquer hier?

— Sans doute.

— C'est que j'ai beau regarder, dit l'enfant, qui tout en marchant considérait attentivement la manche de son habit, je ne distingue pas la chaîne et la trame dans l'étoffe de ma veste, comme je les distingue dans celle de mon mouchoir de poche.

— Vous en comprendrez la raison tout à l'heure.

On fit entrer les jeunes garçons dans de vastes ateliers où le drap se tissait, non plus à l'aide d'un métier comme celui qu'ils avaient vu la veille, mais à l'aide de machines très compliquées et mues par la vapeur. Les étoffes qui y étaient tendues et qu'on voyait avancer avec une grande rapidité, étaient d'un blanc grisâtre et toutes tachées.

— Le tisserand d'hier travaillait bien plus proprement que ceux d'ici, dit Savinien.

— Si le drap est sale lorsqu'il sort du métier, ce n'est pas la faute de l'ouvrier, répliqua l'homme qui les accompagnait ; cela vient de ce que, pour tisser des fils de laine, on est obligé de les enduire de graisse et de colle, afin qu'ils

Tissage à la vapeur.

glissent avec plus de facilité sur la chaîne, et se placent bien régulièrement ; mais soyez tranquille, on va nettoyer ces tissus à fond avant de les teindre.

Il fit alors passer les jeunes visiteurs dans une autre partie de l'établissement où régnait un bruit assourdissant. Il était produit par de grosses pièces de bois appelées *foulons*, qui frappaient sans relâche sur des étoffes entassées dans de larges cuves, où passait un filet d'eau claire. On voyait ces étoffes, d'abord grisâtres, blanchir à vue d'œil.

— Est-ce que le lavage ne resserre pas le drap ? demanda Bernard.

— Oui, et beaucoup.

— Alors, il n'a plus la même longueur lorsqu'il sort des cuves que lorsqu'il vient d'être fait ?

— Ni la même longueur ni la même largeur ; il diminue dans les deux sens de près de moitié. Mais ce qu'il perd ainsi, il le gagne en épaisseur et en solidité.

Quand le drap est nettoyé, continua le guide, on le teint en le plongeant dans de grandes chaudières, remplies de liquide de couleur ; puis on le fait sécher à la chaleur ou à l'air.

— Tout cela, dit Savinien, ne m'apprend pas pourquoi on ne distingue pas les fils de la chaîne et de la trame dans le drap comme dans la toile.

— Voici qui va vous le dire.

Chardon à carder.

Dans l'atelier où ils entraient, on *cardait* le drap, c'est-à-dire qu'on passait dessus des brosses fabriquées avec les têtes de certains chardons, qu'on appelle *cardère* ou *chardon à carder*.

La tête de ces chardons est formée d'une multitude de petits crochets qui durcissent en séchant. On en fait une sorte de brosse. A force de passer et de repasser sur le drap, cette brosse fait ressortir les mille petits brins de la laine, qui viennent ainsi former sur l'étoffe une sorte de fin duvet, couché régulièrement, et qui en cache les fils. Lorsque le tissu commence à s'user, ce duvet disparaît et on peut compter les fils de la chaîne et de la trame.

— J'ai vu, dit Savinien, de ces chardons dans les champs, mais je ne me serais jamais douté qu'ils fussent bons à quelque chose.

— L'industrie humaine, dit Bernard, parvient à tout utiliser, — c'est du moins ce que m'a répété souvent M. Liégard, notre instituteur, — et si certaines productions de la nature n'ont pas encore trouvé leur emploi, on peut prédire qu'elles le trouveront un jour ou l'autre.

QUESTIONNAIRE. — Savez-vous quelles sont les villes de France où se fabriquent les plus beaux draps? — Peut-on se servir du drap ou de la flanelle sortant du métier à tisser? — Quel est le rôle des foulons, celui des chardons dans la fabrication? — Dans quelle saison porte-t-on le plus de lainages? — Montrez dans votre mouchoir les fils de la trame. — Nommez quelques-unes des productions naturelles utilisées par l'industrie.

XLII. — Les herbages normands. — Le beurre et le fromage. — Les chevaux normands.

Si Savinien avait contemplé avec satisfaction les champs bien cultivés du Nord, on peut deviner son ravissement en traversant les herbages normands. Il n'avait jamais vu de prairies si vertes que celles de la *vallée d'Auge*. On appelle ainsi la partie du département du Calvados arrosée par la *Toucques*, petite rivière qui se jette dans la Manche à *Trouville*, lieu de bains de mer renommé.

Dans ces champs, couverts d'une herbe si fraîche, si épaisse, si haute et si fleurie, paissaient de nombreux troupeaux de bœufs et de vaches, dont l'air de contentement faisait plaisir à voir.

— Quand je serai grand, disait Savinien, je veux avoir des prairies comme celles-ci; je veux que mes bestiaux soient

Troupeaux normands.

aussi beaux, aussi bien entretenus que ceux-là. Vois, Bernard, comme toutes ces bêtes semblent heureuses! Moi aussi, j'aimerais que les miennes le fussent.

Son frère sourit de son enthousiasme.

— Je ne dis pas, répliqua-t-il, que tu réussiras jamais à avoir des bestiaux qui égalent en force et en grosseur les bestiaux normands. La nature du terrain de la Sologne ne s'y prête pas; mais de même que tu pourras contribuer à améliorer tes champs, de même tu pourras rendre tes bêtes heureuses, comme tu dis, en les traitant bien. Ce sont là des résultats que tes moyens te permettront toujours d'espérer et auxquels chacun doit s'efforcer de parvenir.

Dans les villages où les deux frères s'arrêtaient pour prendre leur repas, ils trouvaient du lait excellent, de la crème épaisse et parfumée, du beurre doré et appétissant : car le beurre de Normandie est renommé, principalement celui de *Gournay*, dans la Seine-Inférieure, et d'*Isigny*, dans le Calvados.

Le fromage non plus ne laissait rien à désirer. *Livarot* et *Pont-l'Évêque* en font un grand commerce. Un jour une brave femme, chez laquelle ils s'étaient arrêtés, leur dit en leur en apportant un morceau, accompagné d'une belle miche de pain bis :

— Vous me direz des nouvelles de celui-là ! Il est fait avec la partie la plus délicate de la crème. C'est du *Camembert*. Nous en expédions à Paris toutes les semaines. Les têtes couronnées n'en mangent pas de meilleur !

Il était excellent, en effet, et si les deux frères avaient été gourmands Camembert eût certainement occupé une place d'honneur dans leurs souvenirs de voyage.

Poule de Crèvecœur.

Savinien prenait encore plaisir à observer la beauté des poules qui se promenaient dans les cours des fermes. Elles étaient de l'espèce dite Crèvecœur, connue pour sa grande taille, la quantité d'œufs qu'elle donne et la délicatesse de sa chair, qui égale celle des volailles renommées de la Bresse et du Mans. Si le jeune garçon était retourné directement à Fréville, il eût certainement tâché de s'en procurer quelques œufs ; mais on conviendra qu'un bagage de cette espèce eût été un peu embarrassant pour le voyage qu'il accomplissait.

Dans le département du Calvados, de même que dans toute la Normandie, on élève aussi des chevaux. Ceux qu'on voyait paître en liberté étaient, comme les bœufs et les vaches, l'objet de remarques flatteuses de la part de Savinien.

— Quelles belles formes ! disait-il ; qu'ils ont l'air fier ! que leurs jambes sont fines ! que leur allure est légère et dégagée ! Je n'en ai jamais vu de semblables.

— C'est que cette province, répondit Bernard, produit

surtout les chevaux de luxe, ceux qu'on attelle aux belles voitures, telles que tu en as vu à Paris, et dans lesquels on recherche principalement les qualités d'élégance. Les *Percherons,* — on appelle ainsi les chevaux de la Sarthe et de la

Cheval normand.

Mayenne, de l'ancien nom de la province du *Perche,* — ont des formes moins délicates, mais sont plus vigoureux. Les chevaux les plus forts de tous sont les *Boulonnais.* Ils viennent des environs de Boulogne, dans le département du Nord, et servent pour les charrois.

— Et les chevaux de selle?

— Pour la selle on préfère les chevaux de *race arabe,* on les élève surtout dans le Midi. Ils sont intelligents, très prompts à la course, et remarquables par la grâce de leurs mouvements.

Comme pour prouver que les chevaux normands n'étaient pas non plus dépourvus de ces qualités, de temps en temps un joli poulain, qui sautait et gambadait autour de sa mère, accourait les naseaux ouverts et la crinière au vent, auprès de la haie, pour voir passer les voyageurs. Savinien alors cueillait une poignée d'herbes choisies et les présentait à la jolie bête, qui paraissait les savourer avec grand plaisir et exécutait, en manière de remerciement, une demi-douzaine de cabrioles.

QUESTIONNAIRE. — Pourquoi doit-on avoir soin des bestiaux qu'on élève ? — Peut-on avoir des bestiaux aussi beaux dans tous les pays ? — Nommez quelques-unes des différentes espèces de chevaux et dites les qualités qui les distinguent ? — Qu'appelle-t-on volaille de la Bresse ? — Avez-vous vu faire du beurre, du fromage ? — Dites-nous comment on s'y prend ?

XLIII. — Un accident.

Les fermes normandes sont charmantes. Chacune est entourée d'une sorte de haute et épaisse muraille en terre, surmontée d'une double rangée de grands arbres, entre lesquels est pratiqué un sentier. On peut s'y promener à l'ombre, et la vue plonge de là sur de beaux clos verts, plantés de pommiers, dont les fruits servent à faire le cidre renommé de Normandie, qui forme la boisson habituelle des habitants du pays.

Savinien ne manquait pas, toutes les fois que l'occasion s'en présentait, de grimper sur ces clôtures. Une fois, aux environs de Falaise, voulant sauter du haut de l'une d'elles, son pied se prit dans une racine; il tomba; son front porta sur une pierre et le sang jaillit.

Bernard, effrayé, courut à lui; l'enfant s'était relevé bien vite.

— Ce n'est rien, dit-il, je ne me suis pas fait de mal.

Ces paroles ne dissipèrent pas les craintes du frère aîné. Il regardait autour de lui, cherchant l'entrée de la ferme, afin d'y demander du secours s'il était nécessaire, lorsqu'il aperçut à quelques pas un bouquet de saules, au bas duquel coulait un ruisseau. Il voulut y porter Savinien, afin de laver tout de suite sa blessure, la ferme ne présentant aucune ouverture du côté où ils se trouvaient.

— Je peux très bien aller tout seul, dit l'enfant, je ne me sens aucun mal, je t'assure. Et il se mit en marche, soutenu par Bernard.

En approchant du bouquet d'arbres, les deux frères aperçurent, sur le bord du ruisseau, plusieurs personnes assises et prenant leur repas. Un peu plus loin était une voiture, recouverte de toile cirée et attelée d'un petit cheval. Le groupe installé sous les saules se composait d'un homme, d'une femme et d'une petite fille de dix à douze ans. En voyant approcher Savinien, dont la figure était couverte de sang, tous se levèrent précipitamment en poussant des exclamations et offrirent avec empressement leurs services.

Sans attendre qu'on le lui demandât, Louise, la petite fille, s'emparant de la tasse dans laquelle elle venait de déjeuner, franchit en courant le talus qui descendait au ruisseau, et en un clin d'œil revint avec de l'eau. Alors, tirant son mouchoir, elle se mit gentiment à bassiner le front de Savinien, qui la laissa faire avec reconnaissance et la remercia de tout son cœur.

La blessure était peu profonde et cessa bientôt de saigner. La mère alors imbiba un linge d'eau salée et en fit une compresse qu'elle appliqua sur le front de l'étourdi, en l'y fixant avec une bande de toile. Puis elle lui releva son pantalon pour laver aussi les genoux, un peu écorchés, et le fit marcher pour s'assurer qu'il n'avait ni foulure, ni entorse.

— Ce ne sera rien, et une autre fois il regardera à ses pieds, dit-elle d'un ton de bonne humeur, pour dissiper l'inquiétude de Bernard, qui avait été plus ému de cet accident que la victime elle-même.

Elle se mit à bassiner le front de Savinien...

Les procédés de ces braves gens eurent bientôt établi de bons rapports entre eux et nos amis. Louis Popinel était un marchand forain, qui allait de ville en ville vendre de la mercerie, des étoffes, des rubans, de la bonneterie, s'arrêtant dans les fermes et les villages.

Il voyageait à petites journées afin de ménager les forces de la Pie, sa jument, qui n'était plus de la première jeunesse. Le maître marchait presque toujours à pied, à côté de sa bête. Le plus souvent sa femme lui tenait compagnie. Quand il pleuvait, elle prenait place sous une petite capote établie sur le devant de la voiture, à côté de Louise.

Lorsqu'il faisait beau, la petite fille, elle aussi, aimait à trotter sur la route. Elle trouvait plus amusant de cueillir des fleurs, de courir après les papillons, que de rester immobile et renfermée.

Elle allait et venait, tantôt en avant, tantôt en arrière de la voiture, égayant ses parents de ses jeux, de ses chansons et de ses joyeux propos.

Bernard avait parlé de finir la journée dans une auberge des environs, afin que son frère se reposât jusqu'au lendemain matin ; mais la bonne Mme Popinel trouva un moyen qui leur permettait de continuer leur voyage sans interruption.

Après s'être informée de la direction suivie par les deux frères, et avoir reconnu qu'elle était, du moins quant à présent, la même que celle qu'ils suivaient eux-mêmes, Mme Popinel décida que Savinien monterait dans la carriole

— Ce soir, ajouta-t-elle, nous serons à Condé-sur-Noireau. Il passera là une bonne nuit, et demain il sera tout à fait bien.

Savinien se refusa d'abord à cet arrangement; il craignait d'être un embarras pour la famille du marchand et de prendre la place de la petite fille.

— Il marcherait très bien, disait-il.

Ce fut Louise qui le décida en l'assurant qu'ils tiendraient très facilement tous deux sous la capote. Quelques instants après, elle et Savinien y étaient installés.

QUESTIONNAIRE. — Boit-on du cidre dans tous les pays ? — Avec quoi fait-on les autres boissons, le vin, la bière ? — D'où vient cette expression, *marchand forain* ? — Montrez sur la carte Falaise et Condé-sur-Noireau ? — Qu'entend-on par mercerie, bonneterie ? — Quelle est l'utilité des marchands forains ? — Quelles autres choses encore que celles qui sont nommées ici peut vendre un marchand forain ?

XLIV. — Dans la carriole. — Les Vosges.

La conversation s'engagea bientôt entre eux.

Louise raconta à son compagnon qu'ils venaient de Paris, qu'ils avaient passé par Evreux, puis par Laigle, où son père avait fait provision d'aiguilles, d'épingles et d'agrafes pour leur commerce.

— Ainsi vous voyagez sans cesse comme cela ? dit Savinien.

— Mes parents, oui ; mais pour moi c'est la première fois, car je ne suis avec mes parents que depuis cette année. Jusqu'ici j'étais demeurée avec ma tante, qui habite à *Gérardmer*, dans le département des *Vosges*.

Savinien se pencha en dehors de la voiture.

— Bernard, cria-t-il, voudrais-tu bien me prêter ta carte ?

Celui-ci y consentit en lui recommandant d'en avoir soin. Les deux enfants la déplièrent avec précaution et l'étendirent devant eux sur le rebord du tablier, la soutenant chacun par un coin.

— Montrez-moi, s'il vous plaît, dit le jeune garçon, où est ce département-là ?

— Les Vosges, dit Louise, en désignant un point

situé vers l'est de la France, sont ici, et tenez, voilà Gérardmer, où demeure ma tante. C'est un bien joli pays, encore plus joli que celui où nous sommes. On y voit, de même qu'ici, des prairies d'un beau vert, pleines de fleurs, et de plus un lac tout bordé de gazon, le lac de *Gérardmer*. De tous côtés coulent de petits ruisseaux d'une eau aussi claire que le cristal, qui descendent en formant des cascades et en faisant comme une petite musique.

— Ce doit être charmant, dit Savinien.

— Il y a aussi des montagnes. D'abord les Vosges, qui donnent leur nom au département. Les sommets en sont tout noirs de sapins l'été et tout blancs de neige l'hiver jusqu'au printemps.

Autrefois, avant la guerre de 1870, qui a eu lieu quand j'étais encore toute petite, les Vosges appartenaient tout entières à la France, et l'Alsace aussi était française. Maintenant ces montagnes servent de frontière entre la France et l'Allemagne, et l'Alsace est devenue allemande. Papa ne parle jamais de ce changement-là sans un grand chagrin.

Les plus hautes montagnes des Vosges sont le *Ballon d'Alsace* et le *Ballon de Guebwiller*.

— Ballon? quel singulier nom! dit Savinien.

— Cela vient de ce que la cime en est arrondie en forme de ballon. Quand on monte sur l'une d'elles, on découvre d'autres montagnes, plus élevées encore. Ce sont celles du *Jura*, qui séparent la France de la Suisse. Tenez, ne les voyez-vous pas sur la carte? ajouta-t-elle en les désignant du doigt. J'y suis allée aussi.

— J'aimerais à voir des montagnes, dit Savinien émerveillé du savoir de sa petite amie.

QUESTIONNAIRE. — Avec quoi sont faites les épingles, les aiguilles les agrafes? — Ces petits objets sont-ils utiles? — Quel est le plus utile des trois? — Qu'est-ce qu'un lac? — Qu'est-ce qu'une montagne? — Pourquoi y a-t-il des cascades dans les pays de montagnes? — Avez-vous vu des montagnes? — De quelle province a été formé le département des Vosges et quels autres départements a formés cette province? — Montrez sur la carte tous les lieux dont il est question ici.

XLV. — Les broderies de Nancy. — La dentelle. — Les images d'Epinal.

— Je connais très bien tout le département des Vosges, reprit Louise, parce que je l'ai parcouru souvent avec mes deux oncles et avec ma tante, qui vendait des broderies de Nancy dans toutes les *villes d'eaux* des environs.

— Les villes d'eaux! répéta Savinien, qu'est-ce que cela,

— Ce sont des endroits où se trouvent des sources dont l'eau guérit certaines maladies. On boit de ces eaux ou bien l'on s'y baigne. Il y a des sources médicinales dans le département des Vosges, à *Plombières, Contrexéville*, comme il y en a à *Luxeuil* dans la Haute-Saône et à *Bourbonne,* dans la Haute-Marne. Tous les ans, l'été, on y voit arriver une foule de personnes qui viennent *prendre les eaux*, comme on dit. Ma tante y faisait de très bonnes affaires, à Plombières surtout. Il y avait là beaucoup de belles dames qui lui achetaient des quantités de broderies, car celles de Nancy sont renommées.

— Ah! vraiment!

— Oui; chez nous, presque tout le monde brode. Les femmes, les petites filles même, en gardant les troupeaux dans les champs, ont une broderie à la main. Quelques-unes aussi font de la dentelle de Mirecourt.

— J'ai vu de la dentelle. Grand'mère en mettait à ses bonnets du dimanche. Savez-vous comment on la fait?

— Oui; bien souvent j'ai regardé les ouvrières travailler. La dentelle se fait avec des fils de lin, de soie ou même de laine. On dévide ces fils sur de toutes petites bobines appelées *fuseaux*. L'ouvrière tient devant elle une sorte de coussin ou *carreau*, sur lequel est fixée une bande de papier où est tracé le dessin de la dentelle. Elle a en outre une quantité d'épingles. Elle les pique sur son dessin, en en suivant bien exactement le tracé, et tourne autour de chacune d'elles le fil de ses fuseaux; c'est ce qui forme les réseaux de la dentelle.

Ouvrière dentellière.

— Je me rappelle maintenant qu'en passant à Chantilly, dans le département de l'Oise, j'ai vu des femmes travailler sur le pas de leur porte, avec un coussin, comme vous dites, sur leurs genoux, où elles piquaient et repiquaient sans cesse des épingles, et en agitant une multitude de petites bobines. Dans le département du Nord, j'en ai vu aussi; je ne savais pas ce qu'elles faisaient.

— A Chantilly, reprit Louise, on fabrique des dentelles noires en soie; dans le Nord, les dentelles de fil de lin, celles qu'on appelle le *point d'Angleterre*, le *point de Malines*, la *Valenciennes*.

— Oui. Un commis voyageur que nous avons rencontré nous a déjà parlé de celles-ci.

— On en fait aussi en Auvergne, reprit Louise, qu'on appelle *dentelle du Puy;* mais les plus fines de toutes, les plus riches, les plus chères, sont celles de *Bayeux* et d'*Alençon*. On les fait par ici, et si vous aviez bien regardé, vous auriez pu voir en passant des femmes y travailler.

— C'est possible, mais en Normandie j'ai fait surtout attention aux bestiaux.

— La France est renommée pour ses dentelles. Les belles dames de tous les pays du monde en garnissent leurs robes et font ainsi gagner leur vie à bien des pauvres ouvrières.

— Comme vous savez des choses! dit Savinien avec admiration.

— J'ai lu tout cela à l'école.

— C'est un plaisir de vous écouter.

— Ma tante, continua la petite fille en souriant, vendait aussi des *images d'Épinal*.

— Des images d'Épinal?

— Oui, n'avez-vous jamais vu des feuilles coloriées, représentant l'histoire de Peau d'Ane ou de Malbrough?

— Si vraiment.

— Ou bien encore des rangées de soldats qu'on peut découper et coller sur du carton?

— Oh! oui; quand j'étais petit, Bernard m'en faisait des régiments.

— Eh bien! ces images viennent d'Epinal. Il paraît qu'on en envoie dans les pays les plus éloignés : en Amérique, en Chine, au bout du monde.

— Peut-être bien alors le *Labrador*, un grand navire que nous avons visité au Havre il y a quelques jours, en emportait-il à New-York.

— C'est possible, dit Louise.

— Cela me fait plaisir, dit Savinien, de penser que les enfants de ces pays-là s'amuseront de ce qui a été fait dans le nôtre.

QUESTIONNAIRE. — Avez-vous besoin de prendre les eaux? — Aimeriez-vous à en avoir besoin? — Y a-t-il un bien au-dessus de la santé? — Qu'appelle-t-on broderie? — Avez-vous vu de la dentelle? — Avec quoi fait-on la dentelle blanche? — Avons-nous déjà eu occasion de parler du lin? — La dentelle est-elle utile? — Fait-on bien d'en fabriquer? — Connaissez-vous les images dont il est question? — Où sont situés les différents lieux dont on parle dans ce chapitre? — Montrez sur la gravure le carreau, les épingles, les fuseaux.

XLVI. — Baccarat. — Les fruitiers du Jura.

— C'est très agréable de voyager, continua Savinien, on voit une infinité de choses belles et curieuses et l'on en apprend d'autres utiles à connaître. Et le jeune garçon, sans doute un peu poussé par le désir de ne pas paraître tout à fait ignorant, raconta ce qu'il avait vu à Saint-Gobain.

Lorsqu'il eut terminé son récit :

— Moi, dit Louise qui l'avait écouté avec beaucoup d'attention et d'intérêt, j'ai visité la *cristallerie de Baccarat*. Ma tante, à cause de son commerce, avait des connaissances là comme ailleurs. C'est à une dizaine de lieues de chez nous.

— Attendez, interrompit Savinien, que nous cherchions *Baccarat* sur la carte. Ah! le voilà, dans le département de *Meurthe-et-Moselle*; j'aime à voir où sont situés les pays dont on parle.

— Vous avez bien raison; c'est la manière de ne pas les oublier. Elle continua :

— Le cristal est une sorte de verre plus beau que le verre ordinaire.

— Comme celui dont on fait les glaces alors?

— C'est possible. On le taille à facettes, on le polit et on en fabrique des verres à boire, des vases, des globes pour les lampes et bien d'autres choses. Mais rien n'est si beau que les lustres. On appelle ainsi des espèces de grands flambeaux qui portent un grand nombre de bougies et qu'on suspend au plafond dans les appartements luxueux. Tout autour sont attachées des pendeloques de cristal qui remuent sans cesse et dans lesquelles la lumière vient se refléter. Le jour où je suis allée à Baccarat il faisait très beau temps; le soleil entrait dans les magasins, et ces pendeloques étincelaient de toutes les couleurs de l'arc-en-ciel. On aurait dit ces petits morceaux de glace qui brillent l'hiver aux arbres pendant la gelée et qui produisent un si bel effet.

— Oh! je sais ce que vous voulez dire, fit Savinien; j'aime beaucoup à les regarder. J'aimerais aussi à voir un de ces lustres lorsque toutes les bougies sont allumées. Ce doit être tout à fait joli.

Dites-moi, Louise, reprit-il, si vous avez encore visité d'autres endroits curieux. Rien ne m'est plus agréable que de vous entendre parler; il me semble que je vois moi-même les choses que vous me décrivez.

— Oui, je suis allée dans le Jura; j'y ai un oncle, mon oncle Antoine, qui est *fruitier*.

— Ah! Quels fruits vend-il?

Louise se mit à rire.

On appelle fruitier, dans le Jura, dit-elle, celui qui fait les fromages. Vous savez bien, ces fromages qui sont presque aussi grands que des meules de moulin et qu'on vend chez les épiciers.

— Les *fromages de Gruyère*?

— C'est-à-dire les fromages faits comme ceux de Gruyère, car Gruyère est en Suisse.

— Votre oncle est donc bien riche? car, pour faire un fromage de la taille de ceux-là, il faut beaucoup de lait et par conséquent beaucoup de vaches.

— Mon oncle n'en a que deux; mais il s'entend avec des voisins qui lui apportent le lait des leurs.

Il fabrique le fromage, le vend et rend à chacun sa part d'argent, proportionnée à ce qu'il a fourni de lait.

— C'est très bien imaginé. Il faut qu'il y ait par là de beaux pâturages.

— Oui; les montagnes sont couvertes de sapins par le haut, mais le bas est formé de prairies presque aussi belles que celles que nous traversons.

QUESTIONNAIRE. — Vous rappelez-vous ce que Savinien a vu à Saint-Gobain? — Qu'est-ce qu'une cristallerie? — Nommez des objets en cristal. — Que pensez-vous des fruitiers du Jura? — Quelles sont les qualités nécessaires à ceux qui travaillent ainsi en commun? — Un homme déloyal pourrait-il être admis dans ces associations?

XLVII. — L'horlogerie de Besançon. — Le cours du Doubs. — Le commerce de M. Popinel.

— Et votre autre oncle est-il fruitier aussi? demanda encore Savinien.

— Mon oncle Urbain? Non, il habite *Besançon* et il est ouvrier horloger.

— Cherchons d'abord Besançon sur la carte. Bon! le voici dans le département du Doubs.

— Vous disiez donc que votre oncle Urbain est horloger.

— Oui, et vous saurez que les montres de Besançon sont excellentes. Il y a dans cette ville une école d'horlogerie qui appartient au gouvernement et où l'on apprend à travailler dans la perfection.

A Besançon et aux environs une foule de personnes s'occupent du même métier. Elles font, les unes des ressorts, les autres des rouages; celui-ci des cadrans, celui-là des aiguilles. Mon oncle, lui, réunissait ces pièces fabriquées de tous côtés et terminait les montres.

Les premiers jours que j'étais à Besançon je ne pouvais pas m'y reconnaître; chaque fois que nous sortions, n'importe quelle rue on suivait, on arrivait presque toujours à la rivière. Cela vient de ce que le Doubs fait pour ainsi dire le tour de la ville, en sorte que Besançon est dans une presqu'île. A l'endroit où cette presqu'île se rattache à la terre se trouve un rocher très élevé, au sommet duquel on a bâti une citadelle. On voit encore sur les hauteurs voisines d'autres forts qui serviraient à défendre la ville si les ennemis venaient l'attaquer.

— Besançon est une place de guerre alors; je sais ce que c'est, j'en ai traversé plusieurs, surtout dans le département du Nord.

— Je n'ai pas vu la rivière du Doubs seulement à Besançon. Elle coule aussi le long des montagnes du Jura, tout près de chez mon oncle Antoine. Mais d'abord regardez sur la carte quel drôle de chemin elle fait. Elle part du sud du département, comme vous voyez, continua Louise en suivant du doigt sur la carte le tracé du cours d'eau, et elle se dirige vers le nord. Puis elle traverse de nouveau le département et revient vers le sud.

— Elle ressemble, dit Savinien, à une personne qui se serait trompée de chemin et qui retournerait sur ses pas.

La comparaison fit beaucoup rire les deux enfants.

— Près du village habité par mon oncle, reprit Louise, on m'a menée voir une belle cataracte.

— Qu'est-ce que cela?

— C'est une chute d'eau, une sorte de grande cascade. Imaginez-vous que cette rivière, le Doubs, continua la petite fille en accompagnant son discours de gestes qui l'expliquaient, qui coulait tout là haut, se précipite tout à coup en bas d'un énorme rocher, avec un bruit semblable à celui du tonnerre. L'eau rejaillit avec force en formant une écume blanche comme la neige et en envoyant de tous côtés des gouttelettes brillantes. C'est joli! joli!... je n'ai jamais rien vu de si joli! On appelle cette chute d'eau le *Saut du Doubs*. Je serais restée toute une journée à la regarder.

Mais d'abord je vous dirai que les rivières ne coulent pas paisiblement dans les Vosges et dans le Jura comme par ici. Elles font toutes sortes de détours; tantôt elles traversent des cavernes souterraines, tantôt elles sont resserrées entre deux grandes murailles de rochers. On les entend souvent sans les voir. Quelquefois elles forment des petits lacs. Il paraît que c'est le voisinage des montagnes qui est cause de cette marche irrégulière, parce que le sol est très inégal et qu'elles rencontrent toujours des obstacles.

— Il ne doit pas être commode d'y aller en bateau.

— Bien sûr; pourtant on y fait voyager du bois.

— Comment cela ?

— On y lance les troncs d'arbres, tout simplement, et l'eau les emporte jusqu'à l'endroit où, le cours de la rivière étant moins rapide, on peut les repêcher.

— C'est encore bien imaginé. Ce sont sans doute les bois dont vous m'avez parlé et qui poussent sur les montagnes qu'on expédie ainsi; mais comment fait-on pour les amener au bord de l'eau ? Y-a-t-il de bonnes routes ?

— La route n'est pas longue à faire, dit Louise en riant. On choisit un endroit en pente raide dans le voisinage des arbres abattus et on y fait glisser les arbres. Oh! c'est bientôt fait, allez !

— Je le crois.

— On dit que les sapins du Jura sont les plus beaux de l'Europe.

En ce moment, il était une heure de l'après-midi environ, et la carriole atteignait le village où l'on devait dîner. Après le repas, que nos voyageurs prirent en commun, M. Popinel mena sa voiture sur la place. Il se vit bientôt environné de toutes les femmes et jeunes filles de la localité, empressées d'examiner les nouveautés qu'il apportait et de faire leur choix. Pendant que le père mesurait la toile ou le drap, que sa femme proposait de la bonneterie, des rubans, de la mousseline et de la dentelle, Louise vendait des objets de menue mercerie : lacets, fil, aiguilles, épingles, boutons ; coton à coudre, à broder, à repriser, à marquer, à tricoter. Elle déployait tant d'activité, de gentillesse et de complaisance, qu'elle trouvait moyen de contenter tout le monde, quoique les acheteuses parlassent toutes à la fois et voulussent toutes être servies en premier.

Savinien ne pouvait assez admirer la promptitude avec laquelle Louise faisait l'addition de ce que chacune de ses pratiques avait à payer, comptait la monnaie qu'elle recevait et celle qu'elle rendait. Lorsque la voiture refermée se fut de nouveau mise en marche, et que tous deux eurent repris leur place sous la capote, il en manifesta son étonnement à sa petite compagne.

— C'est, dit-elle, que ma tante m'a appris à calculer de très bonne heure, pour que je puisse l'aider dans ses tournées.

Toute petite, elle me faisait faire des additions avec des petits cailloux et des haricots secs.

Grâce à elle, je sais ma table de multiplication sur le bout du doigt. Elle disait qu'il est très utile de pouvoir compter vite dans le commerce. Je vois bien maintenant qu'elle avait raison.

Savinien baissa la tête. A lui aussi on avait enseigné tout ce qu'on avait enseigné à Louise. Depuis bien des années il allait à l'école, mais il était loin d'avoir profité comme elle des leçons qu'il avait reçues. Il était honteux de voir qu'une petite fille, plus jeune que lui, était plus savante, et de nouveau il se promit intérieurement de s'arranger de

La carriole de M. Popinel.

manière à ne plus être forcé à l'avenir de faire des comparaisons si humiliantes.

Pendant ce temps Bernard cheminait à la tête de la Pie, en compagnie de M. Popinel.

— Voyez-vous, jeune homme, disait le marchand, qui venait de compter avec satisfaction l'argent gagné pendant sa halte, dans le commerce l'activité est nécessaire, et vous avez vu comme ma petite fille s'entend déjà à la chose; mais ce qui vaut mieux encore, c'est d'être honnête et consciencieux. Voilà plusieurs années que je parcours ces pays-ci, et, comme j'y suis connu, je m'y suis formé une petite clientèle. On sait que le père Popinel vend du bon et qu'il se contente d'un bénéfice modeste; aussi vient-on à lui. Il y a des marchands qui veulent gagner trop, ou bien qui fournissent de la mauvaise marchandise; ils sont contents quand ils ont attrapé la pratique. Outre que c'est agir d'une façon déloyale, c'est un mauvais calcul. On leur a acheté une fois, on ne leur achètera pas deux. La droiture, voyez-vous, la bonne foi, il n'y a pas de meilleure finesse dans les affaires : le plus probe est encore le plus adroit.

QUESTIONNAIRE. — Qu'est-ce qu'une école du gouvernement? — Pourquoi un ouvrier horloger ne fait-il pas une montre tout entière? — Quels sont les principaux matériaux qui entrent dans une montre? — Qu'est-ce qu'une presqu'île? — Nommez-en quelques-unes? (Si la rivière ou le ruisseau voisin ou même un détour de la route décrit une presqu'île, s'en servir pour aider à la démonstration). — Avez-vous vu des sapins? — Savez-vous quelle est la différence entre un pin et un sapin? — En quoi ces arbres diffèrent-ils des autres? — Que fait-on avec le sapin? — Suivez sur la carte le cours du Doubs, dites-nous quels départements il traverse. — Coule-t-il toujours en France? — Dans quelle rivière se jette-t-il! — A quelle mer se rendent ses eaux? — Que pensez-vous des principes de M. Popinel dans les rapports commerciaux? — Les suivrez-vous?

XLVIII. — Jeanne Darc. — La Champagne.

Les deux enfants continuèrent à causer ainsi jusqu'à ce que, la nuit étant venue, la voiture s'arrêta, comme cela avait été convenu, à Condé-sur-Noireau. Ainsi que l'avait prédit Mᵐᵉ Popinel, une nuit de repos remit si complètement Savinien que le lendemain il était en état de fournir sa traite ordinaire. Aussi, lui et la petite Louise, au lieu de rester enfermés comme la veille, marchèrent bravement avec les autres voyageurs, allégeant ainsi la tâche de la pauvre Pie.

— Et quels pays avez-vous visités, demanda Savinien, en revenant de chez votre tante?

— Nous devions d'abord traverser Nancy, mais papa a changé d'idée, et j'en ai été bien contente.

— Pourquoi cela? Est-ce que Nancy n'est pas une ville curieuse à voir?

— Si vraiment. C'est une ville très bien bâtie, à ce que m'a dit ma tante, avec des rues larges et droites et de beaux monuments; de plus, elle est très industrieuse. Mais si nous avions pris par Nancy, nous n'aurions pas passé par Domremy.

— Domremy, où est née Jeanne Darc?
— Justement.
— Oh! je comprends que vous ayez désiré y aller. J'aime beaucoup Jeanne Darc. J'ai vu sa statue à Orléans et à Rouen. On nous a montré aussi dans cette dernière ville la tour où elle avait été retenue prisonnière, ainsi que la place où ses méchants juges l'ont brûlée.
— Eh bien! moi, j'ai vu à Domremy la maison où elle est née, et même j'y suis entrée.

Jeanne Darc à Domremy.

— Vous y êtes entrée? Oh! que je voudrais pouvoir en dire autant!
— C'est une vieille petite maison, dont on a bien soin, en souvenir de celle qui l'a habitée. Tout près on montre les arbres sous lesquels Jeanne Darc s'est assise pour garder ses troupeaux, ou agenouillée pour prier et écouter les voix qui lui disaient d'aller délivrer la France. Pendant que nous étions là, il y avait un monsieur qui visitait aussi la maison avec sa fille, une grande belle demoiselle; il parlait de Jeanne Darc et j'ai retenu ses paroles. Il disait:
— Jeanne Darc a montré ce que peuvent l'abnégation et le courage unis au patriotisme le plus ardent. Une faible

jeune fille a réussi là où avaient échoué les capitaines les plus braves et les plus habiles. Elle a su faire passer dans l'âme des chefs et des soldats les sentiments qui animaient la sienne; elle leur a soufflé son enthousiasme. Ce n'est pas par les armes qu'elle a vaincu, c'est par le cœur.

Il a dit aussi que bien des peintres et des sculpteurs avaient essayé de représenter Jeanne Darc, et que la personne qui y avait le mieux réussi était une princesse française, appelée la princesse Marie.

Il a ajouté :

— Le dévouement de Jeanne Darc lui a coûté bien cher,

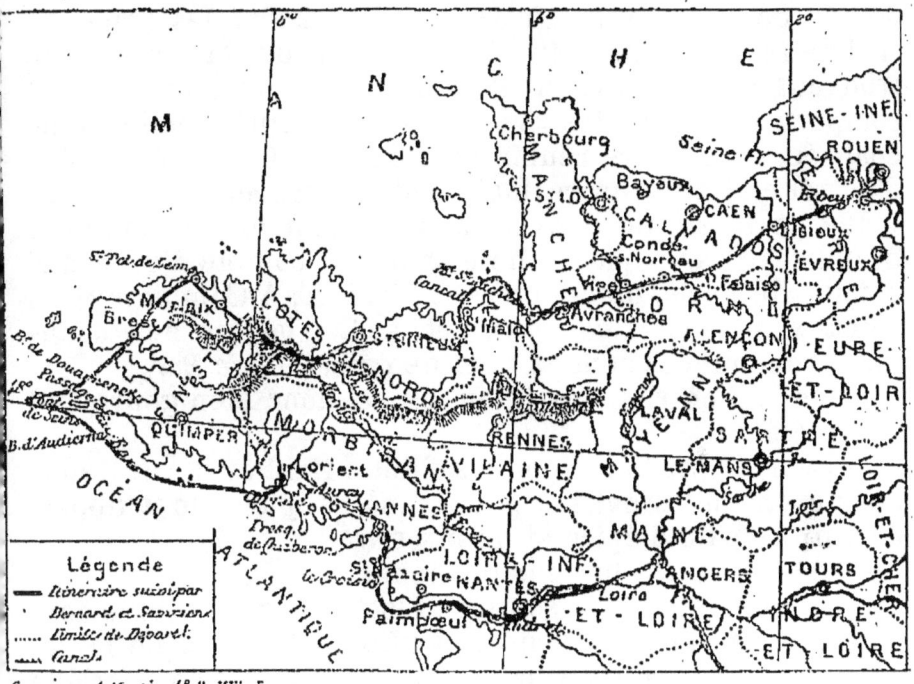

mais il n'a pas été inutile. Elle a arraché le roi Charles VII à sa coupable mollesse, elle a fait honte de leur couardise aux lâches, de leur mauvaise foi aux traîtres; elle a donné le bon exemple à tous, et maintenant encore elle répand sur notre pays les rayons d'une gloire sans tache et dont nous pouvons tous nous enorgueillir.

— Cela me semble très bien dit, fit Savinien; je vous remercie, Louise, de me l'avoir répété, et je tâcherai, moi aussi, de le retenir.

— Après Domremy nous avons traversé le département de la Meuse. Tenez, le voilà sur la carte. Il y a, comme chez nous, des montagnes couvertes de forêts, mais moins hautes. Je ne vous parlerai pas beaucoup du pays, parce que nous l'avons traversé la nuit. Papa m'a dit qu'on y travaillait le fer.

Il paraît qu'on s'y est souvent battu, ainsi que dans le département de la Marne, que nous avons parcouru ensuite. Nous avons fait route avec un homme très âgé, qui était du pays, et qui avait entendu raconter par son père les guerres du temps de la première République et de Napoléon Ier. Comme nous arrivions près d'une petite ville :

« C'est Sainte-Menehould, nous a-t-il dit, qui a été prise et reprise si souvent ; bientôt nous serons à Valmy, où Kellermann a vaincu les Prussiens ; plus au nord sont les défilés de l'Argonne, où Dumouriez arrêta les ennemis. A l'autre extrémité du département de la Marne se trouvent Champ-Aubert et Montmirail, où Napoléon Ier remporta deux grandes victoires sur les armées de l'Europe coalisée, c'est-à-dire réunie contre lui. » Il a nommé bien d'autres endroits encore, mais je n'en ai pas retenu les noms.

Je sais aussi que dans ce département on fabrique des friandises : car papa a acheté, pour le compte d'un grand épicier de Paris, des dragées à Verdun ; à Commercy des gâteaux appelés *madeleines*, et à Bar-le-Duc des confitures renommées sous le nom de *groseilles de Bar*.

— Oh! dit en riant Savinien, on est donc bien gourmand dans ce pays-là ?

— Ce n'est pas tout, reprit la fillette riant aussi ; à Reims nous avons fait provision pour ce même épicier de jambons, de vin, de pain d'épice et de biscuits.

— Ah! oui, des biscuits de Reims.

— Justement. Nous sommes restés dans cette ville tout un jour : car papa avait encore à choisir du drap, de la flanelle, du mérinos et des couvertures ; à Reims on fabrique beaucoup de lainages. Alors nous avons profité du temps que nous avions, maman et moi, pour visiter la cathédrale. Oh! Savinien, si vous l'aviez vue! Il n'y a rien au monde de plus beau.

La façade en est toute découpée à jour ; on dirait une véritable dentelle. Il y a là des centaines de personnages sculptés dans la pierre. Il est impossible de les compter.

— Jeanne Darc, dit Savinien, conduisit Charles VII à Reims pour l'y faire sacrer.

— Oui, comme le furent tous les rois de France, en souvenir de ce que Clovis y avait été baptisé par l'archevêque saint Remi.

J'ai encore visité à Reims les établissements où l'on

fabrique le vin de Champagne et les caves où on le conserve.

— Des caves? Qu'est-ce que ça peut avoir d'intéressant?

— Oh! ces caves ne ressemblent à aucune de celles que vous connaissez. Ce sont d'immenses galeries voûtées, creusées dans la montagne et éclairées au gaz. Elles ont plusieurs kilomètres de longueur. On y descend par de larges escaliers. Tout le long sont rangées des barriques pleines de vin avec des étiquettes qui indiquent de quelle année il

La cathédrale de Reims.

est. On pourrait se promener là en carrosse, et les tonneaux, eux, s'y promènent en chemin de fer.

Il y a des ateliers où l'on bouche les bouteilles à l'aide d'une machine. A l'aide d'une autre machine on les ficelle avec du fil de fer. Si l'on ne prenait pas ces précautions, il n'y resterait pas une goutte de vin : car le vin de Champagne fermente toujours, et il s'échapperait. Malgré cela, en traversant les caves à bouteilles, où celles-ci sont rangées par milliers, on entend de temps en temps : pif! paf! — c'est un bouchon qui saute tout seul..

— Cela ne doit pas faire le compte des marchands.

— Aussi le vin de Champagne est un vin qui se vend très cher.

QUESTIONNAIRE. — Aimez-vous Jeanne Darc? — Répétez ce qu'on en a dit. — Pensez-vous ainsi? — Qu'est-ce que la Meuse? — A quelle mer porte-t-elle ses eaux? — Cherchez sur la carte tous les lieux où se sont livrées des batailles. — Cherchez aussi les autres endroits dont parle Louise, et dites ce qu'ils produisent? — Vous rappelez-vous ce qu'on a dit de la cathédrale de Paris? — Quelles sont les cinq plus belles cathédrales de France? — Avez-vous déjà bu du vin de Champagne? — Ressemble-t-il aux autres vins?

XLIX. — Séparation. — Le mont Saint-Michel. Les sables mouvants.

Ils traversèrent en causant ainsi une campagne ravissante, qui entoure la petite ville de *Vire* et qu'on appelle le *bocage normand*, sans doute par comparaison avec une autre partie de la France, dans le département de la Vendée, nommée aussi le bocage.

Par malheur, il fallait songer à se quitter : la famille Popinel prenait la direction de Rennes et les fils Petit celle d'Avranches. De là, ils devaient poursuivre leur route vers Saint-Brieuc par Saint-Malo.

Ce ne fut pas sans regret qu'on se dit adieu. Bernard était profondément reconnaissant de l'obligeance avec laquelle le marchand et sa femme les avaient tirés de l'embarras où les mettait l'accident survenu à Savinien, et ceux-ci, pendant les deux jours où ils avaient cheminé de compagnie, avaient eu le temps de reconnaître le mérite du jeune homme, d'apprécier son caractère et de s'attacher à lui. Ils ne se sentaient pas moins de sympathie pour son jeune frère.

Quant aux deux enfants, Louise et Savinien, ce fut un véritable chagrin pour eux de se séparer. Heureusement, à leur âge les tristes impressions ne sont pas de longue durée, et tous deux devaient trouver bientôt de nouveaux sujets de distraction. Néanmoins Savinien pensa bien souvent à sa gentille compagne, se promettant, à son exemple, de devenir instruit et ayant plus que jamais honte de son ignorance en se comparant à une fillette de dix ans.

Toute une semaine s'était écoulée depuis leur départ de Rouen, lorsque les deux frères sortirent de la jolie petite ville d'Avranches. Devant eux se dressait un rocher escarpé, surmonté de constructions considérables.

— Vois donc, Bernard ! s'écria Savinien, quel est ce monument singulier ? On dirait une église, mais les murailles et les tours qui l'enferment le font ressembler à un château fort.

— C'est sans doute le *mont Saint-Michel*. Il y avait là autrefois un monastère fortifié, comme on en construisait jadis, et auquel on se rendait en pèlerinage du fond de la Bretagne et de la Normandie. Pendant plusieurs années ce monastère a servi de *prison d'État*, c'est-à-dire qu'on y enfermait les condamnés politiques ; maintenant il est redevenu un couvent.

— Est-ce qu'on peut y entrer ?

— Je l'espère, dit Bernard, qui ne pouvait passer près d'un lieu célèbre sans désirer le visiter.

Ils s'engagèrent donc sur la plaine de sable, large d'une lieue environ, qui les séparait du mont Saint-Michel. Les yeux fixés sur cette masse imposante, ils se montraient l'un à l'autre, à mesure que le rapprochement le leur permettait, des détails d'architecture qui d'abord leur avaient échappé : une tourelle, un clocheton, les créneaux qui garnissaient les

Le mont Saint-Michel.

murailles. Ils marchaient depuis un quart d'heure environ, sans prêter aucune attention à ce qui se passait autour d'eux, lorsqu'ils entendirent héler fortement.

Bernard et Savinien, en entendant appeler, tournèrent machinalement la tête, sans se douter que c'était à eux qu'on en voulait, et virent un marin qui accourait par derrière, en faisant de grands gestes avec les bras. Ils s'arrêtèrent ; puis, remarquant que l'homme redoublait ses appels et ses signaux, ils revinrent sur leurs pas.

— A quoi pensez-vous donc, cria celui-ci quand ils furent à portée de la voix, de vouloir gagner le mont Saint-Michel en ce moment ? Vous avez donc envie de vous noyer ? Ne savez-vous pas que la mer monte ?

— La mer ? dit Bernard en regardant autour de lui ; on ne la voit pas encore. Nous avons bien le temps d'aller jusqu'au monastère.

— C'est-à-dire que vous avez tout juste celui de regagner la terre ferme. Ah bien ! on voit assez que vous n'êtes pas de ce pays-ci. C'est aujourd'hui pleine lune, de plus le vent vient du large; la mer va courir avec la vitesse d'un cheval au galop. Avant dix minutes peut-être l'eau couvrira la place où nous sommes. Voyez, tout le monde se hâte.

Bernard remercia le brave homme et tous trois revinrent de compagnie.

— C'était déjà une imprudence, dit le marin, de vous être écartés de la route. Il faut que nous commencions par aller la retrouver. Les sables de cette baie sont très dangereux : ce sont des *sables mouvants*. Chaque marée les déplace et, de plus, les petites rivières qui viennent s'y jeter en font comme des éponges.

C'est une chose terrible que d'être pris dans ces sables.

On a vu des charrettes être englouties

En certains endroits celui qui s'y est aventuré sent le sol s'enfoncer sous ses pas. Chaque effort qu'il tente pour se dégager ne sert qu'à l'y faire pénétrer davantage, et il finit par périr sans qu'on puisse lui porter secours. J'ai entendu un savant appeler cette espèce d'enterrement tout vif *enlizement*. On a vu plus d'une fois des charrettes être englouties, avec le cheval qui les conduisait.

En parlant ainsi ils avaient atteint le rivage. Les deux frères se retournant poussèrent une exclamation de surprise. A la place qu'ils venaient de quitter s'étendait un canal qui s'élargissait de moment en moment. Déjà à Dunkerque ils avaient vu la marée couvrir la plage avec une certaine rapidité, mais là c'était bien autre chose : des espaces immenses disparaissaient en quelques instants. Bientôt tout l'intervalle qui les séparait du rocher sur lequel est bâti le monastère prit l'apparence d'un bras de mer, et le mont Saint-Michel, qui une heure auparavant appartenait au continent, se trouva former une île.

Ce changement a lieu deux fois par jour. Bernard ne l'ignorait pas, mais il ne se serait jamais douté qu'il fût si prompt.

— On doit bien entendre le bruit des vagues dans ce couvent, dit Savinien.

— Je vous en réponds, et aussi celui des tempêtes. Elles sont terribles ici. C'est pour cela que jadis on appelait ce lieu Saint-Michel *dans le péril de la mer*. Il est bon que le monastère soit solidement bâti.

— Je suis très fâché, dit Bernard, de n'avoir pu le visiter.

— Oh! c'est bien beau; non seulement au dire d'un pauvre homme comme moi, mais encore à celui des connaisseurs.

J'en ai conduit là plusieurs; ils n'avaient pas assez de mots pour exprimer leur admiration : c'étaient des exclamations sans fin. Ils disaient que c'était un des plus beaux morceaux d'architecture gothique qui existassent en France.

Bernard soupira de regret de n'avoir pu contempler ces choses intéressantes, mais il ne fallait pas songer à s'attarder davantage.

QUESTIONNAIRE. — La rencontre de Louise a-t-elle été profitable à Savinien? — Décrivez-nous l'enlizement. — Combien de fois par jour le mont Saint-Michel devient-il une île? — Vous rappelez-vous ce que nous avons dit de la marée? — Qu'entend-on par architecture gothique?

L. — Cancale. — Les huîtres. — Saint-Malo.

Le marin, sachant que les deux frères n'étaient pas du pays, s'informa de la direction qu'ils suivaient. Apprenant qu'ils se rendaient à Saint-Malo, il proposa de les y mener dans sa barque; lui-même avait à y porter un chargement d'huîtres qu'il devait prendre à Cancale, petit port de mer situé à moitié chemin.

Le père Ignace, c'était le nom du marin, s'était pris tout de suite d'amitié pour les deux frères, à cause de certaine ressemblance que sa tendresse paternelle lui faisait trouver entre Savinien et le plus jeune de ses enfants; il insista si bien sur sa proposition que Bernard consentit à l'accepter.

Savinien n'avait jamais vu d'huîtres, et ne savait même pas ce que c'était. Il fut donc bien étonné, en arrivant à

Cancale, lorsqu'il aperçut ces grossiers coquillages, et plus encore en remarquant avec quel soin on les rangeait dans des paniers pour les expédier à Paris ou dans quelques autres grandes villes. Des rochers, situés à quelque distance de Cancale, en sont couverts.

Le père Ignace leur expliqua que les huîtres ne sont pas bonnes à être mangées au moment où on les détache du rocher. Il faut les faire séjourner pendant un certain temps dans des bassins disposés exprès, communiquant avec la mer, et qu'on appelle *parcs aux huîtres*. C'est là qu'elles acquièrent cette délicatesse de goût qui les fait rechercher des connaisseurs.

Tout en parlant, le marin avait ouvert une huître et la présenta à Savinien, mais l'enfant recula avec dégoût.

— Manger cela tout cru! s'écria-t-il.

— Tu n'en veux pas, mon garçon? dit le père Ignace d'un ton de bonne humeur et en détachant délicatement avec son couteau le contenu de la coquille; à ton aise! Seulement il ne faut pas mépriser ceux qui ont un autre goût que toi. Il est heureux pour les pêcheurs de cette côte que les huîtres trouvent des amateurs, car le commerce qu'on en fait à Cancale est très important et procure des moyens d'existence à grand nombre de familles. Mais, après tout, on peut vivre sans manger des huîtres. Il y a plus, c'est un régal qui n'est permis qu'à ceux qui ont la bourse bien garnie, car il coûte cher. Ainsi donc ne te force pas. — Et il avala lui-même le contenu de l'écaille.

Entre Cancale et Saint-Malo la mer est couverte de rochers, de récifs et de bancs de sable, entre lesquels il faut naviguer avec précaution.

— Tenez, dit le patron de la barque en étendant le bras vers un îlot tout dénudé, cette croix que vous voyez là, c'est un tombeau. J'y ai conduit plus d'une fois des étrangers qui venaient de loin pour le visiter.

— Sans doute celui de Chateaubriand, dit Bernard.

— Oui. Un grand écrivain, à ce que j'ai entendu dire. Il paraît qu'il était de Saint-Malo et qu'il a tenu à y être enterré.

— Duguay-Trouin aussi était de Saint-Malo, dit Savinien, se rappelant la querelle de maître Pierre et de son matelot.

— Un autre grand marin encore y est né, dit Bernard: Jacques Cartier, qui a découvert le Canada dans l'Amérique du Nord.

En arrivant à Saint-Malo, le père Ignace, forcé d'aller

au plus vite porter son chargement au chemin de fer, se sépara de nos jeunes amis après des adieux pleins de cordialité. Ceux-ci n'avaient pas l'intention de séjourner à Saint-Malo, ville laide et triste; ils prirent aussitôt la route de Saint-Brieuc, qu'ils ne firent que traverser, impatients d'arriver auprès de leur père.

QUESTIONNAIRE. — Avez-vous mangé ou vu des huîtres ? — Est-il bon que les huîtres trouvent des amateurs ? — Savez vous quelle est la matière précieuse que donnent les huîtres et celle encore plus précieuse qu'on trouve dans quelques-unes ? — Comment expédie-t-on les huîtres ? — Qu'est-ce que des récifs, des bancs de sable, un îlot ? — Montrez sur la carte Cancale, Saint-Malo, Saint-Brieuc. — Nommez tous les navigateurs dont on a déjà parlé, et dites quelques mots sur chacun d'eux. — Où est le Canada ? A qui appartient-il ? A qui a-t-il appartenu ?

LI. — La Bretagne. — Le blessé.

En sortant du chef-lieu des Côtes-du-Nord nos voyageurs continuèrent à suivre quelque temps la grande route ; puis, afin d'éviter la poussière et le soleil brûlant, ils se jetèrent dans un petit chemin ombragé qui, à ses autres agréments, joignait — ils le croyaient du moins — l'avantage de raccourcir la distance. Mais après une heure ou deux de marche ils reconnurent qu'il en était tout autrement. Le chemin inclinait complètement au sud, c'est-à-dire dans une direction toute différente de celle qu'ils devaient suivre.

La contrée avait changé d'aspect. Plate et uniforme dans le voisinage de la mer, elle était devenue pittoresque, mais extrêmement sauvage. Au lieu de champs de blé, promettant une riche moisson, se voyait du sarrasin, plante aux fleurs blanchâtres, qui fournit une farine de qualité inférieure. De vastes espaces mêmes restaient sans culture, et les ronces, les genêts, les bruyères et les ajoncs y occupaient seuls le terrain. Comme en Sologne, les arbres étaient rabougris, et l'ensemble du paysage de pauvre apparence.

Bernard commença à s'inquiéter. Ceux des rares passants auxquels il s'était adressé pour se renseigner, avaient répondu à ses questions par quelques mots d'une langue qu'il ne comprenait pas. Il se disposait à revenir sur ses pas lorsque Savinien, qui avait pris les devants pour faire une reconnaissance, accourut vers lui en l'appelant de la voix et du geste.

Bernard hâta le pas et vit alors ce qui causait l'agitation de son frère.

Dans le fossé, bordant le chemin, une carriole couverte de toile était renversée. Le cheval qui la conduisait était couché sur le flanc. Il semblait avoir pris très tranquillement son parti de ce temps d'arrêt, et s'occupait à brouter les maigres herbes qui croissaient sur le talus ; mais des gémissements partaient de l'intérieur de la voiture. Un homme était étendu entre des sacs de grain. Il paraissait hors d'état de se mouvoir et sa figure exprimait la souffrance. En une seconde notre jeune ami fut auprès de lui, cherchant à le dégager de la position fâcheuse où il se trouvait. Le blessé poussait des plaintes lamentables, prononcées dans cette langue inconnue qui avait déjà frappé les oreilles des deux frères. Avec l'aide de Savinien, et en employant mille précautions, Bernard parvint à le faire sortir de la voiture et à l'asseoir sur le gazon. Il s'aperçut alors que le bras du pauvre homme était cassé ; le moindre mouvement lui causait une douleur aiguë.

Les deux frères déchargèrent la voiture, non sans peine, la remirent sur ses roues, y replacèrent le blessé, puis ils se trouvèrent dans un grand embarras. Ils ne pouvaient laisser ce malheureux seul, au milieu de la campagne, à une grande distance de chez lui peut-être. Aussi loin que la vue pouvait s'étendre on n'apercevait aucune maison ; personne non plus ne se montrait sur le chemin. Il n'y avait qu'un parti à prendre : remettre le blessé dans sa voiture et le conduire dans un endroit où il pût trouver du secours.

Une plaque fixée à la carriole portait l'adresse de celui à qui elle appartenait. Il était de Corlay. En consultant sa carte Bernard vit que Corlay était une petite ville située à quelques lieues au sud. Le jeune homme résolut de se diriger de ce côté. Non qu'il eût l'intention d'aller jusque-là, ce qui les eût détournés considérablement de leur destination, mais dans l'espoir de trouver quelqu'un qui voulût bien ramener le blessé chez lui ou du moins lui donner l'hospitalité.

Il disposa les sacs de manière que l'homme pût s'y étendre commodément et s'assit sur le devant de la voiture. Le cheval se mit en route sans difficulté sous la conduite des deux frères, et l'on continua de s'enfoncer dans l'intérieur du pays.

Il était cinq heures du soir environ. L'après-midi était aussi belle que la matinée. Le soleil faisait étinceler l'or des genêts et ressortir les couleurs veloutées des bruyères. Des nuées d'abeilles y voltigeaient et puisaient, au fond du calice des fleurs sauvages, de quoi composer *le miel renommé de Bretagne;* mais le pays était toujours désert. Le peu de chaumières qu'on voyait çà et là étaient vides ; les habitants travaillaient au dehors.

Ils marchaient ainsi depuis deux heures et la nuit commençait à venir, lorsqu'ils aperçurent une maisonnette. Des petits garçons jouaient devant la porte. Ils s'arrêtèrent afin d'y demander des renseignements ou un abri. La demeure avait pour tout occupant une femme et quatre enfants. En voyant les hôtes que la Providence lui envoyait, la femme se hâta de leur offrir ce qu'elle possédait. Elle aida Bernard à tirer le blessé de la voiture, l'étendit sur un matelas, le seul qu'elle eût, et s'empressa autour de lui pour tâcher de le soulager. Après avoir échangé quelques mots avec lui, toujours dans cette même langue que les jeunes gens n'entendaient pas, elle se tourna vers Bernard, et montrant du doigt le bras du blessé :

— Le recteur? dit-elle.

Bernard comprit qu'elle parlait d'envoyer chercher le recteur : il savait que c'est ainsi qu'en Bretagne on appelle le curé. Le jeune homme ne demandait pas mieux, il accepta d'un signe. La mère dit alors quelques mots à l'aîné des enfants, qui partit comme un trait au milieu des genêts et des ajoncs, sans se soucier de déchirer ses habits ou de se piquer les pieds.

Pendant ce temps l'habitante de la chaumière préparait des galettes de sarrasin, qui forment la principale nourriture des habitants du pays. Bien que ce mets fût des plus simples et des moins succulents, Savinien le trouva fort bon et n'en eut pas plus tôt pris sa part qu'il s'étendit sur une botte de paille, à côté des autres enfants, et fut bientôt plongé dans un profond sommeil.

Une heure après le curé reparut avec le petit garçon. Il commença par visiter le malade et reconnut qu'en effet son bras était cassé. Il n'avait pas sur lui les instruments nécessaires pour le remettre; mais il prescrivit quelques soins, qui devaient procurer un peu de soulagement au pauvre homme et promit de revenir le lendemain pour l'opération. Dans ce pays les médecins sont rares : c'est souvent le curé qui en tient lieu,

Lorsque Bernard eut raconté au recteur qui, lui, parlait français, l'aventure qui l'avait amené en cet endroit, celui-ci félicita les deux frères du sentiment d'humanité qui les avait poussés à se détourner de leur route pour venir au secours

de ce pauvre homme qui, sans eux, aurait été exposé à attendre bien longtemps, dans le piteux état où l'avait mis l'accident qui lui était arrivé, que quelqu'un vînt à son aide :
— car, ajouta-t-il, vous êtes ici dans la partie la plus sauvage et la plus déserte du pays. Les habitants en sont plus arriérés que ceux du reste de la Bretagne. La misère est grande chez nous, parce que les paysans sont ignorants. Tout cela disparaîtra bientôt, grâce aux routes et aux chemins de fer, qui feront pénétrer ici l'industrie et la civilisation répandues dans toute la France.
— De quelle langue se sert-on donc? demanda Bernard, je n'en ai pas compris un mot.
— Du *breysad*, la langue des anciens habitants de la contrée. Dans les villes on parle français. Cela vient de ce qu'il y a des écoles. Par malheur nous n'en avons pas encore par ici. J'espère qu'on nous en construira bientôt; les enfants alors pourront apprendre le français, comme c'est bien à désirer, car tous les fils d'une même patrie doivent parler la même langue.

QUESTIONNAIRE. — Avez-vous vu du sarrasin? — Cette plante ressemble-t-elle aux autres céréales? — Qu'appelle-t-on ainsi? — Quelle est la plante qui fournit la meilleure farine? — Connaissez-vous les ronces, les genêts, les bruyères, les ajoncs? — D'où vient le miel? — Les abeilles font-elles autre chose que du miel? — Que fait-on de la cire? — Qu'est-ce que le recteur? — Parle-t-on le *breysad* dans toute la Bretagne? — Est-il à désirer qu'on parle français partout?

LII. — Les dolmens. — Les Druides.

Il faisait à peine jour lorsque Bernard secoua Savinien par le bras.
— Debout! debout! lui dit-il, et en route!
Il avait hâte de rattraper le temps perdu.
La Bretonne ne voulut pas que ses hôtes partissent sans emporter une demi-douzaine de galettes de sarrasin qu'elle avait en réserve. Elle savait qu'ils ne devaient pas trouver grande ressource dans le pays qu'ils allaient traverser. Les deux frères acceptèrent en la remerciant, et Bernard, ayant enveloppé quelques pièces de monnaie dans du papier, les mit dans la main de l'aîné des enfants, qui dormait encore. Puis ils prirent congé du blessé, assurés qu'il recevrait les soins que son état exigeait.
Pendant la matinée le temps fut couvert, car un ciel serein est chose rare en Bretagne; c'est une contrée humide, où le voisinage de la mer amène souvent des brouillards et de la

pluie. Aussi bientôt l'eau vint à tomber en telle abondance qu'il fallut songer à se mettre à couvert.

En cet instant ils aperçurent à peu de distance une sorte de monument grossier et de forme bizarre. Il consistait en deux pierres, plantées debout, qui en supportaient une troisième, placée en travers, et figurant comme une énorme table. En quelques minutes ils l'eurent atteinte, et, sous ce toit improvisé, purent attendre au sec la fin de l'averse.

— Je me demande, dit Savinien, qui déjà la veille avait remarqué plusieurs de ces édifices au milieu de la campagne, qui a pu poser ainsi ces pierres l'une sur l'autre et dans quel but on l'a fait.

— Ces pierres, répondit Bernard, forment sans doute un *dolmen*, c'est-à-dire un autel où les Druides célébraient les mystères de leur religion.

— Qu'étaient-ce donc que les Druides?

— C'étaient les prêtres de la *Gaule* (c'est ainsi, je te l'ai déjà dit, que s'appelait anciennement notre pays). Leur

Les Druides coupant le gui.

religion a subsisté en Bretagne plus longtemps que dans les autres contrées; aussi c'est dans cette province qu'on trouve le plus grand nombre de monuments *druidiques* ou *celtiques*.

Tous les ans, pendant l'hiver, les Druides allaient dans les forêts cueillir le *gui* sur un chêne avec une faucille d'or.

— Le gui comme il y en a chez nous sur les pommiers et les peupliers ?

— Précisément.

— Et qu'en faisaient-ils?

— Ils s'en servaient pour la guérison des maladies, car ils étaient aussi médecins.

— On dit encore, poursuivit Bernard, que les Druides répandaient le sang humain.

Sur des autels semblables à celui-ci, ils égorgeaient des criminels ou des prisonniers, qu'ils sacrifiaient à leurs dieux, croyant ainsi leur être agréables.

— Quelle horrible religion! s'écria Savinien, se levant tout à coup de l'endroit où il était assis.

Comment, sur cette pierre on a peut-être massacré quelqu'un! Oh! je n'y resterai pas plus longtemps.

Et il s'élança dehors.

Heureusement l'averse avait cessé et nos voyageurs purent se remettre en marche; cependant à plusieurs reprises, pendant le cours de la journée, ils se virent forcés de chercher un refuge dans les habitations qu'ils trouvaient sur leur chemin, et même encore une fois, au grand déplaisir de Savinien, sous des pierres druidiques comme celle qui les avait abrités dans la matinée.

Ces haltes multipliées apportaient un grand retard dans le voyage des deux frères. Ils espéraient que le ciel se dégagerait dans l'après-midi; leur attente fut trompée et le temps se gâta si complètement au contraire qu'ils durent renoncer à poursuivre leur route.

QUESTIONNAIRE. — Qu'est-ce qu'un dolmen? — Qu'est ce que les Druides? — Avez-vous jamais vu du gui? — Auriez-vous aimé vivre du temps des Druides? — Que pensez-vous de leur religion?

LIII. — Le viaduc de Morlaix. — Chez M. Franquelin. — Un des potagers de la France.

La pluie persista encore le lendemain, si bien que ce fut seulement quatre jours après avoir quitté Saint-Brieuc que nos voyageurs arrivèrent près de Morlaix, c'est-à-dire à cinq ou six lieues encore du but de leur voyage.

Lorsqu'ils eurent gravi la colline de laquelle on découvre toute la ville, ils demeurèrent frappés d'admiration. A une hauteur prodigieuse, bien au dessus des maisons, des édifices, des clochers, s'élevait un pont magnifique, composé d'un nombre infini de doubles arcades, sur lequel glissait un convoi de chemin de fer. C'était le *viaduc de Morlaix*, l'un des plus beaux de France, et qui se trouve sur la ligne de Paris à Brest.

Nos amis ne se lassaient pas de le contempler et d'admirer, à travers les larges ouvertures de ses arceaux, l'aspect que présentaient les collines boisées qui entourent la ville ; la plaine, semblable à un jardin ; la rivière, où glissaient des barques et des navires, et surtout au loin, bornant l'horizon, une ligne blanchâtre. C'était la mer, qui, en cet endroit, est couverte d'une multitude d'îlots et de récifs, où les flots se brisent en bouillonnant.

Ils voyaient aussi, du même point, la route qui conduit à Saint-Pol-de-Léon, et la joie d'arriver bientôt ajoutait encore pour eux aux charmes du paysage.

Le pays qu'il leur restait à traverser formait un contraste complet avec ce qu'ils avaient vu jusque-là en Bretagne. Ils marchaient au milieu de champs de plantes maraîchères :

Viaduc de Morlaix.

artichauts, pois, oignons, choux-fleurs. Des hommes bêchaient, plantaient, sarclaient ; des femmes et des enfants cueillaient ou arrachaient des légumes que d'autres disposaient dans des paniers : car la Bretagne est un des *jardins potagers de la France*.

Les produits en sont expédiés à Paris, dans d'autres grandes villes et même à Londres, où ils se vendent en primeurs.

En approchant du lieu où ils devaient trouver leur père, Bernard et Savinien ne savaient s'ils devaient s'affliger ou se réjouir d'être parvenus au terme de leur voyage. C'est que, plus que jamais, ils se demandaient quel accueil ils allaient recevoir, soit de sa part, soit de celle de leur belle-mère, et insensiblement ils ralentissaient le pas, retardant ainsi le moment d'une réunion qu'ils avaient si ardemment désirée. En arrivant à Saint-Pol, ils restèrent plusieurs minutes devant la porte qu'on leur avait indiquée comme étant celle de M. Franquelin, sans pouvoir se décider à y frapper.

Enfin Bernard, faisant un effort, y heurta doucement.

Un homme vint lui ouvrir : c'était M. Franquelin lui-même.

— M. Jean Petit? demanda timidement Bernard.

C'est avec des sentiments que chacun comprendra que les deux frères attendirent la réponse.

Hélas! cette réponse devait être pour eux une nouvelle et amère déception.

— Jean Petit! s'écria M. Franquelin, vous demandez Jean Petit? Eh bien, vous n'avez guère de chance! vous arrivez un jour trop tard. Il est justement reparti d'hier.

— D'hier! répéta le jeune homme, pouvant à peine en croire ses oreilles.

Puis, d'une voix tremblante :

— Est-ce qu'il est déjà retourné à Anzin?

— Non. Il avait des affaires à régler à Brest; il s'y est rendu avec sa femme. De là, ils reprendront directement le chemin du département du Nord.

— Doit-il rester longtemps à Brest?

— Je ne sais pas au juste... cinq ou six jours. Nous sommes le 2, et il faut qu'il reprenne son service le 10. Si vous étiez seulement arrivés un jour plus tôt!... Après tout, ajouta-t-il, remarquant le chagrin, et le découragement qui s'étaient peints sur la figure des deux frères, Brest n'est pas au bout du monde; avec le chemin de fer... Entrez toujours vous reposer.

Mais nos amis avaient trop de peine à contenir les émotions qui les agitaient pour accepter cette offre; ils remercièrent M. Franquelin, et après s'être renseignés sur le lieu où ils pourraient trouver Jean Petit dans la ville qu'on leur désignait, ils prirent congé de lui, le cœur rempli d'amertume.

Aussitôt hors de la maison, Savinien, qui avait eu grand-peine à s'empêcher d'éclater, s'écria en pleurant :

— Parti! il est encore parti! Nous ne l'atteindrons donc jamais! Être venu le chercher si loin, et ne pas le trouver!

Bernard, qui commençait, lui aussi, à se décourager en

voyant que le mauvais sort semblait les poursuivre, sentit que son devoir lui ordonnait de montrer plus de force et de résignation que son frère.

— Ne te désole pas, mon petit Savinien, lui dit-il; comme dit M. Franquelin Brest n'est pas bien loin; un peu de courage encore; demain nous y serons.

— A quoi bon? Tu verras que, là encore, on nous dira qu'il est parti. Et il se mit à pleurer.

Aussi, continua-t-il, c'est notre faute. Si nous n'avions pas perdu deux jours avec cet homme blessé, là bas, nous serions arrivés avant le départ de notre père.

— Et ce pauvre homme serait resté seul sur la route, où il aurait pu mourir sans secours!

Savinien murmura quelques paroles indistinctes.

— Est-ce que tu es fâché, reprit Bernard, de lui être venu en aide?

— Non sans doute, mais... Enfin, Bernard, si mon père était reparti tout droit pour Anzin, s'il ne nous restait pas encore l'espoir de le rejoindre à Brest, est-ce que tu ne te repentirais pas d'avoir perdu deux jours avec un homme que tu ne connaissais pas? Un étranger!

— Un homme qui souffre ne doit jamais être un étranger et on ne doit jamais se repentir d'avoir fait le bien, de quelque manière que les choses tournent pour nous. Rappelle-toi le proverbe : Fais ce que dois, advienne que pourra.

— C'est vrai, tu as raison et tu es meilleur que moi, dit Savinien, mais pourtant que faire?

— Poursuivre notre père jusqu'à Brest, comme je viens de te le dire.

Par bonheur un *coquetier* (on appelle ainsi les marchands qui vont acheter dans les fermes les œufs et les volailles) allait porter le produit de sa tournée sur le marché de Brest. Nos amis obtinrent, moyennant une faible somme, qu'il les prît dans sa carriole. Ils se félicitaient de cette bonne occasion de gagner Brest à bon marché et en peu de temps, car les désappointements successifs qu'ils avaient éprouvés leur faisaient craindre d'arriver trop tard cette fois encore.

Bernard avait été trop attristé par leur dernière et cruelle déconvenue pour être bien tenté de chercher des distractions; cependant, sentant la nécessité de secouer son chagrin, afin que son frère ne se laissât pas trop aller au sien, il engagea la conversation avec leur voiturier, qui parlait français, de même que tous les habitants du littoral, et qui du reste ne demandait pas mieux que de causer. Il était très au courant des productions du pays.

— D'après ce que j'avais d'abord vu de la Bretagne, dit Bernard, je la croyais peu fertile.

— Le sol, dit le coquetier, est ingrat dans le centre, qui est aride et montagneux; mais vers les bords de la mer il est très productif. Cela vient de ce que le climat y est doux et humide. Regardez ces prairies, voyez si ces vaches ont bonne mine !

— C'est vrai, dit Savinien, que le nom de *bestiaux* avait toujours le privilège d'intéresser vivement, mais elles sont bien petites.

— Les vaches bretonnes ne sont pas de grande taille, c'est vrai; mais c'est plutôt un avantage, car elles coûtent moins que d'autres à nourrir; cependant elles donnent beaucoup de lait et du lait d'excellente qualité. Vous savez bien que le beurre de Bretagne est renommé; on le sale et on en fait un commerce considérable.

Nous avons aussi en Bretagne des chevaux estimés, et non loin de Brest, au cap Saint-Mathieu, la pointe de France qui s'avance le plus dans la mer, à ce qu'on dit, est le Conquet, où se trouve un haras célèbre.

On fait aussi par ici le commerce du miel, du chanvre, des céréales. Oh! cette portion de la Bretagne mérite bien son surnom de *Ceinture dorée*.

QUESTIONNAIRE. — Qu'est-ce qu'un viaduc? — Quelle différence y a-t-il entre un pont et un viaduc? — Qu'entend-on par jardin potager de la France? — Comprenez-vous le chagrin de Savinien? — Pensez-vous comme Bernard? — D'où vient ce mot de coquetier? — Avez-vous mangé du beurre de Bretagne? — Qu'est-ce qu'un cap? — Montrez le cap Saint-Mathieu. — Qu'est-ce qu'un haras? — Que veut dire *ceinture dorée*?

LIV. — M. Jean Petit.

Après avoir passé la nuit à *Lesneven*, qui est à peu près à moitié chemin entre Saint-Pol et Brest, on atteignit cette dernière ville vers midi.

Sans prendre le temps d'y jeter un coup d'œil, les deux frères se dirigèrent en toute hâte vers l'adresse qu'on leur avait indiquée.

On devine quelle émotion les agitait en demandant à un petit garçon qui vint leur ouvrir:

— M. Jean Petit est-il là?

— Oui, il y est, répondit l'enfant. Et, marchant devant

eux, il les introduisit dans une chambre où se trouvaient plusieurs personnes.

— Enfin! murmura Savinien.

— M. Jean Petit? répéta Bernard, et cette fois avec un tel tremblement dans la voix que c'est à peine si on l'entendit.

— Jean Petit, c'est moi, répliqua d'un ton assez rude un individu assis à une table où il jouait aux dominos. Que lui voulez-vous?

Bernard demeura interdit. Celui qui lui parlait était bien un homme aux yeux et aux cheveux noirs, comme devait être Jean Petit, d'après le portrait que leur en avait tracé leur grand'mère, mais il était petit et malingre. En outre, une expression de dureté se lisait sur ses traits. Ce n'était pas là la physionomie que le jeune homme s'attendait à trouver à son père.

— Eh bien! que lui voulez-vous, à Jean Petit? répéta le personnage du même air peu engageant.

Bernard fit un nouvel effort sur lui-même :

— Je désirerais, monsieur, dit-il, vous parler en particulier.

— Bah! fit l'autre avec étonnement. — Enfin, soit!

Et, laissant là sa partie commencée, il passa dans une autre pièce, où les deux frères le suivirent.

— Maintenant, reprit-il, qu'avez-vous à me dire?

— Nous sommes de Fréville.... commença timidement Bernard.

— De Fréville? répéta l'homme, comme si ce nom ne lui apprenait rien.

— Nous vous apportons des nouvelles de votre famille.

— De ma famille! Il y a longtemps que je n'en ai plus. Le dernier parent que j'ai conservé, ma mère, est morte voilà plus de dix ans, la pauvre chère femme!

— On vous a trompé, monsieur; elle vivait encore il y a deux mois. C'est elle, avant de rendre le dernier soupir, qui nous a ordonné de venir vous trouver.

— Ah çà! vous moquez-vous de moi? dit l'homme avec un geste de colère. Qui donc êtes-vous?

— Nous sommes Bernard et Savinien Petit, dit Bernard, dont la voix tremblait autant de chagrin que de crainte.

— Bernard et Savinien Petit! fit l'autre. Je ne connais personne de ce nom.

— Bernard et Savinien, vos fils, reprit Bernard avec une agitation croissante.

— Mes fils! Mais je n'ai jamais eu de fils.

— Ne vous nommez-vous donc pas Jean Petit, et n'êtes-vous pas employé à Anzin?

— Je me nomme bien Jean Petit, et je suis employé à Anzin; cela ne veut pas dire que je sois votre père.

On devine la douleur et la stupéfaction des deux frères à cette réponse. Ainsi leur père refusait de les reconnaître. Il prétendait n'avoir rien de commun avec eux, avec sa mère elle-même, la pauvre Mme Petit, qui avait désiré si ardemment le revoir, et dont l'affection pour son fils ne s'était jamais affaiblie.

Ces pensées troublaient tellement Bernard qu'elles le mettaient hors d'état de faire la moindre réflexion.

— Ah! je vois ce que c'est, s'écria tout à coup son interlocuteur en poussant un éclat de rire; il y avait à Anzin un autre contre-maître du même nom que moi. C'est lui, sans doute, qui est votre père.

— Un autre Jean Petit! s'écria à son tour Bernard, mais nous venons d'Anzin; on ne nous en a pas parlé.

— Il n'y était plus; il a quitté l'établissement six semaines environ avant moi pour une place plus lucrative qu'on lui offrait, a-t-il dit, au Creuzot, dans le département de Saône-et-Loire.

Bernard calcula qu'il y avait plus de trois mois que Chrétien Vidal, leur voisin, avait parlé à leur père à Anzin; ce qu'ils apprenaient n'avait donc rien d'impossible.

— Ce Jean Petit, reprit l'autre, est un homme de trente-huit à quarante ans, grand et fort, un *beau brun*. Allons, il ne faut pas vous chagriner, vous le retrouverez un peu plus tard.

— Un *beau brun*, c'était l'expression dont Mme Petit s'était servie pour qualifier mon père, se disait Bernard en quittant la maison où venait d'avoir lieu cette rencontre.— Sans nul doute, le contre-maître parti d'Anzin pour le Creuzot était le Jean Petit qu'ils cherchaient.

Ce nouveau désappointement, on peut le croire, avait fort affligé nos jeunes amis; mais, en même temps, il leur procurait un certain soulagement.

— Ma foi! je suis bien aise, dit Savinien aussitôt qu'il fut dehors, que ce monsieur bourru ne nous soit de rien, car sa figure ne me revenait pas du tout, et je ne sais pas comment j'aurais fait pour l'aimer.

— Je n'en suis pas fâché non plus, répliqua Bernard, d'autant qu'alors tout naturellement aucune des choses qu'on nous a dites sur lui ne se rapporte à notre père.

— C'est vrai! s'écria Savinien, en frappant ses mains avec joie l'une contre l'autre. C'est lui qui est remarié, et non papa.

— C'est lui aussi qui a été malade; notre père se porte bien, je l'espère, et nous finirons par le retrouver.

— Eh bien donc, en route pour le Creuzot!

— Je ne demanderais pas mieux, dit le frère aîné après avoir réfléchi; mais, vois-tu, je crains d'avoir agi un peu légèrement en entreprenant un voyage comme celui que nous venons de faire sans demander conseil à personne. M. Ferrière a eu la bonté de nous inviter à nous arrêter chez lui en passant à Vannes. C'est sur notre chemin, soit que nous nous rendrions au Creuzot, soit que nous retournions directement chez nous. Allons-y. Ce monsieur a paru s'intéresser à nous; je lui raconterai toute notre histoire, et je le prierai de nous donner son avis. En attendant, visitons Brest, car jamais peut-être nous ne trouverons une pareille occasion de voir un port de mer de cette importance.

QUESTIONNAIRE. — Où est Lesneven? — Où est le Creuzot? — A Brest les deux fils Petit sont-ils loin de chez eux? — Par quels départements auront-ils à passer pour aller de Brest au Creuzot?

LV. — Brest.

Les deux jeunes gens gagnèrent le port et commencèrent par longer des quais interminables, bordés d'immenses constructions, au-dessus desquelles se voyaient des hauteurs couvertes de formidables batteries d'artillerie. Les bouches noires des pièces à feu passaient entre les bastions. Des forts se dressaient de tous côtés, comme prêts à foudroyer ceux qui tenteraient de pénétrer dans le port avec des intentions hostiles. Cet appareil menaçant donne à Brest une physionomie toute différente de celle des villes que nos amis avaient déjà visitées.

— Pourquoi y a-t-il tant de canons ici pendant qu'il n'y en a pas au Havre? demanda Savinien, comme ils s'étaient arrêtés pour regarder un énorme bâtiment qui glissait lentement entre les centaines de navires rangés dans les bassins.

— Le Havre! s'écria d'un air de dédain un homme portant l'uniforme des marins de l'État, qui se trouvait à deux pas d'eux et retira sa pipe de sa bouche pour se mêler sans façon à l'entretien, le Havre! On voit bien que vous êtes un nouveau débarqué, vous, pour comparer le Havre à

Brest. Ce n'est pas que j'en veuille dire du mal, le Havre est un joli port de commerce; mais Brest est un port militaire, ce qui est bien autre chose. Trouvez-moi donc au Havre un cuirassé comme celui-ci! fit-il en désignant du geste le vaisseau qui manœuvrait devant eux.

— Qu'est-ce qu'un cuirassé? demanda Savinien : car en dépit de sa boutade au sujet du Havre, le marin avait l'air d'un brave homme.

— C'est un bâtiment revêtu, comme d'une cuirasse, d'une

Un cuirassé.

épaisse couverture de métal qui le met à l'abri des boulets. On ne cuirasse guère que les grands navires, ceux qu'on appelle les *vaisseaux de haut bord* : car, outre qu'un habit de cette sorte coûte très cher, il nuit un peu à la légèreté des mouvements du bâtiment qui le porte.

— Je distingue des canons sur le pont.

— La plupart des vaisseaux qui sont réunis ici, en ont, et tous appartiennent à l'État. Ils composent *la flotte* ou *armée navale*. Il y bien aussi à Brest un port marchand; mais il est de l'autre côté de la ville.

Ces constructions qui longent les quais, sont aussi la propriété de l'État. C'est l'Arsenal. Elles contiennent d'immenses magasins d'approvisionnements de toutes sortes pour les expéditions lointaines; non seulement des armes et des munitions de combat, telles que poudre, cartouches, boulets de canon; mais aussi des provisions de bouche : biscuit de mer, rhum, eau-de-vie, viandes salées. A l'arsenal, en outre, on construit et l'on répare les bâtiments; on y fabrique des voiles, des cordages.

Il y a encore à Brest une École navale où l'on instruit les marins, et où l'on forme des officiers; un hôpital pour ceux qui ont servi sur mer; enfin tout ce qui est nécessaire à la marine de l'État.

C'est pourquoi Brest est entouré de batteries et de forts; tant dans le port qu'aux environs il y en a plus de quinze. Il ne faut pas laisser l'ennemi venir nous prendre tout cela.

— Je le crois bien! dit Savinien.

— La France, continua le marin, possède cinq *ports militaires* ou *préfectures maritimes*. Ce sont *Cherbourg* dans la Manche; *Brest*, *Lorient* et *Rochefort* sur l'Atlantique; de plus, *Toulon* dans la Méditerranée. Je les connais tous, à l'exception du dernier.

Les deux frères ne perdaient pas une des paroles du matelot. Celui-ci, voyant qu'on l'écoutait avec intérêt:

— Avez-vous vu la corderie? leur demanda-t-il.

— Non, répliqua Bernard.

— Elle est dans l'arsenal; tout le monde n'y entre pas, mais avec le père Lehidec...

Et il fit signe à ses deux compagnons de le suivre.

Savinien avait souvent regardé travailler le cordier de Fréville; mais il n'y avait pas plus de rapport entre la roue de sa machine, mise en mouvement par un enfant, et celles qui fonctionnaient dans la corderie de Brest, qu'il n'y en avait entre la ficelle que fabriquait Jacques Fourlet, et les énormes câbles que notre jeune ami voyait se former et se tordre sous l'action des puissantes machines à vapeur qui gémissaient sous les hangars où on les avait introduits. Leur conducteur leur expliqua que ces câbles avaient chacun un nom, selon leur force et selon l'usage auquel ils étaient destinés. On les fabriquait avec du chanvre, qui est la *matière textile* la plus solide.

C'est avec le chanvre aussi que se fabriquent les toiles à voiles.

En sortant de la corderie, Bernard et Savinien, toujours accompagnés du marin, qui semblait les avoir pris en affection, continuèrent à suivre le port, s'arrêtant de temps en temps pour admirer les beaux bâtiments qui le remplissaient.

L'arsenal et les bâtiments qui en dépendent, comme la corderie, sont situés dans la partie de Brest qu'on nomme

9.

Recouvrance. Pour se rendre dans les autres quartiers de la ville il faut franchir un pont jeté d'un côté à l'autre du port.

Nos amis s'en approchaient avec cette intention, lorsque tout à coup, à leur grande stupéfaction, le tablier du pont se sépara en deux, et chaque moitié, tournant lentement sur elle-même, vint se ranger de chaque côté du quai.

Alors un beau vaisseau, auquel la hauteur de ses mâts n'aurait pas permis de passer sous le pont, quoique celui-ci fût assez élevé pour que de grandes embarcations pussent le faire aisément, glissa avec majesté devant eux. Puis le tablier reprit sa place, et les deux jeunes gens émerveillés purent traverser le pont à leur tour.

On continua à suivre le quai de l'autre côté: à l'extré-

Le pont de Brest.

mité une grande étendue d'eau se montra tout à coup.

— Ah! la mer! s'écria Savinien.

— Ce n'est pas la mer, dit le marin; la mer, ou du moins la pleine mer, est à trois lieues d'ici; ce que vous voyez c'est la rade, une sorte de golfe, d'enfoncement dans les terres.

La rade de Brest, continua le marin, est la plus vaste du monde. Quatre cents vaisseaux de haut bord, c'est-à-dire plus que n'en possèdent toutes les puissances de l'Europe réunies, y tiendraient à l'aise et sans se soucier des tempêtes, car elle est parfaitement sûre. Elle ne communique avec la pleine mer que par un canal qu'on appelle le Goulet. Par malheur il y a là, au beau milieu de ce canal, un rocher qui obstrue le passage. C'est commode pour la défense de la rade; mais par les gros temps plus d'un navire s'y est perdu.

Autrefois, à ce qu'on m'a dit, on fermait l'entrée du Goulet avec une chaîne de fer; mais maintenant ces batteries-là, continua le marin, en désignant les forts qui garnissaient les hauteurs, suffisent à défendre la rade.

QUESTIONNAIRE. — Quels sont les ports de mer dont il a déjà été question dans ce récit? — Qu'est-ce qu'un fort, un bastion, une redoute, une batterie? — Quelle différence y a-t-il entre Brest et le Havre? — Nommez les principaux objets qui forment les provisions nécessaires à la marine. — Qu'est-ce qui distingue un port militaire d'un autre? — Nommez les cinq ports militaires? — Pourquoi a-t-on fait un pont tournant à Brest? — En serait-il besoin à Paris? — Qu'est-ce qu'une rade?

LVI.— La médaille de sauvetage.

Pendant que le marin parlait, Savinien ne quittait pas des yeux une médaille d'argent fixée sur sa veste de drap bleu foncé. On y lisait : *Courage et dévouement.* Il devinait que c'était une marque d'honneur, et il aurait vivement désiré apprendre ce qui la lui avait valu.

Un autre marin, qui s'était joint au premier, lut ce désir dans les regards du jeune garçon.

— Dis-donc, Lehidec! fit-il, voilà un petit bonhomme qui voudrait bien savoir d'où te vient ta médaille.

— Oh oui, monsieur, dit Savinien.

— Bah! répliqua celui qui la portait, ce n'est pas la peine d'en parler.

— Pas la peine! Vous allez voir, reprit le nouveau venu. Imaginez-vous qu'un jour de l'automne dernier, au moment de l'équinoxe, c'est-à-dire des vents les plus violents, une barque était sortie du port pour aller pêcher le hareng au large. Dans notre métier bien souvent, quand on sort, on ne sait pas si l'on reviendra. Lorsque les pêcheurs ont voulu rentrer, la mer était si forte, qu'ils n'ont jamais pu gouverner de manière à gagner la passe. Ils ont été jetés sur les récifs de la pointe du Minou, tout là-bas à l'entrée du Goulet, du côté de la pleine mer. Il y avait bien du monde sur la côte, à suivre la barque des yeux, à plaindre les pauvres gens, à dire: il faudrait faire ceci, il faudrait faire cela; mais personne n'osait lancer une embarcation à la mer pour aller leur porter un bout de corde. Dame! c'était vouloir donner son corps aux poissons. La femme de Jérome Legouin, le patron de la barque, et celles des autres matelots poussaient des cris à fendre l'âme. Alors Lehidec, qui se trouvait là par hasard, dit qu'il y allait. Il se fait attacher par le milieu du corps, se jette à l'eau et se dirige vers les naufragés. A mesure qu'il faisait un pas en avant, le flot lui en faisait faire un en arrière; il était ballotté! il fallait voir! N'importe, malgré cela il avance toujours. Dame! c'est le plus hardi nageur de Brest. Il arrive au bateau, il saisit un de ceux qui le montaient. C'était le fils Legouin. Le pauvre garçon était tellement à bout de force, à cause du combat qu'il venait de livrer contre les vagues, qu'il était hors d'état de s'aider. Lehidec le charge sur ses épaules et se remet en route avec lui, pendant que nous, du rivage, nous tirions la corde. A peine arrivé, il repart et revient avec un autre, et ainsi jusqu'à ce qu'ils soient tous à terre. Au dernier voyage on voulait le retenir; il était tellement épuisé de fatigue que nous craignions tous qu'il ne reparût plus. Il n'a écouté personne et est reparti. Quand on a retiré le câble, où lui et l'homme qu'il venait de sauver étaient attachés, on a bien cru ramener deux morts. Il a été plus d'une heure avant de reprendre connaissance.

— Je te dis, reprit Lehidec, que ce n'était pas la peine d'en parler. Je ne suis pas le seul ici qui se soit jeté à l'eau pour en secourir d'autres, et toi-même...

— Sans doute, chacun sait bien qu'on doit se venir en aide mutuellement. On tâche de ne pas manquer à ce devoir, mais personne ne s'est jamais exposé aussi souvent que toi. Le jour que ce navire anglais est allé se perdre à la pointe du Camaret, c'est encore toi qui as ramené à terre la plus grande partie de l'équipage. Tu as le droit d'être fier de ta médaille, tu l'as bien gagnée et personne ne te l'envie.

Bernard et Savinien considéraient avec admiration et respect cet homme, qui comptait sa vie pour si peu de chose quand il s'agissait de la risquer pour les autres; ils pensaient, de même que le second matelot, qu'il avait bien mérité sa récompense et qu'il pouvait s'en glorifier.

QUESTIONNAIRE. — Aimeriez-vous à avoir une médaille de sauvetage? — Connaissez-vous quelqu'un qui en ait une? — Que pensez-vous de ceux qui se dévouent pour les autres? — Où est la pointe du Camaret?

LVII — Encore en mer.

Les fatigues du voyage et les émotions des derniers jours avaient causé un dérangement dans la santé de Bernard. Quand il se leva le lendemain pour se mettre en route, il se sentit une grande lassitude dans tous les membres: il avait peine à marcher. Il l'essaya néanmoins; mais au bout d'un quart d'heure il fut obligé d'y renoncer. Le pauvre garçon était désolé de se voir ainsi arrêté dans son voyage. Il errait tristement sur le port, s'arrêtant souvent pour se reposer sur un ballot, une caisse ou un paquet de cordages. Savinien était tout chagrin aussi, un peu de ne pouvoir partir, mais plus encore de voir son frère malade.

Tout à coup le marin qu'ils avaient vu la veille, les ayant aperçus, vint leur secouer affectueusement la main.

— Ah! vous êtes encore ici! leur dit-il.

— Oui, répliqua Bernard, nous voulions partir ce matin, mais je ne suis pas à mon aise.

— Et où deviez-vous aller?

— A Vannes.

— Il y a le chemin de fer.

— Je le sais, mais le chemin de fer est trop cher pour nous, qui sommes obligés de songer à l'économie.

— Attendez, j'ai une idée. Yves Trémoc, un de mes parents, part ce matin pour la pêche aux sardines. Il se rendra ensuite à Lorient pour y porter les poissons qu'il aura pris. Il pourrait vous emmener avec lui; cela ne vous coûtera pas grand'chose. Rien ne répare les forces comme l'air de la mer. Pendant les trois ou quatre jours que vous mettrez à arriver à Lorient, vous vous rétablirez.

Bernard accepta de grand cœur cette proposition.

— Ainsi nous allons encore naviguer, disait Savinien tout joyeux, en se rappelant les agréments de son voyage sur la *Belle-du-Nord*, et sa traversée du Mont Saint-Michel à Saint-Malo.

Ils se dirigèrent, en compagnie de Lehidec, vers la *Mouette*: c'était le nom du bateau en question. Les arrangements furent bientôt pris et le pêcheur mit à la voile.

Le ciel était sombre, tout chargé de vapeurs, comme en amène souvent le voisinage de l'Océan, lorsque la *Mouette* sortit du port; aussi c'est à peine si l'on pouvait distinguer les contours de la rade. Cependant on eut bientôt franchi le Goulet.

— Pourquoi appelez-vous votre bateau la *Mouette*? demanda Savinien au patron de la barque, aussitôt qu'il se fut familiarisé avec lui, ce qui ne fut pas long. Qu'est-ce qu'une mouette?

— C'est un oiseau qui a son nid dans les rochers du rivage, et qui vole à une très grande distance en mer pour y chercher à manger, car il se nourrit de poissons. Et tenez, cette bande criarde qui arrive vers nous à tire-d'aile, ce sont des mouettes.

— Ces oiseaux gris à ventre blanc?

— Justement.

— Ah! ils volent aussi bien que des hirondelles; mais regardez donc, patron, les voilà qui s'abattent sur l'eau et qui ont l'air de courir au sommet des vagues!

— Ils nagent.

— Quoi, vraiment! Ils nagent comme des poissons?

— Comme des poissons, non, mais comme des canards; c'est une manière pour eux de se reposer; quand ils sont fatigués d'agiter leurs ailes, ils agitent leurs pattes.

Avant de jeter ses filets, Yves devait se rendre au *Pont de Sein*. C'est une rangée de récifs qui s'étend très loin dans la mer, en avant de l'île du même nom.

— Je vais, dit-il à Bernard, porter des outils aux ouvriers qui travaillent au nouveau phare. Si le vent continue à être bon, nous y serons dans l'après-midi.

Le vent, en effet, favorisait la *Mouette;* elle bondissait sur les vagues et filait comme l'oiseau dont elle portait le nom.

QUESTIONNAIRE. — Avez-vous déjà entendu dire dans ce récit que l'air de la mer réparait les forces? — Devinez-vous pourquoi il pleut plus souvent au bord de la mer qu'ailleurs? — Connaissez vous des oiseaux capables, comme les mouettes, de voler et de nager? — Vous rappelez-vous ce que c'est qu'un phare et ce qu'on vous en a dit? — Montrez l'île de Sein.

LVIII. — Le Pont de Sein. — Le phare d'Ar-Men.

Les côtes de la Bretagne, et principalement celles du Finistère, forment une ligne très tourmentée, comme on peut le voir sur la carte; tantôt elles avancent, tantôt elles reculent en formant tour à tour des *caps* ou *promontoires* et des *golfes* ou *baies*. La mer y est toute parsemée d'îles et de rochers, qui sont sans cesse battus par les flots.

— Il faut bien connaître ces parages pour y naviguer, dit le patron de la *Mouette*. Ils en ont vu des naufrages! Plus d'une fois j'ai manqué y périr. Quand on est pris par la tempête entre ces îles, on a bien du mal à s'en tirer. Heureusement le temps est beau; j'espère que c'est pour plusieurs jours.

Vers le milieu de l'après-midi on passa près d'une terre d'aspect triste; c'était l'*île de Sein*. Au delà et à perte de vue la mer bouillonnait avec force sur des récifs qu'on devinait au bruit que produisaient les flots en venant s'y briser et à l'écume blanche qui les couvrait. C'est là ce qu'on appelle le *Pont de Sein*.

Nos navigateurs suivirent cette rangée d'écueils qui s'avance à près de deux lieues dans l'Océan. A l'extrémité, et plongeant entièrement dans la mer, se voyait une construction commencée dépassant à peine le niveau de l'eau; autour il y avait un grand mouvement de barques qui allaient et venaient.

— Que fait-on là? demanda Bernard.

— C'est le nouveau phare, le phare d'Ar-Men.

— Il y a donc une île à cette place?

— Pas plus qu'ici, dit le matelot en frappant du pied le fond de sa barque.

— Mais alors sur quoi bâtit-on?

— Ah! cela, voyez-vous, c'est prodigieux! Mais attendez, voici un bateau qui vient à notre rencontre; c'est celui de Leméné, il vous parlera mieux que moi de ce qu'on fait là.

Quelques minutes après une embarcation abordait la *Mouette*, et un homme sautait à côté de nos amis. C'était, lui aussi, un marin, d'une trentaine d'années, aux traits rudes et énergiques, à la figure hâlée.

— Eh bien! s'écria-t-il d'un air de triomphe, en s'adressant à Yves, nous avançons! le phare a dépassé le niveau des hautes mers. On se moquait de ce projet-là à Brest. On disait : « Ah bien oui! construire quelque chose sur le Pont de Sein! est-ce que c'est possible? Nous le croirons quand nous le verrons. Ils ne pourront plus en douter maintenant.

— Conte donc à ces jeunes gens-là comment on y est parvenu, ça les intéressera.

— Il y avait longtemps, dit Leméné, qu'on parlait d'installer un phare ici, car les récifs du Pont de Sein sont très dangereux pour les navigateurs; des milliers de bâtiments s'y sont perdus. Mais ce n'était pas chose facile. Rien que des rochers; et encore ces rochers ne sont à découvert qu'au moment des plus basses marées. Tout le reste du temps ils sont entièrement cachés sous l'eau. Et puis voyez avec quelle fureur la mer s'y brise!

— Oui, dit Bernard, je me demande comment on a pu établir les fondations.

— C'était là en effet la grosse affaire. Il s'agissait d'abord de creuser des trous dans des rochers qu'on ne voyait même pas, pour ainsi dire, car ils sont presque toujours recouverts par la mer, pour y enfoncer des crampons de fer destinés à retenir les premières pierres. On ne pouvait y travailler que quand le récif était à sec, c'est-à-dire seulement aux époques de la nouvelle et de la pleine lune.

— Cela ne faisait que quelques heures par mois.

— Tout au plus; car il fallait que la mer fût parfaitement calme pour qu'on s'y hasardât; aussi vous pensez bien qu'on n'avançait pas beaucoup entre deux marées. Le roc est dur, il faut voir! Les ouvriers choisis pour cette besogne étaient des marins éprouvés; je vous assure qu'il fallait de la résolution pour l'entreprendre. Les jours où l'on pouvait s'y mettre, nous partions de l'île de Sein une vingtaine, les uns pour jouer du pic ou de la pioche, les autres pour veiller à la sûreté des travailleurs.

— Quel danger couraient-ils donc, demanda Savinien, puisque la mer s'était retirée?

— Elle s'était retirée, ce qui n'empêchait pas les lames,

Le phare d'Ar Men.

quand on s'y attendait le moins, de venir couvrir le rocher et balayer tout ce qu'elles rencontraient.

— Que devenaient alors les ouvriers? s'écria le jeune garçon avec anxiété.

— Nous étions tous munis d'appareils de sauvetage: ce sont des ceintures gonflées d'air qui vous soutiennent sur l'eau. Aussitôt que l'un de nous disparaissait, les canots accouraient le repêcher; car lorsque les vagues vous avaient promené sur les pointes aiguës des rochers, on n'était plus en état de se tirer d'affaire soi-même, eût-on été le meilleur nageur du monde. Après chaque expédition il y avait toujours une demi-douzaine de camarades qui rentraient chez eux éclopés. Une fois j'ai été forcé de garder le lit pendant quinze jours, et pourtant je peux me vanter de ne pas être une poule mouillée; mais j'avais été roulé par les vagues avec une telle violence que mon corps n'était plus qu'une plaie. Bah! qui est-ce qui pense à cela maintenant? Voilà *notre* phare en bon chemin; le plus fort est fait. Avant peu le Pont de Sein sera signalé aux navires, et ils ne courront plus le risque de venir s'y jeter.

— Ce sera un bien bel ouvrage, dit Bernard, et qui prouvera une fois de plus, comme nous l'a dit souvent notre grand'mère, qu'il n'y a pas d'entreprise dont on ne vienne à bout avec de la volonté, du courage et de la persévérance.

QUESTIONNAIRE. — Qu'est-ce qu'un promontoire, un golfe, une baie ? — Nommez quelques-uns des caps et des baies de la Bretagne? — Quelles sont les qualités nécessaires aux hommes chargés d'un travail comme celui dont il est question? — Y a-t-il des endroits où les phares soient plus utiles qu'à d'autres? — Que veut dire appareil de sauvetage? — Voyez-vous sur la vignette les ceintures dont on parle? — Que disait la grand'mère de Bernard? — Avait-elle raison de s'exprimer ainsi?

LIX. — Le passage du Raz

Après avoir rempli la commission dont il était chargé, Yves quitta les travailleurs du phare pour aller pêcher la sardine.

La sardine est un joli poisson argenté, un peu plus long que le doigt seulement, et très délicat. On le trouve sur les côtes de France, et principalement sur celles de Bretagne et du Poitou.

Yves ne s'éloigna pas des environs de l'île de Sein, où la pêche est habituellement le plus fructueuse. Le premier jour il ne prit pas grand'chose, mais le lendemain ce fut tout différent. Chaque fois qu'il jeta ses filets, il les retira pleins de petits poissons frétillants qui mouraient presque tout de suite.

Aussitôt les sardines prises on les jetait dans un baquet plein de sel, car ce poisson se gâte très vite; Bernard et Savinien secondaient le patron dans cette besogne.

Pendant les deux premiers jours qu'on navigua autour de l'île de Sein, occupés à pêcher la sardine, le temps fut favorable; mais le troisième le vent s'éleva et devint bientôt très violent. On entrait alors dans le *Passage du Raz*. C'est le détroit qui sépare l'île de Sein de la Bretagne. Il est extrêmement dangereux, comme le sont en général tous les détroits. Dans ces endroits-là la mer, resserrée entre les côtes, est beaucoup plus agitée qu'au large, et les bâtiments ont beaucoup plus de peine à lutter contre les vagues.

Le patron de la *Mouette*, cependant, espérait franchir le canal avant que le temps devînt tout à fait mauvais ; mais à peine y fut-il engagé que la tempête se déclara. Les lames grossissaient à vue d'œil ; elles couraient avec une vitesse

Tantôt le bateau disparaissait...

effrayante sur la surface de la mer et venaient se briser sur les rochers avec un bruit de tonnerre. Tantôt le bateau était soulevé sur leurs crêtes blanches d'écume, tantôt il disparaissait dans les profonds sillons qui se creusaient entre elles.

Par moment des vagues, plus grosses encore que les autres, passaient par-dessus les bords de la petite embarcation et la remplissaient d'eau, en transperçant les vêtements de ceux qui l'occupaient.

Savinien, glacé de terreur, s'était d'abord blotti au fond de la barque sous un paquet de voiles, tandis que Bernard, pâle, mais résolu, et appelant à lui tout son courage, aidait le patron à lutter contre la tempête, maniant les cordages, repliant les voiles.

Son attitude énergique rendit un peu de sang-froid à son frère. Il eut honte de sa pusillanimité, et, faisant un effort sur lui-même, il se prépara à seconder ses compagnons dans la mesure de ses moyens.

— Si tu veux te rendre utile, petit, lui cria le patron, comme une nouvelle vague, les couvrant tous d'écume, venait s'abattre sur le bateau, prends la pelle qui est au fond, par terre, et vide la barque.

Savinien se mit aussitôt à la besogne et tout de suite il reçut la récompense de sa bonne volonté : une partie de sa frayeur se dissipa en travaillant ; et, s'il ne fut pas complètement rassuré, du moins il n'éprouva plus cette angoisse qui vous serre le cœur lorsqu'on attend le mal sans rien faire pour le conjurer, au lieu d'aller au-devant de lui et de le combattre de toutes ses forces.

Cependant le vent, loin de se calmer, augmentait de minute en minute et changeait à chaque instant de direction ; le patron ne pouvait plus gouverner sa barque, qui dansait sur les vagues en fureur comme une coquille de noix. A chaque instant on pouvait craindre qu'elle ne fût engloutie ou bien brisée contre la falaise.

La pluie tombait abondamment, accompagnée d'éclairs, et le tonnerre mêlait ses roulements aux grondements de la tempête. Les malheureux navigateurs, dont les efforts étaient impuissants contre une pareille furie, croyaient leur dernière heure venue et recommandaient avec ferveur leur âme à Dieu. L'embarcation, ballottée dans tous les sens, allait être entraînée dans l'*Enfer de Plogoff* : on appelle ainsi un abîme où la mer s'engouffre avec un fracas épouvantable et dans lequel les navires sont mis en pièces. Tout à coup le vent changea. La barque reçut une violente secousse, tourna sur elle-même, puis partit comme une flèche, tandis qu'un bruit, pareil à celui que produiraient des coups de canon, se faisait entendre au haut des mâts qui craquaient et gémissaient. C'étaient les voiles, que le patron venait de détacher et qui s'enflaient subitement. En quelques instants la terrible passe était laissée derrière eux et tout danger avait disparu.

Le reste de la traversée s'accomplit d'une manière paisible. Ils traversèrent la baie d'Audierne, doublèrent la pointe de Penmarck, longèrent le sud du département du Finistère, et le quatrième jour après leur départ de Brest nos voyageurs débarquaient à Lorient, en laissant à leur droite l'île de Groix.

QUESTIONNAIRE. — Auriez-vous cru qu'il fût plus difficile de naviguer près des côtes qu'en pleine mer ? — Pourquoi en est-il ainsi ? — Qu'est-ce qu'une falaise ? — Montrez sur la carte tous les points dont il est question. — Comment est situé Lorient par rapport au reste de la France ?

LX. — Carnac et les men-hirs.

Bernard était complètement rétabli, et c'est du pas vif et allègre qui leur était habituel que les deux frères se remirent en route. Le temps, redevenu serein, rendait la marche très agréable.

Ils cheminaient volontiers avec les gens qu'ils rencontraient. Tantôt c'était une fermière se rendant au marché, tantôt un ouvrier allant chercher de l'ouvrage à la ville, tantôt un marchand qui parcourait la contrée pour acheter le fil, produit du travail des femmes du pays, destiné aux fabricants de toile.

Chacun sait que la toile de Bretagne est très appréciée des ménagères pour sa solidité.

Elle se fait surtout avec du chanvre. Savinien avait souvent vu du chanvre. Sa grand'mère en semait presque tous les ans un petit champ. C'est une plante à peu près de la même hauteur que le blé et dont la graine, qu'on donne aux oiseaux, s'appelle *chènevis*.

L'écorce de la tige du chanvre contient des filaments blanchâtres et soyeux. C'est *la filasse*.

Pour détacher ces filaments, on plonge le chanvre dans l'eau pendant plusieurs semaines, c'est ce qu'on appelle *rouissage*; on le met ensuite sécher au soleil. La tige alors se casse en brindilles et l'on enlève la filasse. On n'a plus qu'à la nettoyer et à la peigner, puis on l'attache sur une quenouille, et on la file au rouet, ou bien en tournant les brins entre ses doigts, à l'aide d'un fuseau.

Dans les filatures, comme Bernard et Savinien l'avaient vu dans le département du Nord, on file la filasse à la mécanique.

La filasse du lin se retire de la plante par le même moyen que celle du chanvre et se file de même.

Un soir les jeunes gens marchaient en compagnie d'un vieux berger, qui conduisait un troupeau de moutons. Ils n'avaient plus, pour gagner leur gîte, qu'à traverser une vaste plaine couverte de ronces, d'ajoncs et de bruyères, à l'extrémité de laquelle le soleil descendait dans de beaux nuages bordés d'or.

Les deux frères s'arrêtèrent au moment d'y entrer, tant l'aspect qu'elle présentait était extraordinaire. Aussi loin que le regard pouvait s'étendre, se dressaient en longues lignes droites de hautes pierres plates, plantées debout et la pointe en bas.

— On dirait un immense cimetière, fit Savinien.
— Ou bien des soldats à la parade, répliqua Bernard.
— C'est la plaine de Carnac, dit le berger, avec un tremblement dans la voix. Et, réunissant autour de lui son troupeau, il se prépara à prendre une autre direction.
— Je croyais que, comme nous, vous alliez à Carnac? dit Bernard.
— Sans doute.
— Est-ce que le sentier que voilà raccourcit la route?

Les menhirs de la plaine de Carnac.

— Bien au contraire; il la rallonge d'une bonne demi-heure.
— Pourquoi le choisir alors?
— Je n'ai pas envie de traverser la lande à cette heure-ci, dit l'autre d'un ton de frayeur.
— Le chemin est donc bien mauvais?
— Mauvais, non; mais on y fait de mauvaises rencontres.
— Des voleurs! s'écria Savinien.
— Ah bien oui, des voleurs! C'est bien pis que cela!
— Quoi donc?
— Des fées, des sorciers, des revenants, des loups-garous!
— Comment! s'écria Bernard, en dissimulant une bonne envie de rire pour ne pas désobliger le vieillard, c'est à cause de cela que vous allongez votre route?
— Vous agiriez comme moi si vous étiez sage. Il ne fait

pas bon se moquer de ces êtres-là, on a toujours sujet de s'en repentir. Ce sont eux qui ont dressé tous ces *men-hirs*; c'est ainsi que nous appelons les pierres que vous voyez là; et une fois le soleil couché, ils se mettent en ronde et entraînent dans leur danse, jusqu'à ce qu'ils meurent de fatigue, les passants assez imprudents pour se hasarder dans les endroits qu'ils se sont réservés pour se divertir.

— Est-ce que vous avez connu des gens qui soient morts ainsi?

— Non, pas précisément... n'importe! croyez-moi, n'allez pas par là.

Mais Bernard, qui avait beaucoup marché dans la journée, ne se souciait pas de faire plus de chemin qu'il n'était nécessaire. Souhaitant donc bonsoir au vieux berger, il prit la route conduisant directement à Carnac, pendant que celui-ci suivait les deux frères des yeux, en secouant la tête d'un air désapprobateur.

QUESTIONNAIRE. — Avez-vous vu du chanvre et du lin? — Ces deux plantes se ressemblent-elles? — Quels sont les différents usages qu'on en fait? — Qu'appelle-t-on revenants, loups-garous? — Que pensez-vous du vieux berger? — Qu'est-ce qu'une lande? — Dans quelle partie de la France y en a-t-il le plus?

LXI. — Y a-t-il des sorciers?

Bernard avançait, comme d'habitude, d'un pas résolu. Il n'en était pas de même de Savinien; il ne suivait son frère qu'avec une sorte de répugnance et en se serrant contre lui. De temps en temps il glissait un regard inquiet entre les longues rangées de men-hirs, comme s'il craignait de voir se lever de derrière eux quelques-uns des terribles personnages dont le vieux berger avait parlé.

— Qu'as-tu donc? lui demanda son frère, remarquant son trouble, mais sans en deviner la cause.

— Bernard, dit le jeune garçon à demi-voix, est-ce que tu n'as pas un peu peur?

— Peur! peur de quoi?

— Mais de tout ce que l'homme nous a dit?

— Tu t'imagines donc que c'est vrai, toi?

— Dame! le marchand de fil de ce matin m'a conté des choses du même genre, en passant près d'un amas de grosses pierres.

— Et que t'a-t-il dit?

— Que c'était une noce pétrifiée.

— Et tu ajoutes foi à de pareilles balivernes? dit Bernard avec un grand éclat de rire.

— Pas positivement, mais pourtant...

— Est-ce que cet homme a été témoin de cette métamorphose?

— Non, bien sûr. Les pierres sont là depuis on ne sait combien de siècles.

— Ainsi le marchand de fil n'a pas plus vu la transformation dont il t'a parlé, que le berger n'a vu d'homme mort à force de danser en compagnie des fées ou des lutins. Eh bien, il en est toujours ainsi, rappelle-le-toi bien : personne n'a jamais rien vu de semblable, par une bonne raison, c'est que ces choses n'existent pas. Il n'y a ni fées, ni lutins, et il ne faut pas plus y croire qu'il ne faut croire aux sorciers. Ceux qu'on appelle ainsi sont des gens peu honnêtes, qui cherchent à profiter de la crédulité ou de la sottise des autres pour les duper, leur donner des conseils pernicieux et même quelquefois les voler. Ce sont eux qui cherchent à entretenir ces croyances absurdes, parce qu'ils en profitent.

— Pourtant chez nous il y a la mère Galuchet; tout le monde dit qu'elle guérit les malades rien qu'en prononçant quelques paroles, en chantant ou en faisant des gestes avec les mains.

— Elle guérit, elle guérit... c'est-à-dire que Gaillard l'a fait venir lorsqu'il s'est démis la cheville, au lieu d'envoyer chercher le médecin, et que depuis un an il est toujours dans le même état. On croit qu'il restera boiteux toute sa vie.

Cela n'a rien de surprenant, réfléchis donc. Comment peux-tu supposer qu'une vieille femme, qui ne sait même pas lire, connaisse mieux la médecine et la chirurgie qu'un homme qui les a étudiées pendant bien des années?

— Ça, c'est vrai.

— Ne crois donc jamais aux sorciers, aux devins ni à tous ceux qui emploient ce qu'ils appellent des charmes ou sortilèges; je te le répète, ne te fie à eux en quoi que ce soit. Ils ne disent pas plus vrai que le berger de tout à l'heure, qui nous avait annoncé que nous nous repentirions d'avoir pris le chemin qui traversait la plaine. Nous n'avons qu'à nous en féliciter au contraire, car voilà les premières maisons de Carnac; et, pendant que le pauvre homme est encore à une demi-lieue d'ici, nous allons souper tranquillement, et gagner notre lit.

— Je vois bien en effet, dit en riant Savinien, que toutes ces histoires-là ne sont pas plus vraies que les contes de Peau d'Ane ou du Petit Poucet, et à l'avenir je n'y croirai pas davantage.

QUESTIONNAIRE. — La peur de Savinien était-elle fondée? — Y a-t-il des sorciers? — Que sont ceux qui se font passer pour tels et qu'en pensez-vous? — Lorsque vous serez malade ou blessé, qui consulterez-vous?

LXII. — Depuis quand la Bretagne est française.

De Lorient à Vannes nos voyageurs avaient remarqué sur leur chemin un grand nombre de *châteaux forts* debout ou en ruine. Les châteaux-forts étaient les forteresses d'autrefois et servaient d'habitation aux seigneurs. Ils se composaient d'un donjon, ou bâtiment principal, de bastions, et de tours sur lesquelles se tenaient des hommes

Un château fort.

d'armes. Ces tours étaient surmontées de *créneaux* comme les murs d'enceinte. Les murailles de ces châteaux avaient plusieurs mètres d'épaisseur et n'étaient percées, en guise de fenêtres, que de toutes petites ouvertures appelées *meurtrières*. Lorsqu'on en faisait le siège, les défenseurs se postaient derrière ces ouvertures pour envoyer aux ennemis des flèches ou des balles.

De plus, ces châteaux étaient environnés de larges fossés ou *douves* remplis d'eau. On n'y pénétrait qu'à l'aide d'un *pont-levis*, c'est-à-dire d'un pont qu'on levait ou qu'on abaissait à volonté. Lorsqu'il était levé, le château se trouvait comme dans une île et personne ne pouvait y entrer.

Nos amis avaient déjà vu quelques-uns de ces châteaux, mais jamais autant que depuis qu'ils parcouraient la Bretagne.

— Cela vient, dit Bernard, de ce qu'il y a peu de pays où l'on se soit si souvent battu qu'ici, avant que cette province fût réunie à la France.

— La Bretagne n'a donc pas toujours fait partie de la France?

— Non; la Bretagne n'est française que depuis le mariage d'Anne, fille du dernier duc de Bretagne, avec le roi Louis XII. Il y a de cela près de quatre siècles.

Il en a été de cette province comme de presque toutes les autres. Au temps de Hugues Capet, la France ne se composait que de deux provinces : l'Ile-de-France et l'Orléanais.

— Et maintenant elle a quatre-vingt-six départements! s'écria Savinien.

— C'est par des mariages, comme celui d'Anne de Bretagne, par des héritages, des conquêtes, par la sage administration de quelques-uns de nos rois et de leurs ministres, que la France est devenue un puissant Etat et a pris rang parmi les premières nations de l'Europe.

Autrefois toutes ces provinces, aujourd'hui réunies, étaient sans cesse en guerre les unes contre les autres; ce n'est que depuis qu'elles forment un tout ayant le même gouvernement, les mêmes lois, la même langue, qu'on a pu s'y livrer en paix aux arts, au commerce et à l'industrie.

QUESTIONNAIRE. — Montrez sur la gravure le donjon du château, le pont-levis, les créneaux, les meurtrières. — Dites où sont les douves? — Quels sont les départements qui composent la Bretagne? — Quelles en sont les principales rivières? — les principales îles? — les principaux ports de mer? — Quelles sont les villes de Bretagne dont on a parlé dans ce récit? — Comment Paris, Bordeaux, Marseille, Lille, sont-ils situés par rapport à Brest? — Quelles sont les bornes de la Bretagne?

LXIII. — Bon accueil et consultation.

Depuis le commencement de leur voyage, chaque fois que nos amis étaient arrivés à destination, à Anzin, à Boulogne, à Saint-Pol et à Brest, ils avaient éprouvé une cruelle déconvenue; il ne devait pas en être de même à

Vannes. Ils y furent reçus avec la plus cordiale affection. Mme Ferrière connaissait les deux frères par les récits de son mari et de son fils. Elle ne pouvait manquer de faire bon accueil à celui qui avait préservé son enfant de la mort, ainsi qu'à son frère.

Encouragé par ces marques d'intérêt, Bernard raconta à M. Ferrière son histoire tout au long. Il lui dit comment, d'après l'ordre donné par leur grand'mère quelques jours avant sa mort, son frère et lui étaient partis pour rejoindre leur père; comment, sur une fausse indication, ils avaient poursuivi, d'Anzin à Dunkerque et de Dunkerque à Saint-Pol, un Jean Petit qui n'était pas celui qu'ils cherchaient; comment aussi ils avaient cru leur père remarié et quel chagrin ils en avaient ressenti, craignant que cet événement lui eût fait complètement oublié ses fils, et enfin la dernière déception qu'ils avaient éprouvée à Brest.

— Je suis fâché, mon enfant, dit M. Ferrière, après l'avoir écouté avec attention, de n'avoir pas su ces choses lorsque je me suis rencontré avec vous à Rouen. Je vous aurais épargné un voyage inutile, et sans doute bien des soucis.

— Comment cela?

— Je vous aurais dit que le Jean Petit parti pour Saint-Pol n'était pas votre père.

— Comment pouviez-vous le savoir, monsieur? demanda Bernard tout étonné.

— Parce qu'un homme, quel que soit son âge, et même serait-il veuf, est obligé, pour se marier, de demander le consentement de ses parents, s'ils sont vivants. Votre père ne pouvait donc vous avoir donné une belle-mère à l'insu de votre aïeule et par conséquent de vous-même.

La loi est d'accord sur ce point avec le commandement de Dieu qui dit : « Tes père et mère honoreras. » Elle ne veut pas que les enfants manquent de respect à leurs parents, en contractant une union sans leur aveu.

Maintenant, reprit M. Ferrière, on vous a dit que votre père travaillait aux mines du Creuzot?

— Oui, monsieur; et le signalement donné à Brest, par le contre-maître d'Anzin, s'accorde avec celui donné par notre grand'mère. Tous deux ont dit : C'est un beau brun.

— Ce qu'il y aurait de mieux à faire alors ce serait d'écrire à votre père, de lui annoncer le malheur qui vous frappe et de réclamer sa protection. Vous agiriez ensuite selon ce qu'il déciderait. Il ne peut vouloir vous abandonner.

— Je l'espère, monsieur ; cependant je préférerais obéir à l'ordre de ma grand'mère. Elle nous a prescrit d'aller le trouver. Il me serait pénible de manquer à notre promesse.

— Eh bien! comme vous voudrez. Je crois dans tous les cas qu'il sera plus prudent, avant de prendre la route du Creuzot, de vous assurer que votre père y est. Je connais un peu l'un des directeurs. Je vais lui écrire pour lui demander s'il est vrai qu'un nommé Jean Petit, ayant quitté Anzin il y a trois mois environ, travaille en ce moment aux mines. Nous partons dans quelques jours pour le Midi ; je prierai mon ami de m'adresser sa réponse à Angers, où je dois rester vingt-quatre heures. Vous viendrez avec moi jusque-là et, selon ce qu'il nous apprendra, vous retournerez chez vous ou bien vous continuerez votre route jusqu'au Creuzot.

Bernard accepta cet arrangement avec reconnaissance.

QUESTIONNAIRE. — Saviez-vous qu'on ne pouvait pas se marier sans le consentement de ses parents ? — Trouvez-vous que la loi soit sage d'exiger ce consentement ? — Où sont Vannes, Angers, le Creuzot ?

LXIV. — Cherbourg et le Cotentin.

Pendant que Bernard demandait ainsi conseil à M. Ferrière, Henri et Savinien se racontaient mutuellement ce qui leur était arrivé depuis leur séparation. Lorsque Savinien eut fait le récit de son voyage, ce fut autour d'Henri.

Son père et lui s'étaient rendus de Rouen à Cherbourg par mer.

— Cherbourg, dit le jeune garçon, en ouvrant son atlas pour montrer à son ami la place qu'occupe cette ville, est un port militaire.

— Oui, je me le rappelle, dit Savinien ; le marin de Brest nous a dit que c'était une des cinq préfectures maritimes.

— Il n'est pas situé comme Brest dans une rade naturelle, reprit Henri, au fond de laquelle les bâtiments sont à l'abri des tempêtes. Au contraire, la côte, comme vous pouvez le voir sur la carte, ne présente ni golfe ni baie. Le port a été entièrement creusé de main d'homme, et il paraît néanmoins que c'est un des plus vastes et des plus profonds qui existent. Mais ce qui m'a semblé le plus extraordinaire à Cherbourg, c'est la digue.

Une digue est, comme une jetée, une construction qui s'avance dans la mer pour protéger un port contre les coups de vent ; vous devez en avoir vu à Dunkerque et ailleurs.

— Oui, je me le rappelle parfaitement.

— Celle de Cherbourg est bien autre chose.

Figurez-vous, en pleine mer, à une grande distance en avant du port, une haute et large muraille de près d'une lieue de longueur et où on a élevé trois forts. Sur quoi est bâtie cette muraille? Sur rien du tout. Il n'y avait là ni île, ni rocher, ni banc de sable.

— Quoi, pas même un rescif comme celui sur lequel on élève le phare de la chaussée de Sein?

— Rien du tout, je vous le répète; la mer, au contraire, y est très profonde et très agitée.

— Comment a-t-on fait alors?

— On y a jeté des pierres, des quartiers de roc, des blocs de granit, et on les a entassés en telle quantité qu'on est parvenu à former une longue île artificielle qu'on a maçonnée et consolidée de façon qu'elle puisse résister aux efforts de la mer aussi sûrement qu'une île véritable.

— A-t-il fallu en engloutir des pierres, s'écria Savinien, avant d'arriver à un pareil résultat!

— Je vous en réponds. Aussi on a mis 70 ans à construire cette digue, et elle a coûté des sommes considérables. C'est Vauban qui, sous le règne de Louis XIV, en avait eu l'idée; mais elle n'a été commencée que cent ans après environ, sous Louis XVI. Papa m'a dit que c'était le plus bel ouvrage de ce genre qui existât.

— Pourquoi a-t-on choisi Cherbourg pour y établir un port militaire si considérable, puisqu'il y avait tant à faire?

— J'ai fait la même question à papa. Vous allez en comprendre la raison en regardant la carte.

— Ah! je devine, dit Savinien après y avoir jeté les yeux. C'est que c'est le port de la Manche le plus rapproché de l'Angleterre.

— Justement. Autrefois quand on était en guerre avec l'Angleterre, la France n'avait pas de port pour préparer les flottes ou pour leur servir d'abri après un combat naval; maintenant c'est bien différent. Le port de Cherbourg peut contenir presque autant de bâtiments que celui de Brest.

De Cherbourg, continua Henri, nous nous sommes rendus, toujours par mer, à Saint-Malo, en passant près des îles d'*Aurigny*, de *Guernesey* et de *Jersey*, qui appartiennent à l'Angleterre, et en longeant le département de la *Manche*, qu'on appelle aussi la presqu'île du *Cotentin*. Nous avons pris terre deux fois: à Coutances, qui a une très belle église dont on voit les tours de très loin en mer, et à

Granville, où l'une de mes tantes était aux bains de mer. Ce département est un des mieux cultivés de la France, il produit beaucoup de blé. Dans quelques parties il ressemble à un verger, grâce aux plantations de pommiers ; aussi on y fait un grand commerce de cidre. On y voit en outre, comme dans tout le reste de la Normandie, de beaux pâturages. Les bestiaux et les chevaux qu'on y élève sont renommés et les vaches du Cotentin donnent une grande quantité de lait excellent.

Je ne vous dirai pas grand'chose de notre voyage depuis Saint-Malo, nous avons fait le trajet en chemin de fer et de nuit. Nous ne nous sommes même pas arrêtés à Rennes, l'ancienne capitale de la Bretagne, car papa était pressé d'arriver ici ; seulement, à la gare, on est venu nous offrir des petits pots de beurre de *la Prévalaye :* c'est une ferme des environs. Nous en avons rapporté à maman, qui l'a trouvé excellent. Oh! il est renommé à juste titre.

QUESTIONNAIRE. — Quels sont, avec Cherbourg, les cinq préfectures maritimes? — Quelle position occupe Cherbourg? — Qu'appelle-t-on rade naturelle? — Avez-vous compris comment a été élevée la digue de Cherbourg? — Vous a-t-on déjà parlé de digue ou de jetée? — Qu'est-ce qu'une île artificielle? — A-t-il déjà été question de Vauban? — Avez-vous entendu parler des guerres de France et d'Angleterre? — Quelle est l'héroïne que ces guerres vous rappellent? — Pourquoi appelle-t-on le Cotentin une presqu'île? — Montrez sur la carte tous les points géographiques dont il est question.

LXV. — Nouvelle navigation. — Deux grands hommes.

A la grande joie des jeunes gens, M. Ferrière décida que, au lieu de se rendre à Angers par le chemin de fer, on s'y rendrait par eau.

Un nouveau personnage s'était joint à la petite société : c'était un cousin d'Henri, garçon à peu près de son âge, et qu'on appelait Anatole. Son père, négociant de Lorient, avait prié M. Ferrière de vouloir bien le conduire auprès de sa mère, qui était à Pau pour sa santé.

Vannes est une ville située au fond d'un golfe extrêmement profond appelé *Morbihan* ou petite mer. C'est lui qui donne son nom au département. Cette partie de la Bretagne jouit d'un climat délicieux. Comme aux environs de Saint-Pol-de-Léon, les plantes du Midi, telles que les lauriers, myrtes, grenadiers, camélias y croissent en pleine terre. Les gelées y sont inconnues.

— Voilà un pays qui m'irait joliment bien l'hiver, dit Anatole, qui avait coutume de passer six mois de l'année à souffler dans ses doigts et de pleurer pour une engelure.

10.

Avant de partir pour Angers on alla visiter Auray, qui se trouve à peu de distance, et où se tenait à ce moment un grand *pardon;* c'est ainsi qu'on appelle les fêtes en Bretagne.

— C'est à la bataille d'Auray, dit M. Ferrière, que Duguesclin fut fait prisonnier. Savez-vous qui est Duguesclin? demanda-t-il à Savinien.

— Oh! oui, monsieur Depuis que nous sommes en Bretagne, Bernard m'en a parlé plusieurs fois. Nous avons passé près de l'endroit où il est né, dans le département des Côtes-du-Nord.

C'était un brave chevalier, il vivait du temps du roi de France Charles V, qui l'avait nommé *connétable*, autrement dit général en chef de ses armées. A cette époque, comme plus tard au temps de Jeanne d'Arc, les Anglais étaient maîtres d'une partie du royaume de France, et Duguesclin, comme Jeanne d'Arc aussi, les haïssait et ne désirait rien tant que de les en chasser. Il leur reprit le Poitou, une grande partie de la Normandie, de la Guyenne, du Limousin et presque toute la Bretagne.

Comme il était toujours au poste le plus périlleux, il fut fait prisonnier plusieurs fois; mais le roi paya sa rançon, et, s'il ne l'avait pas fait, Duguesclin était si aimé et si honoré pour son courage, son grand cœur, sa générosité et sa vaillance, que toutes les filles de France auraient volontiers filé pour le racheter, quoiqu'il ne fût pas beau du tout, mais fort laid au contraire.

Il mourut au siège de Châteauneuf-Randon, dans le département de la Lozère. Le gouverneur de la ville, qui était Anglais, et qui avait promis de se rendre à lui, vint déposer les clefs du château sur son cercueil.

Savinien reçut de vifs compliments pour son récit.

— Vous pouvez encore ajouter, dit M. Ferrière, que Duguesclin était rempli d'humanité. En temps de guerre, disait-il, les gens d'église, les femmes, les enfants et le peuple ne sont pas des ennemis.

— En cela encore, répliqua Savinien, il ressemblait à Jeanne d'Arc qui, elle, disait: « Je ne vois jamais couler le sang d'un Français sans que les cheveux me dressent sur la tête. »

A l'entrée du Morbihan est une longue et étroite langue de terre qui s'avance dans la mer. M. Ferrière la fit remarquer aux jeunes gens.

— C'est, leur dit-il, la *presqu'île de Quiberon*. Du temps

de la première République une troupe d'émigrés, c'est-à-dire des Français qui avaient quitté la France, y furent vaincus par *Hoche*, un des plus grands généraux de cette époque.

— Hoche, je crois, était né à Versailles, près de Paris? dit Henri.

— C'est cela. Sais-tu autre chose sur lui?

— Oui. Il s'engagea à seize ans et fut général à vingt-cinq. Étant simple soldat, il se livra avec ardeur à l'étude, afin d'acquérir l'éducation que ses parents n'avaient pu lui donner. Il passait une partie des nuits à travailler à des broderies ou à d'autres ouvrages manuels, afin de gagner de quoi acheter des livres. Il joignait aux qualités d'un grand général le caractère le plus généreux. La guerre civile s'étant déclarée en Vendée et en Bretagne, Hoche y fut envoyé et se montra aussi habile qu'humain. Il termina la guerre en *pacifiant*, comme on dit, le pays. Il mourut à vingt-neuf ans.

— Oh! voilà un homme que j'aime! s'écria Savinien. Quel malheur qu'il soit mort si jeune!

Je voudrais bien savoir, monsieur, ajouta-t-il, ce qu'on appelle la guerre civile.

— On appelle ainsi une guerre entre citoyens d'un même pays. La guerre est toujours une triste chose; mais la guerre civile est plus affreuse encore, puisqu'elle a lieu entre des hommes qui parlent la même langue, entre les fils d'une même patrie. Repoussez donc toujours avec horreur, mes enfants, la pensée de la guerre civile, et, s'il est possible, Français, ne vous armez jamais contre d'autres Français.

Les bords bien cultivés du Morbihan et les petites îles dont il est parsemé lui donnent un aspect riant et agréable, mais un des passagers ne trouvait aucun charme au voyage : c'était Anatole. Le mal de mer, ce mal dont nous avons déjà parlé, s'était emparé de lui. A peine eut-il mis le pied sur le bateau qu'il devint pâle, puis verdâtre, puis les vomissements survinrent. Le jeune garçon, loin de prendre son parti avec courage de cette indisposition, se mit à pousser des plaintes et des gémissements comme s'il allait rendre l'âme.

— Il était empoisonné pour sûr! il n'en reviendrait pas!

Au bout de quelques heures pourtant « il en était revenu »; mais sa mauvaise humeur durait encore. Il ne pouvait pardonner à ses compagnons de n'avoir pas été plus alarmés à son sujet qu'ils ne l'avaient paru, ni au patron de la barque de l'avoir plaisanté sur sa mine piteuse.

QUESTIONNAIRE. — Où est Pau? — Connaissez-vous les plantes dont on parle dans ce chapitre? — Où sont le Poitou, la Normandie, la Guyenne, le Limousin, la Vendée? — Nommez quelques-uns des départements ou quelques-unes des villes de ces provinces? — Montrez le Morbihan, le département de la Lozère, la presqu'île de Quiberon? — Dans quel département est situé Versailles? — Quelle réflexion vous fait faire l'histoire de Hoche? — A quelle occasion a-t-on parlé du mal de mer? — Que pensez-vous de ceux qui ne savent pas supporter leurs maux? — Croyez-vous qu'ils soient d'une société agréable? — Que veut dire *pacifier*?

LXVI. — Les marais salants. — Le sel.

Une heureuse navigation amena nos amis au petit port du *Croisic*.

Le terrain qui longe la mer est fort bas en cet endroit. Avant d'y aborder, les jeunes gens remarquèrent que la plage, au lieu d'être couverte de sable ou de galets, présentait une matière blanchâtre qui étincelait au soleil au point de fatiguer la vue.

Lorsqu'ils eurent débarqué, ils reconnurent que cette

Marais salants.

matière était du sel et que des *salines* ou *marais salants* étaient établis en cet endroit.

La plage était creusée de manière à former des bassins

peu profonds, qu'on appelle *œillets*, et qui sont séparés entre eux par des murs très bas. Ils contenaient de l'eau de mer. Elle y avait été amenée par de petits canaux. Cette eau, chauffée par le soleil, s'était évaporée en partie en déposant au fond des œillets de minces couches de sel. Des ouvriers, appelés *paludiers*, allaient et venaient sur les murs qui divisaient les bassins, armés de longues pelles à l'aide desquelles ils enlevaient le sel à mesure qu'il se formait. Ils le disposaient en monceaux sur la plage.

Autour de ces monceaux on voyait s'agiter des hommes conduisant des chevaux, des mulets ou des charrettes.

C'étaient les *sauniers* ou marchands de sel qui venaient s'approvisionner.

— Monsieur, demanda Savinien, après avoir regardé quelque temps les paludiers travailler, est-ce que tout le sel qu'on consomme vient de la mer?

— Non, mon garçon! répondit M. Ferrière. Elle en fournit la plus grande partie, mais il y a aussi des mines de sel, comme il y en a de charbon. Le sel qu'on en tire s'appelle *sel gemme*. On en trouve en France, principalement dans les départements du Jura, de la Haute-Saône et de Meurthe-et-Moselle. Il existe auss des sources salées; ce sont des sources dont l'eau a passé sur des bancs de sel.

— Comment fait-on pour retirer le sel de cette eau? L'expose-t-on aussi au soleil?

— Non; on la fait bouillir. La chaleur du feu produit le même effet que celle du soleil. Elle fait évaporer l'eau et le sel reste au fond des chaudières où on a fait chauffer l'eau.

— C'est bien intéressant, murmura Anatole en ricanant, de savoir comment se fait le sel! Passe encore, si c'était du sucre.

— La provenance de tout ce dont nous nous servons est bonne à connaître, dit M. Ferrière, et, à plus forte raison, lorsqu'il s'agit des choses utiles. Or le sel l'est bien davantage que le sucre.

— Pourtant le sucre est meilleur que le sel!

— Le sucre est agréable, je le veux bien, mais il n'est pas nécessaire. La preuve, c'est qu'on s'en est passé pendant bien des siècles. Il n'y a pas longtemps qu'il est connu, ou du moins qu'il est à la portée de toutes les bourses. Au temps de Henri IV, on le vendait chez les pharmaciens comme un médicament. Au contraire, on s'est presque toujours servi du sel. Outre qu'il donne de la saveur aux aliments, il les rend d'une digestion plus facile. Il nous préserve d'une foule de maladies, tandis que le sucre, au contraire, en donne souvent aux enfants gourmands qui en abusent.

Anatole aurait dû le savoir, lui qui, lorsqu'il avait des bonbons à sa disposition, en mangeait jusqu'à ce qu'il eût une indigestion.

— Il n'y a pas que les personnes, dit Savinien, qui aiment le sel; nos vaches, à Fréville, l'aiment bien aussi.

— Tous les animaux en sont très friands et il est bon d'en mêler à leur nourriture. Cela les entretient en santé et donne à leur chair un goût plus délicat.

Avez-vous remarqué, continua M. Ferrière, en longeant le Morbihan, certains endroits où le terrain n'est guère plus élevé que le niveau de la mer, et où les prairies arrivent presque jusqu'au bord de l'Océan?

— Oui! dirent tous les jeunes garçons.

— Ces prairies sont inondées aux grandes marées. Eh bien! l'eau de la mer a communiqué à l'herbe qui y pousse une saveur particulière, fort appréciée des moutons. On les met paître dans ces prairies, ils s'y régalent de leur mieux et ils deviennent en peu de temps tendres et délicats. On appelle les moutons élevés dans ces pâturages *moutons de pré salé*, et ils se vendent beaucoup plus cher que d'autres.

— Ce qui m'étonne, dit Henri, c'est qu'on puisse consommer autant de sel que j'en vois entassé ici.

— C'est que tu ne réfléchis pas, mon ami. Ne sais-tu pas qu'on conserve une foule d'aliments dans le sel : les poissons, d'abord, tels que les morues, harengs, maquereaux, sardines; puis la viande, principalement celle de bœuf et celle de porc; la chair des oies, des canards, le beurre, que sais-je encore?

— C'est vrai, et je comprends maintenant comment on a besoin d'en recueillir de grandes quantités. Heureusement que la mer en fournira toujours autant qu'il en faudra.

QUESTIONNAIRE. — Où sont les départements du Jura, de la Haute-Saône, de Meurthe-et-Moselle? — De quoi ces départements tirent-ils leur nom? — Quel est leur chef-lieu? — Saviez-vous qu'on ne pouvait se passer de sel? — Pourquoi les animaux aiment-ils le sel? — Nommez des aliments que vous connaissez conservés dans le sel.

XVII. — Les plantes de la mer.

Comme ils longeaient le bord de la mer pour aller gagner une petite anse où leur bateau les attendait, Savinien, qui avait pris les devants avec Henri, ramassa une sorte de long ruban humide et transparent brun verdâtre.

— Je voudrais bien savoir, dit-il, ce que c'est que cela; j'en ai déjà vu à plusieurs endroits, à Dunkerque, à Saint-Malo, à Brest.

— C'est une plante, dit Henri.

— Ça, une plante?

— Oui! une plante marine, qu'on appelle le *varech* et qui croît au fond de l'Océan. Les vagues en jettent toujours sur le rivage à la marée montante.

— Qui se serait jamais douté que la mer produisît des plantes?

— Elle en produit beaucoup et même de très jolies. J'en ai à la maison plein un livre que j'ai ramassées moi-même et mis sécher entre les feuillets. Nous devons en découvrir par ici.

Ils se mirent alors à explorer les petites flaques d'eau que la mer avait laissées en se retirant. Là se voyaient en effet une infinité de plantes, plus jolies les unes que les autres. Il y en avait de verdâtres, de jaunes, de roses, toutes découpées comme de la dentelle. Henri les nomma à son ami. C'étaient des *fucus,* des *goëmons,* des *sargasses,* des *corallines*; ces dernières ainsi appelées de leur couleur rose qui les fait ressembler à du corail.

Fucus.

— Voyez donc! s'écria tout à coup Savinien, qui a laissé tomber du raisin ici?

Et il se baissa pour ramasser à ses pieds ce qui lui paraissait une grappe de raisin noir, puis retira sa main avec précipitation. Le raisin avait rapproché ses grains les uns des autres

Henri se mit à rire.

— C'est encore, dit-il, un produit de l'Océan. On l'appelle le raisin de mer; et, tenez, voici une orange.

Et il tendit à son camarade quelque chose qui ressemblait si fort à une petite orange un peu desséchée qu'on aurait pu s'y tromper.

— Ah! par exemple, dit Savinien, au comble de la surprise, je ne m'étonne plus maintenant qu'il y ait des plantes dans la mer, puisqu'on y trouve des fruits.

— Ce sont des *zoophytes*, dit encore Henri, créatures qui tiennent le milieu entre les animaux et les plantes; cherchons bien, nous en trouverons peut-être d'autres encore.

Et, en effet, entre les rochers ils découvrirent des *anémones de mer*, qui ressemblent à de grandes reines-marguerites doubles de couleur lilas, des *étoiles de mer*, des *oursins*; sans compter les moules, les vigneaux, les lampotes et une multitude d'autres coquillages.

— Qui se serait jamais douté, répétait Savinien, que la mer renfermât tant de choses curieuses?

— Papa prétend, dit Henri, qu'elle contient un aussi grand nombre de végétaux et d'animaux que la terre, et que rien n'est plus intéressant à étudier.

En ce moment ils arrivèrent près d'un groupe d'hommes et de femmes qui, les jambes à moitié dans l'eau, ramassaient du varech sur les rochers et en remplissaient des hottes qu'ils emportaient.

— A quoi ces herbes peuvent-elles être bonnes? demanda Savinien.

— On en fait de la soude, dit un des travailleurs.

— Je me souviens, dit Savinien à Henri, qu'on emploie la soude pour faire le verre et les glaces.

— On s'en sert pour bien d'autres choses encore, reprit l'homme. Il y a une foule d'industries où elle est utile et, entre autres, dans la fabrication du savon, qui est un composé de soude et de graisse ou d'huile.

— Comment obtient-on donc la soude? demanda Henri.

— On fait brûler ces herbes, et ce sont leurs cendres qui donnent la soude. La potasse, qui ressemble à la soude et sert aux mêmes usages, se trouve dans les cendres du bois.

Lorsqu'il eut rejoint le reste de la compagnie, Savinien montra avec empressement la jolie récolte qu'il avait faite; Bernard l'examina avec grand intérêt; M. Ferrière donna aux jeunes garçons quelques explications sur les plantes marines et les zoophytes; mais Anatole n'y jeta pas un coup d'œil.

C'était bien curieux, quelques méchants coquillages! quelques vilaines herbes! Il s'en souciait joliment!

QUESTIONNAIRE. — Saviez-vous que la mer produit des plantes et des fleurs? — Croit-il aussi des plantes dans les rivières ou dans les mares? — Y trouve-t-on aussi des coquillages? — Avez-vous vu des coquillages marins? — Comment se fait le savon?

LXVIII. — Sur la Loire. — Indret, Nantes. — Les conserves alimentaires.

On se rembarqua pour Saint-Nazaire, port de mer très important, situé à l'embouchure de la Loire. Il contient de grands bassins et fait un commerce considérable. Nos voyageurs y passèrent la nuit et repartirent le lendemain pour Nantes en remontant le fleuve, qui, en cet endroit, est semé d'îles verdoyantes.

L'une de ces îles était couverte de grandes constructions, au-dessus desquelles s'élevaient de hautes cheminées d'où s'échappaient des tourbillons de fumée noire. A mesure qu'on en approchait, les oreilles étaient de plus en plus frappées d'une sorte de grondement sourd et continu.

— Quel est donc ce tapage? demanda Henri.

— C'est le ronflement des soufflets de forge, mêlé au fracas des marteaux retombant sur l'enclume, à tous les bruits qui accompagnent le travail du fer, car cette île est celle d'*Indret*, et il s'y trouve une usine dans laquelle on construit des machines à vapeur pour les bâtiments de l'État. Deux mille ouvriers y travaillent.

— Si nous nous arrêtions pour la visiter? dit Henri.

— Je regrette de ne pouvoir le faire, répliqua M. Ferrière : une dépêche que j'ai reçue hier soir à Saint-Nazaire m'appelle au plus vite à Nantes. J'espère que cette occasion se retrouvera pour toi; et quant à vous, ajouta-t-il en s'adressant aux deux frères, vous verrez au Creuzot une usine plus importante encore que celle-ci, et vous pourrez vous rendre compte des moyens par lesquels le fer, qui n'est, quand on le tire de la terre, qu'une espèce de pierre jaunâtre, se transforme en machine, en locomotive ou en tout autre objet industriel.

En longeant les quais et les rues de Nantes, les jeunes gens lurent sur un grand nombre de magasins : *Conserves alimentaires*.

— Qu'est-ce que ce peut être que cela? demanda Savinien à Henri, son compagnon habituel.

Cette expression embarrassait aussi un peu celui-ci, qui fut obligé d'avoir recours à son père.

— Tu en as mangé plus d'une fois, dit M. Ferrière en souriant. Les légumes enfermés dans des bouteilles ou des boîtes de fer-blanc, les sardines préparées dans l'huile, les poissons et les viandes salées, séchées à la fumée ou au four, sont des conserves alimentaires. Nantes en fait un grand commerce. L'année dernière elle a expédié plus d'un million de kilogrammes de pois conservés.

— Et où en a-t-on trouvé une pareille quantité? s'écria Henri.

— Dans les jardins maraîchers du département et des départements voisins. Ils sont cultivés avec beaucoup de soin et très productifs. Chaque jour Nantes envoie à Paris et dans d'autres grandes villes des wagons chargés de légumes frais : ce pays-ci est un des jardins potagers de la France.

— Comme la Bretagne, pensa Savinien, qui se rappela avoir entendu dire la même chose à une jeune fille qui arrangeait des corbeilles de fraises près de Saint-Pol-de-Léon, et au coquetier qui les avait conduits à Brest.

L'érudition d'Anatole, le cousin d'Henri, procurait de temps en temps des divertissements à ses compagnons.

— Que ce Loir est large! dit-il dans l'après-midi de ce jour, comme on suivait un des ponts qui traversent le fleuve, pour aller visiter une raffinerie établie dans un des faubourgs.

— Le Loir! répéta Henri en riant.

— Eh bien! qu'est-ce que tu trouves de mal à ce que je dis?

— Dame! on ne dit pas *le Loir*, mais *la Loire*.

— Bah! répliqua Anatole, qu'est-ce que cela fait que j'emploie un mot ou l'autre? on comprend toujours bien.

— Mais non vraiment.

— Pourtant j'ai entendu certaines personnes dire le Loir et d'autres la Loire. Hier M. Ferrière lui-même a dit « le Loir ».

— Ce n'est pas du tout la même chose, s'écria Henri en éclatant de rire. La Loire est le grand fleuve que nous traversons ; le Loir est une rivière ; il se jette dans la Sarthe, qui elle-même se jette dans la Loire. C'est de cette rivière que parlait papa.

Mais Anatole était difficile à convaincre, et il demeura persuadé qu'Henri avait voulu se moquer de lui.

QUESTIONNAIRE. — Qu'est-ce qu'une usine ? — Nommez les conserves alimentaires que vous connaissez. — Les conserves alimentaires sont-elles utiles ? — N'y a-t-il que le sel qui conserve les aliments ? — Qu'appelle-t-on *jardins maraîchers* ? — Dans quel département la Loire prend-elle sa source ? — Dans quelle mer se jette-elle ? — Quels sont les départements auxquels elle donne son nom ? — Quelles sont les principales villes qu'elle baigne ? — Quelles sont les rivières qu'elle reçoit sur sa rive droite, sur sa rive gauche ? — Vous rappelez-vous ce que signifient ces deux dernières expressions ? — Vous rappelez-vous ce qu'on nomme bassin ? — Saint-Nazaire, par rapport à Nantes, est-il en amont ou en aval ?

LXIX. — Visite à une raffinerie.

En arrivant à la raffinerie, on introduisit les visiteurs dans une salle où se trouvaient d'énormes chaudières, dans lesquelles on vidait des sacs qui contenaient une sorte de poudre jaune et grossière.

— Qu'est-ce donc que ce sable? demanda Henri.

— Ce sable, comme tu l'appelles, répliqua en riant M. Ferrière, est de la *cassonade* ou sucre brut.

— Et cette cassonade est faite avec des betteraves?

— Non, mais avec le jus de la canne à sucre, sorte de roseau qui croît dans les pays chauds et dont la tige contient une liqueur sucrée.

On coupe cette tige quand elle est mûre, et on la broie sous des meules pour en faire sortir le jus. C'est ce jus séché qui donne la cassonade.

On l'envoie en France, et c'est dans des raffineries, telles que celle-ci, qu'elle est transformée en sucre blanc et cristallisé pareil à celui que tu connais.

Pendant que M. Ferrière donnait ces explications, les ouvriers continuaient à remplir les chaudières.

Canne à sucre.

— Mais, qu'est-ce qu'ils mêlent donc à leur cassonade? reprit le jeune garçon.

— C'est du noir animal.

— Du noir animal?

— Oui; une sorte de charbon fait avec des os calcinés. Ce charbon retient toutes les impuretés contenues dans le sirop, qu'on passe ensuite dans des filtres de laine.

— Des os calcinés! des os calcinés dans le sucre! Il n'y a pas de danger que j'y goûte jamais maintenant!

On conduisit nos visiteurs dans une autre partie de l'établissement. Là se voyaient de gros tuyaux par lesquels s'échappait une liqueur épaisse et filante, claire comme de l'eau de roche. On en emplissait des moules ayant la forme des pains de sucre qu'on voit chez les épiciers, mais avec la pointe tournée en bas.

— Qu'est-ce que cette eau? demanda encore Henri.

Cette eau? cette eau c'était du sucre! Le jeune garçon ne pouvait comprendre par quel miracle cette cassonade jaune, mêlée à des os calcinés, avait pu produire un sirop si pur et si transparent. Il revint bien vite de sa répugnance, et, oubliant son serment, il croqua à belles dents, sans se faire prier, le morceau de sucre que l'employé qui leur montrait la raffinerie lui offrit ainsi qu'à ses compagnons.

Quant à Anatole c'est la seule chose qu'il eût comprise de la visite. Quoi qu'il en eût dit au sujet des marais salants, la fabrication du sucre ne l'intéressait pas davantage que celle du sel, et il ne prêta pas plus d'attention aux explications qu'on donnait sur l'une que sur l'autre.

QUESTIONNAIRE. — Le sucre est-il un produit animal, végétal ou minéral? — Vous a-t-on déjà parlé de la betterave? — Que vous en a-t-on dit? — Pourquoi la canne à sucre ne vient-elle pas en France? — Maintenant que vous savez comment se fabrique le sucre, en mangerez-vous encore avec plaisir? — Le sucre est-il utile? — L'est-il autant que le sel? — Quels sont les marchands qui vendent du sucre et quels sont ceux qui l'emploient dans la fabrication de leurs produits?

LXX. — Angers. — Le sculpteur David. — Les carrières d'ardoise.

Angers, où l'on arriva le lendemain, n'est pas situé sur la Loire, mais sur une rivière appelée la Maine, qui se jette dans ce fleuve, et qui est formée de la réunion de la Sarthe et de la Mayenne.

A Angers est né un très grand sculpteur, David, qu'on appelle ordinairement David d'Angers, pour le distinguer d'un peintre célèbre du même nom.

Le père de David n'était qu'un pauvre petit sculpteur sur bois. Son fils, étant enfant, montra tant de dispositions pour les arts et tant d'amour pour le travail, que la ville d'Angers lui fit une pension pour qu'il pût aller étudier la sculpture à Paris. Il obtint le *grand prix de Rome*. On appelle ainsi une somme d'argent accordée tous les ans après concours, aux jeunes gens qui ont produit l'œuvre la meilleure en peinture, en sculpture, en architecture ou en musique. Cette somme leur permet d'aller cultiver l'art qu'ils ont choisi à Rome, en Italie, où les plus belles œuvres des peintres et des sculpteurs sont exposées dans les musées, et où la musique est toujours en honneur.

Ceci montre avec quelle sollicitude la France vient au secours de ceux de ses enfants qui en sont dignes, en leur procurant les moyens de s'instruire ou de se perfectionner dans les arts.

David devint bientôt célèbre. Il a fait une infinité de statues représentant presque toutes des personnages qui ont illustré la France, et destinées à inspirer l'amour de la patrie en conservant la mémoire de ceux qui l'ont servie avec éclat, fidélité et dévouement.

Ce qu'il y a de plus curieux à voir à Angers, ce sont les carrières d'ardoise, situées à peu de distance de la ville.

Tous les enfants connaissent les ardoises sur lesquelles ils apprennent à écrire ; mais l'ardoise ne sert pas seulement à cet usage : on l'emploie surtout pour couvrir les maisons.

Les ardoisières d'Angers forment de profondes excavations, d'énormes fosses dans lesquelles il tiendrait cinq ou six maisons, les unes au dessus des autres. De grandes cages de fer, que des machines à vapeur font aller et venir le long des parois de la carrière, servent à y faire descendre les ouvriers et à enlever l'ardoise à mesure qu'on la détache. Dans d'autres endroits les carrières, au lieu d'être à ciel ouvert, sont creusées en galeries, comme les mines.

Des milliers d'ouvriers y sont employés : les uns retirent l'ardoise de la carrière, les autres la taillent en minces planchettes.

— Y a-t-il longtemps que vous travaillez ici ? demanda M. Ferrière à un vieil ouvrier qui lui donnait des renseignements.

— Oh oui, monsieur, j'étais ici, au moment de la grande inondation de 1856 ; je n'ai jamais rien vu de si terrible. La Loire avait rompu ses digues ; elle avait envahi tout le pays aux alentours, et se précipitait dans les carrières avec une violence dont vous n'avez pas d'idée. On entendait le bruit de la chute à plusieurs kilomètres au loin ; tous les ouvrages ont été détruits, toutes les cages emportées, tous les travaux interrompus, et ceux qui n'avaient pas fait quelques économies ont été bien à plaindre.

L'un des premiers soins de M. Ferrière, en arrivant à Angers, avait été d'aller voir à la poste s'il y avait des lettres pour lui, en réponse à celle qu'il avait adressée au Creuzot. Il s'en trouvait une; elle lui apprenait qu'un nommé Jean Petit, venu d'Anzin quelques mois auparavant, travaillait en effet aux mines. C'était un homme d'une quarantaine d'années, brun, grand et fort. Les jeunes gens ne mirent pas en doute que ce ne fût leur père.

Il fut donc décidé qu'ils continueraient leur voyage pour l'aller trouver.

— Vous viendrez avec nous jusqu'à Poitiers, dit M. Ferrière; pendant que je poursuivrai ma route vers le Midi, vous vous dirigerez vers le Creuzot, par le centre de la France, Bernard hésitait à accepter cette proposition. Il était hors d'état de payer le chemin de fer, et il comprenait bien que M. Ferrière entendait en faire les frais. Cela le mortifiait un peu; mais M. Ferrière se montrait pour eux si bon et si affectueux qu'il ne pouvait le considérer tout à fait comme un étranger et être humilié en recevant un service de lui. Il ne voulut donc pas refuser cette nouvelle marque de son bon vouloir et il fut décidé qu'on ne se quitterait qu'à Poitiers.

QUESTIONNAIRE. — Qu'est-ce qu'un sculpteur? — En quoi se font ordinairement les statues? — En quoi la statue d'un grand homme peut-elle inspirer l'amour de la patrie? — A quel règne de la nature appartient l'ardoise? — Qu'est-ce qu'une inondation? — Vous en a-t-on déjà parlé? — Bernard a-t-il raison d'accepter l'offre de M. Ferrière?

LXXI. — Le peintre en bâtiments. — Les châteaux de la Loire.

Installés à la fenêtre du wagon qui les emportait vers Poitiers, les jeunes gens regardaient le paysage qui présentait des plaines bien cultivées, pendant que M. Ferrière était occupé de la lecture de son journal.

Des châteaux se voyaient sur les collines, ils se les montraient l'un à l'autre.

— C'est en Touraine qu'il y en a de beaux! leur dit un homme qui occupait le même compartiment. Oh! mais des châteaux tels qu'il n'y en a pas dans tout le reste de la France.

— Les avez-vous vus? demanda Henri.

— J'ai fait plus que de les voir : je suis peintre en bâtiments, et l'on m'a fait venir de Poitiers pour travailler à la restauration de l'un d'eux, sous la direction d'artistes de Paris, bien entendu. Par la même occasion, j'ai visité ceux de *Chenonceaux*, de *Chambord*, d'*Azay-le-Rideau*. Il est impossible de rien voir de plus noble comme proportions, de plus fini et de plus délicat comme ornement. Mais celui

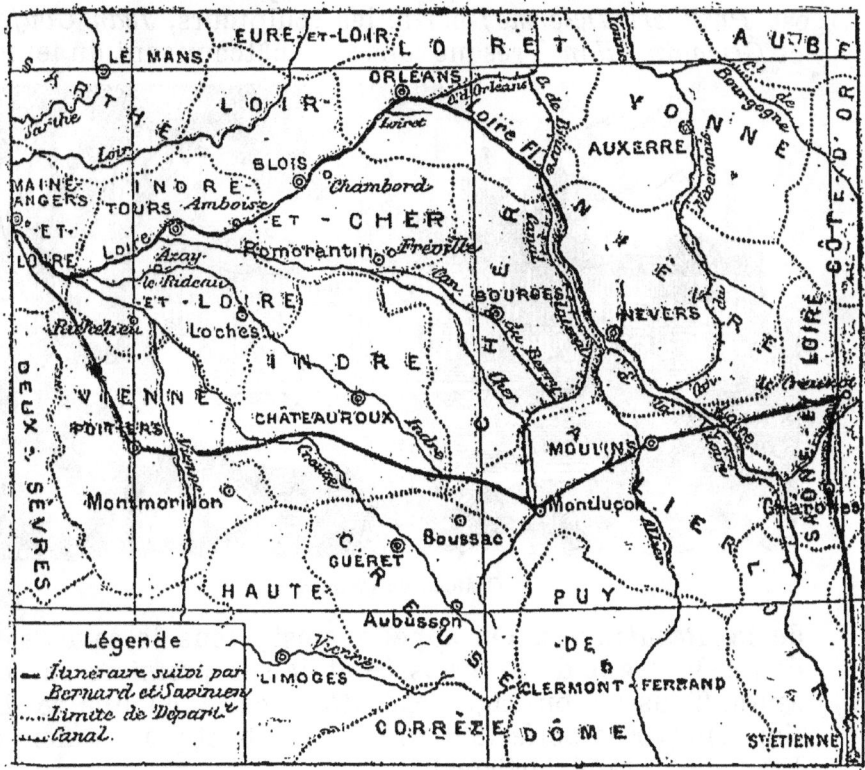

qui l'emporte sur tous les autres par la magnificence, c'est le château de Blois.

— Il est souvent question de Blois dans mon histoire de France, dit Henri.

— C'est qu'il s'y est passé plusieurs événements importants. Ainsi j'ai vu la salle où se tenaient les *Etats généraux*, c'est ainsi qu'on appelait autrefois l'assemblée des députés de la nation. Dans ce château aussi deux princes, le duc de Guise et son frère, le cardinal de Lorraine, furent assassinés par ordre de Henri III.

— Je savais cela.

— Rien ne profite plus, voyez-vous, reprit le peintre, que la vue des belles choses quand on les regarde dans l'intention d'en tirer des enseignements et non pas simplement pour s'amuser. Les visites que j'ai faites aux châteaux de la Loire, non seulement m'ont servi à me perfectionner dans mon métier, mais encore elles m'ont fait acquérir bien d'autres connaissances.

D'abord j'ai voulu savoir le nom de ceux qui les avaient construits et décorés. Le plus célèbre, parmi les architectes, est *Philibert Delorme;* parmi les sculpteurs, *Jean Goujon* et *Germain Pilon.* Presque tous ces châteaux sont du temps

Château de Chambord.

de la *Renaissance.* On appelle ainsi, vous le savez sans doute, le règne de François Ier et de ses premiers successeurs. Tous les ouvrages exécutés à cette époque se distinguent par la perfection du travail. Oh! il y avait alors en France de grands artistes!

— N'y a-t-il en Touraine que des châteaux de la Renaissance?

— Non; on y voit encore de beaux restes de châteaux forts, célèbres aussi dans l'histoire : celui de Chinon, où se trouvait Charles VII lorsque Jeanne Darc lui fut présentée un autre, celui de Loches, sert aujourd'hui de prison On m'a montré, dans les caves de ce dernier, quelqu chose qui m'a fait dresser les cheveux sur la tête : ce son les restes des cages de fer que le roi Louis XI, sur le con seil de son ministre La Balue, fit construire pour y enfer mer les prisonniers. Elles sont si petites que les malheu reux qui y étaient détenus ne pouvaient ni s'allonger ni s tenir debout.

— Il en est aussi question dans mon histoire, répliqua Henri, et l'on dit même que c'est La Balue qui le premier en fit l'expérience. Louis XI, ayant à se plaindre de son ministre, lui donna une de ces cages pour habitation, et il y demeura plusieurs années.

— C'était bien fait ! s'écria Savinien.

L'exclamation indignée du jeune garçon trouva de l'écho dans l'auditoire.

— J'ai visité de plus, continua le peintre, le château d'Amboise, où fut détenu Abd-el-Kader.

— Ce chef arabe, demanda encore Henri, qui a fait la guerre contre nous en Algérie? J'en ai souvent entendu parler à l'oncle de maman, qui a été militaire.

— Justement. Il fut vaincu et fait prisonnier, puis rendu à la liberté.

— Il y a une chose excellente en Touraine dont vous ne dites rien, fit à son tour Anatole, sortant de son apathie habituelle.

— Quoi donc ?

— Les pruneaux de Tours donc !

Assassinat du duc de Guise.

Cette remarque, qui prouvait que le jeune garçon n'était pas indifférent à ce qui pouvait satisfaire sa gourmandise, fit rire toute la société, excepté le peintre, qui ne savait pas le peu d'intérêt qu'Anatole prenait ordinairement aux choses qui attirent l'attention des jeunes gens désireux de s'instruire.

— Oui, répondit-il tranquillement, la Touraine est célèbre par ses fruits, et à cause de cela est appelée le jardin de la France.

— Ce n'est plus un potager cette fois, pensa Savinien, c'est un verger.

QUESTIONNAIRE. — Qu'est-ce que la Touraine? — Quel département forme-t-elle? — Quelle était sa capitale? — Dans quel département est situé Blois? — Avez-vous entendu parler des événements dont il est question ici, et qui se sont passés à Blois, à Chinon, à Loches? — Qu'est-ce qu'un artiste? — Que pensez-vous des cages de fer inventées par La Balue? — Où est l'Algérie? — Contre quel peuple y fait-on la guerre? — Qu'est-ce que des pruneaux?

LXXII. — Les grands ministres français. — Poitiers.

— A peu de distance d'ici, dit encore le peintre, comme on s'arrêtait à la station de Loudun, se trouve le château de Richelieu, qui appartient à la famille du célèbre cardinal.

— Celui qui gouverna la France sous Louis XIII? demanda Henri.

— Lui-même.

— Notre pays, dit M. Ferrière, qui avait terminé la lecture de son journal, a eu plusieurs grands ministres qui, comme Richelieu, ont contribué à le rendre prospère, puissant et glorieux. L'un d'eux est Sully, ministre de Henri IV. Il possédait aussi un château sur la Loire, mais loin d'ici, au delà d'Orléans. Il s'occupa beaucoup d'agriculture, fit dessécher des marais et avait coutume de répéter: « Pâturage et labourage sont les deux nourricières de la France, les vraies mines et trésors du Pérou, » voulant dire par là que la terre est une source de richesses inépuisables.

Richelieu.

—Vraiment, monsieur! s'écria Savinien tout joyeux. Eh bien! je suis tout à fait aise d'apprendre qu'un grand personnage, un ministre, ait parlé ainsi. J'aime ce qui se fait aux champs, je veux toute ma vie m'occuper de « labourage et pâturage », et j'espère

Sully.

bien, avec du travail, gagner, sinon les trésors du Pérou, du moins de quoi vivre dans l'aisance; seulement je ne me serais jamais douté que les ministres se mêlassent d'agriculture.

— Mais, mon ami, les ministres se mêlent, comme tu

dis, et doivent se mêler de tout. Un autre ministre, Colbert, a protégé particulièrement l'industrie.

— Louise Popinel m'en a parlé à propos de Reims, car c'est là qu'il est né.

— Eh bien! que t'en a-t-elle dit? demanda M. Ferrière, qui connaissait la fille du marchand forain par les récits des deux frères.

— D'abord il a fondé des fabriques de drap, de dentelle, de soieries, d'horlogerie; puis comme les ouvriers français de ce temps-là n'étaient pas aussi habiles que les ouvriers d'aujourd'hui, il en a fait venir des pays étrangers pour apprendre à ceux d'ici à travailler, et alors la France a commencé à tenir le premier rang dans l'industrie.

— C'est bien. Mais Colbert ne s'est pas occupé seulement d'industrie : il a fondé des Académies ou écoles de peinture et de sculpture, l'Observatoire de Paris et bien d'autres établissements scientifiques. Il a fait construire un grand nombre de vaisseaux, agrandir les ports de mer; a entretenu et ouvert des routes, creusé le canal du Midi ou du Languedoc. C'est à Colbert que Louis XIV doit une partie de sa gloire.

Il institua une garde pour veiller à la sûreté des Parisiens et fit éclairer la ville pendant la nuit. Avant lui les voleurs avaient beau jeu.

— Oh! voilà un grand ministre, s'écria Savinien, et on devait bien l'aimer!

— C'est ce qui te trompe, mon garçon. Les courtisans qui entouraient Louis XIV le détestaient, parce qu'il empêchait le roi de gaspiller l'argent de l'État en leur faisant des pensions et des cadeaux qu'ils n'avaient pas mérités par leurs services. Et, ce qui t'étonnera davantage, c'est qu'il ne fut pas aimé davantage du peuple, quoiqu'il voulût son bien et qu'il y eût travaillé pendant toute sa vie.

— Comment cela se fait-il, monsieur?

— C'est que le peuple ne connait pas toujours ses véritables amis, ni ses véritables intérêts.

Pendant qu'on causait ainsi, le train filait. Lorsqu'on fut à peu de distance de Poitiers, le peintre dit :

— Je suis fâché que vous ne vous arrêtiez pas dans notre ville; j'aurais eu du plaisir à vous la faire parcourir. Nous avons de beaux monuments.

— On a livré autrefois une bataille près de Poitiers, dit Henri.

— Il y en a deux qui portent ce nom, répliqua le peintre,

qui n'était pas fâché de faire voir que, s'il connaissait l'histoire des châteaux de la Loire, il n'ignorait pas celle de son pays. Oui, il y a deux batailles qu'on appelle batailles de Poitiers; mais, quant à la première, bien des historiens prétendent que ce n'est pas près de Poitiers qu'elle fut livrée.

— Comment! ce n'est pas à Poitiers que Charles-Martel défit les Sarrasins? demanda Henri.

— Non; mais près de Tours.

— Et l'autre?

— Oh! pour l'autre il n'y a pas de contestation. C'est bien à Poitiers, ou du moins près de Poitiers, que le roi Jean II fut vaincu par le Prince Noir, fils d'Édouard III, roi d'Angleterre.

— Si le roi de France fut fait prisonnier, ce ne fut pas la faute de son fils Philippe le Hardi, qui fut depuis le duc de Bourgogne. J'ai vu une gravure qui le représente combattant à côté de son père et se jetant au-devant des coups qui lui étaient destinés, avec un courage héroïque. Et pourtant, ajouta le jeune garçon, il n'avait que quatorze ans! Un an de plus que moi seulement!

QUESTIONNAIRE. — Qu'est-ce qu'un ministre? — Est-il nécessaire qu'un ministre ait de grandes connaissances et de grandes capacités? — Qu'appelle-t-on établissements scientifiques? — Qu'est-ce qu'une académie? — Quelles sont les principales institutions qu'on doit à Colbert? — Aurait-on dû l'aimer? — Avez-vous entendu parler de la bataille de Poitiers? — Philippe le Hardi avait-il bien mérité son surnom? — Qu'est-ce que la Bourgogne? — Quelle en était la capitale et quels sont les départements qui en ont été formés?

LXXIII. — Le centre de la France. — La Porcelaine.

Voilà donc nos amis seuls encore une fois. Ils avaient le cœur gros, néanmoins ils marchaient d'un bon pas et portaient allègrement leur sac, qui contenait, comme de coutume, des provisions de bouche et leur petite garde-robe, à laquelle Mme Ferrière avait fait de nombreuses additions et réparations. Depuis leur jour d'arrêt à Saint-Quentin, où la bonne Mme Morlot avait pris les mêmes soins, elles étaient devenues nécessaires; les deux frères s'étant contentés, quand le mauvais temps les forçait à s'arrêter pendant quelques heures, d'en profiter pour faire laver leur linge dans les fermes ou les auberges.

Le pays, plat et monotone pendant les premiers jours de marche, était devenu plus accidenté. On y voyait des prairies, des collines couvertes de bois, entre lesquelles serpentaient de jolies rivières. L'une d'elles, la *Creuse*, est ainsi nommée de ce qu'elle coule dans un lit très profond.

Un jour les deux frères s'étaient arrêtés pour prendre leur repas dans un petit cabaret qui se trouvait sur leur chemin. Un homme vint s'établir à côté d'eux. Il avait une honnête figure et la conversation s'engagea bientôt entre les voyageurs.

C'était un ouvrier en porcelaine. Il venait de Limoges et se rendait à Gien, où il y a une grande manufacture de faïence, appelée *faïence de Gien*.

De toute la France c'est à Limoges qu'on fabrique le plus de porcelaine. Cela vient de ce que

Ouvrier en porcelaine.

c'est dans le département de la Haute-Vienne, à Saint-Yrieix, que se trouve ce qu'il faut pour la faire.

La porcelaine, de même que la faïence, la poterie grossière, marmites, poêlons, terrines, n'est autre chose que de la terre ou *argile cuite*. On pétrit cette argile avec de l'eau, on lui donne la forme qu'on veut, puis on la met dans un four très chaud. Les briques, les tuiles, les carreaux qui pavent les chambres sont aussi de l'argile cuite; mais cette argile est grise et grossière. Celle dont on fait la porcelaine, au contraire, le kaolin, est aussi blanche et aussi fine que du sucre en poudre.

— Nous faisons de belle porcelaine à Limoges, dit l'ouvrier, mais celle de Sèvres, près Paris, est encore plus belle; là se trouve une manufacture appartenant à l'État. La porcelaine de Sèvres est renommée dans le monde entier pour sa transparence, sa finesse, sa blancheur, la beauté de ses formes et la richesse des décorations. Le kaolin avec lequel elle est faite vient du Limousin, car il ne s'en trouve guère que là en France.

— La faïence me rappelle, dit Bernard, l'histoire d'un homme qui a donné l'exemple d'une persévérance et d'un courage dans le travail bien extraordinaires. On l'appelait Bernard Palissy; il vivait il y a trois cents ans environ et il était né dans le département de la Dordogne. En ce temps-là le kaolin n'était pas encore connu, ni la porcelaine, par conséquent. On se servait de faïences. Les plus belles se fabriquaient en Italie, et les ouvriers de France ignoraient les matières que les Italiens employaient pour les peindre et les vernir.

Bernard Palissy était un pauvre arpenteur; tout en continuant son métier, il se mit en tête de découvrir ce secret. Il passait les nuits au travail, dépensait tout ce qu'il gagnait et se refusait la nourriture afin de pouvoir consacrer plus d'argent à son entreprise. Un jour, ayant hérité d'une petite somme, il fit construire un four, et le voilà pétrissant de la pâte, la colorant et la faisant cuire; mais il ne pouvait arriver à aucun bon résultat.

Pendant près de vingt ans ses efforts restèrent sans succès. Il ne se découragea pourtant pas. Un jour, après avoir dépensé le peu qui lui restait pour faire un nouvel essai et au moment où le four commençait à s'échauffer, voilà que le bois vient à manquer. Palissy n'a pas la moindre pièce d'argent pour en acheter. Il saisit une chaise et la jette dans le brasier, puis une table, une porte, tout ce qui, dans la maison, peut entretenir le feu. Ce n'est pas assez encore. Alors il arrache les cloisons, les solives....

— Ah! mon Dieu! s'écria Savinien, il était devenu fou.

— Non, mais il avait confiance en son idée. Son attente ne fut pas trompée et son sacrifice eut sa récompense. Il avait enfin trouvé le moyen de donner à son argile les superbes nuances de la faïence italienne. En peu de temps il devint célèbre, riche, et les grands personnages se disputèrent ses œuvres.

— Je suis bien aise d'apprendre que les choses finirent si bien pour lui; mais tu as beau dire, Bernard, c'est de la folie de brûler sa maison pour chauffer son four.

— Ce qui est folie quand il s'agit de satisfaire sa fantaisie ou le besoin du moment, est de l'héroïsme lorsqu'on poursuit une découverte qui doit honorer son pays et profiter à tous.

— Vous avez bien raison, dit l'ouvrier. Bernard Palissy a rendu de grands services à *l'art céramique*, autrement dit à l'art de la *terre cuite*. Dans le musée de Limoges, qui est très beau, j'ai vu plusieurs de ses œuvres; elles servent toujours de modèles et l'on n'a pu encore faire aussi bien que lui dans le même genre.

QUESTIONNAIRE. — Dans quel fleuve se jette la Creuse? — Quel est le chef-lieu du département auquel elle donne son nom? — Où sont Limoges? — Gien? — Saint-Yrieix? — Sèvres? — Dites-nous comment se font la faïence et la porcelaine. — Que pensez-vous de Bernard Palissy? — Qu'est-ce que l'art céramique? — Nommez des objets qui se rapportent à l'art céramique.

LXXIV. — Autre rencontre. — Les tapisseries d'Aubusson

Le jour suivant nos amis firent route avec un autre ouvrier. Il travaillait, lui, à la manufacture de tapis et de tapisseries d'Aubusson, dans le département de la Creuse, et allait faire un petit voyage dans sa famille.

Les tapis et tapisseries sont d'épais tissus, formés d'une chaîne en fil ou en ficelle et d'une trame de laine. Les tapis s'étendent par terre pour défendre les pieds du froid; les tapisseries servent à garnir les meubles, faire des rideaux, cacher les murailles.

— Fabrique-t-on les tapis sur des métiers semblables à ceux des tisserands? demanda Savinien à l'ouvrier.

— A peu près, répliqua celui-ci, seulement ces métiers sont plus ou moins larges selon le besoin. Il y a des tapis qui, d'un seul morceau, couvrent tout le plancher d'une chambre.

— Il faut que le métier dont on se sert pour ceux-là soit d'une belle taille!

— Nous faisons des tapis très riches et très beaux à Aubusson. Aussi la manufacture obtient-elle toujours des médailles aux expositions. J'espère bien que nous en aurons encore une à celle-ci.

— Qu'est-ce que cela vous fait? demanda Savinien; ce n'est pas à vous qu'on la donnera.

— On ne me la donnera pas à moi personnellement, c'est vrai; mais on la donnera à l'établissement. Or, l'établissement c'est moi, ce sont les camarades, les chefs, c'est nous tous. Quand l'établissement reçoit une distinction, les ouvriers ont le droit de s'en glorifier aussi bien que les patrons, car ils ont comme eux travaillé à la mériter.

— Vous avez raison, dit l'enfant, et je suis fâché d'avoir parlé comme je l'ai fait. Je comprends que vous ayez sujet d'être fier des récompenses qu'on accorde à votre manufacture; il me semble même que cela doit vous faire encore mieux aimer votre métier.

— C'est vrai; quand l'amour-propre est satisfait, on travaille avec plus de courage.

— N'y a-t-il qu'à Aubusson qu'on fasse des tapisseries?

— Non, plusieurs villes de France en fabriquent; mais la manufacture la plus célèbre est celle des Gobelins. Elle est située à Paris et appartient à l'Etat. On m'a dit que rien dans le monde n'égalait en beauté les tapisseries des Gobelins.

— Ah vraiment! s'écria Savinien en frappant des mains. Je suis toujours content quand j'apprends qu'on travaille encore mieux dans mon pays que dans les autres.

QUESTIONNAIRE. — Que pensez-vous des sentiments exprimés par l'ouvrier au sujet des récompenses obtenues aux expositions? — De quelles matières textiles est formé un tapis et quelle est celle qui est apparente? — Qu'est ce qu'une manufacture appartenant à l'Etat? — Pensez-vous comme Savinien au sujet des productions de votre pays?

LXXV. — La mère du maçon. — Savinien écrivain.

Quelquefois, lorsque nos voyageurs étaient surpris par le mauvais temps, ils demandaient l'hospitalité aux gens des villages qu'ils traversaient. Ils l'obtenaient presque toujours à raison de leur bonne mine. Un soir, une vieille paysanne leur fit le meilleur accueil.

— J'ai du plaisir à vous voir, dit-elle à Bernard, il me semble que c'est mon fils Charlot qui est devant moi. Vous êtes un peu plus jeune que lui pourtant. Il vient d'avoir seize ans, aussi il est parti avec les autres.

— Parti! Où cela?

— A Paris donc, pour être maçon, comme beaucoup d'habitants de la Marche et du Limousin.

— Pourquoi ne reste-t-il pas avec vous? demanda Savinien, qui se rappelait ce que Marcelin Lubert lui avait dit des ouvriers à Paris.

— Ici on ne trouve pas assez d'ouvrage. La plupart de nos garçons quittent leur village au printemps pour aller travailler au loin. Les uns se font maçons, les autres paveurs, charpentiers, tailleurs de pierre. A la fin de la belle saison ils reviennent chez eux avec l'argent qu'ils ont gagné pendant l'été. Notre pays est montagneux et peu fertile, il ne produit presque pas de blé; aussi tout le monde n'y mange pas de pain.

— Pas de pain! s'écria Savinien. Que mange-t-on alors?

— Des châtaignes. Nous avons de belles forêts, qui nous en fournissent abondamment. On les réduit en farine et l'on en fait des galettes qu'on met cuir au four ou sous la cendre. Mais soyez tranquille, vous aurez du pain ce soir: du pain et du lait.

Du pain et du lait! Les deux frères n'en demandaient pas davantage. Du pain et du lait! Il y avait là pour eux de quoi faire un excellent repas; n'eussent-ils même trouvé que des châtaignes, ils s'en seraient contentés. Pendant qu'ils soupaient, la conversation continua entre eux et leur hôtesse.

— Avez-vous souvent des nouvelles de votre fils? demanda Bernard.

— J'en ai, sans doute, mais pas bien souvent. C'est une grosse affaire pour lui que d'écrire une lettre ; et de plus je suis obligée de la porter à M. le curé ou à l'instituteur pour connaître ce qu'il y a dedans.

— Vous ne savez pas lire? demanda Savinien un peu étonné, tout en s'efforçant de ne pas le laisser paraître, ce qui n'eût pas été poli.

— Hélas ! non. Autrefois il n'y avait pas autant d'écoles que maintenant; peu de gens apprenaient à lire. Ah! c'est une grande privation, quand on est séparé de ceux qu'on aime, de ne pouvoir correspondre avec eux. Il serait si content, ce pauvre Charlot, de recevoir une lettre de moi.

— Voulez-vous que je lui écrive de votre part? demanda vivement Savinien.

— Lui écrire ! vous auriez la complaisance de lui écrire? Ah! ça me ferait bien plaisir, mais je ne voudrais pas vous donner cette peine.

— Ce n'est pas une peine, fit gaiement le jeune garçon. Et fouillant dans son sac il en eut bientôt tiré une plume, du papier et un petit encrier.

Il se mit alors en devoir de tracer de sa plus belle écriture les phrases que la paysanne lui dictait. Celle-ci regardait l'enfant avec admiration et ne se sentait pas de joie en pensant que cette lettre était destinée à son Charlot. Si les caractères n'étaient pas très réguliers ni l'orthographe très correcte, on pense bien qu'elle ne s'en inquiétait guère. Mais quand même elle eût été capable d'en juger, elle était trop sensible à la gentillesse de Savinien et au bon sentiment qui l'avait inspiré pour se montrer bien difficile.

Lorsque la lettre fut terminée il la plia et y mit l'adresse. Bientôt, grâce à lui, l'ouvrier maçon isolé à Paris, auquel rien ne venait rappeler le pays et la famille, recevrait ce souvenir de sa mère.

— C'est vrai que c'est triste, pensait Savinien en quittant la maison le lendemain, quand on est séparé les uns des autres, de ne pouvoir se donner des nouvelles mutuellement. Et il ajoutait : — Nous sommes bien heureux, nous, les enfants d'à présent, d'avoir tant de moyens de nous instruire et il faudrait être bien sot pour ne pas s'empresser d'en profiter.

QUESTIONNAIRE. — Est-ce un grand malheur que de ne pas savoir lire ? — Devinez-vous pourquoi on appelle souvent les maçons *Limousins* ? — Qu'est-ce que la Marche ? — Quel département a-t-elle formé ?

LXXVI. — Une apparition.

Comme ils arrivaient à Montluçon, ville du département de l'Allier où se trouve une manufacture de glaces semblable à celle de Saint-Gobain, la pluie se mit à tomber. Nos amis firent ce qu'ils faisaient en pareille circonstance, et prirent des billets de chemin de fer pour jusqu'à Moulins.

Il y avait un grand nombre de voyageurs à la gare, à cause d'une foire qui se tenait aux environs, et peu de place dans les wagons. Ce n'est qu'à grand'-peine que les deux frères trouvèrent à se caser, et encore ils furent obligés de se séparer.

Bernard, entré le dernier dans son compartiment, n'avait pas de fenêtre à sa disposition ; mais il n'avait pas grand sujet de le regretter : la pluie tombait si dru qu'elle cachait presque entièrement le paysage. Plusieurs personnes dormaient sur les banquettes ; c'est ce qui fait sans doute que lui aussi se laissa aller à un léger assoupissement.

Il en fut tiré par un choc épouvantable. D'abord violemment lancé sur le voyageur qui lui faisait face, il fut aussitôt rejeté en arrière, pendant que le wagon, après avoir éprouvé de fortes oscillations, comme s'il allait être renversé, reprenait son équilibre et s'arrêtait tout court. En même temps des cris de douleur et d'effroi s'échappaient de toutes les voitures.

Deux trains venaient de se rencontrer. Arrêtés sur la même voie, ils n'en formaient plus qu'un pour ainsi dire. Les locomotives s'étaient précipitées l'une sur l'autre, comme deux ennemis acharnés prêts à se dévorer, et continuaient à jeter du feu et de la fumée entremêlés de sifflements aigus.

En moins de temps qu'il n'en faut pour l'écrire, Bernard sauta à bas de son wagon et s'élança à la recherche de Savinien ; mais, dans la hâte de l'embarquement, il n'avait pas remarqué si son frère était en avant ou en arrière de lui. Il courait comme un fou, d'un bout du convoi à l'autre, ouvrant les portières, explorant chaque compartiment du regard, sans y trouver celui qu'il cherchait. Déjà toutes les voitures avaient été vidées, les blessés transportés dans la maison du garde-barrière qui, par sa négligence avait causé cette catastrophe, et Bernard n'avait pas découvert Savinien.

Le cœur déchiré d'inquiétude, le jeune homme s'élança vers la maison du garde-barrière. Le premier objet qui frappa sa vue fut son frère. A demi-couché sur un banc, il regardait autour de lui de l'air de quelqu'un qui ne sait

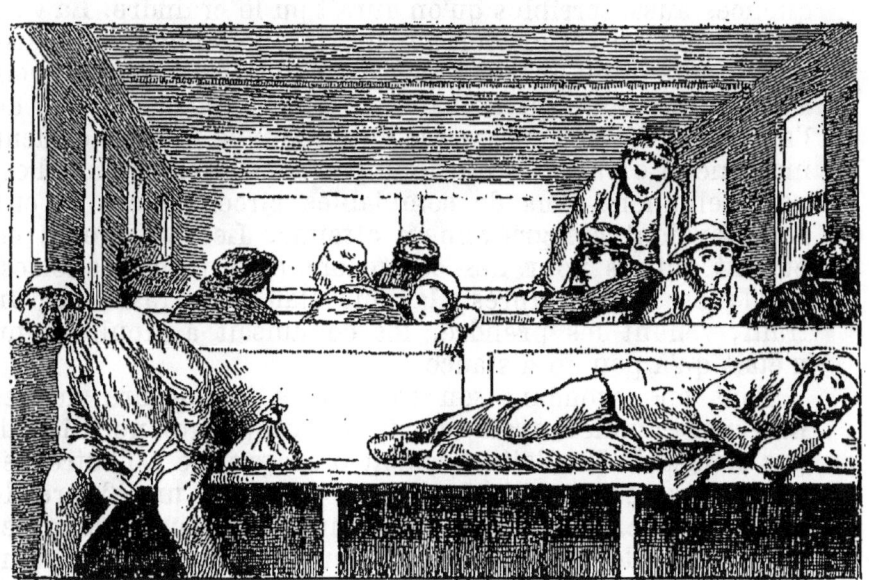

Plusieurs personnes dormaient sur les banquettes.

ni ce qui s'est passé ni où il se trouve ; mais aussitôt qu'il aperçut Bernard, il sauta à terre et courut à lui.

Les deux pauvres orphelins se serrèrent dans les bras l'un de l'autre, et Bernard ne put retenir des larmes de joie en retrouvant son cher Savinien sans blessure, tandis que les gémissements qu'ils entendaient autour d'eux, lui prouvaient que tous leurs compagnons de voyage n'avaient pas été aussi heureux.

Le jeune garçon comprit alors qu'ils venaient de courir un grand danger, ce dont, au premier moment, il ne s'était pas douté.

— Tu n'as rien, bien sûr? répétait Bernard, en promenant les mains sur le corps de son frère.

— Non, rien... rien du tout. Et toi?

— Moi non plus, grâce à Dieu !

— Oh ! oui, grâce à Dieu, répéta Savinien. Il n'a pas voulu qu'il arrivât malheur à l'un de nous. Il sait bien que l'autre en aurait eu trop de chagrin.

Et de nouveau il pressa Bernard sur sa poitrine en l'embrassant. Mais celui-ci n'avait pas le temps de se livrer à de longs épanchements. Tranquille sur le compte de son frère, il se hâta de le quitter pour voir s'il pouvait être utile aux blessés.

La rencontre des deux trains n'avait pas eu des conséquences aussi terribles qu'on aurait pu le craindre. La voie était droite en cet endroit sur une grande longueur. Aussitôt que les deux mécaniciens qui conduisaient les convois s'étaient aperçus qu'ils marchaient à la rencontre l'un de l'autre, il s'étaient empressés de ralentir la marche de leur machine. Le choc ne fut donc pas aussi violent qu'il l'est habituellement dans de semblables circonstances et eux seuls avaient été grièvement atteints. Les voyageurs en étaient quittes pour des contusions plus ou moins fortes. Quelques heures après, la voie était débarrassée et un train, venant les prendre, les conduisait à Moulins, qui n'était qu'à peu de distance.

Tout en secondant son frère dans la mesure de ses moyens, Savinien avait un air préoccupé qui ne lui était pas habituel. Il allait et venait d'un groupe à l'autre des voyageurs comme s'il cherchait parmi eux une figure de connaissance. Il jetait un regard investigateur dans toutes les parties de la maisonnette du garde-barrière. Enfin, lorsqu'ils furent de nouveau établis dans un vagon :

— Je voudrais bien savoir, dit-il à Bernard, si j'ai rêvé ou bien si j'ai vu une personne réelle.

— Une personne ? Que veux-tu dire ?

— Te rappelles-tu cet homme à barbe noire, qui a passé devant nous à Anzin comme nous y arrivions, qui nous a regardés à plusieurs reprises et qui est parti avec le train de charbon ?

— Oui ; on l'a appelé Barbe-Bleue.

— Eh bien ! j'ai idée que je l'ai revu tout à l'heure, que c'est lui qui m'a tiré de la voiture et porté dans la maison.

— Quelle probabilité qu'il se soit trouvé là, à point nommé, pour venir à ton secours ? dit en riant Bernard.

— Oui, ce serait bien singulier, en effet. Pourtant j'ai cru entendre qu'il murmurait : « On dirait ce garçon que j'ai vu à Anzin... Pauvre petit ! »

— Ce n'est pas possible, tu l'auras rêvé.

— Je ne dis pas non, car je n'avais pas toute ma connaissance ; mais si j'ai rêvé, j'ai rêvé aussi qu'il me baisait sur le front avec autant de tendresse que le faisait grand'mère. Il me semble encore sentir ce baiser et entendre sa voix, et cela me fait quelque chose là, ajouta l'enfant en posant la main sur sa poitrine.

— Tu l'auras rêvé ! répéta Bernard.

QUESTIONNAIRE. — Que pensez-vous du garde-barrière dont il est question ici ? — Quelles sont les qualités nécessaires à ceux qui ont entre leurs mains la vie des autres ? — Vous rappelez-vous le personnage qu'on a appelé Barbe-Bleue ?

LXXVII. — La vallée de flammes.

Deux jours après avoir quitté Moulins, les deux frères atteignirent vers le soir le sommet d'une petite colline, et là un spectacle extraordinaire frappa leurs yeux. A leurs pieds s'étendait une étroite vallée qui semblait être en feu. Des lueurs rouges et bleuâtres s'échappaient de hautes cheminées, accompagnées de grondements sourds pareils à ceux que produirait un vent violent.

Comme ils s'étaient arrêtés là, tout étonnés et même un peu effrayés un homme, qui marchait derrière eux, les rejoignit. Bernard l'interrogea.

— Vous êtes au Creuzot ! leur dit cet homme.

— Quel bonheur, s'écria Savinien, nous voilà arrivés ; mais qu'y a-t-il donc ce soir ? ajouta-t-il en montrant les langues de feu qui semblaient danser au dessus des maisons.

— Ce soir ? Mais c'est comme tous les jours.

— Comment ! on croirait que la ville brûle.

L'homme se mit à rire.

— Soyez tranquille, dit-il. Ce ne sont que les flammes qui sortent des hauts fourneaux.

— Qu'est-ce donc que ces hauts fourneaux ?

— Ce sont des espèces de tours dans lesquelles on fait fondre le fer.

— Fondre le fer ? Je savais bien que le feu amollissait le fer, j'ai vu souvent le forgeron de chez nous travailler, mais je ne me serais jamais douté qu'il pût le faire fondre.

— Il le fait fondre, fondre comme du beurre et devenir aussi liquide que de l'huile ; il en est de même pour tous les métaux.

— Il doit falloir une fameuse chaleur pour y parvenir.

— Oh! celle que donnent les hauts fourneaux est telle que vous n'en avez pas d'idée. Lorsque le métal sort de la mine, il est mêlé de pierres, de sable, de toutes sortes de matières étrangères : ce n'est encore que du minerai. Pour en retirer

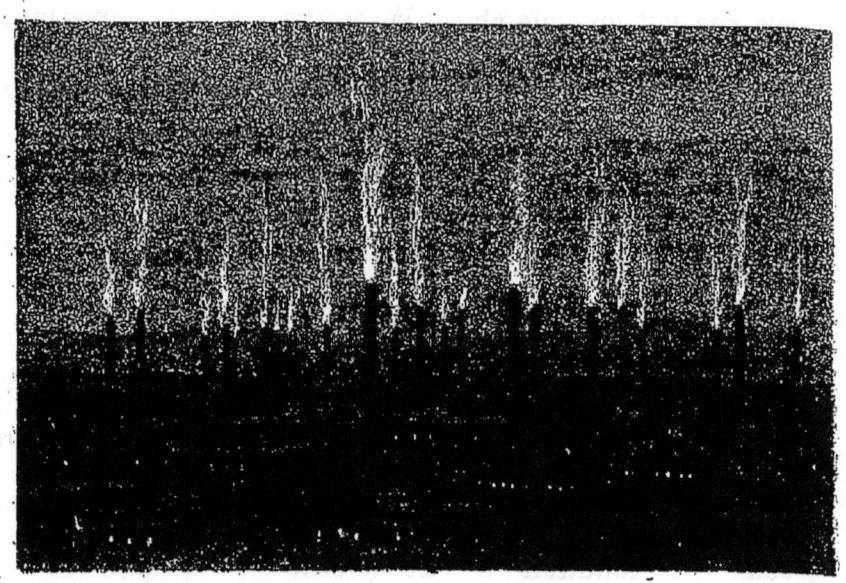

Des lueurs rouges et bleuâtres s'échappaient...

le fer, on le jette à pleins tombereaux avec du charbon par le haut des fourneaux que vous voyez flamber là. Le charbon brûle, mais le fer, lui, ne brûle pas : il fond et sort par en bas en fleuve de feu.

Si vous le voulez, du reste, demain je vous promènerai dans toute l'usine.

— Je vous remercie de votre obligeance, dit Bernard, mais nous avons un parent ici qui nous fera tout visiter.

— Si vous avez un parent, c'est différent. Comment s'appelle-t-il?

— Jean Petit, dit le jeune homme avec un peu d'hésitation.

— Jean Petit! fit l'homme, je le connais bien. Nous prenons nos repas au même établissement. Il n'y a pas longtemps qu'il est ici... trois ou quatre mois seulement; il arrivait d'Anzin.

— C'est bien cela, dit Bernard. — Et le cœur des deux pauvres enfants battit de joie. Ils se voyaient au bout de leurs recherches.

— Il se porte bien? poursuivit le frère aîné.

— Mais oui ; du moins il se portait bien il y a huit jours, avant mon départ. Je viens de faire un petit voyage pour régler des affaires de famille et j'ai été une semaine absent.

— Savez-vous où il demeure ?

— Sans doute, seulement il est un peu tard pour vous y rendre aujourd'hui : c'est à l'autre extrémité du pays, à près d'une lieue d'ici. Ce soir, si vous voulez venir avec moi, je connais, à deux pas, une petite auberge où vous pourrez passer la nuit, et demain je vous conduirai près de l'endroit où il travaille.

Les deux frères acceptèrent volontiers l'offre de Louis Lambourg — c'était le nom de leur interlocuteur — et l'on se mit en route avec lui.

— On travaille bien tard ici, dit Savinien ; tout en marchant et sans se lasser d'admirer ces flammes rouges montant dans la nuit noire ; ces feux n'ont pas l'air de se ralentir.

— Ils ne se ralentiront ni ne s'éteindront de la nuit : ils ne s'éteignent jamais ; d'un bout à l'autre de l'année ils fonctionnent sans interruption, car ce n'est pas une petite affaire que de mettre en train un pareil foyer ; s'il fallait recommencer tous les matins, on passerait la journée rien qu'à allumer son feu. Celui des hauts fourneaux brûle sans cesse, et il en sera ainsi jusqu'à ce que la tour se fende ; alors on la reconstruira.

Le Creuzot, continua l'ouvrier, est la plus grande usine de France et l'une des premières du monde entier ; cela vient précisément de ce qu'on trouve réunies dans le voisinage des mines de fer et des mines de houille. Avec le fer, vous le savez, on fabrique des machines, des outils, des objets de toutes sortes, depuis les énormes locomotives jusqu'aux clous de vos souliers ; avec la houille on chauffe les fourneaux pour faire fondre le métal et on entretient le feu des forges pour le façonner. — Mais ajouta-t-il, voilà l'auberge en question.

QUESTIONNAIRE. — Qu'est-ce qu'un métal ? — Nommez les métaux que vous connaissez ? — Lequel, selon vous, est le plus utile ? — Auriez-vous toutes les commodités de la vie que vous possédez si on n'avait pas découvert le fer et le moyen de le travailler ? — Nommez des objets qui ne sont pas en fer et néanmoins dans la fabrication desquels le fer est employé.

LXXVIII. — Le Creuzot.

Bernard ne dormit pas beaucoup cette nuit-là : il avait hâte d'être au lendemain. L'émotion qui l'avait saisi, chaque fois qu'il avait été sur le point de se trouver en présence de son père, s'emparait de lui de nouveau.

Les deux frères étaient tous deux sur pied quand leur guide vint les prendre.

L'éclat du soleil ne permettait plus de distinguer les flammes que la veille au soir ils voyaient sortir des fourneaux; mais d'épais nuages de fumée s'élevaient d'une multitude de cheminées et s'étendaient au-dessus de la ville; les maisons en étaient toutes noircies; d'autres tuyaux laissaient échapper des tourbillons de vapeur blanche.

Les rues étaient sillonnées de rails sur lesquels allaient et venaient des chariots chargés de minerai, de houille, de barres de fer ou bien de pièces fabriquées.

Avant d'atteindre l'usine, ils longèrent un quartier composé de petites maisons toutes pareilles, accompagnées d'un jardinet.

— C'est la *cité ouvrière*, dit leur guide. Chacun a là sa maisonnette dont il peut, au bout de quelques années, devenir propriétaire. On y trouve l'eau, le gaz. Ces bâtiments, plus grands que les autres, sont des hospices pour les malades et les vieillards; des écoles, des salles d'asile, des crèches. Les femmes qui sont employées à l'usine sont sûres que, pendant qu'elles travaillent, leurs enfants s'instruisent, au lieu de vagabonder dans les rues ou de rester tout seuls à la maison; et que les tout petits sont bien soignés, en compagnie d'autres enfants comme eux. Nous avons aussi des médecins, des pharmaciens.

A la cité ouvrière, continua Lambourg, on trouve encore des magasins où l'on peut s'approvisionner de ce dont on a besoin : pain, viande, vin, épicerie, à meilleur marché que dans les boutiques du village.

— Voilà qui est très commode, dit Savinien, et il y a de quoi loger bien du monde. Est-ce que le Creuzot est la seule grande usine de France où l'on travaille le fer? ajouta-t-il.

— Non, il y en a un grand nombre. Les principales sont celles d'*Imphy-la-Machine*, dans la Nièvre; de *Sainte-Colombe* dans la Côte-d'Or; du *Val d'Osne*, dans la Marne. Dans cette dernière on fond surtout les statues, les fontaines qui décorent les jardins publics.

— M. Ferrière nous a parlé aussi de celle d'Indret, près de laquelle nous sommes passés.

Tout en causant on continuait à marcher et on arrivait à l'entrée de l'usine.

Dans les cours qui la précédaient se voyaient d'énormes tas de matière rougeâtre et terreuse.

— Tenez, voici du minerai, dit Lambourg aux jeunes gens.

— Ces pierres-là ! dit Savinien avec étonnement.

— Oui; ces pierres, comme vous dites, contiennent du fer. Et voilà, ajouta-t-il en faisant entrer les deux frères sous de vastes hangars qui entouraient la cour, le pied des hauts fourneaux qui servent à le faire fondre, et par le haut desquels, hier au soir, vous avez vu s'échapper des flammes.

Dans cet endroit régnait une chaleur étouffante; les ronflements de la veille, qui n'avaient cessé de se faire entendre et même d'augmenter à mesure qu'on approchait de l'usine, formaient un vacarme assourdissant. Ces ronflements étaient comme la respiration d'énormes machines soufflantes, bien autrement puissantes que les plus grands soufflets de forge, et dont la fonction est d'envoyer de l'air dans les hauts fourneaux, pour en activer le feu, par un cylindre creux appelé *tuyère*. Une personne qui se placerait devant la tuyère serait aussitôt renversée, tant le courant d'air qu'elle amène au foyer est violent.

Comme les deux frères traversaient ces hangars, un homme appela leur compagnon.

— Viens donc nous donner un coup de main, camarade, fit-il.

— Restez là un instant, dit Lambourg aux jeunes gens, je vais revenir.

Ceux-ci, quoique un peu contrariés de voir encore retarder le moment de rejoindre leur père, n'osèrent cependant en rien manifester.

Ils attendaient depuis quelques minutes déjà, lorsque Savinien s'écria tout à coup :

— Regarde donc, Bernard ! du feu ! du feu qui coule. Oh ! que c'est beau !

Le bas du fourneau venait de s'ouvrir; un ruisseau rouge et brûlant s'en échappait et roulait lentement dans une rigole.

Des ouvriers, armés de grandes cuillers, puisaient dans ce ruisseau étincelant et remplissaient du liquide enflammé des objets en sable ou en terre dont les jeunes gens ne pouvaient déterminer la forme.

— Qu'allez-vous faire de ce feu? s'écria Savinien.

— Ce n'est pas du feu, dit en riant un des ouvriers, c'est du fer, ou, pour mieux dire, de la fonte. Nous la versons dans des moules pour faire des grilles de balcon. Hier nous avons fait des marmites, demain nous ferons des plaques de cheminée, des tuyaux, ou autre chose.

En ce moment leur guide revint et se remit en marche avec eux.

— Dans quelques jours, dit-il, répondant à la question de Savinien sur ce qu'il venait de voir, quand cette fonte sera bien refroidie, on brisera les moules et on trouvera les grilles qui reproduiront exactement les dessins du modèle.

— Et c'est avec cette fonte que se fabriquent tous les objets en fer?

— Non, la fonte est cassante, ce n'est qu'une sorte de fer grossier. Il faut la remettre au feu, la faire refondre et la marteler pour en faire du fer solide et qu'on puisse forger.

QUESTIONNAIRE. — Avez-vous déjà vu une cité ouvrière? — Quels sont les avantages que présente un établissement de ce genre? — Avez-vous compris la construction d'un haut fourneau? — Pourrait-on faire un marteau un fer de cheval avec de la fonte?

LXXIX. — Le marteau-pilon.

Dans la partie de l'usine que traversaient alors les deux frères, le vacarme était plus étourdissant encore. Il était produit par le mouvement incessant des machines, qui s'agitaient de tous côtés, et surtout par le choc des *marteaux pilons*.

Ces marteaux ne ressemblent à rien de ce qu'on appelle ordinairement ainsi. C'est une masse de fer énorme soutenue par de puissants supports, et que la vapeur fait alternativement monter et descendre.

Comme les jeunes gens arrivaient, des hommes, dont la figure était couverte d'un masque en treillis de métal, apportaient une grosse pièce de fer rouge, sortant de la fournaise, et qu'on appelle *loupe*. A l'aide de pinces de fer ils la placèrent sur l'enclume. Savinien s'approchait, pour mieux voir ce qui allait se passer, lorsque son guide, le saisissant vivement par le bras, le força à reculer.

A un signal du principal ouvrier le marteau s'abattit sur la loupe avec un bruit formidable, en faisant jaillir de tous côtés des millions d'étincelles et des débris de métal. C'est pour que ces parcelles ne viennent pas leur frapper la figure que les ouvriers chargés de ce travail portent des masques, et c'était pour cela aussi que Lambourg avait écarté Savinien.

Le marteau remonta et descendit à plusieurs reprises, puis on retourna la loupe sur l'enclume ; le marteau s'abattit de nouveau avec la même rapidité. Il ne cessa de monter et de descendre jusqu'à ce que le fer fût bien battu, bien martelé, bien *cinglé*, comme on dit.

— Maintenant, dit le maître ouvrier qui avait remarqué l'intérêt que nos jeunes amis paraissaient prendre à l'opération, voyez si mon marteau est docile.

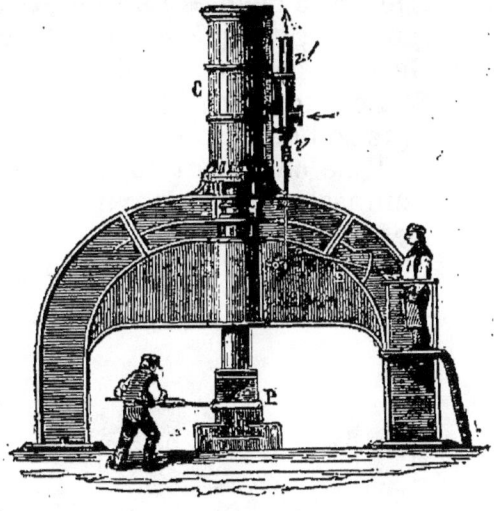
Le marteau-pilon.

Et tirant une noisette de sa poche il la plaça sur l'enclume d'où l'on venait d'enlever la loupe. Alors la masse de fer descendit tout doucement ; si doucement qu'elle vint briser la coque du fruit et se releva avant d'avoir atteint l'amande.

Les deux frères poussèrent une exclamation de plaisir et de surprise, et l'on conviendra qu'il y avait bien de quoi.

Nous n'en finirions pas si nous voulions décrire toutes les choses merveilleuses que nos amis virent en parcourant l'usine. Car Louis Lambourg, malgré ce que lui avait dit Bernard, et ne soupçonnant pas l'impatience qu'avaient les jeunes gens de rejoindre celui qu'ils cherchaient, semblait tenir à leur en faire lui-même les honneurs.

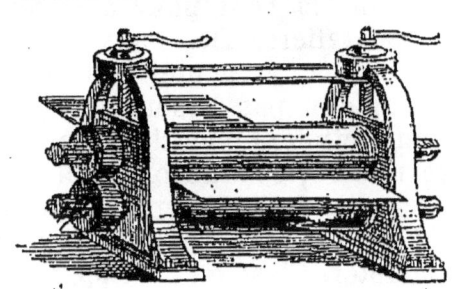
Le laminoir

Dans certains ateliers le fer était formé en barres, que d'énormes ciseaux tranchaient sans la moindre difficulté ; dans d'autres on le convertissait en feuilles de tôle à l'aide du laminoir, gros rouleaux d'acier que la vapeur fait tourner, et entre lesquels passent des plaques de métal qui, épaisses qu'elles étaient, sortent de là aussi minces que des feuilles de papier ; dans d'autres encore le fer était étiré, en passant par les trous plus ou moins grands d'une machine appelée filière, qui en faisait ainsi du fil de fer. De fortes plaques de tôle étaient entaillées ; percées de part en part ; des pièces de métal rabotées comme les planches le sont par les menuisiers.

Le fer enfin se travaillait avec la même facilité apparente que le bois.

Il se changeait en machines, en ancres de vaisseaux, en cuirasses pour les navires, en rails, en ponts, en viaducs pour les chemins de fer.

Bernard et Savinien ne purent s'empêcher de s'arrêter

Des ouvriers mettaient la dernière main à sa toilette.

encore quelques instants dans la cour pour admirer une locomotive qui sortait des ateliers. Des ouvriers étaient occupés à en ajuster les pièces, et à mettre la dernière main à sa toilette avant qu'elle passât sous les yeux du directeur de l'usine. Ils en frottaient énergiquement toutes les parties pour les faire reluire, comme on étrille le poil d'un cheval pour le lustrer ; des mécaniciens l'examinaient en détail avec autant de soin qu'un maquignon examine une monture qu'il veut acheter. C'est qu'en effet il s'agissait aussi d'un coursier, mais d'un coursier de fer, plus fort, plus agile, plus puissant qu'un coursier de chair et d'os. Il se préparait à s'élancer hors de l'usine pour parcourir le monde, comme tant d'autres déjà s'en étaient élancés : car chaque semaine une locomotive, semblable à celle qu'on visitait, sort des ateliers du Creuzot.

QUESTIONNAIRE. — Pensiez-vous qu'il existât des marteaux du genre de celui dont on vous parle? — Trouvez-vous étonnant qu'il brise la coquille d'une noisette sans écraser l'amande? — Nommez des objets en fer. — Pourrait-on avoir des machines si l'on ne possédait pas le fer? — Pourrez-vous nous dire quelles sont les différentes parties qui composent une locomotive? — Décrivez-nous le jeu des pistons?

LXXX. — Il n'est plus ici!

Les deux frères arrivèrent enfin au quartier des mines. C'est là qu'ils devaient trouver Jean Petit.

On marchait au milieu de monceaux de charbon, sur des débris de charbon, entre des files de tombereaux chargés de charbon, et en respirant de la poussière de charbon. Là, comme à Anzin, tout était imprégné d'une couche noirâtre.

— Savez-vous où travaille Jean Petit? dit le guide des deux frères en s'adressant à un ouvrier.

— Jean Petit, dit cet homme, il n'est plus ici.

Il n'est plus ici! C'était la quatrième fois que les pauvres garçons recevaient cette désespérante réponse. On devine quel effet elle produisit sur eux.

— Il n'est plus ici! répéta Bernard, sans savoir ce qu'il disait; il n'est plus ici!

— Non, reprit l'ouvrier; il a quitté le Creuzot voilà trois jours. On ne le regrette pas... c'était une mauvaise tête; il se faisait des querelles avec tout le monde, il est parti pour Saint-Étienne.

— Pour Saint-Étienne! balbutia encore Bernard.

— Oui; il a dit qu'il allait travailler au Nouveau-Puits. S'il y reste longtemps j'en serai bien surpris... ce n'était pas un fameux ouvrier. Mais ce n'est pas étonnant quand on fréquente le cabaret...

Les pauvres enfants étaient tellement accablés par ce qu'ils venaient d'apprendre que c'est à peine s'ils purent murmurer quelques mots de remerciement, et qu'ils n'auraient su dire comment ils se retrouvèrent, un quart d'heure après, hors de l'usine et sur le chemin de la petite auberge où ils avaient passé la nuit.

Lorsqu'ils y furent arrivés, ils se laissèrent aller tous deux à leur chagrin; mais Bernard sentit bientôt la nécessité de se dominer pour prendre un parti.

Prendre un parti! c'est là justement qu'était la difficulté. Continuer à poursuivre leur père jusqu'à Saint-Étienne, était-ce très raisonnable? Ne vaudrait-il pas mieux lui écrire? D'un autre côté, renoncer peut-être à l'espoir de le voir jamais, n'était-ce pas bien cruel?

12.

Le pauvre garçon se trouvait très embarrassé.

Il fallait aussi consulter la bourse. Tant d'allées et de venues l'avaient rendue bien légère. De la somme que Mme Petit avait destinée au voyage, il ne restait plus que quarante francs.

Avec de l'économie c'était suffisant pour aller à Saint-Étienne et retourner de là à Fréville. Bernard hésitait encore pourtant; mais Savinien n'hésitait pas, lui. Il fit si bien par ses prières que son frère se décida à prendre la direction du chef-lieu du département de la Loire.

Sans plus tarder ils replacèrent leurs sacs sur leurs épaules et se remirent en route, bien tristes on peut le croire. Ce qui aggravait la peine de Bernard, mais dont Savinien, d'un caractère plus léger, ne semblait pas se soucier, c'étaient les discours qu'il avait entendu tenir au Creuzot sur le compte de Jean Petit. C'était un ouvrier paresseux, querelleur, il fréquentait le cabaret, avait-on dit. La pensée que leur père était un mauvais sujet lui était très pénible; cependant il cherchait à l'excuser dans son cœur.

— C'est peut-être, se disait-il, l'ennui, le chagrin, d'être séparé de nous qui lui a fait prendre de mauvaises habitudes : j'ai entendu dire que cela arrivait quelquefois; mais quand nous serons réunis il n'aura plus les mêmes raisons pour aller au cabaret. Il se corrigera bien sûr.

Il ne pouvait toutefois s'empêcher de regretter que leur père ne fût pas irréprochable comme il s'était toujours plu à le croire, car c'est une triste chose de ne pouvoir estimer ceux qu'on doit aimer et respecter.

QUESTIONNAIRE. — Saint-Étienne est-il au nord ou au sud du Creuzot? — Comment cette ville est-elle située par rapport à Lyon, à Orléans, à Marseille? — Quelles sont les sous-préfectures du département dont elle est le chef-lieu? — Comprenez-vous les sentiments de Bernard?

LXXXI. — Le concours régional.

L'après-midi du lendemain était assez avancée lorsqu'ils aperçurent sur la route un troupeau de bœufs et de vaches conduit par des paysans en habits de fête. Les animaux eux aussi, étaient parés et autour de leurs cornes s'enroulaient des rubans et des guirlandes. En avant des autres, et comme le roi de tout le troupeau, marchait pesamment un bœuf blanc d'une taille colossale.

— Oh! la belle bête! s'écria Savinien. Vois donc, Ber

nard, comme ses épaules sont larges, ses jambes courtes et robustes, son corps arrondi. Il a le poil lisse et fin, le regard doux. Oh! oui, c'est une belle bête, et je suis sûr que c'est aussi un rude travailleur.

En parlant ainsi il avait rejoint le cortège. Il ne put s'empêcher d'exprimer son admiration pour le beau bœuf blanc et de passer la main sur ses vastes flancs. Celui-ci parut très sensible à cette caresse, car les animaux connaissent bien leurs amis.

— Oh! vous pouvez le toucher sans crainte, dit un des hommes qui le conduisaient; il ne vous fera pas de mal; il est aussi bon qu'il est fort et courageux. Il a bien mérité la médaille.

— Quelle médaille? demanda Savinien.

— La médaille au *concours régional* qui a eu lieu aujourd'hui à Charolles, entre les éleveurs charollais, et d'où nous venons. Ce bœuf-là a obtenu le premier prix, comme étant le plus bel échantillon de la *race bovine*.

— Ah! je connais les concours dont vous parlez. J'ai entendu dire qu'il y en avait de semblables dans tous les départements, et que, non seulement on donnait des prix aux éleveurs, mais aussi aux laboureurs, aux bergers, aux valets de ferme. C'est un bon moyen pour que chacun fasse de son mieux afin d'améliorer la race de ses bestiaux. Quand je serai grand, je tâcherai que les animaux que j'élèverai obtiennent aussi des succès aux concours.

— La race charollaise, reprit l'éleveur, est, de toutes les races françaises, celle qui fournit la meilleure viande de boucherie. Chaque semaine il part de chez nous un convoi de bœufs pour les abattoirs de Paris; mais nos vaches ne sont pas aussi bonnes laitières que les vaches normandes, ni surtout que les vaches flamandes, qui donnent jusqu'à vingt et vingt-cinq litres par jour. Aussi on les engraisse, comme les bœufs, pour l'alimentation.

— Je croyais que la viande de vache ne valait rien, dit Savinien.

— Détrompez-vous. Elle est très bonne et se vend presque aussi bien que celle du bœuf.

Le jeune garçon n'aurait pas mieux demandé que de continuer la conversation; tout ce qui regardait les bêtes domestiques l'intéressait particulièrement; mais le grand bœuf blanc, lui, ne paraissait pas se soucier de s'arrêter, et il avait continué son chemin, du même pas tranquille et égal. Aussi son maître, après avoir échangé un bonjour cordial avec les deux frères, fut obligé d'aller reprendre la tête de son troupeau.

A mesure qu'ils approchaient de Charolles, nos amis rencontraient de nombreux groupes, composés, comme celui qu'ils avaient déjà vu, d'animaux domestiques et de cultivateurs. Tantôt c'était une vache, tantôt un mouton, ou même un porc qu'on avait enrubanné.

— Je ne vois pas de chevaux parmi les animaux récompensés, dit Savinien.

— Pour les chevaux, répliqua Bernard, on fait des courses qui remplacent les concours régionaux. Elles ont lieu principalement à Paris, à Chantilly, à Caen. On désigne un but, et le propriétaire du cheval qui y arrive le premier gagne le prix.

Les maisons de Charolles étaient toutes pavoisées de drapeaux, et, en arrivant à la place principale, nos deux voyageurs passèrent sous un arc de triomphe de verdure dressé pour la circonstance. C'est là qu'avait eu lieu le concours. Une estrade, couverte de velours et décorée de guirlandes, était élevée au milieu. Tout autour étaient disposés des instruments aratoires, c'est-à-dire servant pour la culture de la terre, tels que charrues, herses, moissonneuses machines à semer, à faucher, à battre le blé. On y voyait aussi des sacs de grain, des bottes de fourrages, des légumes des fruits : car il ne faut pas croire que ce soient les animaux seuls qui prennent part au concours régional : on y admet tout ce qui a rapport aux travaux et aux produits de la terre ou de la ferme. Bernard et son frère trouvèrent un grand plaisir à examiner toutes ces choses. La place était pleine des habitants de la ville et des paysans des environs, qui faisaient comme eux. De temps en temps on entendait des instruments qui jouaient des marches ou d'autres morceaux de musique.

— Tout a un air de fête ici aujourd'hui, dit Savinien. Regarde, Bernard, la joie et le contentement sont peints sur toutes les figures.

— C'est qu'un concours comme celui qui vient d'avoir lieu est une véritable fête ; la fête de l'agriculture. Les efforts que font les cultivateurs et les éleveurs pour obtenir des récompenses ne profitent pas à eux seuls et lorsqu'ils améliorent leurs bestiaux ou les produits de la terre chacun s'en trouve bien.

— Tu as raison, et chacun, par conséquent, doit s'en réjouir. Moi aussi, répéta-t-il, quand je serai grand, c'était son refrain ordinaire, je tâcherai d'obtenir des récompenses aux concours régionaux.

QUESTIONNAIRE. — Que signifie cette expression : *race bovine*, et que veulent dire ces autres : *race ovine, race porcine* ? — Trouvez-vous que l'institution des concours régionaux soit utile ? — Quels sont les services que nous rend le bœuf et quels produits en tire-t-on ? — Nommez, si vous les connaissez, quelques-unes des principales races de bœufs.

LXXXII. — Saint-Étienne. — Pénible entrevue.

Quatre ou cinq jours après leur départ du Creuzot, nos amis arrivèrent à Saint-Étienne. Il pleuvait depuis la veille; mais ils n'avaient pu avoir recours au chemin de fer, comme ils le faisaient lorsqu'ils étaient assaillis par le mauvais temps ; la somme qui leur restait était trop faible. Leurs pieds enfonçaient dans une boue noire, produit de la poussière de charbon délayée par l'humidité.

Cette même poussière couvrait les maisons, comme celles du Creuzot, d'un enduit foncé qui leur donnait un aspect triste.

— Je vois, dit Savinien, qu'il y a encore beaucoup de houille par ici.

— Sans doute, et c'est ce qui fait la richesse de Saint-Étienne, car « la houille est le pain quotidien de l'industrie ». Tous les environs sont percés de puits de mines.

— Et notre père travaille au Nouveau-Puits ; dépêchons-nous d'aller nettoyer nos habits et nos chaussures, et courons le trouver.

Mais ils avaient beaucoup à marcher encore pour y atteindre ; le Nouveau-Puits est situé à l'extrémité de la ville, dont la principale rue a une lieue de long. Cette rue est toute bordée de fabriques et de manufactures où travaillent des milliers d'ouvriers, car Saint-Étienne est une des villes les plus industrieuses de France.

Lorsque les deux frères arrivèrent à la mine qu'on leur avait désignée comme celle où leur père travaillait, c'était l'heure du déjeuner. On leur indiqua la maison où Jean Petit prenait ses repas.

C'était un petit cabaret qui, par sa mauvaise apparence, répondait à ce que l'ouvrier du Creuzot avait dit aux jeunes gens sur le compte de celui qu'ils cherchaient. La pensée que leur père menait une mauvaise conduite, avait déjà tourmenté Bernard ; elle se présenta avec une nouvelle force à son esprit en approchant de cet endroit. Il fut obligé de faire appel à tout son courage pour franchir la porte de l'établissement.

La pièce où il entra, suivi de Savinien, était obscurcie par la fumée des pipes, et il y régnait un tumulte impossible à décrire. Des gens étaient attablés, criant, se disputant à qui mieux mieux. Au moment où les deux frères firent leur apparition, on allait en venir aux coups. Un des buveurs avait saisi une bouteille et la balançait en l'air, comme prêt à la lancer à la tête de l'un de ses camarades.

— Allons-nous-en, murmura Savinien en cherchant à entraîner son frère, j'ai peur; papa ne peut pas être parmi ces gens-là.

Mais un des hommes les avait aperçus.

— Eh! petits, s'écria-t-il, qu'est-ce que vous venez faire ici?

Bernard, après avoir hésité un instant:

— Jean Petit, c'est moi !

— M. Jean Petit? demanda-t-il.
— Jean Petit! fit l'homme à la bouteille, qui continuait à la brandir et à gesticuler, tout en échangeant des injures avec son interlocuteur, Jean Petit, c'est moi. Qu'est-ce qu'on lui veut à Jean Petit?

En entendant ces mots, les deux pauvres enfants demeurèrent consternés. Quoi! c'était là leur père! C'était à cet homme pris de vin, que sa raison paraissait avoir abandonné, qu'ils devaient amour, soumission et respect!

Celui qui venait de parler répondait pourtant assez bien au signalement donné par leur grand'mère. Il était grand, il était fort, il était brun; autrefois même il avait pu être beau ; mais le vice avait déformé ses traits, rougi ses yeux et donné une expression repoussante à toute sa physionomie.

— Qu'est-ce que vous lui voulez à Jean Petit? répéta-t-il.

Mais ni Bernard ni Savinien n'étaient en état de répondre. C'est que, nous le répétons, il est cruel pour des enfants de ne pouvoir estimer leurs parents! Ils sentaient les larmes leur monter aux yeux et les sanglots les étouffer. Il fallut pourtant parler.

— Vous vous appelez bien Jean Petit? demanda encore une fois Bernard. — S'il pouvait dire non ! pensait-il.

Son espoir fut trompé.

— Sans doute, fit l'autre, que je m'appelle Jean Petit !

Le pauvre garçon poussa un profond soupir de découragement. Il n'y avait plus moyen d'en douter. Celui qu'ils avaient devant les yeux était leur père. Il continua pourtant :

— Vous venez du Creuzot?

— Oui ; et après?

— Vous avez travaillé aux mines d'Anzin?

— Ah ça! est-ce qu'il est de la police, celui-là ?

Cette plaisanterie fut trouvée très spirituelle par tout l'auditoire, qui poussa un bruyant éclat de rire.

— Eh bien! oui, reprit l'ouvrier en s'adressant à Bernard, j'ai travaillé aux mines d'Anzin. Qu'est-ce que ça vous fait?

— Je voudrais vous parler en particulier, dit le jeune homme, qui était obligé à chaque parole qu'il prononçait de faire un nouvel effort.

— En particulier! s'écria l'autre en goguenardant. Vous pouvez parler tout haut; je n'ai pas de secrets pour les camarades.

— Non! non, il n'a pas de secrets! firent tous les assistants, qui avaient abandonné leurs querelles pour écouter la conversation de Jean Petit avec les nouveaux arrivés.

Bernard aurait voulu être à cent lieues.

— Nous venons de Fréville, balbutia-t-il.

— Fréville? répéta l'ouvrier mineur; connais pas !

— Fréville... dans le département de Loir-et-Cher.

— Ah! ah! dans le département de Loir-et-Cher! Il sait joliment sa géographie, ce petit!

— Ma foi! oui; il est fort sur la géographie! firent les autres en riant.

— Eh bien! mettez que je sois de Fréville, reprit celui qui se donnait le nom de Jean Petit. Qu'est-ce que vous me voulez?

— Je viens vous parler de votre famille.

— Ma famille? Que demande-t-elle, ma famille? M'envoie-t-elle de l'argent?

Et il ricana de nouveau bruyamment.

Le pauvre Bernard était si humilié et si chagrin de découvrir que son père ne ressemblait nullement au portrait qu'il s'en était fait, qu'il avait bonne envie de se retirer sans pousser plus loin la conversation; mais il se dit qu'il n'en avait pas le droit et devait, quoi qu'il lui en coûtât, se faire connaître à lui. Cependant il ne pouvait s'y résoudre devant tous ces étrangers.

Il insista de nouveau pour entretenir le mineur à part.

— Ah ça! mais ils finissent par m'ennuyer, ceux-là, s'écria grossièrement l'ouvrier. A qui donc en ont-ils? Me direz-vous au moins qui vous êtes?

— Nous sommes Bernard et Savinien Petit.

— Tiens! ils s'appellent comme toi, remarqua l'un des assistants.

— C'est possible, mais ils ne peuvent pas être de ma famille, car je n'en ai pas. J'ai perdu mes parents étant enfant, et je n'ai jamais eu ni frère ni sœur.

— N'êtes-vous donc pas de Fréville? s'écria vivement Bernard.

— Eh non, je ne suis pas de Fréville; vous ne voyez donc pas que j'ai voulu m'amuser en vous le laissant croire! Je suis des environs de Bordeaux. Et voilà Pierre Labruc, mon pays, qui peut vous le dire.

— Ça, c'est vrai, dit le camarade interpellé.

— Vous n'êtes pas de Fréville, près de Romorantin? répéta Bernard, et sa figure, qui depuis le commencement de la conversation peignait la tristesse et l'accablement, reprit tout à coup l'expression qui lui était habituelle.

— Puisqu'on vous le dit.

— Alors je vous demande bien pardon de vous avoir dérangé.

Et le jeune homme, entraînant Savinien, sortit précipitamment du cabaret.

QUESTIONNAIRE. — Avez-vous déjà vu des villes très industrieuses? — Que signifie cette expression : La houille est le pain quotidien de l'industrie? — Peut-on être bon ouvrier et fréquenter le cabaret? — Peut-on aller au cabaret de temps en temps seulement? — Qu'arrive-t-il dans ce cas? — Quels départements traverse-t-on pour aller directement d'Anzin au Creuzot? — Où est Bordeaux par rapport au Creuzot?

LXXXIII. — Cruelle découverte. — Six francs pour deux vestes.

Bernard et Savinien étaient si contents d'apprendre que le Jean Petit qu'ils venaient de voir n'était pas leur père, que d'abord ils ne songèrent qu'à se féliciter de ce qui venait d'arriver; mais quand le premier moment fut passé, ils se dirent avec tristesse qu'ils n'étaient pas plus avancés qu'au début de leur voyage. Etaient-ils donc destinés à rester orphelins? à ne jamais connaître leur guide, leur protecteur naturel? Où le chercher maintenant?

Après y avoir réfléchi, Bernard ne vit pas autre chose à aire que de demander conseil à M. Ferrière, qui devait être encore à Pau. Il résolut de lui écrire le triste résultat de leurs recherches et d'attendre, pour prendre un parti qu'ils eussent reçu sa réponse.

Il retourna à l'auberge pour mettre son projet à exécution. Une heure après la lettre était dans la boîte.

Les deux frères allèrent alors se promener dans la ville; puis, l'appétit se faisant sentir, ils entrèrent dans une boutique pour acheter quelques provisions; mais au moment de les payer Bernard, qui venait de porter la main à sa poche, poussa une exclamation de surprise douloureuse. Ses deux doigts, au lieu de rencontrer la pièce de monnaie qu'il cherchait, venaient de passer au travers d'un large trou qui s'était formé dans la doublure.

Bien entendu, le marchand ne pouvait livrer sa marchandise si on ne lui donnait pas d'argent. Il remit donc en place le morceau de saucisson qu'il venait de couper, et les deux frères sortirent de la boutique les mains vides, aussi bien que l'estomac.

Les pauvres enfants se trouvaient dans une situation cruelle, car la somme qu'ils venaient de perdre était tout ce qu'ils possédaient. Qu'allaient-ils devenir maintenant sans argent, loin de leur pays, dans une ville où ils ne connaissaient pas une âme? Bernard faisait les plus tristes réflexions; il s'accusait de négligence, se reprochait amèrement de n'avoir pas pris les mêmes précautions pour sa dernière pièce d'or que pour les premières, c'est-à-dire de ne l'avoir pas portée, comme il le faisait au commencement du voyage, dans une poche à part; mais tout cela ne remédiait à rien.

Quant à Savinien, il ne pensait qu'à consoler son frère et à tâcher de lui faire voir les choses sous un aspect moins désolant.

— Ecoute, lui dit-il, il faut vendre nos vestes. Elles commencent à nous devenir un peu justes; vois! la manche de la mienne n'arrive pas à mon poignet;

— On ne nous en donnera presque rien.

— Pourquoi donc? Elles sont encore très propres; nous en retirerons bien vingt-cinq ou trente francs. C'est plus qu'il ne nous faut pour retourner chez nous.

— Essayons, dit Bernard, qui ne voyait effectivement pas d'autre moyen de se tirer d'affaire.

Après avoir erré pendant plus d'une demi-heure dans la ville, sans pouvoir se décider à s'adresser à aucun marchand, ils avisèrent une petite boutique de fripier, à la devanture de laquelle étaient pendus des vêtements de toutes sortes, depuis la blouse de bougran du mineur jusqu'à des équipements militaires. Sur le seuil se tenait un homme qui, voyant les deux jeunes gens arrêtés devant son étalage, fi quelques pas hors de son magasin.

— Ces vestes-là! fit-il.....

— Allons, que vais-je vous vendre? dit-il d'un air engageant: un joli gilet, une paire de bottines, un paletot en drap de Sedan?

Bernard prit, comme on dit, son courage à deux mains :

— Notre intention n'est pas de rien acheter, dit-il; nous voudrions au contraire...

Il s'arrêta.

— Vous voudriez?...

— Nous voudrions, reprit-il avec effort, nous defaire des habits que voilà.

Et il désigna le sien et celui de son frère.

La figure du marchand se rembrunit tout à coup et perdit son air aimable.

— Ces vestes-là ! fit-il d'un air dédaigneux.

— Oui ; combien nous les achèterez-vous ?

— Je vous en donnerai un bon prix, quoique les affaires aillent très mal et qu'on gagne à peine de l'eau à boire. Je vois bien que vous avez besoin d'argent, et je ne voudrais pas abuser de votre position. Oui ; je vous en donnerai un bon prix.

Bernard sentit l'espoir rentrer dans son cœur.

— Combien ? demanda-t-il avec un peu plus d'assurance.

— Six francs... six francs des deux.

— Six francs ? — Le jeune garçon crut avoir mal entendu.

— Oui, six francs, dit l'homme ; et pas un seul fripier dans tout Saint-Étienne ne vous en donnera davantage.

Bernard néanmoins résolut d'en faire l'épreuve ; il ne pouvait avoir la pensée de céder leurs habits pour ce prix dérisoire. A quoi une si faible somme leur eût-elle servi ? Mais il ne fut pas plus heureux près des autres marchands. L'un deux leur offrit cinq francs des deux vestes ; un autre, six francs comme le premier ; un quatrième, cinq francs cinquante. Ils entrèrent ainsi chez tous les revendeurs de de Saint-Étienne sans qu'aucun leur fît des propositions acceptables.

La nuit approchait. Ils retournèrent, bien tristes et bien découragés, à leur auberge, se demandant comment ils feraient pour régler leur compte avec l'hôtelier. Heureusement ils avaient payé deux jours d'avance, ce qui leur donnait un peu de temps.

Savinien se jeta tout habillé sur le lit pour pleurer tout à son aise et cacher ses larmes à son frère. Il s'endormit bientôt, en dépit de son chagrin et de la faim qui le tourmentait.

Il n'en fut pas de même de Bernard. Son affliction était plus vive et plus profonde que celle de son frère ; car, outre que c'était sur lui, comme l'aîné, que retombait la charge de sortir de ce mauvais pas, il se mêlait à ses préoccupations le remords d'être cause du malheur qui leur arrivait. Rien n'aggrave le regret que nous cause la perte d'une chose, comme de nous dire que cette perte est le résultat de notre négligence. Le jeune garçon était forcé de le reconnaître : c'était par la sienne qu'ils étaient tombés dans une si fâcheuse position.

Il passa toute la nuit à réfléchir au moyen d'en sortir.

Il y en avait bien un : M. Ferrière s'était montré si bon pour eux que, s'il venait à connaître l'extrême embarras dans lequel se trouvaient ses jeunes amis, il viendrait sûrement à leur secours; mais Bernard n'avait d'autre droit à réclamer sa protection que le souvenir du service qu'il lui avait rendu, et il n'aurait voulu pour rien au monde avoir l'air de se le faire payer.

Il songeait aussi à chercher de l'ouvrage; cependant, en supposant qu'ils en trouvassent tout de suite, combien leur faudrait-il de temps pour économiser sur leurs gains la somme nécessaire pour rejoindre Fréville?

C'est pourtant à ce dernier parti qu'il s'arrêta, et dès le matin il se mit en route avec son frère pour parcourir la ville dans cette intention. Tous deux avaient grand'faim, n'ayant pas mangé depuis près de vingt-quatre heures; ils ne se plaignaient pas néanmoins, ne voulant pas augmenter mutuellement leurs chagrins.

QUESTIONNAIRE. — Qu'est-ce qu'un orphelin? — A la place des deux frères, auriez-vous demandé à M. Ferrière de vous venir en aide? — Si Bernard et Savinien trouvent de l'ouvrage, qu'ils puissent économiser huit sous par jour à eux deux sur leurs gains et qu'il leur faille douze francs à eux deux pour retourner à Fréville, combien de temps mettront-ils à économiser la somme nécessaire?

LXXXIV. — Triste journée. — Les fabriques de Saint-Étienne.

A Saint-Étienne il y a un grand nombre de manufactures de rubans et de lacets de soie. Ces beaux rubans aux mille couleurs, brochés, moirés, veloutés, façonnés, satinés, dont les dames se parent, se fabriquent à deux pas des mines de houille et au milieu des innombrables cheminées qui envoient de tous côtés la noire et épaisse fumée du charbon. On devine quels soins et quelles précautions sont nécessaires pour qu'ils conservent leurs fraîches et délicates nuances; car il n'en est pas de la soie comme du drap et des autres étoffes de laine : on ne les nettoie pas quand elles sont tissées; telles elles sortent du métier, telles elles sont livrées au commerce et employées.

En traversant les salles des établissements où ils se présentaient pour demander de l'ouvrage, les deux frères pouvaient voir d'énormes métiers à tisser, mis en mouvement par la vapeur et dirigés par un seul ouvrier. Sur chacun d'eux, dix, douze, vingt rubans étaient tendus à côté les uns des autres et se tissaient à la fois. Mais les pauvres garçons n'y jetaient qu'un regard distrait; ils étaient trop préoccupés de leur sort.

En effet, dans aucune fabrique on ne voulait les admettre

que comme apprentis, ce qui était naturel, puisqu'ils ne connaissaient pas le travail qu'on y exécutait. Cet arrangement ne pouvait convenir aux pauvres garçons, qui avaient besoin de gagner tout de suite de l'argent.

Il y a encore à Saint-Etienne des manufactures de coutellerie, et ils se dirigèrent du côté où elles étaient situées, espérant être plus heureux par là. Ils étaient bien résolus à ne pas se montrer difficiles et à accepter n'importe quelle besogne, pourvu qu'elle leur procurât les moyens de gagner leur vie.

La faim, on peut le croire, les tourmentait cruellement. Bernard se disait qu'ils allaient être réduits à donner leurs vestes au marchand fripier pour les six francs qu'il leur en avait offerts; mais il voulait du moins les conserver jusqu'à ce qu'ils eussent trouvé un emploi, afin de se présenter plus convenablement dans les fabriques, leurs habits de tous les jours commençant à se ressentir des fatigues du voyage.

Savinien marchait une main fourrée dans la poche de son pantalon. Cette poche, comme toutes celles des écoliers, contenait, outre son mouchoir, son couteau, de la ficelle et une demi-douzaine de billes, une foule d'autres choses.

Tout à coup il poussa un cri de surprise joyeuse : entre tous les objets qui y étaient entassés, il venait de découvrir quelques sous. C'était le reste d'une pièce d'un franc que Bernard lui avait donnée la veille pour acheter du pain avant de se rendre à la mine du Nouveau Puits.

Il y avait là de quoi apaiser momentanément leur faim.

Ils entrèrent bien vite chez un boulanger et, un peu réconfortés, ils se remirent en route.

Mais pas plus dans les fabriques de coutellerie que dans celles de rubans on ne pouvait les accepter.

Tout le jour se passa en recherches infructueuses : les pauvres garçons étaient désespérés.

Il ne leur restait plus qu'une ressource : c'était de chercher de l'ouvrage aux mines.

Le travail de la mine est dur, surtout pour des jeunes gens habitués à la vie au grand air. Ce n'est pas ce métier que Bernard eût choisi de préférence. Bien des fois, depuis surtout qu'il avait été à même de savoir combien l'existence des mineurs est pénible, il avait plaint leur père de la mener; mais, dans l'extrémité où ils étaient réduits, ils ne pouvaient consulter leur goût.

Craignant de se rencontrer avec le mineur qui portait le même nom que leur père, ils se dirigèrent vers un puits situé sur un point tout opposé à celui où il travaillait.

Là enfin leur demande fut accueillie favorablement. C'était le moment de la grande presse d'ouvrage. On consentit, à les employer. Il fut convenu que Bernard recevrait trente sous par jour et Savinien vingt seulement. C'était bien peu de chose ; mais, la seconde semaine, s'ils se montraient actifs et de bonne volonté, ils gagneraient davantage.

Les pauvres enfants se retirèrent bien contents de se voir du pain assuré ; et, quoique Savinien éprouvât une certaine appréhension à la pensée de descendre sous terre, il n'en laissa rien paraître.

Tout en ayant réussi à trouver de l'ouvrage, les deux frères n'en étaient pas moins forcés de porter leurs vestes au fripier. Outre que, pour travailler aux mines, il n'est pas nécessaire d'avoir des habits élégants, il fallait manger jusqu'à ce qu'ils touchassent l'argent de leur gain ; on ne payait pas sans doute les ouvriers chaque soir, et l'on pense bien que les douze sous trouvés au fond de la poche de Savinien ne pouvaient durer longtemps.

Ils hésitaient encore pourtant ; cette nécessité leur semblait cruelle. A plusieurs reprises, ils entrèrent dans la rue habitée par le fripier et revinrent sur leurs pas.

Ils firent si bien que, lorsqu'ils se décidèrent à gagner sa boutique, ils la trouvèrent fermée.

QUESTIONNAIRE. — Vous rappelez-vous ce que nous avons dit des métiers à tisser ? Quels divers objets fabrique-t-on dans une manufacture de coutellerie ?

LXXXV. — **Dans la matinée.**

Le lendemain, dès cinq heures, les deux frères étaient à l'entrée du puits de la mine avec les autres ouvriers. Ce fut avec un battement de cœur bien naturel qu'ils entrèrent dans la benne qui y descendait. Savinien surtout éprouvait une terreur dont il ne pouvait se défendre, en sentant le singulier équipage s'enfoncer et en voyant les ténèbres s'épaissir autour de lui ; mais il s'efforçait de se dominer.

Après un voyage de quelques minutes, qui lui parut démesurément long, la benne s'arrêta.

L'endroit où se trouvaient nos amis était des plus étranges et peu fait pour plaire à ceux qui redoutent l'obscurité. De tous côtés s'étendaient de noires et profondes galeries, creusées à même le charbon. Des lampes, suspendues de distance en distance, ne les éclairaient qu'imparfaitement. Parmi ces galeries, il y en avait de basses et de hautes, de larges et d'étroites, de longues et de courtes, de droites et de tortueuses. Comme les rues avoisinant les mines au dehors, elles étaient sillonnées de rails de fer, sur lesquels glissaient des chariots pleins de charbon, qu'on dirigeait vers un puits semblable à celui par lequel les deux jeunes gens venaient de descendre. Là une machine les enlevait jusqu'au niveau du sol.

A peine Bernard et Savinien furent-ils sortis de la benne qu'un homme, qui paraissait être un contremaître, les conduisit près d'une petite logette où, devant un bureau, était installé un employé. Celui-ci prit leurs noms, qu'il inscrivit sur un livre; puis le contremaître leur remit une lampe, qu'ils attachèrent à leur ceinture, et les mena, par plusieurs galeries, auprès d'un ouvrier qui, une lampe semblable à la leur accrochée à son chapeau, était déjà à l'ouvrage.

Après un voyage de quelques minutes...

Armé d'un instrument de fer appelé *pic*, il frappait la muraille de charbon et en faisait tomber des morceaux.

— Tenez, père Charlot, dit le contre maître, voilà deux garçons pour remplacer votre apprenti habituel.

— C'est bon, fit le mineur.

Puis, après avoir regardé les deux frères :

— Ça n'a pas l'air fort, ajouta-t-il.

— C'est possible; mais nous avons bonne volonté, dit Bernard.

— Tant mieux! répliqua le père Charlot, qui était un bon homme; après tout c'est le principal. Eh bien, prenez les deux brouettes que voilà, remplissez-les de charbon à mesure que je le détache et allez les vider dans ce tombereau là-bas.

Les deux frères se mirent à l'ouvrage, et Savinien éprouva ce qu'il avait déjà éprouvé à bord de la *Mouette*, pendant la tempête, au passage du Raz : en travaillant, sa crainte se dissipa. Il était si content d'ailleurs de se dire qu'il allait gagner un peu d'argent, que cette pensée lui donnait du courage. Il ne songea plus à l'endroit où il se trouvait, mais seulement à sa besogne, et il ne s'occupa plus qu'à l'accomplir de manière à contenter le père Charlot. Il y réussit, et lorsque sonna la cloche du déjeuner, il eut la satisfaction d'entendre le mineur lui dire :

— Tu es un brave enfant, et j'aime mieux vous avoir pour apprentis, toi et ton frère, quoique vous ne soyez pas encore au courant du travail, qu'une demi-douzaine de fainéants comme ce Jacquet, qui m'aide ordinairement. Il a beau être grand et fort deux fois comme toi, il traîne sa brouette en véritable poule mouillée.

Au son de la cloche, le père Charlot avait posé son pic et, tirant de sa poche un modeste déjeuner, il s'assit sur un bloc de charbon et se mit à manger. Bernard et Savinien firent de même, en se partageant la tranche de pain achetée de leurs derniers sous et en prenant la précaution toutefois d'en réserver un morceau pour leur second repas : car ils ne devaient pas avoir le moyen de s'en procurer d'autre avant d'avoir vendu leurs vestes.

Tout en mangeant, la conversation s'engagea entre eux et le vieil ouvrier.

— C'est la première fois, je le vois, dit celui-ci aux jeunes gens, que vous descendez dans la mine.

— Oui, répondit Bernard. Et vous, y a-t-il longtemps que vous faites ce métier?

— Moi? je l'ai fait toute ma vie.

— Est-ce que cela ne vous déplaît pas, demanda Savinien, d'être toujours dans l'obscurité? N'aimeriez-vous pas mieux travailler au grand air, voir le ciel, les arbres?

— Bah! on s'habitue à tout. Je vois le ciel et les arbres le dimanche!

Le jeune garçon pensa qu'il aurait bien de la peine, lui, à s'habituer à vivre sous terre, et il admira intérieurement ceux qui pouvaient, sans se plaindre, se soumettre à une existence si triste.

Ce n'est pas là le pis, continua le père Charlot. C'est que parfois on est exposé à de grands dangers.

— Quels dangers?
— Ceux qui résultent des inondations et des explosions.
— Comment peut-il y avoir des inondations ici?
— Sous terre il y a des sources. Quelquefois l'eau de ces sources se creuse un passage, envahit la mine, remplit les galeries, et alors on a grand'peine à se sauver.

QUESTIONNAIRE. — Aimeriez-vous à travailler sous terre comme les mineurs? — Les ouvriers les plus grands et les plus forts sont-ils toujours les plus travailleurs? — Le sort des mineurs vous semble-t-il plus pénible qu'un autre?

LXXXVI. — Le grisou.

— Vous avez aussi parlé d'explosions, dit encore Savinien.
— Oui, des explosions de *grisou*.
— Qu'est-ce que cela?
— Savez-vous ce que c'est que le gaz dont on éclaire les rues?
— A peu près; Bernard me l'a expliqué.
— Eh bien, il se forme parfois dans les mines un gaz qui ressemble à celui-là; c'est le grisou. Il prend feu aussi facilement que l'autre et il produit alors des explosions formidables. Tout se brise, tout éclate avec un fracas tel que les coups de tonnerre qu'on entend là-haut ne sont que des soupirs à côté. Le sol tremble, d'énormes blocs de charbon se détachent tout seuls; les voûtes s'écroulent, ensevelissant les galeries sous les décombres. Enfin c'est un bouleversement dont vous ne pouvez vous faire une idée. J'en peux dire quelque chose.
— Est-ce que vous avez vu une de ces terribles explosions?
— Vraiment oui, et j'ai bien failli en être victime. C'était en novembre dernier. La cloche du dîner venait de sonner et presque tous les ouvriers étaient sortis de la mine. Je me préparais à en faire autant lorsque j'entendis un bruit épouvantable; je fus jeté violemment par terre et je perdis connaissance.

Quand je revins à moi je me trouvai dans une profonde obscurité, ma lampe s'était éteinte par la force de la commotion. Je me levai et fis quelques pas, mais je rencontrai bientôt la muraille; je me tournai d'un autre côté cherchant une issue, je n'en trouvai pas, le rocher s'était refermé sur moi.

— Oh! mon Dieu! s'écria Savinien, vous étiez enterré tout vivant.

— Comme vous dites.

— Par quel moyen êtes-vous sorti de là? demanda Bernard.

— L'ingénieur en chef de la mine avait deviné que toutes les parties des voûtes n'avaient pas dû s'écrouler, et qu'il pouvait s'être formé des cavités où quelques-uns de nous avaient trouvé moyen de se réfugier. Oh! ces gens-là sont très savants! En conséquence il fit creuser en plusieurs places et, entre autres, par bonheur précisément au-dessus de ma tête. J'entendais les coups de pic des ouvriers; de mon côté je faisais de mon mieux pour leur indiquer où j'étais. Au bout de deux jours on a réussi à faire une petite ouverture, et vraiment il était temps, car je commençais à manquer d'air.

— Et puis? demanda Savinien avec anxiété.

— On m'a d'abord fait passer un peu de nourriture, ce qui n'était pas de refus; un peu de liqueur aussi: ça réconforte quand on n'en abuse pas. Ensuite on a continué à percer la couche de terre et de charbon et, au bout de deux autres journées, on a réussi à me tirer de là. Par exemple, je n'étais pas en état de remuer seulement le petit doigt.

On m'a porté chez moi, où ma pauvre femme a été bien contente de me revoir. Le docteur est venu, qui m'a bien soigné, et quelques jours après je reprenais mon ouvrage.

— Est-ce qu'il y a souvent de ces explosions? demanda Savinien.

— Non, Dieu merci! elles sont assez rares.

— N'importe! c'est un affreux métier que celui de mineur.

— Tous les métiers ne sont pas également agréables, et il faut bien qu'il y ait des gens pour faire celui-là; autrement comment se procurerait-on les métaux qui nous sont si utiles et la houille pour les travailler?

— Oh! se dit le jeune garçon, quand je serai retourné à Fréville, si jamais je suis tenté de me laisser aller à la paresse ou à trouver l'ouvrage rude, je penserai à ceux qui passent leur vie dans les mines. On n'est pas à plaindre quand on peut travailler au grand jour, et mieux vaut cultiver la terre, quand elle serait aussi dure que du charbon, que de demeurer dessous.

QUESTIONNAIRE. — Quel rapport voyez-vous entre le grisou et le gaz d'éclairage? — Qu'est-ce que l'ingénieur en chef d'une mine? — Les mineurs rendent-ils de grands services? — La réflexion de Savinien qui termine ce chapitre est-elle bonne?

LXXXVII. — **Les dangers de la désobéissance.**

— Est-ce qu'on ne pourrait pas prévenir les catastrophes telles que celles dont vous venez de nous parler ? demanda Bernard.

— Rien n'est plus facile. Le grisou n'est dangereux que lorsqu'il s'enflamme.

— Comment alors empêcher les explosions ? On ne saurait se passer de lumière dans les mines. En voilà même de tous côtés, sans compter la lanterne que porte chacun de nous.

— Oh ! ces lampes-là ne sont pas à redouter. Ce sont des *Lampes Davy;* on les appelle ainsi du nom de leur inventeur, un savant anglais. La lumière est enfermée dans une toile métallique, qui s'oppose à ce que le gaz pénètre jusqu'au foyer. Il est expressément défendu de les ouvrir dans l'intérieur de la mine, de même qu'il est défendu de fumer ou d'avoir des allumettes.

— C'est trop juste et personne ne doit jamais manquer à ce règlement.

— Vous croyez cela ? eh bien ! vous vous trompez, et les explosions du genre de celle que je viens de vous raconter sont presque toujours dues à la désobéissance. Celui qui l'a commise en est ordinairement la première victime, mais il en fait aussi un grand nombre d'autres.

— C'est très mal, dit Bernard, d'exposer non seulement sa vie, mais encore celle de ses camarades. Il est pourtant bien facile de se conformer à un ordre qui vous est donné pour votre bien.

— Je me demande, dit Savinien au bout de quelques instants, comment il se fait qu'il y ait du charbon dans la terre ?

Je me le suis demandé aussi quelquefois, dit le père Charlot.

— Cela vient, dit Bernard, de ce que dans les commencements du monde la terre était couverte en partie d'immenses forêts très touffues, formées d'arbres énormes. Le déluge, dont il est parlé dans l'histoire, et d'autres catastrophes du même genre changèrent complètement la surface du sol. Ce qui était dessus se trouva dessous ; ce qui était vallée devint montagne et ces forêts furent enfoncées à une grande profondeur. Alors la chaleur intérieure du globe et l'humidité de la terre transformèrent peu à peu ces arbres entassés, et en firent du charbon tel que celui qu'on tire actuellement des mines. La nature a fait en grand le métier de charbonnier.

— Oui, j'ai déjà entendu conter quelque chose comme cela, dit le vieux mineur.

— Y a-t-il beaucoup de mines de charbon en France? ajouta Savinien.

— On y compte environ soixante *bassins houillers*. On appelle ainsi les terrains qui renferment des *houillères* ou mines de charbon. Les principaux sont : celui *du Nord*, dont *Anzin* fait partie; *du Centre*, où se trouve le *Creuzot*, *du Midi*, qui s'étend dans les départements de l'Hérault et du Gard, et enfin celui-ci même, qu'on appelle le bassin de *la Loire* ou de *Saint-Étienne*.

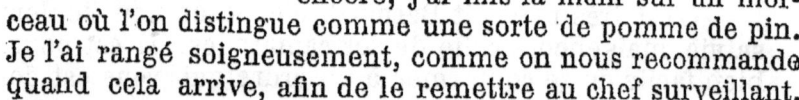

Morceau de houille.

— Mais comment a-t-on deviné que le charbon avait été arbre autrefois?

— C'est qu'on y trouve de temps en temps des tiges, et des troncs plus ou moins bien conservés, et qu'on voit quelquefois sur des blocs de charbon des dessins représentant des feuillages et des branches.

— Ah ça, c'est vrai, dit le père Charlot, j'en ai rencontré plusieurs et, hier encore, j'ai mis la main sur un morceau où l'on distingue comme une sorte de pomme de pin. Je l'ai rangé soigneusement, comme on nous recommande quand cela arrive, afin de le remettre au chef surveillant.

Et il alla chercher, dans le coin où il l'avait placé, un fragment de charbon où se voyait en effet la reproduction d'une pomme de pin, accompagnée de son feuillage.

QUESTIONNAIRE. — Davy a-t-il rendu de grands services en inventant sa lampe? — Si vous étiez ouvrier mineur, obéiriez-vous à la consigne? — Que pensez-vous de ceux qui ne le font pas?

LXXXVIII. — Bonnes réflexions.

Ce que le père Charlot avait dit des inondations et des explosions n'était pas fait pour rassurer Savinien, ni pour lui donner plus de goût pour son nouveau métier; cependant il s'efforça de se rendre maître de son émotion, de peur de faire de la peine à son frère.

— Quand je me plaindrais, se disait-il, à quoi cela aboutirait-il, puisque nous n'avons pu trouver d'ouvrage là-haut, et qu'il n'y a pas d'autre moyen de gagner de quoi retourner à Fréville? Travaillons plutôt avec courage, afin qu'on nous paye davantage et que nous ayons amassé plus vite la somme dont nous avons besoin. Après tout, les explosions n'arrivent pas souvent. Ce serait une bien mauvaise chance qu'il en survînt une justement pendant le temps que nous passerons dans la mine.

Il se remit donc vaillamment à la besogne ; néanmoins, plus d'une fois dans la journée le récit du vieux mineur lui revint à l'esprit, et lorsqu'il entendait un bruit un peu plus ort que les autres, il se demandait si ce n'était pas l'annonce d'une formidable explosion.

A la fin de la journée ils eurent une agréable surprise. Ils n'avaient pas réfléchi qu'on se trouvait au samedi. C'était jour de paye. Ils eurent donc le plaisir, avant de quitter la mine, de recevoir le prix de leur journée de travail.

Savinien fut si content, en sentant entre ses doigts la pièce de vingt sous qu'on venait de lui donner, qu'il en oublia tous les chagrins de la veille et toutes les terreurs de la journée. Jamais repas ne lui sembla meilleur que celui qu'il fit ce soir-là, quoiqu'il ne se composât, comme celui du matin, que d'un morceau de pain sec. Ce pain était acheté avec l'argent qu'il avait gagné, c'est ce qui lui donnait tant de saveur.

Malgré tout, il fallait se défaire des vestes. Le lendemain étant un dimanche, on ne travaillait pas à la mine, et les deux frères résolurent d'en profiter pour retourner chez le marchand.

Dès le matin ils prirent la direction de la boutique, avec leurs vieux habits dans un mouchoir, afin de les endosser quand ils auraient vendu ceux qu'ils portaient.

Comme ils passaient devant la poste, Bernard eut la pensée de voir s'il y avait une lettre pour eux de M. Ferrière. Il ne l'espérait guère, car il n'y avait que deux jours qu'il lui avait écrit.

A sa grande joie pourtant, il trouva ce qu'il désirait.

M. Ferrière leur disait qu'il prenait beaucoup de part au chagrin que ses jeunes amis avaient dû éprouver en ne trouvant pas leur père à Saint-Etienne comme ils l'avaient espéré, et leur annonçait qu'il allait écrire à tous les directeurs des mines de charbon de France pour leur demander s'ils avaient, parmi les ouvriers ou contre-maîtres qu'ils employaient, un homme du nom de Jean Petit, natif de Fréville.

« Lorsque nous saurons où est votre père, ajouta-t-il nous verrons ce que vous aurez à faire. D'ici là retournez chez vous ; je vous préviendrai lorsque j'aurai appris quelque chose. »

QUESTIONNAIRE. — Approuvez-vous les sentiments de Savinien ? — Serez-vous content quand vous serez en âge de gagner de quoi vous suffire à vous-même ?

LXXXIX. — Rencontre providentielle.

Les deux jeunes gens sortaient du bureau de poste où ils avaient lu la lettre, et causaient avec animation de ce qu'elle contenait, lorsqu'ils entendirent une voix s'écrier :

— Eh mais! je ne me trompe pas : ce sont les deux frères, mes petits amis de Rouen !

Bernard et Savinien levèrent les yeux tout étonnés et reconnurent M. Delalande, l'ami de M. Ferrière, en compagnie duquel ils avaient visité la capitale de la Seine-Inférieure.

— Comment se fait-il, dit celui-ci, que je vous aie laissés en Normandie et que je vous retrouve à Saint-Étienne ?

Bernard balbutia quelques paroles inintelligibles.

— On ne s'explique nulle part aussi bien qu'à table, dit M. Delalande d'un ton de bonne humeur. Je regagne mon hôtel où mon déjeuner m'attend ; vous allez déjeuner avec moi, et vous me conterez votre histoire.

Le jeune homme essaya de refuser cette invitation.

— Pas d'excuses, ajouta M. Delalande avec sa vivacité habituelle, je n'en accepte pas. Et, prenant amicalement les deux frères par le bras, il les contraignit à marcher avec lui. Peu après tous trois étaient assis devant une table simplement, mais abondamment servie. On devine si les deux frères firent honneur au repas : ils avaient de bonnes raisons pour cela.

— Maintenant, continua M. Delalande, dites-moi comment il se fait que vous soyez à Saint-Étienne.

Bernard après quelques secondes d'hésitation, lui fit le récit de tout ce qui leur était arrivé, sans parler toutefois du dénuement où les mettait la perte faite la veille. M. Delalande parut l'écouter avec le plus vif intérêt et lut avec grande attention la lettre de M. Ferrière, que le jeune homme lui avait remise.

— Alors, dit-il quand il eut fini, vous allez retourner à

Fréville, selon le conseil que vous donne M. Ferrière?

Bernard, embarrassé, ne répondit pas.

— Eh bien! moi, j'ai une idée, reprit M. Delalande, sans remarquer son trouble : c'est que vous veniez avec moi.

— Avec vous, monsieur?

— Oui, j'ai l'intention de faire un voyage scientifique dans le département de l'Ardèche et en Auvergne, car je m'occupe d'histoire naturelle. J'avais donné rendez-vous ici à mon apprêteur, c'est-à-dire à un jeune homme qui devait m'aider à ranger, conserver, étiqueter les insectes, les végétaux et les minéraux... tout ce que je trouverais sur mon chemin. Le pauvre garçon m'écrit ce matin qu'il s'est cassé la jambe. Il en aura pour trois ou quatre mois à rester immobile. Dans trois ou quatre mois il ne sera plus temps d'entreprendre mon excursion, la saison sera trop avancée. J'ai cherché dans tout Saint-Étienne quelqu'un pour le remplacer, je n'ai trouvé personne. Mais vous voilà, je vous emmène.

Bernard commença par faire des objections. — Il n'était pas au courant de l'ouvrage dont parlait M. Delalande, et il craignait de ne pas bien s'en acquitter.

— Je vous montrerai, dit le savant. Vous avez de la bonne volonté, du soin, de l'application, c'est le principal. Quand à ce petit-là, dit-il en désignant Savinien, on lui trouvera de la besogne. Il portera les herbiers où l'on fait sécher les plantes, les boîtes pour les insectes et les pierres que je ramasserai.

On conviendra que la perspective de faire un voyage dans un beau pays, en compagnie d'un homme bon et instruit, avait plus d'attraits que celle de partager les durs travaux des mineurs; l'air pur des montagnes était plus agréable à respirer que l'air enfermé du souterrain, et la vue des arbres verts, du ciel gris ou bleu, était plus douce à l'œil que celle de la voûte de charbon. Mais ce qui l'emporta dans l'esprit de Bernard et le décida à accepter avec joie aussi bien qu'avec reconnaissance la proposition de M. Delalande, ce fut la pensée que ce voyage lui serait profitable, en lui faisant acquérir des connaissances utiles pour la carrière à laquelle il se destinait.

— Voilà qui est entendu, dit le naturaliste. Notre tournée durera quinze jours; cela donnera le temps d'avoir des renseignements sur votre père.

— Je ne vous parle pas d'appointements, ajouta-t-il; néanmoins, j'espère que nous nous entendrons.

Bernard allait dire qu'il ne voulait rien accepter et que c'est lui qui aurait de l'obligation à M. Delalande, lorsqu'il vint à penser qu'ils n'avaient pas de quoi payer ce qu'ils devaient à l'aubergiste pour la dernière nuit qu'ils avaient passée chez lui. Ils ne pouvaient plus maintenant vendre leurs vestes du dimanche, les autres n'étaient pas convenables pour accompagner le savant.

Celui-ci, comme s'il devinait son embarras :

— Nous nous entendrons, répéta-t-il. En attendant, voilà vingt francs que je donne à chacun de vous pour faire les petites emplettes que nécessitera notre voyage. Il vous faudra de bonnes chaussures, des casquettes; vous aurez besoin aussi de tartans pour vous envelopper, car il ne fait pas chaud sur les montagnes; mais je m'en charge.

QUESTIONNAIRE. — Si M. Delalande est allé directement de Rouen à Saint-Étienne, par quels départements a-t-il passé? — Pourquoi Bernard ne dit-il pas à M. Delalande l'embarras où il se trouve ?

XC — Manufacture d'armes de Saint-Étienne. — La trempe, les canons.

Le départ fut fixé au surlendemain; on employa le lundi en préparatifs de voyage et aussi à aller visiter la manufacture d'armes de Saint-Étienne, qui appartient à l'État.

— C'est là, demanda Savinien, que se fabriquent les fusils de l'armée?

— Les fusils, ainsi que les sabres, épées, baïonnettes, ce qu'on appelle les *armes blanches*.

— Tout cela est fait avec du fer, n'est-ce pas, monsieur?

— Avec du fer ou, pour mieux dire, avec de l'acier. L'acier est un fer de qualité supérieure; on l'obtient en mélangeant une certaine quantité de charbon de bois avec du fer en fusion.

On fabrique dans la manufacture de Saint-Étienne jusqu'à deux cent mille fusils par an. Combien cela fait-il par jour?

Savinien n'était pas de force à faire ce calcul de tête, mais Bernard répondit presque aussitôt.

— Environ six cents.

— Six cents! s'écria l'enfant. Et que fait-on de tant de fusils?

— Tout cela sert à armer les soldats qui défendent la France.

— Ainsi quand je serai soldat, je pourrai me dire que mon fusil vient probablement de Saint-Étienne, et je me rappellerai ma visite ici.

Grâce à ce que M. Delalande connaissait le directeur, nos amis purent parcourir l'établissement en entier.

On les avait introduits près d'une forge devant laquelle un ouvrier apporta des lames de sabres et d'épées. Il n'y avait plus, pensait Savinien, qu'à les polir et à les emmancher. Pas du tout; l'ouvrier les remit au feu. Puis, quand elles furent rouges, il les précipita dans une cuve pleine d'eau glacée.

— C'est pour les refroidir plus vite? dit le jeune garçon.

— Non, mon ami, répliqua M. Delalande, c'est pour les *tremper*. L'acier rougi au feu et plongé tout à coup dans l'eau froide devient à la fois plus dur et plus flexible. Les eaux du *Furens*, cette petite rivière sur laquelle est situé Saint-Étienne et que nous avons traversée en venant à la manufacture, possèdent des qualités toutes particulières, à ce qu'on dit, pour la *trempe*. C'est ce qui fait qu'on a établi dans le voisinage, non-seulement cette manufacture, mais encore un grand nombre de fabriques de coutellerie et de quincaillerie. Les ciseaux, les couteaux, les canifs, les rasoirs, sont en *acier trempé*. On trempe de même les aiguilles afin qu'elles piquent mieux.

Sabre de cavalerie.

— Et les canons, monsieur, les fait-on à Saint-Étienne? demanda Savinien en quittant la fabrique d'armes.

— Non, mon garçon, les principales manufactures de canons sont à Douai, dans le département du Nord, et à Ruelle, dans la Charente.

Autrefois on les faisait ordinairement en bronze, mais maintenant on en fabrique aussi en acier.

Le bronze est un métal formé de l'*alliage* ou mélange du cuivre et de l'étain.

La trempe.

Lorsque le métal est fondu, on le coule dans les moules.

— Au Creusot, dit Savinien, j'ai vu couler des objets en fonte dans les moules, mais je ne me rends pas compte de la manière dont on fait un moule.

— Un moule, reprit M. Delalande, est un objet dont l'intérieur a exactement la forme de la chose qu'on veut obtenir. Je suppose qu'on veuille faire un canon ; on en prend un qui doit servir de modèle. On l'enveloppe d'une sorte de pâte humide faite avec du plâtre, du sable, de la terre ou autre chose. C'est cette pâte qui sera le moule. Quand cette pâte est presque sèche, on la fend avec précaution par le milieu, dans le sens de la longueur, en deux parties égales et l'on enlève le canon qui est à l'intérieur. On recolle ensuite ces deux parties. Tu comprends bien alors que le vide intérieur a exactement la forme du canon que l'on vient de retirer.

— Oui, monsieur.

— C'est le moule. On le laisse bien sécher ; puis on l'enterre, en ayant soin de laisser une ouverture. Quand le métal dont on veut faire le canon est en fusion, c'est-à-dire liquide, on le fait couler par une rigole jusqu'à cette ouverture. Il entre alors dans le moule et le remplit exactement. On laisse refroidir, puis on brise le moule, et l'on trouve une pièce de métal de la même forme que celle qui a servi de modèle.

Et alors le canon est fait ?

— Non, car cette pièce de métal forme un bloc. Il faut la percer, la *forer*, comme on dit. Le forage d'un canon est une opération très longue, et qui s'opère à l'aide de puissants instruments mis en mouvement par la vapeur.

QUESTIONNAIRE. — Serez-vous soldat quand vous serez grand ? — Quels sont les premiers devoirs d'un soldat ? — Qu'appelle-t-on arme blanche ? — Nommez les principales parties d'un sabre, d'un fusil. — Dans quel cas est-il permis d'employer des armes ? — S'est-on servi de fusils à la bataille de Tolbiac ? — Titus a-t-il employé des canons pour faire le siège de Jérusalem ?

XCI. — Départ. — Annonay.

Le mont Pilat nous fait la politesse de nous ôter son chapeau, dit le lendemain matin M. Delalande, lorsque les deux frères arrivèrent à son hôtel : c'est bon signe.

Et comme ceux-ci le regardaient d'un air un peu étonné :

— Vous voyez bien, dit-il en s'approchant de la fenêtre, cette montagne là-bas ? Elle termine au nord la grande chaîne qui s'étend depuis le département de l'Aude jusqu'à celui de Saône-et-Loire, et qui sépare les bassins de l'Hérault et du Rhône de ceux de la Garonne et de la Loire. Cette chaîne de montagnes, dont le nom d'ensemble est les *Cévennes*, prend différentes dénominations, selon les contrées qu'elle traverse. Mais, pour en revenir au Pilat, quelquefois ses trois cimes sont enveloppées de nuages et on ne les aperçoit pas. C'est ce que les gens du pays appellent le *chapeau du Pilat*. Aujourd'hui il ne l'a pas pris, cela nous annonce une belle journée.

Dans les montagnes, la forme et la disposition des nuages indiquent souvent le temps qu'il fera, sans qu'il soit besoin de recourir au baromètre.

Mais, continua-t-il, il ne faut pas partir à jeun ; déjeunons.

Pour le dessert on plaça sur la table un morceau de fromage du Mont-Dor.

Savinien se sentait aussi à son aise avec M. Delalande qu'avec un ancien ami, tant celui-ci se montrait bon et affable.

— Le mont Dor, dt-il, est, je crois, en Auvergne.

— En Auvergne, répliqua M. Delalande il y a les Monts-Dore, *D-o-r-e*; mais le fromage que voilà vient du Mont-Dor, *D-o-r*, qui est près de Lyon. Il est fait du lait des chèvres nourries avec les herbes parfumées qui croissent sur les montagnes des environs.

Chèvre du Mont-D'or.

— Nous avons mangé en Normandie du fromage de Camembert, et j'ai entendu parler de celui qu'on fait dans le Jura, qui ressemble à celui de Gruyère.

— Partout en France on fabrique du fromage, et c'est une grande ressource pour le commerce et pour l'alimentation. Les fromages les plus renommés avec le camembert sont le fromage de Brie, qui vient du département de Seine-et-Marne, et celui de Roquefort, dans le département de l'Aveyron. Le premier est fait avec du lait de vache, l'autre avec du lait de brebis.

Mais poursuivit-il en se levant de table, dépêchons-nous, afin de profiter de la fraîcheur du matin.

Les derniers préparatifs furent bientôt faits. En moins d'un quart d'heure les valises étaient fermées, les tartans roulés, les boîtes de fer blanc, destinées à renfermer les iusectes et les plantes, suspendues à l'épaule. M. Delalande avait sa longue-vue en bandoulière, et l'on se mit en route pour Annonay, qu'on atteignit le soir, après une marche de dix heures qui parut à nos amis une promenade, tant le pays leur semblait ravissant.

Déjà avant d'y arriver tout annonçait une ville industrieuse. Les petits villages qui l'entourent étaient animés par le mouvement des usines, que faisaient mouvoir les ruisseaux descendant des montagnes. Sur la route régnait un grand va-et-vient de voitures et de chariots.

C'est qu'Annonay possède de grandes manufactures, des meuneries, des filatures de soie, des fabriques de feutre, des papeteries.

Il y a aussi à Annonay d'importantes *mégisseries;* ce sont les usines où l'on prépare et où l'on teint les peaux de moutons, de chèvres, qui servent pour la reliure, la carrosserie, l'ameublement; celles d'agneau et de chevreau, qu'on emploie pour la ganterie.

— Et la peau dont sont faites nos chaussures, les prépare-t-on de même? demanda Savinien.

— Non, mon ami. Les peaux épaisses, comme celles de bœuf, de vache, de cheval, sont tannées, autrement dit converties en cuir, à l'aide du tan, qui est l'écorce du chêne ayant subi une certaine préparation.

Pour tanner les peaux, on commence par les débarrasser de leurs poils, puis on les range l'une sur l'autre au fond d'une fosse, en mettant alternativement une peau et une couche de tan en poudre. On mouille et on laisse ainsi pendant des mois, quelquefois pendant plus d'une année.

— Et elles ne pourrissent pas là-dedans?

— Au contraire, c'est ce qui leur donne la force, la souplesse, augmente leur épaisseur et les rend *imperméables,* c'est-à-dire impénétrables par l'eau.

On voit aussi à Annonay un grand nombre de papeteries : car c'est dans cette ville et à Angoulême (Charente-Inférieure) que se fabrique la plus grande partie du papier employé en France.

Le papier se fait avec des chiffons que les chiffonniers ramassent dans les tas d'ordures. Ils sont souillés de boue, de poussière, de taches de toutes sortes, mêlés d'immondices. On les jette dans de grandes cuves avec de l'eau, dans laquelle on mêle des matières propres à enlever la couleur des tissus, et voilà que ces chiffons, à force d'être agités dans cette eau, perdent toutes leurs impuretés et blanchissent à vue d'œil.

Ensuite ils sont déchirés, broyés, réduits d'abord en charpie, puis convertis en une sorte de pâte qui, en passant entre des rouleaux chauffés, s'y amincit, y sèche et arrive à former une feuille de papier interminable qu'une autre machine coupe à mesure qu'elle se fait.

QUESTIONNAIRE. — Vous rappelez-vous ce que c'est qu'un bassin ? — Montrez comment les Cévennes séparent les bassins dont on a parlé. — Dans quel département est Annonay et de quoi ce département tire-t-il son nom ? — Ce département est-il à l'est ou à l'ouest du Rhône, sur la rive droite ou sur la rive gauche de ce fleuve ? — Est-il plat ou montagneux ? — Quelle différence y a t-il entre la peau et le cuir ? — Pourrait-on vous faire pour la semaine prochaine une paire de souliers avec la peau du bœuf que le boucher a tué ce matin ? — Se douterait-on, en voyant une feuille de papier blanc, que ce papier est fait avec de vieux chiffon ?

XCII. — Les ballons. — Les pigeons voyageurs.

Les deux frères s'entretenaient encore de ce qu'ils avaient vu dans une papeterie où M. Delalande les avait fait entrer, lorsque, en traversant une des places d'Annonay, ils remarquèrent une pyramide qui s'élevait au milieu.

Savinien s'approcha et lut sur le piédestal :

— Montgolfier.

— C'est, dit M. Delalande, le nom de deux frères, deux savants, qui, les premiers, se sont enlevés dans les airs au moyen des *aérostats* ou ballons. Il y a de cela près de cent ans.

— S'enlever dans les airs comme les oiseaux! s'écria Savinien. Bernard m'a déjà dit qu'on pouvait le faire. Ce serait bien agréable de voyager ainsi.

— Par malheur, reprit M. Delalande, on n'a pas encore réussi à diriger les ballons. Cependant on s'en est servi utilement pendant la guerre de 1870.

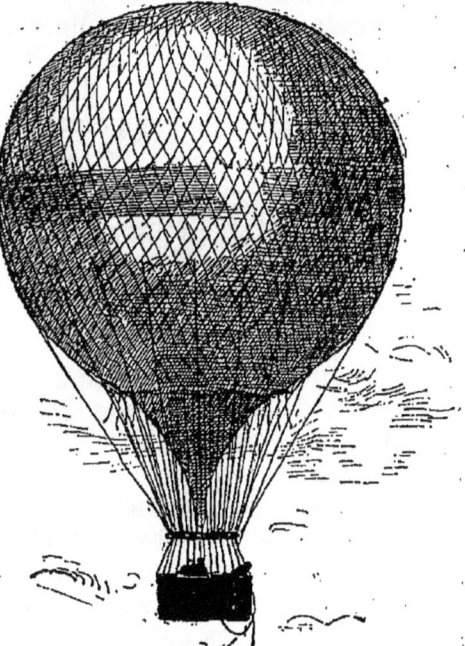

On imagina de se servir de ballons.

— Comment cela, monsieur ? demanda Bernard.
— D'abord pour seconder les opérations militaires. Par le moyen des ballons on s'élevait au dessus des armées ennemies, et on pouvait de là surveiller leurs mouvements à l'aide de lunettes d'approche.
— C'était bien trouvé, dit Savinien.
— Mais c'est aux Parisiens, reprit M. Delalande, que les ballons ont été le plus utiles.

Paris, comme vous le savez, était assiégé, personne n'en pouvait sortir. On imagina de se servir de ballons pour donner des nouvelles de ceux qui y étaient enfermés au reste de la France. Des hommes hardis et courageux quittaient Paris de cette manière toutes les semaines, emportant les lettres des habitants à leurs parents et à leurs amis du dehors, et aussi les dépêches des membres du gouvernement aux généraux.

Par malheur, si l'on pouvait sortir de Paris ainsi, on n'y pouvait pas rentrer de même, puisque, comme je viens de vous le dire, on n'a pas encore trouvé le moyen de diriger les ballons. Voici la manière dont on s'y prit pour avoir des nouvelles de l'intérieur.

On élevait à Paris des pigeons. Vous savez que les pigeons sont très attachés à leurs petits.

— Oh! oui, monsieur, dit Savinien. Quelquefois à Fréville il m'est arrivé d'en séparer un de sa famille : il retrouvait toujours le chemin de son nid.

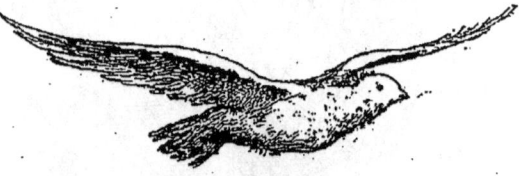

Pigeon voyageur.

— Eh bien, donc, on réunit dans un lieu choisi tous les pigeons qu'on put trouver à Paris.

Chaque fois qu'un ballon partait, il emportait une cage remplie de quelques-uns de ces oiseaux ayant des petits. Lorsque les navigateurs aériens avaient dépassé l'armée des ennemis qui entouraient la ville, ils descendaient, se rendaient au quartier général français le plus voisin, et remettaient aux officiers les dépêches dont ils étaient porteurs de la part de ceux qui commandaient dans la capitale.

Ils leur remettaient aussi les pigeons qu'ils avaient avec eux. On les enfermait soigneusement; puis, quand on voulait faire parvenir une dépêche à Paris, on prenait un pigeon, on lui attachait la dépêche sous l'aile et on le lâchait.

Le pigeon aussitôt s'élevait dans les airs, tournoyait quelques instants pour s'orienter, puis prenait son vol vers son nid, où des hommes apostés guettaient son retour.

— Alors, s'écria Savinien, quand il arrivait à Paris, on détachait le papier, on lisait la dépêche et on savait où étaient les ennemis, ce qu'ils faisaient, s'ils approchaient ou reculaient !

— Justement.

— Oh ! la bonne idée qu'ont eue les frères Montgolfier d'inventer les ballons !

QUESTIONNAIRE. — Qu'est-ce que la guerre de 1870 ? — Combien y a-t-il de temps qu'elle a eu lieu ? — Contre qui l'avons-nous faite ? — A quelles occasions en a-t-il été déjà question ici ? — Avez-vous vu des ballons ? — Quelles sont les qualités que devaient avoir les frères Montgolfier pour avoir fait ce qu'ils ont fait ?

XCIII. — Le département de l'Ardèche. — Une feuille bien utile.

Savinien ne pouvait oublier la distance qui séparait un enfant ignorant comme lui, et appartenait à une condition modeste, d'un homme de l'âge, du mérite et de la position de M. Delalande. Il se regardait, lui et son frère, comme ses serviteurs. Néanmoins il se sentait complètement à son aise avec le savant, tant celui-ci se montrait bienveillant et tant il l'encourageait à s'adresser à lui lorsqu'il désirait obtenir des éclaircissements et des explications. L'enfant n'hésitait donc pas à faire des questions à l'excellent homme, et il se laissait aller devant lui à toute la gaieté de son âge et de son caractère, sans jamais oublier pourtant le respect et la déférence qu'il lui devait.

Le sol du département de l'Ardèche est très accidenté et les campagnes de l'Ardèche sont charmantes.

— Voyez, monsieur, dit un jour Savinien, comme ce pays est joli ! Comme ces gros arbres, ces noyers et ces châtaigniers font bien sur ces pentes au milieu de ces belles prairies.

— De plus, dit M. Delalande, ils sont d'un excellent rapport. Les fruits de ces châtaigniers se vendent sous le nom de *marrons de Lyon*.

— La plaine aussi est très bien cultivée.

— Une grande partie du département produisait autrefois des vins renommés ; mais depuis plusieurs années déjà les vignes sont attaquées d'une maladie, le *phylloxera*, qui en a fait périr un grand nombre. On n'y a pas encore trouvé de remède, quoique le gouvernement ait offert un prix considérable à celui qui le découvrira.

— Mais, monsieur, je ne sais pas si c'est une idée, le ciel me semble plus bleu ici qu'en Sologne.

— Ce n'est pas une idée, mon garçon; plus on s'avance vers le Midi, plus le ciel est pur et la lumière belle, plus aussi le soleil est chaud.

—Ah! pour cela, oui, il est chaud! dit Savinien en essuyant son front ruisselant.

— Il ne faut pas nous plaindre de cette chaleur : elle fait mûrir les fruits, qui ne viendraient pas sans elle. Mais nous approchons des montagnes, bientôt nous jouirons d'une température plus fraîche.

Parmi les productions de la plaine, certains arbres avaient attiré l'attention de Savinien. Ils étaient habituellement plantés sur des terrains abrités, à égale distance l'un de l'autre, et paraissaient entretenus avec le plus grand soin.

Quelle ne fut donc pas l'indignation du jeune garçon lorsqu'un jour, en s'approchant d'une plantation de ce genre, il vit une demi-douzaine de gamins grimpés sur les arbres, et en arrachant les feuilles à qui mieux mieux. Ils les enlevaient toutes sans en laisser une seule. Déjà deux ou trois arbres avaient subi ce traitement et étaient aussi dénudés qu'en plein hiver. Savinien se retourna pour voir ce qu'allait dire M. Delalande.

A sa grande surprise, celui-ci regardait les jeunes garçons se livrer à leur occupation sans manifester le moindre mécontentement.

— Que font-ils donc, monsieur? demanda-t-il.

— Tu le vois, ils ôtent les feuilles.

— Mais pourquoi faire?

— Suivons-les; nous l'apprendrons.

Les garçons avaient réuni leur récolte dans de grands sacs. Ils se dirigèrent vers une maisonnette blanche qu'on voyait à peu de distance. Nos amis y entrèrent avec eux. Savinien commençait à penser que ce n'était pas sans raison qu'ils avaient dépouillé les arbres.

QUESTIONNAIRE. — Le phylloxera est-il la seule maladie de la vigne? — Est-ce un grand malheur que la vigne soit malade? — Dans quel département fait-il le plus chaud de celui du Gers et de celui de l'Aisne? — A quoi la chaleur sert-elle? — Devinez-vous quels peuvent être ces arbres et pourquoi on en arrache les feuilles?

XCIV. — Une chenille qui file des robes de soie.

Dans une grande chambre étaient rangées des claies, sur lesquelles s'agitaient une infinité de grosses chenilles grisâtres, longues comme le petit doigt. Des jeunes filles vinrent prendre dans des corbeilles des feuilles que leurs frères apportaient, les étendirent sur les claies et les insectes se mirent à les manger.

— Je devine! s'écria Savinien; ces chenilles sont des vers à soie.

— Justement, et les feuilles qu'on leur distribue sont celles du mûrier blanc, qu'ils préfèrent à toutes les autres, et qui se changent dans leur corps en fils soyeux dont on fait de si belles étoffes. Nous sommes ici dans une *magnanerie*, c'est-à-dire dans

Le ver à soie.

un établissement où l'on élève des vers à soie, qu'on appelle *magnans* dans le pays.

Ils ont bon appétit, n'est-il pas vrai? continua M. Delalande en s'adressant à l'un des jeunes *magnaniers*.

— Oh! oui, monsieur; huit ou dix fois par jour nous leur donnons de la feuille fraîche. Nuit et jour ils n'arrêtent pas de manger. Entendez-vous le cliquetis de leurs petites mâchoires?

— On le prendrait, dit Bernard, pour le pétillement de la pluie sur le feuillage.

— C'est de la besogne que de leur fournir de la nourriture! dit Savinien.

Ils passèrent dans une autre pièce où étaient disposées, sur des claies pareilles aux premières, des branches de bruyère et de bouleau. Aux branches étaient suspendues, par de minces fils, de petites boules allongées, blanches ou jaune d'or, et de la grosseur d'un œuf de pigeon.

C'étaient les cocons des vers à soie. Quelques-uns étaient à peine commencés et laissaient voir, comme au travers d'une muraille transparente, le ver qui s'agitait à l'intérieur.

— Il file, dit Savinien.

— Oui, il tire la soie de son corps et en forme la petite demeure où il va changer de forme.

— Changer de forme !

— Sans doute ! le ver ne demeure pas *ver* toute sa vie; dans quelques jours, si l'on ouvrait le cocon on y trouverait quelque chose qui ne ressemble pas du tout à la chenille qui s'y est enfermée. C'est la *chrysalide;* mais cette chrysalide ne se montre pas; elle reste dans le cocon, jusqu'à ce qu'elle subisse une nouvelle et dernière métamorphose et soit devenue papillon.

— Un joli papillon, aux ailes teintes de mille couleurs?

— Non ; mais un papillon grisâtre, qui n'a rien de beau du tout.

— Le papillon du ver à soie est laid! lui qui fournit des tissus si riches pour habiller les autres ! Je n'aurais jamais cru ça. — Et puis, que devient ce papillon?

— Il pond des œufs et meurt au bout de quelques jours De ces œufs sortiront de petits vers, qui grossiront comme ceux que nous voyons là.

— Ainsi œuf, chenille, chrysalide, papillon, le ver à soie est cela tour à tour?

— Oui, et non seulement le ver à soie, mais beaucoup d'autres insectes subissent ces changements.

— Alors, reprit Savinien au bout de quelques instants quand le papillon est sorti, on retire la soie du cocon?

— On n'attend pas que le papillon soit sorti pour cela, parce qu'en quittant sa maisonnette il y fait un trou et brise les fils. Aussitôt qu'il a fini de filer, on expose les cocons à la vapeur d'eau bouillante, ce qui fait mourir les chrysalides, et l'on dévide la soie ensuite.

Tout en parlant M. Delalande avait pris un cocon. Il en enleva le dessus et détacha avec précaution un fil extrêmement mince et brillant comme de l'argent.

— Il y en a comme cela trois cent cinquante mètres sur un seul cocon.

Chrysalide de ver à soie.

— Trois cent cinquante mètres! répéta Savinien avec admiration. On doit avoir bien de la peine à le dévider, ajouta-t-il, il est si fin !

— Il faut de l'adresse et de la précaution. L'ouvrière en réunit plusieurs ensemble, pour les rendre plus solides et afin qu'ils soient tout préparés pour le tissage.

— Que de cocons il doit falloir rien que pour faire un mètre d'étoffe !

— En effet. Par bonheur, dans tout le Midi on cultive le

mûrier et on y élève le ver à soie. C'est une des richesses de la France, car nulle part on ne fabrique d'aussi belles soieries que celles tissées à Lyon.

Tout en se remettant en route on continua à causer des vers à soie.

— Y-a-t-il longtemps, monsieur, demanda Savinien, qu'on fait des étoffes de soie en France?

— Oui, mon ami; cependant le ver à soie n'est pas originaire de chez nous. Il vient de la Chine, et il était défendu, sous les peines les plus sévères, d'en emporter hors du pays. Cependant deux moines parvinrent à cacher dans des cannes creuses des graines ou œufs de vers à soie et des plants de mûrier. Depuis ce temps l'industrie de la soie a prospéré dans tout le midi de l'Europe; Henri IV l'a protégée tout particulièrement. Il avait chargé un savant de son temps, nommé Olivier de Serres, de faire planter des mûriers dans les jardins de ses châteaux, aux Tuileries de Paris et à Fontainebleau. Olivier de Serres était né dans une petite ville du département de l'Ardèche. Il a passé toute sa vie à étudier l'agriculture. C'était ce qu'on appelle un *agronome*.

— Je ferai en sorte de ne pas oublier son nom, dit Savinien. J'aime ceux qui se sont occupés des productions de la terre.

QUESTIONNAIRE. — Le ver à soie est-il le seul insecte qui subisse des métamorphoses? — Un hanneton est-il toujours hanneton? — Combien faudrait-il de fois la longueur de la classe pour faire 350 mètres? — Si un cocon fournit la matière d'un demi-centimètre de ruban, combien faudrait-il de cocons pour faire 2m50 de ruban? — Les mûriers devraient-ils pousser aussi bien et les vers à soie devraient-ils prospérer autant à Paris que dans le département de l'Ardèche?

XCV. — Le Palais du Roi. — Les premiers habitants de la terre.

Le plus souvent le beau temps favorisait nos voyageurs.

Cependant, un jour, la pluie les prit dans une contrée montagneuse et à une assez grande distance de la route.

Pas un village, pas une maison ne se montrait.

— Bah! dit en riant M. Delalande, faute d'une chaumière nous nous contenterons d'un palais.

— D'un palais! s'écria Bernard.

— Oui, le palais du roi.

— Qu'est-ce que ce palais?

— Vous allez voir; mais hâtons-nous, la pluie redouble.

Quelques instants après, la petite troupe arrivait devant

un rocher gigantesque, ayant l'apparence d'une énorme muraille, surmontée de tours et de bastions.

Cette muraille était percée d'une multitude d'ouvertures de grandeur inégale et ressemblant à des fenêtres. C'est là ce que les gens du pays appellent le *Palais du Roi*.

— Quelle drôle de chambre! dit Savinien en y pénétrant; je n'en ai jamais vu de semblable.

— C'est que nous ne sommes pas dans une maison, mais dans une grotte naturelle.

C'est là ce que les gens du pays appellent le *Palais du Roi*.

— Une grotte naturelle?

Cet endroit a pour nom véritable les *Balmes de Montbrul*. Balme, ou baume, dans le Midi, signifie grotte et est souvent employé pour ce mot. Les premiers occupants de la terre ne savaient pas, comme nous, se construire des habitations. Ils logeaient dans les excavations des rochers, ou bien ils s'y creusaient des abris.

— Ainsi cette pièce n'a été bâtie par personne?

— Non, elle est l'ouvrage de la nature; mais elle a été agrandie par la main des hommes et leur a servi de demeure. Lorsque nous serons un peu reposés, je vous montrerai la trace de leur travail.

En effet, au fond de la grotte se voyaient des marches grossières, taillées dans le roc. Elles conduisaient à une seconde grotte, qui communiquait par d'autres escaliers à une infinité de grottes semblables. On aurait dit une immense maison de quinze ou vingt étages. Le jour pénétrait dans ces sortes de chambrettes par des fissures que du dehors on pouvait prendre pour des fenêtres. De là, la vue s'étendait sur un entassement si extraordinaire de rochers qu'on aurait dit les ruines d'un château fort.

Les jeunes gens, et surtout Savinien, prenaient grand plaisir à monter et à descendre les escaliers qui faisaient communiquer les pièces entre elles, à se glisser derrière les anfractuosités de rochers, formant comme de petits réduits, à parcourir, enfin, toutes les chambres du *palais*.

— Les hommes ont fait des progrès en architecture depuis le temps où ils habitaient des demeures de ce genre! dit en riant Bernard.

Ce n'est pas seulement en architecture, mais dans toute leur manière de vivre que ces progrès se sont produits, répliqua M. Delalande. Les habitants des cavernes n'avaient pas d'industrie et ne connaissaient pas la culture de la terre. Ils portaient pour vêtements la peau des animaux sauvages qu'ils tuaient et dont ils mangeaient la chair crue.

— Avaient-ils de bonnes armes, au moins, pour se mesurer avec eux? demanda Savinien.

— Leurs armes consistaient en haches de *silex* ou pierre à fusil, ou bien en flèches, terminées par une arête de poisson durcie : car on ne connaissait pas encore l'usage du fer ni d'aucun autre métal.

— Et cela leur suffisait! Il fallait que les bêtes de ce temps-là ne fussent ni bien grosses ni bien méchantes.

— Détrompe-toi, mon ami. Elles étaient bien plus grandes et beaucoup plus féroces que celles d'aujourd'hui. Les principales étaient le *mammouth* et le *mastodonte*, qui avaient cinq ou six mètres de hauteur et portaient des défenses formidables; l'*ours des cavernes*, qui était de la taille d'un taureau; l'*élan*, sorte de cerf, aussi grand qu'un cheval; l'*aurochs* ou *urus*, bœuf sauvage qui avait les proportions de l'éléphant d'aujourd'hui.

— Comment pouvait-on se défendre contre des bêtes pareilles?

— Ce qui fait la véritable force, c'est l'intelligence. Grâce à elle, non seulement l'homme a réussi à vaincre ces animaux, mais encore il a su se faire des serviteurs de quelques-uns entre eux. Alors le bœuf et le cheval l'ont aidé à cultiver la terre; la vache lui a donné son lait; la brebis, sa laine, dont il a tissé des étoffes.

— Je suis bien content de n'avoir pas vécu à la même époque que les premiers habitants de la terre. Le genre de nourriture de ces gens-là ne me plaît guère, pas plus que leur manière de s'habiller. Je préfère dormir sous le toit de tuiles d'une maisonnette, si petite qu'elle soit, que sous le plafond de rocher d'un *palais* comme celui-ci,

— Je partage ton avis; mais il faut te rappeler que si nous ne sommes pas réduits à une vie aussi pénible que celle de nos ancêtres, c'est qu'ils ont travaillé à nous la rendre plus douce. Nous devons faire de même et nous efforcer d'augmenter le trésor de connaissances amassé par nos devanciers, car l'homme ne peut vivre qu'à la condition qu'il travaille : le paresseux finit toujours misérablement.

QUESTIONNAIRE. — Nommez quelques-uns des objets dont vous vous servez tous les jours et dont les premiers hommes étaient forcés de se passer. — Pouvez-vous nous donner une preuve de cette vérité, que la véritable force c'est l'intelligence ? — Pourquoi un enfant peut-il conduire une vache aux champs ?

XCVI. — Ce que c'est que l'histoire naturelle.

M. Delalande s'arrêtait souvent en chemin, soit pour détacher avec un petit marteau des fragments de pierre ou de roche, soit pour arracher une herbe ou saisir un insecte avec une petite pince faite exprès, soit encore pour faire une intéressante dissertation sur ce qu'il voyait. Bernard ne perdait pas une de ses paroles, remerciant du fond du cœur la Providence de leur avoir donné dans leur détresse non seulement un second protecteur, mais encore un homme de mérite avec lequel ils pouvaient apprendre bien des choses.

La reconnaissance de Savinien pour l'excellent savant n'était pas moins vive et moins sincère que celle de son frère. Elle se manifestait par le soin qu'il prenait de chercher toutes les occasions de se rendre utile et par son empressement à exécuter les ordres qu'il recevait.

L'une de ses principales fonctions était, armé d'un filet de gaze, de poursuivre les libellules et les papillons. Quand il en avait attrapé quelques-uns, c'était l'affaire de Bernard de les piquer avec de fines aiguilles et de les fixer sur de minces plaques de liège, emportées pour cet usage. Il leur étendait délicatement les ailes afin que la vue ne perdît rien de leurs riches nuances.

Les autres insectes étaient plongés, au moment où on les prenait, dans un flacon d'esprit-de-vin. Arrivé au lieu où l'on devait passer la nuit. Bernard les retirait du flacon et les fixait, comme les papillons, sur des plaques de liège. Pour les plantes, le jeune homme était muni d'une sorte de portefeuille, composé d'un cahier de papier brouillard, maintenu entre deux planchettes de bois rapprochées par des lanières de cuir, et fermé de boucles. Il étendait chaque plante entre deux pages, ayant grand soin de déplier les pétales roulés, les feuilles froissées. Toute la récolte du jour ainsi rangée, avec l'indication du lieu où on l'avait faite, il replaçait les planchettes, serrait les lanières, et les fleurs se desséchaient en gardant leur forme et leurs couleurs.

Lorsque la pluie les forçait à s'arrêter quelques heures, Bernard en profitait pour classer et empaqueter tout ce qui avait été recueilli dans les courses précédentes, ou pour copier et mettre en ordre les notes de M. Delalande. Ces travaux profitaient grandement à son instruction.

Cependant, s'il bénissait le sort qui l'avait si bien servi, M. Delalande ne s'applaudissait pas moins d'avoir pris le jeune homme avec lui. Bernard n'avait pas autant de connaissances que son aide habituel; mais il montrait une exactitude, une intelligence et surtout un désir de bien faire que l'autre ne possédait pas au même degré.

Quant à Savinien, il avait peine à comprendre le but de tous ces travaux. Quand il voyait le savant examiner soigneusement à la loupe un insecte, une plante ou un caillou, qui pour lui ressemblait à tous les autres, il se demandait ce qu'il pouvait y trouver d'utile, de curieux ou d'intéressant,

— Il faut pourtant bien, se disait-il, qu'ils soient bons à quelque chose; autrement, bien sûr, M. Delalande ne perdrait pas son temps à les regarder de si près,

Il se hasarda un jour à faire part au savant de ce qui l'occupait. — Tu veux savoir ce que je fais? dit celui-ci avec bonté; eh bien! mon ami, je fais de *l'histoire naturelle*.

L'histoire naturelle est la connaissance de toutes les choses qui se trouvaient dans ou sur la terre. Elle comprend la *zoologie*, qui s'occupe des animaux; la *botanique* ou ce qui a rapport aux végétaux; la *minéralogie* qui, comme son nom l'indique, nous parle des métaux et des minéraux, et enfin la *géologie* ou histoire de la terre elle-même, des changements qu'elle a subis depuis le commencement du monde.

Outre la satisfaction personnelle que nous donne cette

étude, en nous faisant connaître le globe que nous habitons, elle a encore d'autres avantages qui profitent à tout le monde.

C'est en s'appliquant à observer les animaux, leurs instincts, leurs habitudes, qu'on a réussi à maîtriser un grand nombre d'entre eux, à s'en faire aider dans les travaux et à s'en servir comme nourriture.

En étudiant les plantes, on a reconnu celles qui sont bonnes à manger, bienfaisantes en médecine, ou utiles dans les arts et l'industrie.

En examinant avec soin les métaux et les minéraux, on est parvenu à en tirer parti.

La géologie nous apprend quelle est la nature des terrains, leurs qualités et par conséquent ce qu'on doit y cultiver de préférence. Elle nous renseigne aussi sur les richesses qu'ils renferment. — Voici un pays qui ne produit rien, la terre est mauvaise. On fait venir un savant géologue, et, rien qu'en examinant attentivement le sol, en récoltant ce qui se trouve à la surface, comme tu me le vois faire, il peut dire : — Il y a ici une mine de fer, de cuivre, de houille. — Et voilà que ce pays, si pauvre par-dessus, se trouve riche par-dessous. Une contrée est sèche, aride; on fait encore venir un géologue et il dit : — Il y a ici à 500 mètres de profondeur un lac souterrain. — Alors on creuse d'après les indications du savant, et on trouve de l'eau comme il l'a annoncé, et cette contrée, désolée par la sécheresse, devient fertile. — Comprends-tu, maintenant, l'utilité de l'histoire naturelle?

— Oh! oui, monsieur.

— Eh bien! mon garçon, il en est ainsi de toutes les sciences. Il n'y en a pas d'inutile, quoique les ignorants ne soient pas toujours capables de se rendre compte du bien qu'on peut en retirer. Dis-toi donc, lorsque tu verras un homme se livrer avec application à une étude quelconque, qu'il viendra sûrement un temps où cette étude profitera à son pays et aux autres hommes, car toutes les découvertes dont je viens de te parler n'ont pas été faites en un jour. Elles sont le résultat de longues et patientes recherches, auxquelles des hommes réfléchis et observateurs se sont livrés depuis le commencement du monde. Nous jouissons de leurs travaux, comme je te l'ai déjà dit l'autre fois, et les nôtres profiteront à ceux qui viendront après nous.

QUESTIONNAIRE. — Vous rendez-vous bien compte de l'utilité de l'histoire naturelle? — A quelle branche de l'histoire naturelle se rattache ce qui a rapport aux mouches, aux fleurs, aux serpents, aux pierres, aux arbres, à la houille, au cheval, etc.?

XCVII. — Une habitation souterraine.

A quelques jours de là, nos amis se trouvaient sur les bords de l'Ardèche, rivière très rapide, qui se jette dans le Rhône, lorsqu'une vache déboucha d'un sentier à quelque distance. Elle semblait comme affolée et courait à toutes jambes. Bientôt apparut une vieille femme, la poursuivant avec autant d'agilité que son grand âge le lui permettait.

— Attendez, dit Savinien, je vais rattraper votre bête.

Et il s'élança sur les traces de la vache.

Il allait l'atteindre lorsque celle-ci disparut derrière une anfractuosité de rocher.

Savinien s'y engagea après elle; mais à peine eut-il fait quelques pas qu'il se trouva dans une obscurité complète. Il voulut alors retourner en arrière; toutefois, au lieu de se rapprocher de la sortie, il s'enfonça de plus en plus dans la caverne. Pris de frayeur, il se mit à pleurer et à crier, appelant de toutes ses forces; un murmure confus lui répondit seul : c'était le son de sa propre voix que lui renvoyait le rocher et qui augmenta ses terreurs.

Le courage lui revint un peu néanmoins. Il s'était aguerri depuis le commencement du voyage; son séjour dans la mine l'avait habitué aux ténèbres, et il n'éprouvait plus ces craintes puériles que lui causait autrefois l'absence du jour. Voyant que ses cris n'étaient pas entendus, il se dit qu'il fallait qu'il tâchât de se tirer de là tout seul.

Il se remit donc en route, en tâtonnant et en marchant avec précaution dans la direction qu'il croyait être la bonne. Au bout de quelques instants il aperçut une lueur, ce qui lui rendit de l'espoir. — Bien sûr, elle lui indiquait l'ouverture par laquelle il était entré.

Jusque-là il avait suivi une galerie étroite; tout à coup il se trouva dans une salle immense, qu'éclairait une lumière incertaine. Cette lumière était produite par un rayon de soleil, glissant par une crevasse de la voûte.

Savinien s'était trompé, ce n'était pas la sortie. Il ne perdit pas entièrement courage pourtant. En s'avançant dans cette vaste salle il aperçut à ses pieds un petit objet blanc. Il se baissa pour le ramasser et reconnut avec étonnement que c'était une bougie. Il se souvint alors qu'il avait dans sa poche une boîte d'allumettes. Cette trouvaille lui causa une grande satisfaction; elle lui permettait de se diriger avec un peu de sûreté. Il n'avait plus à craindre de tomber dans un trou ou de se heurter contre une pierre.

Il alluma bien vite sa bougie et jeta les yeux autour de lui.

La salle dans laquelle il venait d'entrer présentait l'aspect de l'une de ces cathédrales gothiques qu'il avait vues dans son voyage. Malgré la vive inquiétude qu'il éprouvait, il ne put s'empêcher de la contempler avec admiration.

De légers piliers de formes capricieuses s'élevaient jusqu'à la voûte, d'où pendaient des ornements élégants, retombant en festons et en guirlandes. Des clochetons délicatement travaillés, des draperies de dentelle, de riches girandoles, décoraient la salle. D'autres colonnes inachevées, des statues, des figures de monstres bizarres, étaient irrégulièrement disposées le long des murailles. Tout ce que voyait Savinien semblait être l'ouvrage d'un habile architecte. Il promenait de tous côtés la lumière de sa bougie; elle se réfiétait dans la voûte, qui semblait incrustée de diamants, sur les parois de la grotte et sur tous les objets, qu'on aurait dit taillés dans un marbre de la plus éblouissante blancheur. Pour le coup, c'était bien un palais, et un palais tel que Savinien n'aurait jamais cru qu'il en existât.

La lumière de sa bougie se réfiétait dans la voûte.

Cependant, quelque magnifique que fût cet endroit, il n'en désirait pas moins vivement le quitter; mais c'est en vain qu'il en chercha les moyens. Il ne trouvait pas d'autre ouverture à la salle que celle par laquelle il était entré. Le pauvre enfant sentit la peur le prendre tout à fait, et l'on conviendra que la perspective de ne pouvoir sortir de ce lieu était bien faite pour inspirer l'effroi;

Pourtant, en faisant une seconde fois le tour de la salle,

il découvrit derrière un pilier massif une échelle, collée contre la muraille, et qu'il n'avait pas aperçu d'abord. Elle conduisait à une autre ouverture : c'était celle d'un couloir si bas que sa tête en touchant le faîte et que le jeune garçon ne s'y engagea qu'en tremblant. Ce couloir aboutissait à une autre salle semblable à la première plus richement décorée encore; mais Savinien était trop préoccupé de sa situation pour s'arrêter à l'examiner. Ce qui l'intéressait surtout, c'était de trouver une sortie.

Une seconde échelle se présenta; il y grimpa de même qu'à la première et gagna ainsi une troisième pièce mais il eut beau visiter celle-là avec le plus grand soin, il n'y vit pas la moindre issue et fut forcé de retourner dans la salle qu'il venait de quitter.

Pour le coup il éprouva un découragement si profond qu'il se laissa tomber par terre en pleurant à chaudes larmes.

— Mon Dieu! se disait-il, personne ne viendra-t-il donc à mon secours? Est-ce que je vais mourir ici? Est-ce que je ne reverrai jamais mon cher Bernard, le bon M. Delalande, tant de personnes que j'aime!

Et il poussait des sanglots et des cris que l'écho répétait en grondant. Lorsqu'il se taisait, il n'entendait d'autre bruit que celui de l'eau qui tombait goutte à goutte à intervalles réguliers.

Il se releva pourtant, décidé à tenter un nouvel effort, et parvint à se glisser par une sorte de fente qui, s'élargissant bientôt en galerie, lui fit gagner une autre grotte; de là il passa à une autre encore. Pendant bien longtemps le pauvre garçon erra dans le souterrain. De nouvelles salles s'ajoutaient à celles qu'il avait déjà parcourues. Parfois il était forcé de revenir sur ses pas; sa bougie diminuait et menaçait de le laisser dans une obscurité complète. Il était bien las, bien anxieux; néanmoins il allait toujours. Ce n'est pas en restant en place qu'il pouvait espérer découvrir une sortie.

Aide-toi, le ciel t'aidera, dit le proverbe: Dieu n'abandonne pas ceux qui ne s'abandonnent pas eux-mêmes. Après trois heures de marche, après bien des fatigues, bien des émotions, bien des terreurs, Sivinien finit par apercevoir une petite portion de ciel. Il hâta le pas. Cette fois c'était bien une ouverture.

On devine avec quel empressement Savinien se précipita au dehors, avec quelle joie il revit les arbres, respira l'air extérieur, sentit sur ses épaules la chaleur bienfaisante du soleil, au lieu de l'air glacé de l'endroit qu'il quittait, et avec quelle ferveur il remercia Dieu qui l'avait tiré de là.

Il était bien heureux de la pensée qu'il pouvait revoir son cher Bernard; pour l'instant, cependant, il ne savait pas où était son frère et se trouvait tout seul dans un pays inconnu. Il s'assit au pied d'un arbre, mourant de fatigue et de faim, mais content néanmoins d'être sorti de la grotte. Comme dit le proverbe, qui dort dîne : Savinien ne tarda pas à tomber dans un profond sommeil.

Il n'aurait pu dire depuis combien de temps il y était plongé, lorsqu'il en fut tiré par des voix joyeuses.

— Le voilà ! le voilà ! criait-on. Il est par ici !

Et avant d'être complètement éveillé, il se sentit pressé dans les bras de Bernard, qui le regardait avec des yeux brillants de joie et néanmoins remplis de larmes.

M. Delalande accourait derrière lui, essoufflé.

— Mon cher enfant! s'écria-t-il à son tour, et il embrassa le jeune garçon avec une émotion non moins vive.

QUESTIONNAIRE. — Auriez-vous aimé à vous trouver à la place de Savinien ? — Qu'auriez-vous fait dans cette circonstance ? — Devinez-vous dans quel lieu il est ? — Ne vous étonnez-vous pas de ce qu'il y trouve une bougie. — Que veut dire ce proverbe : Aide-toi, le Ciel t'aidera ?

XCVIII. — Le mystérieux architecte.

— Comment avez-vous fait pour me retrouver ? dit Savinien lorsqu'il fut un peu revenu de sa joie et de sa surprise.

— J'ai tout de suite deviné, dit M. Delalande, que tu étais entré dans les *grottes de Saint-Marcel*. Je les connais, les ayant plusieurs fois parcourues. Elles contiennent un grand nombre de salles et de galeries. J'étais dans la plus grande inquiétude sur ton compte : car il est impossible de se retrouver dans le labyrinthe qu'elles forment lorsqu'on n'a pas de lumière.

— J'en avais, dit Savinien.

Et il raconta comment il avait trouvé une bougie.

— C'est un curieux qui l'aura laissée tomber; bien des personnes viennent visiter ces cavernes. J'avais dans mon sac ma petite lampe; nous nous sommes donc mis immédiatement à ta recherche; mais nous avons fait bien des détours, c'est ce qui est cause que nous ne t'avons pas rejoint plus tôt. Enfin, te voilà, Dieu soit loué!

— Quelle singulière idée a-t-on eue, monsieur, dit Savinien, quelques instants après, lorsqu'on se fut installé pour déjeuner, de bâtir un palais sous la terre?

— Comment! que veux-tu dire?

— Un palais ou une église, je ne sais pas au juste ; mais dans ces grottes, que je viens de traverser, toutes les salles étaient ornées de colonnes, de statues, de pyramides.

M. Delalande se mit à rire.

— Tu ne devinerais jamais, dit-il, quel est l'architecte qui a bâti ce palais, comme tu dis.

Ces colonnes, ces pyramides, ces décorations de toutes sortes, sont l'ouvrage des gouttes d'eau, qui filtrent à travers le rocher.

Savinien leva les yeux vers le savant pour voir s'il ne plaisantait pas.

— Rien n'est plus vrai, reprit celui-ci. Ces gouttes, en passant au travers de la montagne au dessous de laquelle sont creusées les grottes, entraînent avec elles une portion extrêmement faible de matière pierreuse. Cette matière s'amoncelle, sèche, durcit, s'attache à la voûte et forme les ornements qui en descendent en festons. Ce sont les *stalactites*.

D'autres fois, la goutte d'eau se détache de la voûte et tombe jusqu'à terre ; là, de même qu'en haut, elle sèche et durcit. Alors s'amasse un tout petit monticule de matières sur lequel d'autres parcelles viennent s'arrêter. Le monticule s'élève ; c'est ce qu'on appelle une *stalagmite*.

— Bon! *stalactite* en haut ; *stalagmite* en bas.

— Peu à peu, peu à peu, bien lentement, la stalagmite vient rejoindre la stalactite, et voilà une colonne. Les autres gouttes d'eau chargées de pierre, qui coulent le long de cette colonne, forment des colonnettes. Ce que tu appelles des statues a la même origine. C'est toujours l'ouvrage des gouttes d'eau.

— Ces gouttes d'eau, sans doute, dit Savinien, que j'entendais tomber autour de moi en parcourant les grottes? Mais monsieur, continua-t-il, maintenant que vous m'avez expliqué comment se forment ces sculptures, je trouve la chose encore plus extraordinaire que je ne le croyais. Ces colonnes, ces statues, qui, au lieu d'être taillées dans les pierres tirées des carrières, comme celles que renferment les palais et les églises, se composent de grains de sable accumulés, n'est-ce pas merveilleux ! Combien a-t-il fallu d'années pour décorer ainsi ces salles souterraines?

— C'est une opération qui dure depuis la création du

monde. Elle montre ce que peuvent le temps joint à la patience.

— C'est vrai ! et dans l'occasion je me rappellerai ce que deviennent quelques grains de sable amenés par une goutte d'eau.

— Et tu pourras te dire, ajouta M. Delalande, qu'un travail persévérant arrive presque toujours à un bon résultat.

QUESTIONNAIRE. — Qu'appelle-t-on matière pierreuse ? — Dites la différence qui existe entre les *stalactites* et les *stalagmites* et expliquez leur formation ? — Trouvez-vous comme Savinien ce travail naturel merveilleux ?

XCIX. — Une colonnade naturelle.

Nos voyageurs continuèrent à suivre les bords de l'Ardèche, qui sont extrêmement variés et accidentés. Tantôt on y voyait un pont d'une seule arche, percée au travers d'un énorme rocher ; tantôt un entassement de pierres, présentant l'aspect d'une ville en ruines. Lorsque Savinien demandait qui avait fait tout ce qu'il remarquait, il recevait presque toujours la même réponse : C'est la nature.

Un jour, ils arrivèrent devant une haute muraille noirâtre, formée de colonnes à pans réguliers, serrées les unes contre les autres. Elles étaient de différentes grosseurs, mais toutes de la même forme et parfaitement taillées.

Cette colonnade est la Chaussée-des-Géants.

— Pour le coup, dit le jeune garçon, voilà bien les restes

d'un palais. Ce n'est pas la nature qui aurait pu découper ainsi ces piliers, polir leur surface et les disposer en si bel ordre.

— Tu te trompes, mon ami, dit M. Delalande. Personne ne travaille aussi bien qu'elle, lorsqu'elle le veut. Cette colonnade s'appelle *la Chaussée-des-Géants*. Il en existe du même genre dans plusieurs endroits. En Auvergne, on en voit une disposée de telle sorte qu'on lui a donné le nom d'*Orgues-de-Bort*, et, en effet, elle ressemble au jeu d'orgues d'une immense cathédrale.

— Mais comment ces colonnades se sont-elles faites ?

— Ce sont des coulées de basalte ou de lave, rejetées autrefois par les montagnes qui nous entourent et qui sont d'anciens volcans.

— Des volcans! s'écria Savinien avec un soubresaut, des volcans! Ces montagnes qui par leur cratère ou bouche lancent du feu, des pierres, des cendres et bien d'autres choses encore!

— Précisément. Ces basaltes, au moment où ils ont été vomis par le volcan, étaient liquides comme le métal qui sort du haut-fourneau. Comme le métal, ils ont durci en se refroidissant, et se sont formés ainsi en colonnes si régulières qu'elles semblent taillées.

Un volcan.

— Mais, monsieur, pendant que nous sommes là, si ces volcans allaient se rouvrir tout à coup et vomir de nouveau des torrents de lave brûlante ?

— Il n'y a pas de danger. Ils sont éteints depuis longtemps, et pour toujours sans doute. Le cratère de quelques-uns contient même maintenant un petit lac.

— A la bonne heure! S'il arrivait quelque nouvelle éruption, on n'aurait pas besoin d'aller chercher bien loin de quoi éteindre les flammes.

— Il faudrait une quantité d'eau bien autrement considérable que celle contenue dans ces lacs pour éteindre, comme tu dis, les flammes des volcans. Sais-tu bien que les coulées de lave qui s'échappaient de ceux-ci formaient de véritables fleuves, bien plus larges que ceux que tu connais, et qu'elles ont couvert presque tout le département de l'Ardèche et de la Haute-Loire ?

— Je voudrais bien savoir, monsieur, d'où vient ce feu qui sort des volcans ?

— Ce feu existe toujours au centre de la terre. C'est lorsqu'il cherche une issue au dehors qu'il y a une éruption. D'autres fois aussi le sol s'agite, se soulève, c'est ce qu'on appelle des *tremblements de terre*. Alors les maisons sont renversées. On a vu des villes entières détruites de cette manière.

QUESTIONNAIRE. — Dans quel département l'Ardèche prend-il sa source ? — Où se jette-t-il ? — Existe-t-il encore des volcans en Europe ? — Aimeriez-vous habiter dans le voisinage d'un volcan? — Avez-vous entendu parler de tremblements de terre?

C. — **Le berceau d'un fleuve.** — **A quoi servent les forêts.**

Quelques jours après, nos voyageurs se trouvèrent au pied d'une montagne, faisant partie de la chaîne du Vivarais. Un torrent en descendait en cascade. Il était si étroit que Savinien le franchit d'un bond.

— Sais-tu comment s'appelle ce cours d'eau? demanda M. Delalande.

— Un ruisseau! Est-ce que cela a un nom! fit le jeune garçon d'un ton de mépris.

— Celui-là en a un, et tu le connais, je pense. C'est la Loire.

— La Loire! Le fleuve que nous avons traversé à Orléans et sur lequel nous avons navigué de Saint-Nazaire à Angers?

— Lui-même. Et la montagne que voilà est le Gerbier-de-Joncs, où, comme tu le vois, elle prend sa source.

— Qui aurait pensé qu'un si mince filet d'eau pût jamais devenir un si grand fleuve!

— Il en est de même de presque toutes les rivières. Au moment où elles sortent de terre, ce n'est qu'un faible ruisselet; ce ruisselet se grossit en chemin de tous les cours d'eau qu'il rencontre, et tous s'en vont ensemble à la mer.

A peu de distance du Gerbier-de-Joncs s'élève le Mézenc; c'est la montagne la plus haute de la chaîne du Vivarais. D'un côté ses pentes sont couvertes de forêts de pins et de châtaigniers; l'autre versant est nu et aride. M. Delalande y fit cependant remarquer aux deux frères, en certains endroits, des rangées de jeunes arbres, mais ils étaient encore si minces que c'est à peine si on les apercevait.

— Savez-vous, demanda-il à Bernard, quelle est l'utilité de ces plantations?

— Mais, dit celui-ci, c'est pour fournir du bois à l'indus

trie. Si l'on ne plantait pas des arbres il arriverait un jour où l'on en manquerait.

— Et toi, Savinien, qu'en penses-tu ?

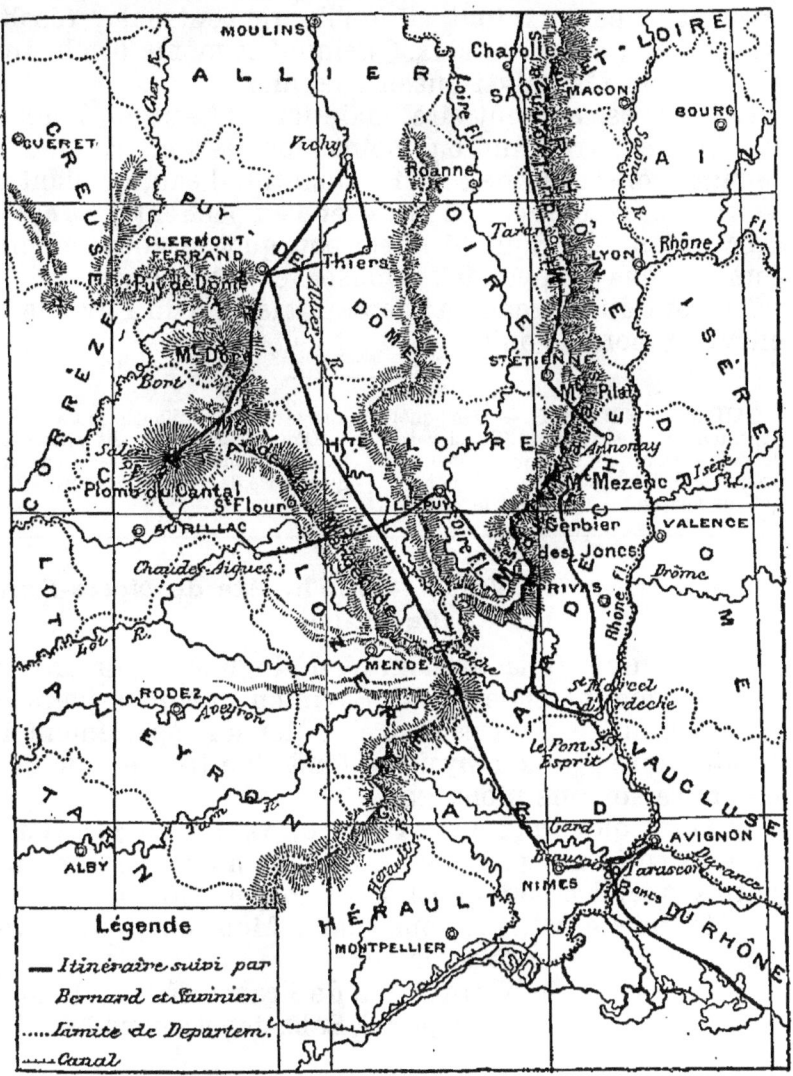

— Je pense comme Bernard, et de plus je trouve que la montagne est beaucoup plus belle du côté où elle est couverte de verdure.

— Voilà déjà deux raisons pour la reboiser, mais il y en a une meilleure encore. C'est qu'on a reconnu que le déboisement était une des causes des inondations.

Lorsque la montagne est dépouillée, l'eau provenant des

orages ou de la fonte des neiges glisse sur le terrain et se précipite avec violence dans les plaines sans que rien la retienne. Elle forme alors d'effroyables torrents, qui entraînent avec eux tout ce qu'ils rencontrent : récoltes, arbres, meubles, bestiaux. Quelquefois même des hommes sont emportés ainsi jusqu'à la mer.

Les arbres, au contraire, maintiennent autour d'eux une couche de terre plus ou moins épaisse qui, comme une éponge, conserve une certaine quantité d'eau, pendant que les racines retiennent le reste et l'empêchent de s'écouler avec autant de rapidité. C'est pourquoi le gouvernement, comme vous le voyez, fait reboiser les montagnes.

Du haut du Mézenc on apercevait la ville du Puy: Le Puy en Velay comme on dit.

QUESTIONNAIRE. — Dans quel département est situé le Gerbier-de-Joncs? — Pourquoi un fleuve est-il infiniment plus large à son embouchure qu'à sa source? — Quel est le port de mer situé à l'embouchure de la Loire? — D'où vient qu'on dit Haute-Loire, Haute-Vienne, etc.? — Vous a-t-on déjà parlé de l'utilité des forêts?

CI. — Le Puy en Velay. — Sur la tête de Notre-Dame de France.

— Le Puy! Voilà un nom bien singulier pour une ville perchée comme celle-là, dit Savinien quelques jours plus tard, comme ils arrivaient au chef-lieu du département de la Haute-Loire; je la croyais au fond d'un trou et elle est au contraire sur une montagne.

— C'est que *Puy*, en Auvergne, veut dire *pic*. Tu entendras ce terme plusieurs fois dans notre voyage, entre autres quand il sera question du Puy-de-Dôme.

— Et quelle est, s'il vous plaît, Monsieur, cette statue que j'aperçois sur ce sommet?

— C'est celle de Notre-Dame de France. Elle a été fondue avec deux cents canons pris à Sébastopol; nous la verrons de plus près.

Au Puy il faut avoir de bonnes jambes : c'était la réflexion que faisait Savinien en montant à la place de la Cathédrale. On n'y parvient que par une longue suite de degrés. Un second escalier mène de cette place à la porte de l'église, qui est très belle et domine toute la ville.

— Nous n'avons pas fini de monter, dit M. Delalande en sortant. Il s'agit maintenant de gagner le haut de la montagne.

— Où est la statue ?
— Précisément.
— De là on doit jouir d'un coup d'œil magnifique.
— Du sommet de la tête la vue est encore plus belle.
— C'est dommage que nous ne soyons pas de petits oiseaux, répliqua Savinien en riant, nous irions nous y poser.
— Il n'est pas nécessaire d'être oiseau pour cela.

Savinien crut que M. Delalande voulait se moquer de lui. Il n'en était rien pourtant, et quelques instants après nos voyageurs, ayant gravi un escalier caché dans le corps de la statue, arrivaient au sommet de la tête, sur laquelle est ménagée une plate-forme. La couronne qui entoure les cheveux sert de balustrade et forme des bancs pour s'asseoir.

C'est qu'aussi cette statue est de belle dimension. Elle a seize mètres de hauteur : autant qu'une maison à quatre étages.

De là, ainsi que l'avait dit M. Delalande, les regards s'étendaient sur un espace immense, entouré de montagnes. Bernard et Savinien reconnaissaient les lieux par lesquels ils venaient de passer.

Sur la tête de Notre-Dame de France.

— Voici le Mézenc! s'écria Bernard ; je le reconnais à son sommet aplati.

— Et voilà, s'écria son frère, le Gerbier-de-Joncs, d'où sort la Loire. Est-ce elle, monsieur, qui serpente dans ces belles prairies ?

— Oui, mon ami, et c'est elle encore qui court vers le nord, à peu de distance du Puy.

— Oh! comme elle est déjà bien plus large que lorsque je l'ai traversée d'un saut l'autre jour!

— De ce côté, continua M. Delalande, en désignant le

nord-ouest, on aperçoit à l'horizon les monts Dore et les monts Dôme, qui appartiennent à l'Auvergne; puis, à gauche de ces montagnes, le Cantal.

— Qui donne son nom au département dont Aurillac est le chef-lieu?

— Précisément. Maintenant en suivant toujours, plus au sud par conséquent, les monts de la Margeride, et au-delà les Cévennes, dont fait partie le mont Lozère, qui lui aussi donne son nom à un département.

— Chef-lieu Mende, dit encore Savinien. Ces pays de montagnes ne doivent pas être très productifs, ajouta le jeune garçon.

— C'est vrai, du moins pour la Lozère. Le plus grand ennemi de la culture ici, c'est le froid. L'hiver, la moitié du département est cachée sous la neige et l'on ne peut retrouver son chemin qu'à l'aide de pieux qu'on plante de distance en distance. Alors les loups, ne trouvant plus à manger dans les forêts des montagnes, descendent dans les villages et s'attaquent aux troupeaux.

— Je vois bien que toutes les parties de la France ne sont pas semblables, mais j'aime à croire qu'il en sera de cette contrée comme de la nôtre. Autrefois, à ce que m'a dit Bernard, la Sologne ne produisait presque rien; cependant depuis qu'on sait s'y prendre les terres deviennent d'un bon rapport. On trouvera peut-être quelque moyen de rendre celles-ci productives.

— Cela viendra probablement. Il n'est rien que le travail de l'homme ne puisse améliorer avec de la persévérance.

— J'en serai bien aise. J'aimerais à savoir que tout mon pays prospère et qu'il n'y a pas un seul coin de la France où l'on soit misérable.

QUESTIONNAIRE. — Quels départements a formés l'Auvergne? — Qu'est-ce que Sébastopol? — Y a-t-il des loups dans votre pays? — Celui qui tue un loup fait-il une action utile?

CII. — La cuisine en plein air.

Les voyageurs avaient toujours soin de se munir de provisions, car souvent leurs courses les entraînaient loin des villages, et sans cette précaution ils eussent été exposés à mourir de faim, ou du moins à faire bien maigre chère.

Un matin, avant de quitter l'auberge où ils avaient passé la nuit, M. Delalande recommanda à Bernard d'emporter des œufs.

— Ne faut-il pas les faire durcir, monsieur? demanda le jeune homme.

— Ce n'est pas la peine. Aujourd'hui nous nous régalerons d'œufs à la coque. Procurez-vous aussi du café et n'oubliez pas ma petite cafetière.

— C'est qu'il n'y a plus d'esprit-de-vin dans la bouteille pour faire chauffer l'eau.

— Nous nous en passerons.

Après quelques heures de marche on arriva sur la place d'une petite ville. Il faisait extrêmement chaud, aussi Savinien se précipita-t-il en toute hâte vers une fontaine où les femmes du pays venaient chercher de l'eau. Il étendit la main sous le robinet et tout à coup fit un saut en arrière en poussant un cri; cette eau était brûlante. Son empressement à s'en approcher ne lui avait pas permis de remarquer la vapeur qui s'en échappait. Cette vapeur, il est vrai, était peu épaisse, car chacun sait que l'eau chaude fume beaucoup moins en été qu'en hiver; c'est comme notre haleine qui n'est visible que lorsqu'il fait froid.

Un éclat de rire de M. Delalande, répondit au cri de Savinien.

— Bois, mon ami, lui dit-il, régale-toi à ton aise! Il n'y a pas de danger que tu attrapes un refroidissement.

— Se serait-on jamais douté, s'écria le jeune garçon riant à son tour, qu'une fontaine publique versât de l'eau bouillante! Qui donc la fait chauffer?

— Qui? Personne.

— Personne?

— Nous avons parlé plusieurs fois des volcans, que t'ai-je dit à ce sujet?

— Que l'intérieur de la terre contenait du feu et des matières en fusion.

— C'est cela. Devines-tu alors pourquoi cette eau est chaude?

— C'est le feu souterrain qui en est cause!

— Justement, elle nous vient de quelque chaudière placée au centre du globe, et des canaux naturels nous l'amènent brûlante. A cause de cela on l'appelle source *thermale*. Les habitants n'ont pas besoin d'acheter du bois ou du charbon pour faire cuire leurs aliments, ni même pour chauffer leurs maisons.

— Comment cela?

— Des tuyaux sont disposés pour y conduire cette eau, qui y entretient, même par les plus grands froids, les chaleurs de l'été.

— Cela fait un calorifère comme j'ai entendu dire qu'on en établissait dans certaines maisons.

— Justement ; mais d'ailleurs il ne fait jamais bien froid ici ; le sol est si tiède que la neige y fond en tombant.

— Et quel est, monsieur, le nom de cette ville.

— Elle s'appelle Chaudes-Aigues, autrement dit Chaudes-Eaux.

— Elle est vraiment bien nommée, fit Savinien. — Mais, ajouta-t-il tout joyeux, je le devine ; c'est avec cette eau-là que nous allons faire cuire nos œufs.

— Et faire notre café. Si nous avions des tablettes de bouillon, nous pourrions tremper la soupe.

— C'est cela qui va être amusant!

QUESTIONNAIRE. — Dans quelle saison aimeriez-vous habiter Chaudes-Aigues ? — Que veut dire *source thermale ?* — Dans quels mots de votre connaissance retrouvez-vous cette syllabe *therme* ?

CIII. — Source bouillante et source glacée.

En quelques instants les œufs furent cuits. Bientôt aussi le café fut fait. Les convives, l'ayant mis dans une petite bouteille emportée exprès, se hâtèrent de sortir de la ville, ce qui ne fut pas long, car elle n'était pas grande, et s'installèrent dans la campagne pour déjeuner. A quelques pas d'eux coulait un petit ruisseau.

— C'est très bien de manger, dit M. Delalande, mais il ne serait pas désagréable non plus de boire. Prends la bouteille, Savinien, et remplis-la de l'eau que voilà.

— De l'eau chaude!

— N'importe, cela vaut mieux que rien.

Savinien s'approcha et toucha d'abord, du bout du doigt cette fois, la surface de l'eau courante.

— Elle n'est pas si chaude que celle de là-bas ; elle s'est un peu rafraîchie à l'air.

Il y plongea toute la main.

— Eh bien! s'écria-t-il, je le crois bien qu'elle n'est pas chaude ; elle est glacée au contraire.

M. Delalande se mit à rire.

— A deux pas de celle de tout à l'heure, continua le jeune garçon. Comment cela se fait-il ?

— C'est qu'elle ne vient pas du même endroit, voilà tout.

— N'importe, c'est bien extraordinaire que deux sources qui coulent si près l'une de l'autre aient des températures si différentes.

— N'as-tu pas vu déjà bien des choses extraordinaires dans notre voyage?

— Oh! c'est bien vrai!

Tout en parlant ainsi, Savinien remplissait sa bouteille, puis la vidait et recommençait à la remplir pour la vider encore.

— Eh bien! cette eau? dit M. Delalande.

— J'ai beau faire, il y reste toujours de la poussière brune.

— Elle est sale. J'ai beau faire, il y a toujours dedans de la poussière brune.

— Apporte-la néanmoins.

— Ce que tu appelles de la poussière brune, dit le naturaliste lorsqu'il eut la bouteille entre les mains, est formée de parcelles de rouille. Elles proviennent du fer que contiennent les terrains sur lesquels cette eau a passé. Elle n'a rien de malsain, au contraire, et tu peux en boire en toute sécurité. C'est de l'eau *ferrugineuse*.

— Comme celle que grand'mère me faisait avec des vieux clous, quand j'étais petit. Elle disait que c'était fortifiant.

— Et elle avait raison.

— Celle-ci a comme un goût d'encre; néanmoins je l'aime mieux que celle de tout à l'heure, dit l'enfant après y avoir goûté.

J'ai entendu dire, ajouta-t-il, qu'il y avait des sources dont l'eau guérissait les maladies.

— C'est vrai, et celles de Chaudes-Aigues sont du nombre.

— Comment cela se fait-il?

— C'est que ces eaux passent sur des terrains contenant des matières propres à la guérison de ces maladies, comme l'eau de ce ruisseau passe sur des terrains contenant du fer. Comme ce ruisseau aussi, elles entraînent une partie de ces matières avec elles. On appelle ces eaux, *eaux minérales*.

C'est surtout dans les pays de montagnes qu'on les trouve; nous en rencontrerons plusieurs sur notre chemin.

Les unes sont salées, d'autres ont un goût piquant; il y en a qui contiennent de l'arsenic.

— De l'arsenic! Je croyais que l'arsenic était un poison.

— Pris en grande quantité, certainement, mais en médecine on l'emploie utilement. Qu'est-ce que cela prouve selon toi?

— Je ne sais pas.

M. Delalande se tourna vers Bernard.

— Qu'il n'y a pas de chose si mauvaise, dit celui-ci, dont on ne puisse tirer parti.

— Justement.

— Je vois, dit Savinien, qu'il y a sous terre toute une pharmacie.

QUESTIONNAIRE. — A qui Savinien a-t-il entendu parler d'eaux minérales? — Vous rappelez-vous celles qu'on a déjà nommées et dans quels départements elles sont situées? — Pourquoi trouve-t-on les eaux minérales dans les montagnes plutôt qu'ailleurs? — L'arsenic est-il le seul poison employé en médecine? — Nommez quelques plantes qui contiennent du poison.

CIV. — Lettre de Savinien à M. Liégard.
Les routes de montagne.

De temps en temps Bernard et Savinien écrivaient à l'instituteur de Fréville, qui s'était toujours montré leur ami. M. Liégard ne pouvait répondre aux deux frères, ne sachant au juste où ils étaient; néanmoins leurs lettres lui faisaient grand plaisir.

Voici celle que Savinien lui adressait un jour :

Clermont-Ferrand, 25 juillet 188....

« Il y a bien longtemps que je ne vous ai écrit, mon cher instituteur, parce que, depuis que nous voyageons avec M. Delalande, nous ne nous sommes guère arrêtés que pour dormir; et dame! vous savez, moi, monsieur Liégard, je ne suis pas habile de la plume comme Bernard, et quand je veux écrire, il faut que je sois bien installé et que j'aie du temps devant moi. Nous sommes ici, dans la capitale de l'Auvergne, pour deux jours; j'en profite pour vous donner de nos nouvelles. Vous en avez eu par mon frère la semaine dernière : je vous parlerai donc seulement de ce qui nous est arrivé depuis.

D'abord, je vous dirai qu'en quittant Chaudes-Aigues, on suit une *gorge*, un *défilé* entre deux montagnes. Au fond court un torrent qui bondit au milieu des pierres noires et luisantes, en formant de beaux flocons d'écume blanche comme la neige. Il gronde avec tant de force que c'est à peine si l'on s'entend parler.

Il faut que vous sachiez que la gorge est si étroite qu'autrefois il n'y avait place tout juste que pour le torrent. La route a été taillée dans la montagne, qui forme une sorte de mur tout droit, de sorte qu'elle est comme suspendue sur le précipice. La roche était si dure, a dit

On détache les pierres qui sont fendues...

M. Delalande, qu'on n'a pu l'entamer qu'à l'aide de la poudre à canon. Il m'a expliqué comment on faisait. On creuse avec un pic un petit trou dans le rocher; c'est ce qu'on appelle une mine. On l'emplit de poudre; on place sur la poudre le bout d'une mèche de coton aussi longue qu'on veut, et dont on allume l'autre extrémité; puis l'on se sauve. La mèche brûle tout doucement, et le feu arrive au bout qui touche à la poudre. Alors elle-ci s'enflamme; et, pif! paf! voilà le rocher qui éclate avec un bruit de tonnerre, en envoyant des débris de tous les côtés. On détache les pierres qui sont fendues, et puis on recommence. Bernard m'a dit que c'est à peu près de cette façon qu'on creusait les tunnels pour les chemins de fer. Je suis sûr que vous devez savoir tout cela, monsieur Liégard, et si je vous en parle, c'est seulement pour vous faire voir que je ne suis plus si ignorant que par le passé, que j'écoute tout ce qu'il est utile de savoir et que je le retiens.

Mais je n'en ai pas fini avec la route. Figurez-vous que pour y travailler, comme il n'y avait pas là seulement de quoi poser le pied, les ouvriers étaient suspendus par des cordes fixées au haut de la montagne, qui est si élevée en cet endroit que c'est à peine si on en aperçoit le sommet.

— Quelle hardiesse il a fallu pour entreprendre un pareil ouvrage! ai-je dit, comme nous longions cette route. Quand je pense que maintenant on passe là si tranquillement.

— Et que de services on a rendus au pays en l'accomplissant! m'a répondu M. Delalande. Autrefois, les habitants étaient enfermés entre leurs montagnes. Ils n'avaient de communication avec leurs voisins que par des sentiers de chèvre. Ils ne pouvaient se procurer rien de ce qui ne venait pas chez eux, ni tirer parti de leurs productions. Maintenant, grâce à cette route et à d'autres semblables, ils sont en rapport avec le reste de la France. Les chemins leur ont donné la prospérité et le bien-être.

Ne trouvez-vous pas, monsieur Liégard, qu'on doit bien de la reconnaissance à ceux qui ont eu l'idée de faire une route comme celle-là et à ceux qui ont hasardé leur vie en y travaillant?

QUESTIONNAIRE. — Avez-vous déjà vu employer la *mine*? Depuis quand la poudre à canon est-elle connue? — En quoi de bonnes routes sont-elles utiles? — A quelle occasion, dans cette histoire, avez-vous déjà vu des ouvriers déployer du courage et de l'énergie dans des travaux d'utilité publique?

CV. — Suite de la lettre de Savinien. — Le Plomb du Cantal.

« M. Delalande avait décidé qu'on irait voir le soleil se lever en haut du Plomb du Cantal. C'est une montagne dont le sommet est arrondi, comme son nom l'indique, et que nous avions déjà vue de loin.

Les étoiles brillaient encore lorsque nous nous mîmes en route. Il faisait un clair de lune superbe, ce qui nous permettait de jouir du paysage. Le chemin serpentait d'abord dans des pâturages et des forêts de châtaigniers; peu à peu la verdure devint plus rare et finit par cesser tout à fait. Il ne faisait pas chaud du tout; le froid devenait même assez piquant en montant, et je vous assure que les tartans, sorte de grosses couvertures que M. Delalande nous a achetées pour le voyage, n'étaient pas de trop.

Quoique le jour commençât à blanchir le ciel, un épais brouillard nous empêchait de rien distinguer. Par moments pourtant il y avait une éclaircie, et, moi qui me croyais en haut, j'étais tout étonné d'apercevoir au-dessus de ma tête le sommet de la montagne, qui semblait s'élever à mesure qu'on en approchait.

Il paraît qu'il en est toujours ainsi dans les montagnes; on ne se rend pas bien compte des distances, et lorsqu'on s'imagine être au bout de sa course, on a encore beaucoup de chemin à faire.

Nous parvînmes au plateau, cependant. Et voilà que les nuages se dissipent tout à coup et que le soleil, comme s'il n'attendait que le moment de notre arrivée pour se montrer, paraît au-dessus des monts du Velay, que nous avions à l'est. Bernard et moi, nous avons poussé un cri d'admiration.

Oh! si vous aviez vu, monsieur Liégard, comme c'était beau, ces montagnes dorées par le soleil levant! Pendant qu'il montait dans le ciel, la lumière descendait peu à peu, et d'autres montagnes sortaient de l'ombre en se teignant de rose à leur tour. Puis les rayons atteignirent le fond de la vallée, firent étinceler les ruisseaux et ressortir le vert velouté des prairies; on distingua alors les chalets épars sur les pentes, les vaches dans les pâturages et, plus bas, les villages avec leurs maisons et leurs clochers. Oh! oui, c'était bien beau.

Du Plomb du Cantal, on découvre en entier les monts Dore et les monts Dôme, que nous n'avions fait qu'apercevoir du haut de la statue de Notre-Dame de France, au Puy.

Que de montagnes! nous en étions entourés. Elles semblaient pressées les unes contre les autres. Mais ce qui m'étonnait surtout, c'était leur forme. Avant d'en voir, je m'étais figuré que toutes les montagnes se terminaient en pointe, et presque toutes celles que je voyais là étaient aplaties et peu creusées du haut, comme j'avais remarqué que l'étaient le Mézenc et le Gerbier-de-Joncs; je le comprenais pour ceux-là, puisque c'étaient d'anciens volcans: leur tête avait été emportée par l'éruption.

Eh bien, monsieur Liégard, il paraît qu'il en est pour les monts d'Auvergne comme pour les monts du Vivarais. Ce sont aussi d'anciens volcans. Ces cavités qu'on voit au sommet, c'est le cratère par lequel est sortie la lave, et cette lave a couvert un espace de terrain considérable. Vous devez bien savoir cela encore, ce n'était pas la peine de vous le dire; mais c'est drôle tout de même de penser qu'il y a eu un temps où tout ce pays-ci a été bouleversé et brûlé par des feux sortis de dessous terre; maintenant, tout est si vert et si frais!

Comme je vous l'ai déjà dit, une partie de la montagne est couverte de pâturages. Dans ces pâturages les troupeaux paissent en liberté. On voit là de belles vaches : celles de la race de *Salers*, petite ville qui est située à peu de distance, et dont les bestiaux sont renommés. Ces vaches se régalent là à leur aise d'herbe savoureuse et donnent un lait excellent, dont nous avons eu plusieurs fois occasion de goûter et dont on fait un fromage très dur, qu'on fabrique par grosses mottes : le fromage de Cantal.

Mais voilà que pendant que nous descendions la montagne, en écoutant le tintement des clochettes que chacune d'elles porte au cou, et qui font une gentille petite musique, un autre bruit vint se mêler à celui-là. C'était le sifflet de la vapeur, et aussitôt une locomotive, suivie d'une longue file de wagons, sort de la montagne et y rentre presque aussitôt. Elle ressort un peu plus loin pour s'y enfoncer encore. Pendant quelque temps nous l'avons vue ainsi paraître et disparaître; tantôt elle s'engageait sous la voûte noire d'un souterrain, tantôt elle traversait un ravin à l'aide d'un pont en fonte. Oh! il en a fallu faire des travaux d'art, comme on dit, pour établir un chemin de fer dans ce pays! celui-ci n'est qu'une suite de tunnels et de viaducs.

QUESTIONNAIRE. — Pourquoi fait-il plus froid sur les montagnes que dans la plaine? — Connaissez-vous un autre mont Dore que ceux dont il est question ici? — Quelles sont les principales races de bestiaux dont on vous a déjà parlé? — Un chemin de fer coûte-t-il autant à établir dans un pays plat que dans un pays montagneux?

CVI. — Suite de la lettre de Savinien.
Terrible danger.

« Un autre jour nous avons grimpé au haut du Puy de Sancy, qui fait partie des monts Dore : c'est le sommet le plus élevé de l'Auvergne; mais là, il a failli, par ma faute, arriver un accident.

Nous redescendions la montagne par un sentier qui côtoie le bord d'un ravin très profond appelé la Gorge-d'Enfer, au bas duquel on entendait mugir un torrent. Quelques arbres et quelques buissons se montraient à peine sur le penchant de la montagne, qui était extrêmement raide en cet endroit. Tout à coup, M. Delalande, en désignant une touffe d'herbe à quelques pas au-dessous de nous, s'écrie :

— Voilà une plante qui manque à ma collection, et qui y manquera sans doute toujours, car je ne l'ai jamais vue que dans des lieux inaccessibles.

Un bouquet d'arbustes se trouvait...

Il n'avait pas fini de parler que moi, sans réfléchir, je m'élance pour m'en emparer. Vous comprenez, M. Delalande est si bon pour nous que j'aurais été bien content de lui faire plaisir; mais comme je posais la main sur la fleur, le pied me manque, et voilà que je roule, je roule, sans pouvoir me retenir. J'ai cru que j'allais ainsi dégringoler jusqu'au fond du précipice, et alors...

Par bonheur, un bouquet d'arbustes se trouvait sur mon passage; je m'y cramponne de toutes mes forces; mais il n'y avait toujours pas moyen de remonter. C'était presque aussi droit qu'un mur. M. Delalande m'a crié :

— Reste là et tiens ferme !

J'ai fait ce qu'il me disait, je suis resté là immobile, retenant mon souffle. Il me semblait que de respirer cela faisait craquer les branches autour de moi. Si je disais que je n'ai pas eu peur, je mentirais. Oh! si, j'avais grand'peur. J'entendais le torrent qui grondait au-dessous de moi et qui avait l'air de m'appeler; mais je vous assure que je n'éprouvais pas la moindre envie de lui obéir. Je m'efforçais de prendre courage, afin de seconder de mon mieux les tentatives que, je le devinais, M. Delalande et Bernard allaient faire pour me venir en aide.

Ma tête était tournée de manière que je ne perdais pas un de leurs mouvements. Je vis M. Delalande déchirer en larges bandes son tartan et celui de Bernard, ainsi que le mien, que j'avais jeté sur le sentier au moment de descendre. De beaux tartans tout neufs, et qui lui avaient coûté bien cher! Puis il noua ces bandes ensemble. Cela faisait une très longue corde. Il en a attaché un bout autour du corps de Bernard et a gardé l'autre dans sa main. Mon frère, alors, a commencé à se laisser glisser tout doucement sur le talus.

C'est dans ce moment-là que j'ai regretté mon étourderie et que je me suis rappelé ce qu'avait dit M. Ferrière à son fils, lorsque celui-ci a manqué de se noyer à Boulogne, et que Henri m'a répété : — On est coupable lorsqu'on expose sa vie sans nécessité, car on expose en même temps la vie de ceux qui viennent à votre secours. — J'aurais bien crié à Bernard : Ne viens pas! mais je sais que cela n'eût servi qu'à lui donner des distractions et à augmenter peut-être le danger qu'il courait.

Mon frère est parvenu ainsi jusqu'à un sapin qui se trouvait un peu au dessus de moi; là, il s'est arrêté, a détaché la bande de tartan de sa ceinture, a noué une pierre dans le bout pour l'alourdir; puis il l'a fait descendre jusqu'à moi en me disant de la lier solidement autour de ma taille. J'ai fait ce qu'il m'ordonnait, et alors il a commencé à me tirer doucement, doucement, prenant grand soin de ne pas donner de secousses à la corde de peur de la déchirer; moi, je m'aidais de mon mieux de tout ce que je rencontrais sur mon chemin : racines, pierres, touffes d'herbe.

Je suis arrivé ainsi au sapin. Là, Bernard a regardé si le nœud que j'avais fait était solide, et puis, sans dire une parole, il m'a fait signe de continuer à monter. C'est M. Delalande alors qui, avec les mêmes précautions, m'a hissé, et deux minutes après j'étais à côté de lui.

Sans perdre un instant, il a dénoué la corde et l'a bien vite rejetée à Bernard; puis il a tiré de nouveau. Oh! monsieur Liégard, si vous saviez quelles terribles inquiétudes j'ai eues pendant ce temps-là ! Je ne respirais pas. Si la corde allait casser! Quelles angoisses! Voilà que justement, comme la tête de mon frère arrivait en haut du talus, un craquement se fait entendre. M. Delalande n'a eu que le temps bien juste de tendre la main à Bernard, et il est parvenu à l'attirer jusque sur le sentier.

Alors, je me suis jeté au cou de mon frère, lui demandant pardon du fond du cœur de mon étourderie. Bernard s'est mis à pleurer, et moi aussi; je ne sais pas pourquoi, par exemple, car j'étais bien content. M. Delalande a tiré du sac aux provisions une petite bouteille d'eau-de-vie et nous en a fait boire quelques gouttes. Il aurait eu bien besoin d'en prendre lui-même, car il était tout pâle. Il m'a embrassé en s'efforçant de me faire rire; mais je ne pouvais pas. Il ne m'a pas grondé..... il est si bon!

Le soir, en ôtant ma veste, la plante est tombée à mes pieds. Il paraît que je l'avais fourrée là machinalement. Je l'ai donnée à Bernard qui l'a mise avec les autres dans l'herbier de M. Delalande.

Un craquement se fait entendre.

QUESTIONNAIRE. — Savinien méritait-il des reproches pour ce qu'il avait fait? — Y a-t-il des cas où l'on doit risquer sa vie? — Pourquoi Bernard et Savinien pleurent-ils en se retrouvant tous deux sains et saufs?

CVII. — Suite de la lettre de Savinien. — Clermont et les grands hommes de l'Auvergne.

« Depuis hier, comme je vous l'ai dit, nous sommes à Clermont. C'est une grande ville, mais qui n'est pas gaie du tout. Cela vient de ce qu'elle est bâtie en lave sortie des volcans, et que cette lave est noire. On l'appelle *pierre de Volvic*, du nom d'une petite ville des environs, d'où on la tire.

Mais si la ville n'est pas agréable, on y jouit d'une vue très étendue et très belle. Elle est située au milieu d'une superbe plaine entourée de montagnes. Cette plaine, qu'on appelle la Limagne, est très fertile ; elle est arrosée par l'Allier, une jolie rivière qui se jette dans la Loire, et par un grand nombre d'autres cours d'eau qui descendent des hauteurs environnantes. Il paraît qu'autrefois, il y a bien longtemps, peut-être à l'époque où les volcans jetaient des flammes, la Limagne était un grand lac. Il s'est desséché peu à peu. C'est bien extraordinaire, n'est-ce pas, tous ces changements qu'il y a sur la terre ?

Vercingetorix.

A cause de cette fertilité, on fait à Clermont un grand commerce de bestiaux et de produits agricoles, grains, fruits. Sur beaucoup de magasins on lit : *Vermicelle, Semoule, Macaroni*. Tout cela se fait avec de la farine. Sur d'autres : *Confitures, Pâte d'abricots*. Il paraît que la pâte d'abricots d'Auvergne est connue jusqu'au bout du monde. C'est dans la Limagne que viennent les abricotiers dont les fruits servent à la faire. C'est très bon, cette pâte-là ; M. Delalande nous en a fait goûter.

De la terrasse de Clermont on voit, à quelque distance, une hauteur qu'on appelle le mont Gergovin. Il y avait là autrefois, du temps des Gaulois, une ville qu'on appelait Gergovie. Les Romains, un peuple d'Italie très puissant, s'étaient déjà emparés d'une partie de la Gaule, lorsqu'un jeune et vaillant chef, nommé Vercingétorix, résolut de les repousser. Les Romains avaient pour général un grand capitaine, Jules César. Il attaqua les Gaulois devant Gergovie et fut vaincu par eux.

Michel de l'Hôpital

Toutefois, comme il avait des troupes très nombreuses et très bien disciplinées, il réussit à enfermer Vercingétorix et son armée dans une ville de Bourgogne, Alisia, dont il fit le siège.

Le chef gaulois se défendit avec le courage le plus héroïque, mais il fut vaincu à son tour. Lorsqu'il vit que tous ses soldats allaient tomber au pouvoir de Jules César, il résolut de se sacrifier pour eux et vint tout seul jeter ses armes aux pieds du général romain et se rendre prisonnier, dans l'espoir d'obtenir pour eux de meilleures conditions. On aurait pensé que Jules César, touché de ce dévouement, se serait montré généreux et aurait pardonné à Vercingétorix. Eh bien! pas du tout. Il le fit charger de chaînes et le retint dans un cachot pendant plusieurs années, puis il le fit mettre à mort.

Ce Vercingétorix est un de nos ancêtres, et nous devons être fiers de sa bravoure et de son désintéressement, n'est-ce pas, monsieur?

Clermont est encore la patrie de plusieurs grands hommes. *Michel de l'Hôpital*, un ministre très intègre, de qui M. Delalande nous a cité ces belles paroles: « Je sais mourir mais non me déshonorer. » *Pascal* un très grand savant qui a inventé le baromètre; Desaix un général de la première république. De plus la famille de *Turenne*, un autre fameux général du temps de Louis XIV, était originaire de l'Auvergne.

Turenne.

Il y a bien là de quoi illustrer un pays.

Ce matin, continuait la lettre de Savinien, M Delalande nous a menés voir la fontaine de Sainte-Allyre. C'est une source pétrifiante. On place dessous un petit objet, comme une grappe de raisin, une branche d'arbre, un nid d'oiseau; l'eau y tombe goutte à goutte et le recouvre peu à peu d'une sorte de poudre brillante qui le cache, tout en conservant la forme. C'est très joli. Cela m'a rappelé les stalactites et les stalagmites de la grotte de Saint-Marcel, dont Bernard vous a sûrement parlé.

Voilà une longue lettre, mon cher instituteur; je crains que vous n'y trouviez bien des fautes d'orthographe. C'est que je n'ai pas bien suivi vos leçons jusqu'ici; mais quand je serai de retour à Fréville, je ferai tout différemment. J'ai résolu de ne plus être un paresseux : je me le répète tous les jours, et je tiendrai ma promesse. J'ai reconnu dans mon voyage que les pays où l'on travaille le plus sont ceux qui prospèrent le mieux : il doit en être de même parmi les hommes ; la fainéantise ne peut mener qu'à la misère.

QUESTIONNAIRE. — Quel est le chef-lieu du département auquel l'Allier donne son nom ? Quel est le sentiment qui fait agir Vercingetorix ? César agit-il bien envers lui ? — Connaissez-vous d'autres personnages qui aient fait preuve de patriotisme — Que pensez-vous des paroles de Michel de l'Hopital. — Qu'est-ce que le baromètre ? — Vous rappelez-vous ce qu'on appelle stalactites et stalagmites ?

CVIII. — Vichy. — Les eaux minérales.

Un matin, M. Delalande annonça aux deux frères qu'ayant appris qu'un de ses amis était à Vichy, il avait l'intention d'aller lui faire une visite.

Vichy n'est pas très loin de Clermont. Ce fut l'affaire de quelques heures de s'y rendre.

En y arrivant, Savinien remarqua qu'il y régnait beaucoup d'animation. Une foule de personnes se promenaient dans les rues et les jardins.

— Voilà une ville importante, dit-il, et l'une des plus peuplées que j'aie encore visitées.

— Elle l'est extrêmement en été ; mais il n'en est pas de même l'hiver.

— Ah ! vraiment ! D'où vient cela ?

— Presque toutes les personnes que tu vois ici sont des malades. Elles viennent pour prendre les eaux.

— Comme on va à Chaudes-Aigues, au mont Dore et à Royat, où nous sommes passés en Auvergne, ou bien encore à Plombières, dont Louise Popinel m'a parlé ?

— C'est cela. Seulement les eaux de Vichy sont encore plus renommées que les autres. C'est l'établissement de bains le plus fréquenté du monde entier. On y vient, non seulement du bout de l'Europe, mais même de l'Amérique.

— Je serai bien aise de pouvoir dire que, moi aussi, j'ai été aux eaux.

— Et même, si tu veux, tu pourras ajouter que tu en as pris ; rien n'est plus facile. Voici l'une des sources.

En parlant ainsi, M. Delalande fit entrer les deux

frères sous un pavillon élégant élevé de quelques marches.

Savinien, qui s'était attendu à voir l'eau sortir de terre, comme dans les sources qu'il connaissait, fut bien étonné en apercevant, au milieu du pavillon, un bassin avec un jet d'eau.

— Comment! l'eau vient jusqu'ici? dit-il.

— Oui; une machine à vapeur la fait monter et la distribue dans toutes les *buvettes* de la ville, c'est-à-dire dans tous les endroits où boivent les malades et aussi dans l'établissement de bains.

Ils s'approchèrent de la fontaine; deux femmes y remplissaient des verres qu'elles présentaient aux personnes qui leur en demandaient. M. Delalande en fit donner un à Savinien.

— Pouah! fit celui-ci en y goûtant, que c'est mauvais!

Néanmoins, il avala vaillamment le contenu du verre jusqu'au bout.

— Ma foi! je suis bien content, dit-il à M. Delalande en sortant, de n'être pas malade. Je plains de tout mon cœur les personnes qui sont obligées de boire tous les jours cette eau tiède, qui a je ne sais quel goût!

QUESTIONNAIRE. — Dans quel département est Vichy? — Comment cette ville est-elle située par rapport à Clermont? à Lyon? à Paris? à Bordeaux? — Aimeriez-vous à prendre des eaux? — Que préférez-vous, avoir la santé et travailler ou bien être malade et ne rien faire?

CIX. — D'anciens amis. — Le Berry et le Morvan.

Comme les jeunes gens traversaient la place principale de Vichy, leur attention fut attirée par une voiture de colporteur entourée d'acheteurs.

— Louise! s'écria Savinien.

En effet, c'était l'équipage de M. Popinel. Comme de coutume, le marchand forain mesurait du drap et de la toile, Mme Popinel offrait aux clients des rubans et de la dentelle, et Louise débitait de la mercerie.

On fut charmé de part et d'autre de se revoir. M. Delalande, qui connaissait les circonstances de la première rencontre du marchand et de ses petits protégés, pensant que les deux frères seraient bien aises de passer une demi-journée avec leurs amis, les laissa avec eux.

Lorsque vint l'heure du dîner, M. Popinel voulut absolument emmener Bernard et Savinien à son auberge. Ceux-ci acceptèrent, car c'était le seul moyen de causer un peu ensemble. Tant qu'on était resté sur la place et que la boutique avait été ouverte, les pratiques avaient absorbé tout le temps et toute l'attention de la famille du marchand. En conséquence, les deux frères aidèrent le colporteur à remettre ses marchandises en ordre; puis, la voiture refermée, la Pie se dirigea vers le *Lion d'Or*.

On se mit à table. Louise et Savinien se placèrent à côté l'un de l'autre et la conversation s'engagea entre eux.

Fabrication du charbon de bois.

— Par quel hasard vous trouvez-vous donc ici? dit le jeune garçon. Racontez-moi, je vous en prie, ce que vous avez fait depuis que nous nous sommes quittés.

— C'était aux environs de Vire, n'est-ce pas? Eh bien, nous avons continué notre route vers Rennes, comme c'était convenu, et mes parents ont fait d'assez bonnes affaires aux *pardons*. Vous savez que c'est ainsi qu'on appelle les fêtes en Bretagne.

Puis nous avons fait une tournée dans la Touraine. Papa qui, je vous l'ai déjà dit, est souvent chargé d'affaires pour des négociants, tout en débitant ses marchandises, y a acheté du chanvre, des pruneaux; puis, dans le Berry, des toisons pour un fabricant de Reims, car les moutons du Berry sont estimés; de là, nous sommes allés dans le Morvan.

— Le Morvan? je ne connais pas ce nom.

— C'est celui qu'on donnait autrefois à une partie du Nivernais. C'est une contrée montagneuse et très boisée. On y fabrique du charbon de bois.

— Comment s'y prend-on?

— On range en tas bien régulier de petites rondelles de bois d'égales longueurs, en conservant au milieu une sorte de tuyau pour y faire arriver l'air. On recouvre ce tas de terre et de gazon humide. On y met le feu; il brûle tout doucement et on l'éteint avant qu'il soit tout à fait consumé.

— Et du Morvan vous êtes venus ici?
— Oui; ensuite nous irons en Bourgogne.
— Mais il me semble, si le Morvan est dans le Nivernais, que vous n'avez pas pris le bon chemin pour vous rendre en Bourgogne.
— En effet, mais les affaires nous forcent à des détours.
— Que devez-vous aller faire en Bourgogne?
— Toujours la même chose : acheter les produits du pays. La Bourgogne fournit du vin excellent. Papa a été vigneron autrefois, ce qui fait qu'il se connaît très bien en vin et que plusieurs marchands de Paris l'ont chargé de faire des achats pour eux.
— J'ai vu faire du cidre; le vin se fait-il de même?
— A peu près, si ce n'est que pour faire le cidre on met de l'eau avec les pommes, tandis qu'avec le raisin on n'en met pas. J'ai assisté une fois aux vendanges. Il y a deux ans de cela. Papa était venu me chercher en Lorraine pour me mener chez ma marraine, qui habite Avallon.
— Ah! vraiment! j'aimerais bien, moi aussi, voir faire le vin.
— Le plus amusant, c'est de cueillir le raisin; d'abord, on s'en régale toujours un peu.
— Au fait, ça n'est pas désagréable, dit en riant Savinien. Et que fait-on quand le raisin est cueilli?
— On le jette dans de grandes cuves, on l'écrase, puis on le laisse plusieurs jours tranquille.
Alors, il s'échauffe de lui-même, il bout comme s'il était sur le feu, et il monte au-dessus une écume blanchâtre. On dit dans ce moment qu'il *fermente*.
Lorsqu'il a fini de fermenter, on ouvre un robinet placé au bas de la cuve, et le vin coule clair et limpide.
— Et dans toute la Bourgogne on fait du vin?
— Oui, il y a même un département qu'on appelle la Côte-d'Or.
— Je le sais : chef-lieu Dijon.
— Oui, mais savez-vous d'où lui vient ce nom?
— C'est celui d'une montagne, sans doute.
— Une montagne, non; mais une chaîne de collines plantées de vignes, qui sont une richesse pour le pays.
— Ah! je comprends maintenant pourquoi on l'appelle ainsi.

QUESTIONNAIRE. — Racontez-nous les principaux incidents de la première rencontre de Louise et de Savinien. — Que fait-on avec le chanvre? — Que fait-on avec la laine? — Quel département a formé le Nivernais et quelle était sa capitale? — Quels départements aurait traversés la famille Popinel si elle s'était rendue directement de Touraine en Bourgogne? — Que vous rappelle le nom de Côte-d'Or donné à une riche contrée?

CX. — Les grands hommes de la Bourgogne.

Il est né beaucoup de grands hommes en Bourgogne, reprit Louise; j'ai lu un livre où il était question d'eux. Il y a d'abord *saint Bernard*, qui a prêché la seconde croisade; puis Bossuet, un grand orateur sacré, puis *Vauban*.

Saint Bernard.

— Ah! je sais, interrompit Savinien; Vauban était un ingénieur qui a construit les fortifications de Valenciennes.

— De Valenciennes et de bien d'autres places de guerre. C'était, de plus, un homme plein d'humanité et d'idées généreuses, concernant le peuple.

Parmi les personnages qui sont nés en Bourgogne, il y a madame de Sévigné, une femme qui vivait du temps de Louis XIV. Elle a écrit des lettres à sa fille, qui sont célèbres, à ce que dit mon livre, par l'esprit, la grâce, le naturel et le sentiment. En Bourgogne encore est né un grand écrivain, Buffon, qui a écrit l'histoire de tous les animaux, depuis les plus grands quadrupèdes jusqu'aux plus petits insectes, sans compter les poissons, les reptiles et les oiseaux.

— C'était un naturaliste alors, comme M. Delalande?
— Justement.
— Il paraît qu'il était très bon et très bienfaisant.
— Toujours comme M. Delalande! s'écria Savinien.
— Je me rappelle encore, continua Louise, les noms de Carnot et de Monge; le premier était un général et l'autre un savant du temps de la première République.

Les deux enfants auraient volontiers prolongé la conversation; mais Bernard fit signe à son frère qu'il était temps de rejoindre M. Delalande.

Il se faisait tard, en effet, et le moment de retourner à l'hôtel était arrivé. Nos jeunes amis et la famille Popinel se firent des adieux affectueux, en se souhaitant mutuellement bon voyage et en espérant que le hasard leur fournirait l'occasion de se rencontrer encore une fois comme ils venaient de le faire.

QUESTIONNAIRE. — Qu'est-ce que les croisades ? — Qu'est-ce qu'un orateur sacré ? — Qu'est-ce qu'un naturaliste ? — Nommez les différentes branches de l'histoire naturelle.

CXI. — Une méprise.

M. Delalande, en partant pour Vichy, avait laissé ses bagages à Clermont. Aussi fut-il obligé d'y retourner.

Il désirait du reste s'arrêter à Thiers, qui était sur leur passage, et où il avait quelques connaissances. Cette ville est perchée sur une montagne si escarpée que le chemin de fer est obligé de faire une infinité de détours pour parvenir au sommet. La plupart des rues sont de véritables escaliers.

Il règne dans cette ville une activité incessante. Chaque maison, chaque étage est un atelier. On entend de tous côtés le grondement des soufflets de forge et le bruit de l'enclume. On y fabrique principalement de la coutellerie et M. Delalande profita de l'occasion pour faire présent à chacun de ses jeunes compagnons d'un joli couteau, car les leurs étaient un peu ébréchés par suite des longs services qu'ils avaient rendus dans leur voyage.

— Nous avons bien mérité de nous reposer, dit M. Delalande le lendemain, en arrivant à Clermont. Au lieu de gagner Lyon sur nos jambes, comme j'en avais d'abord le projet, nous nous y rendrons par le chemin de fer.

A l'heure indiquée pour le départ du train de Lyon, tous trois prirent la direction de la gare.

— Oh ! nous n'avons que le temps bien juste, dit le savant en jetant les yeux sur sa montre.

Il se rendit vite au guichet où l'on distribuait les billets, en demanda trois, fit enregistrer les bagages, et, traversant les salles d'attente déjà vides, il courut au quai d'embarquement.

Il était tard, il pleuvait, la gare était imparfaitement éclairée. Déjà la locomotive sifflait comme impatiente de partir.

M. Delalande, apercevant un compartiment libre, s'y précipita suivi des deux jeunes gens.

— Ouf! dit-il; j'ai bien cru que nous allions manquer le train; mais nous y voilà, Dieu merci! Maintenant installons-nous commodément pour passer la nuit. Nous n'arriverons à Lyon qu'à cinq heures du matin. Jusque-là nous pouvons dormir tranquilles.

Quelques instants après le convoi se mettait en marche, et un quart d'heure plus tard les trois voyageurs étaient profondément endormis.

Au premier rayon de soleil, M. Delalande ouvrit les yeux, mit la tête à la portière et fit entendre une exclamation qui réveilla les deux jeunes gens. Ils jetèrent un regard sur le paysage, et à leur tour poussèrent, eux aussi, un cri de surprise. La campagne présentait un aspect tout différent de celui qu'ils lui avaient vu jusqu'ici. Le ciel était plus bleu encore que dans l'Ardèche, le soleil plus étincelant. Les arbres non plus n'étaient pas les mêmes; les collines étaient cailloutestes et dénudées.

— Où sommes-nous donc, monsieur? demanda Bernard.

— Où? mais je n'y comprends rien! Sûrement ce ne sont pas les environs de Lyon, que je connais parfaitement.

En même temps le train ralentissait sa marche; bientôt il s'arrêta devant un embarcadère.

— Nîmes! Nîmes! cria l'employé du chemin de fer en venant ouvrir les portes des voitures.

Se réveiller à Nîmes, lorsqu'on s'imagine arriver à Lyon, voilà qui est un peu fort! M. Delalande ne pouvait en croire ses yeux ni ses oreilles. Il fallut bien pourtant se rendre à l'évidence et reconnaître que la veille, à Clermont, on s'était trompé de train.

Le savant n'était pas homme à se lamenter longtemps. Il prit au contraire très gaiement son parti de la mésaventure.

— Eh bien! dit-il, puisque nous voici à Nîmes, nous visiterons le Midi, et j'en profiterai pour aller voir ma sœur qui demeure à Draguignan, voilà tout.

QUESTIONNAIRE. — Dans quel département est Thiers? — Que concluez-vous de la méprise de M. Delalande?

CXII. — **Un messager expéditif.**

— Mais nos bagages, monsieur! s'écria Savinien, lorsque M. Delalande eut annoncé cette résolution.

— Sois tranquille, mon garçon ! répondit le savant, ils nous arriveront par le premier train.

— Par le premier train ! Il faut d'abord le temps d'écrire et, de plus, que la lettre arrive à Lyon.

— Ce ne sera pas long.

Sans quitter la gare, M. Delalande entra dans un bureau sur la porte duquel était écrit : *Télégraphe*.

— Je désirerais savoir, dit le savant à l'employé qui s'y tenait, et en lui tendant le bulletin qu'on lui avait donné à Clermont, au moment de l'enregistrement de ses caisses, si mes bagages sont à Lyon.

Près de l'employé se trouvait une petite boîte carrée, autour de laquelle étaient attachées plusieurs bobines chargées de fil de métal. Sur la boîte se voyait une sorte de cadran, portant, à la place des chiffres qui indiquent l'heure sur les horloges, les lettres de l'alphabet. L'employé posa la main sur une manivelle, et presque aussitôt un tintement se fit entendre.

Il se mit à tourner la manivelle. Alors Savinien vit l'aiguille se promener sur le cadran, s'arrêtant tantôt sur une lettre, tantôt sur l'autre ; l'employé cessa de tourner et attendit quelques minutes.

De nouveau la sonnette tinta.

L'employé retira alors une petite bande de papier de la boîte et dit à M. Delalande :

— Vos bagages sont bien à Lyon ; vous les recevrez par le premier train.

Pendant toute cette opération, les yeux de Savinien allaient du commis à sa boîte, sans réussir à comprendre ce qu'il faisait. Lorsque celui-ci retira la bande de papier, le jeune garçon fut fort intrigué ; mais lorsqu'il entendit lire ce qui y était écrit, il le fut bien davantage encore.

— Tu te demandes, lui dit M. Delalande, par quel moyen miraculeux on a eu l'assurance que mes bagages étaient à Lyon.

— Oui, monsieur.

— Eh bien, mon garçon, c'est par le moyen du télégraphe électrique.

— J'en ai déjà entendu parler. Bernard m'a dit que les fils de métal qui courent le long du chemin de fer, soutenus par des poteaux, étaient ceux du télégraphe

— C'est vrai.

Un télégraphe électrique se compose de deux boîtes semblables à celle-ci. L'une placée au lieu d'où part la dépêche, l'autre à celui où on veut la faire parvenir.

Ces deux boîtes sont mises en communication par les fils dont tu viens de parler.

Eh bien ! tu sauras que si je touche l'extrémité du fil, la commotion se fait aussitôt sentir à l'autre bout, quelle qu'en soit la longueur.

Ainsi, les fils que voilà, continua M. Delalande en montrant ceux qui étaient fixés à la boîte, sortent par ici, comme tu le vois.

Et il fit remarquer à l'enfant un endroit où ces fils traversaient la muraille.

Il reprit :

— Ils suivent la voie ferrée jusqu'à Lyon.

A Lyon, ils passent de nouveau dans la muraille du cabinet de l'employé et viennent se fixer à une boîte semblable.

Tout à l'heure l'employé a tourné une manivelle. Cette manivelle a imprimé un mouvement au fil, et aussitôt à Lyon, une sonnette s'est mise à tinter.

Les yeux de Savinien allaient..

Cela voulait dire :

— Attention ! J'ai quelque chose à vous dire.

L'employé du télégraphe à Lyon a répondu à son tour par un coup de sonnette.

Cela voulait dire :

— J'y suis. Vous pouvez parler.

Alors, l'employé de Nîmes a placé successivement l'aiguille du cadran de sa machine sur les lettres de l'alphabet nécessaires pour composer la phrase que je lui ai dictée « Informez-vous, s'il vous plaît, s'il est arrivé de Clermont des bagages portant le numéro 4. » C'est celui qui était inscrit sur mon bulletin.

Aussitôt l'aiguille du télégraphe de Lyon a accompli exactement les mêmes mouvements, et est venue se placer sur les mêmes signes, qui en même temps s'imprimaient sur une feuille de papier.

Il en a été de même pour la réponse, et la phrase de l'employé de Lyon : — Oui, les bagages sont arrivés, — est venue s'imprimer ici.

Savinien ne pouvait revenir de son étonnement.

— Et puis, tout cela a été fait si vite ! dit-il. C'est à peine s'il s'est écoulé dix minutes entre la demande et la réponse.

— Et encore ces dix minutes ont été employées à aller chercher les renseignements qu'on demandait ; sans quoi, nous aurions eu cette réponse immédiatement.

— Pourtant, il doit y avoir un bon bout de chemin d'ici à Lyon.

— Quand il y aurait plus loin encore, quand la dépêche ferait le tour de la terre, cela ne produirait pas une sensible différence.

— Un fil télégraphique ne peut pas faire le tour de la terre.

— Pourquoi cela ?

— A cause de la mer ; on ne peut y planter des poteaux.

— On emploie d'autres moyens. On enferme les fils télégraphiques dans d'épaisses enveloppes de caoutchouc et d'autres matières imperméables, pour que l'eau ne les détériore pas, et on les dépose au fond de la mer. C'est ce qu'on appelle des *câbles sous-marins*.

— Vrai ! monsieur, il y a des télégraphes sous la mer ? Il y en a, par exemple, entre la France et l'Amérique ?

— Oui, mon garçon ; c'est le câble *transatlantique*. Devines-tu pourquoi on l'appelle ainsi ?

— Sans doute parce qu'il traverse l'Atlantique ?

— Justement. Eh bien ! maintenant, je vais envoyer une autre dépêche à la poste de Lyon pour qu'on m'envoie mes lettres à Avignon, où nous serons demain ; Bernard va faire la même chose pour les vôtres.

QUESTIONNAIRE. — Avez-vous remarqué les fils télégraphiques le long du chemin de fer ? — Avez-vous déjà vu fonctionner un télégraphe électrique ? — Le télégraphe électrique existe-t-il depuis longtemps ? — Cette invention est-elle utile ? — Citez des occasions où vous pourriez avoir recours au télégraphe.

CXIII. — Nîmes. — Les Monuments romains

— Cette ville paraît être industrieuse, dit Savinien un peu plus tard, en parcourant les rues de Nîmes.

— Elle l'est, en effet. On y fabrique des soieries, des tapis, des châles. Il y a un grand nombre de filatures et de teintureries pour la soie, qui, je te l'ai déjà dit, est l'objet d'un grand commerce dans le Midi.

— Que signifient ces mots *soie grège*, *soie ouvrée*, que je vois sur plusieurs enseignes?

— On appelle soie grège la soie telle qu'on l'enlève du cocon, et soie ouvrée celle qui est teinte ou a déjà subi un apprêt.

Comme on parlait, on arriva sur une place au milieu de laquelle s'élevait un monument entouré de colonnes.

— La jolie église! s'écria Savinien.

— Ce n'est pas une église, mon enfant. C'est un temple construit par un empereur romain, Antonin, qui était de Nîmes. On l'appelle la *Maison Carrée*.

— Comment! ce monument paraît tout neuf!

— Il est bâti depuis plus de deux mille ans; mais il a été restauré dernièrement, car il était en très mauvais état.

— Cela ne m'étonne pas, s'il est si ancien!

— Ce n'est pas le temps seulement qui était cause de ces dégradations; ce sont les hommes qui, de leurs mains, l'avaient en partie renversé.

La Maison Carrée.

— Est-il possible, s'écria Savinien avec indignation, qu'on s'amuse à gâter un si bel ouvrage! Il faut n'avoir pas de cœur! J'ai vu bien des monuments sur mon chemin, et, quoique je n'y connaisse pas grand'chose, je sais bien qu'ils ont demandé beaucoup de temps et de travail, et que les architectes qui les ont construits avaient beaucoup de talent. Je suis tout fier que mon pays possède de si belles choses, et je serais bien fâché qu'on y touchât. D'ailleurs, ces monuments, ces palais sont à tout le monde; tout le monde a le droit de les regarder, de les admirer, de s'en réjouir les yeux. Si on les dégrade, on retire à tout le monde son plaisir.

— Tu as raison, mon enfant. Je désire qu'on ne voie plus de gens assez ignorants ou assez criminels pour détruire les œuvres d'art. Mais nous voici près d'un autre monument romain, reprit-il lorsqu'un détour les eut amenés devant un autre monument d'aspect tout différent.

C'était un vaste espace arrondi, environné d'arcades; tout

autour, des gradins s'étageaient au-dessus les uns des autres.

— Ah! pour le coup, je ne prendrai pas ceci pour une église, dit Savinien. Qu'est-ce donc, monsieur?

— C'est un amphithéâtre, une sorte de cirque qu'on appelle les *Arènes*. Du temps des Romains, le peuple s'y réunissait pour assister à des combats entre des bêtes féroces: des lions, des tigres, amenés des déserts d'Afrique.

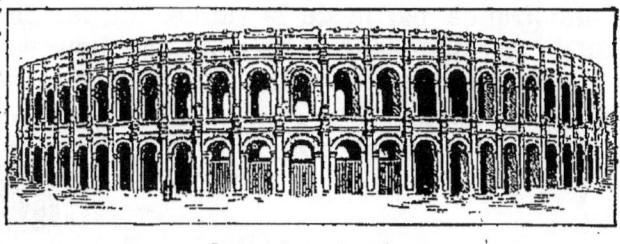

Les Arènes de Nîmes.

Quelquefois c'étaient des hommes, appelés *gladiateurs*, qui luttaient contre ces animaux.

— Quand nous sommes passés à Paris, dit Bernard, te rappelles-tu avoir vu des ruines romaines?

Le Pont du Gard.

— Oui, les Thermes de l'empereur Julien.

— Les Romains ont été longtemps les maîtres de la Gaule, reprit M. Delalande, et ils ont partout laissé des traces de leur civilisation. Demain, nous passerons au pied d'un autre monument construit par eux.

— Oh! le beau pont! s'écria Savinien le lendemain, lorsque les trois voyageurs, partis de Nîmes de grand matin, arrivèrent dans une vallée où coulait une petite rivière. Vois donc, Bernard, comme ces trois rangées d'arches au-dessus les unes des autres font un bel effet!

— C'est le monument romain dont je vous ai parlé hier.

— Je me demande, par exemple, reprit l'enfant, pourquoi on a fait un si grand pont pour une si petite rivière.

— D'abord, cette rivière, si petite en cette saison, s'élargit considérablement en certains moments, et remplit alors une grande partie de la vallée. Ici, les pluies sont rares, mais très abondantes; en quelques heures, elles changent les ruisseaux en torrents. Ensuite, tu sauras que ce mo-

L'Aqueduc de Roquefavour.

nument n'est pas un pont, quoi qu'on l'appelle le *Pont du Gard*. C'est un aqueduc, c'est-à-dire une construction destinée à soutenir des tuyaux qui portent de l'eau au loin. Celui-ci conduisait à Nîmes les eaux d'une petite rivière.

— Ainsi, l'eau passait tout là-haut?

— Oui, dans une sorte de canal.

Il y a, dans le département des Bouches-du-Rhône, un aqueduc qui a près du double de celui-ci en longueur et en hauteur. Il amène à Marseille les eaux de la Durance.

— Est-ce aussi un ouvrage romain?

— Non, mon ami; il a été construit il y a peu d'années et c'est le plus beau travail de ce genre qui existe. On l'appelle l'aqueduc de Roquefavour.

Parmi les arbres qui croissaient dans la campagne, les jeunes gens en remarquèrent un, peu élevé, au feuillage grisâtre. Il devait être fort utile, car on en voyait de grandes plantations. Son fruit vert foncé était de la forme d'un tout petit œuf d'oiseau.

— C'est l'olivier, dit M. Delalande, qui fournit de l'huile il ne vient que dans les pays chauds, et on le cultive dans tout le midi de la France.

— Je me rappelle avoir vu dans le Nord, dit Savinien, du colza et de la navette avec lesquels on fait aussi de l'huile.

— Oui, mais de l'huile à brûler; avec l'olive, on fait de l'huile de table, la meilleure de toutes. On l'obtient comme les autres, en écrasant les fruits sous des meules.

L'olivier est encore une des richesses du Midi. Avec le résidu des fruits dont on extrait l'huile fine, on retire, par une nouvelle pression, une huile grossière avec laquelle on fabrique le savon renommé de Marseille; car le savon est composé d'huile ou de graisse mêlée à de la soude ou de la potasse, qui se trouvent toutes deux dans les cendres de bois ou d'herbes marines.

Une branche d'olivier.

QUESTIONNAIRE. — Une robe de soie est-elle en *soie grège* ou en *soie ouvrée*? — Qu'est-ce qu'un temple? — Nommez les monuments que vous avez vus et quelques-uns de ceux vus par Bernard et Savinien? — Qu'appelle-t-on *amphithéâtre*? — Que pensez-vous des combats de bêtes dont il est question ici? — Quels dangers sont à craindre lorsque les rivières s'enflent subitement? — Vous a-t-on déjà parlé du colza?

CXIV. — Une autre lettre. — Bordeaux. — Les Landes

Le premier soin de M. Delalande, en arrivant à Avignon, fut de se rendre à la poste. Ses lettres y étaient arrivées, ainsi qu'une de M. Ferrière pour Bernard. Celui-ci annonçait au jeune homme qu'il n'avait pas encore obtenu de solution satisfaisante au sujet de son père. Dans les exploitations de mines où il s'était adressé, on ne connaissait pas de Jean Petit, né à Fréville; mais il attendait encore quelques réponses, et il espérait qu'une de celles-là contiendrait des renseignements favorables. Il ajoutait qu'il se rendait à Lyon, où il comptait faire un assez long séjour, et il disait à Bernard de lui adresser ses lettres dans cette ville, s'il avait à lui écrire.

Il se trouvait aussi pour Savinien une lettre très longue de son ami Henri.

Elle était ainsi conçue :

« Je pense, mon cher Savinien, que vous serez bien aise de savoir ce que nous avons fait depuis que nous nous sommes quittés à Poitiers. C'est pourquoi je vous écris.

Vue de Bordeaux.

« Pendant que vous alliez de votre côté, nous avons continué sans nous arrêter jusqu'à Bordeaux, en passant par Angoulême où il y a de grandes papeteries. Cognac est à peu de distance. On y fabrique de l'eau-de-vie. De là vient qu'on donne souvent à l'eau-de-vie le nom de *cognac*.

« Vers le soir, nous sommes arrivés à Bordeaux ! C'est une très belle ville, presque aussi belle que Paris; elle a des monuments superbes. Son port forme un croissant le le long de la Garonne, qui en cet endroit, et jusqu'à l'Océan, change de nom; on l'appelle la *Gironde*. C'est alors un véritable bras de mer.

« Les vins de Bordeaux sont très renommés. A l'hôtel où nous avons dîné, on ne parlait que de vins: — *Château-Margaux, Château-Laffitte, Saint-Émilion, Sauterne* ; — ce sont les noms des principaux *crus*, comme on dit. Outre le commerce des vins, on fait encore à Bordeaux celui des productions du Midi : de l'eau-de-vie, des liqueurs, des prunes sèches, de la farine; car dans tous les départements voisins on récolte du blé, et les établissements dans lesquels on le moud s'appellent *minoteries*.

« Nous sommes restés deux jours à Bordeaux, puis nous avons repris le chemin de fer pour traverser les Landes. En voilà un pays qui ne vous plairait guère! Figurez-vous des bruyères, de temps en temps un bois de sapins et puis encore des bruyères. Mais vous saurez qu'on n'y peut planter autre chose. Il paraît que c'était bien pis encore autrefois. Les dunes, ces collines de sable comme nous en avons

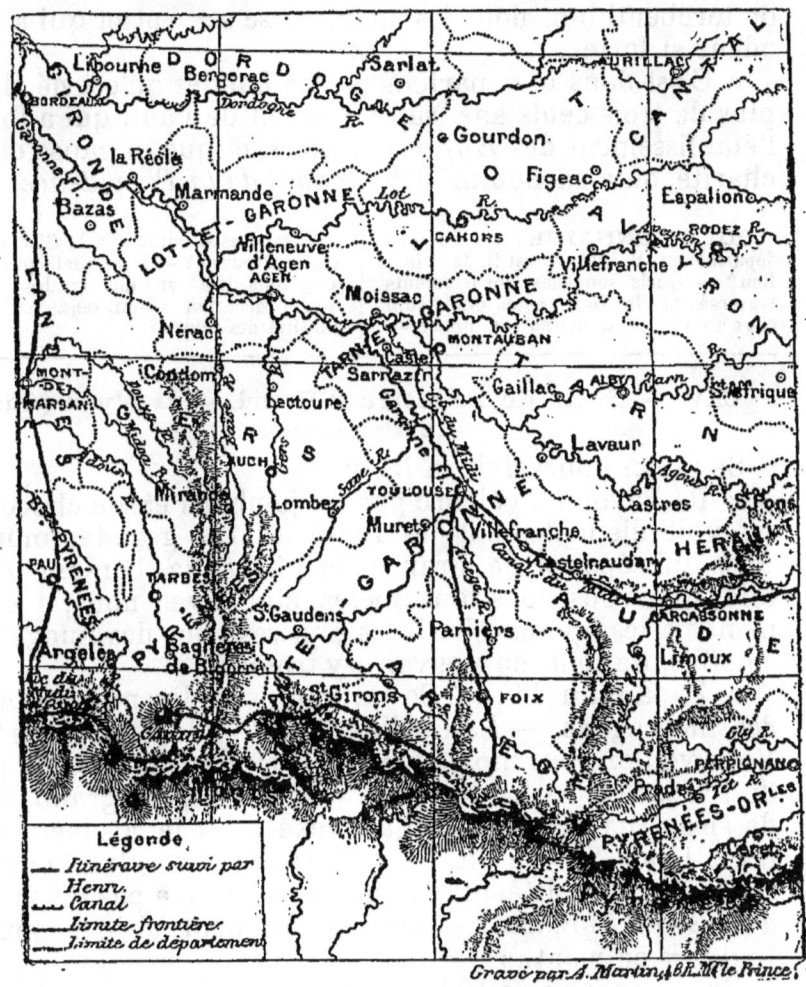

vu dans le Nord, étaient sans cesse repoussées par le vent dans l'intérieur des terres, de sorte que la mer avançait, avançait, avançait toujours, gagnant chaque année du terrain. Des villages même avaient disparu sous les sables. On a imaginé d'y planter des pins, et les dunes sont restées immobiles, comme clouées au sol par la racine des arbres. En outre, le pays, qui était très malsain, est devenu plus salubre.

« Vous croyez peut-être que ces pins qui sont plantés par ici ne produisent rien. Détrompez-vous. On leur fait des incisions le long du tronc, et il en coule une sorte de glu appelée *résine*. On la recueille dans des tonneaux, et on en tire, outre des vernis employés dans l'ébénisterie, l'essence de térébenthine, dont les peintres se servent et qui a une odeur si forte.

« C'est dans le département des Landes qu'est né, il y a plus de trois cents ans, saint Vincent de Paul, qui a fondé l'établissement des *Enfants trouvés*, et que, à cause de sa charité, on a surnommé l'*Intendant de la Providence*. »

QUESTIONNAIRE. — De quel département Bordeaux est-il le chef-lieu ? — Quels sont les départements traversés par la Garonne et quels sont ceux auxquels elle donne son nom ? — Bordeaux est-il situé sur la Gironde ou sur la Garonne ? — Dans quelle province avez-vous déjà vu des landes ? — A quelle occasion a-t-on déjà parlé de l'utilité des arbres ?

CXV. — Suite de la lettre d'Henri. — Il n'y a plus de Pyrénées.

Savinien poursuivit sa lecture :

« De Bayonne, célèbre par ses jambons et son chocolat, on voit distinctement les Pyrénées, ces grandes montagnes qui séparent la France de l'Espagne. Lorsque Anatole, qui, vous vous le rappelez, était avec nous, a commencé à les apercevoir, il les a prises pour des nuages, et en effet, de loin, on pouvait s'y tromper.

« Papa lui a dit : — Ce ne sont pas des nuages, mais des montagnes. — Lesquelles donc ? — Les Pyrénées ! — Vous voulez vous moquer de moi, mon oncle. Il n'y a plus de Pyrénées ! — Là-dessus je suis parti d'un grand éclat de rire. Anatole a pris un air vexé. — Je le sais bien peut-être ; Louis XIV l'a dit. — « Alors j'ai ri de plus belle. — Enfin, a-t-il insisté, est-ce que Louis XIV n'a pas dit : *Il n'y a plus de Pyrénées ?* — Mais si vraiment, ai-je répondu, toujours en riant. »

En cet endroit de la lettre, Savinien s'interrompit.

— Qu'est-ce que cela veut dire ? demanda-t-il à Bernard ; je ne comprends pas. Des montagnes comme celles-là ne s'envolent pas facilement.

— Aussi, dit Bernard, en riant à son tour, elles sont toujours à leur place. Voici à quelle occasion Louis XIV a prononcé les paroles qu'Anatole a répétées. Il était devenu si puissant qu'il avait fait nommer son petit-fils roi d'Espagne. En disant : « Il n'y a plus de Pyrénées, » il voulait exprimer par là que les Français et les Espagnols ne formaient plus qu'un seul peuple, qu'il n'y avait plus de barrière entre eux.

— J'y suis maintenant. Anatole avait pris ces mots au pied de la lettre. — Il reprit sa lecture :

« Mon cousin a bien été forcé de reconnaître que les Pyrénées existent encore. A mesure qu'on avançait, leurs sommets se dessinaient de mieux en mieux. Ils ressemblaient à de l'argent.

« — Pourquoi donc ces montagnes sont-elles blanches ? demandai-je à papa.

« — C'est qu'elles sont couvertes de neige.

« — De la neige en plein été ; vous ne me ferez jamais croire cela, mon oncle, a dit Anatole ?

« Moi, cela m'étonnait bien un peu ; mais du moment que papa le disait, je savais que c'était vrai.

« — Comment cela se fait-il ? demandai-je encore.

« — Cela vient de ce que sur le haut des montagnes il fait extrêmement froid ; non seulement l'eau se change en neige en y tombant, mais encore cette neige ne disparaît jamais entièrement, pas même dans les étés les plus chauds. Ce sont des *neiges éternelles*. Elles fondent seulement par-dessous et forment alors les rivières et les fleuves, comme l'Adour, la Garonne, l'Ariège, l'Aude.

« Anatole a fini par être convaincu de la vérité des paroles de papa, d'autant plus qu'à mesure que nous avancions, les montagnes s'élevaient de plus en plus. Nous sommes arrivés à Pau et là nous l'avons laissé avec sa mère, qui y est pour sa santé, car le climat de cette ville est extrêmement doux. Beaucoup de personnes dont la poitrine est malade, des Anglais surtout, viennent y passer l'hiver.

« De la terrasse du château de Pau, où est né Henri IV, on a une vue complète de la chaîne des Pyrénées. »

QUESTIONNAIRE. — Qu'est-ce que Louis XIV ? — A quelle occasion en a-t-on déjà parlé ? — A combien de départements les Pyrénées donnent-elles leur nom. Quels sont-ils et quels sont leurs chefs-lieux ? — Où se jettent la Garonne, l'Adour, l'Ariège, l'Aude ? — Pourquoi fait-il plus chaud à Pau qu'à Paris ou à Lille ? — Vous a-t-on déjà parlé d'Henri IV ? — Quel fut son premier ministre ? — De quelle contrée les Pyrénées séparent-elles la France ? — Quelle différence y a-t-il entre un fleuve et une rivière ?

CXVI. — **Suite de la lettre d'Henri. — Observatoire du pic du Midi.**

La lettre continuait ainsi :

« En quittant cette ville, nous nous sommes dirigés vers

les montagnes. A mesure que nous en approchions, elles semblaient grandir. Le bas en était couvert de beaux pâturages, où paissaient de grands troupeaux de vaches. Dans d'autres endroits, c'étaient des chèvres qui grimpaient et cabriolaient dans les rochers. De tous côtés on entendait le tintement des clochettes qu'elles portaient au cou.

« Des animaux qu'on voit très souvent aussi par ici, ce sont des porcs, mais ils ne ressemblent pas du tout à ceux que je connaissais. Cela vient de ce qu'on les tient très proprement. On les baigne sans cesse, et la preuve qu'ils s'en trouvent très bien, c'est que les jambons qu'on fait par ici, et qu'on appelle *jambons de Bayonne*, sont très renommés. L'eau ne manque pas du reste pour leur toilette, il y a des ruisseaux de tous côtés qui courent entre les pierres, et des rivières ou plutôt des torrents appelés *gaves*.

« Les Pyrénées renferment de riches carrières de marbre précieux. On vient aussi y prendre les eaux. Barèges, Eaux-Bonnes, Cauterets, Saint-Sauveur et surtout Bagnères-de-Luchon sont les principaux établissements.

« A moitié chemin de l'un des sommets les plus élevés des Pyrénées, sur le Pic du Midi, on a élevé un observatoire, non pas pour observer les astres comme à celui de Paris, mais pour étudier ce qui se passe dans l'air : la pluie, les brouillards, la neige, les vents, la gelée. L'observatoire du Pic du Midi est une station *météorologique*.

« Papa m'a dit que ces établissements rendaient de grands services. Il y a quelques années, tout le sud de la France a été ravagé par des inondations terribles. Eh bien, à l'observatoire du Pic du Midi on mesurait exactement l'eau tombée sur la montagne, et on pouvait ainsi annoncer à l'avance les *crues* des rivières ; de sorte que ceux dont les maisons étaient menacées avaient le temps de se sauver.

« Oh mais ! ce que j'ai vu de plus beau dans mon voyage, c'est le cirque de Gavarni.

« Figurez-vous un vaste espace circulaire (de là le nom de cirque) entouré de montagnes, qui ressemblent par leurs formes bizarres à d'énormes constructions en ruine et qui sont couvertes de neiges éternelles. Du haut de ces montagnes tombent de tous côtés des cascades qui ressemblent à des pièces d'étoffe d'argent déployées. La plus belle s'élance d'une hauteur de 420 mètres et forme le gave de Pau, que nous avions déjà traversé en plusieurs endroits.

« Au-dessus du cirque, il y a un endroit où la montagne est comme séparée en deux. C'est la brèche de Roland.

« Roland était un fameux guerrier, un paladin du temps de Charlemagne. Il était si vaillant et il frappait de tels coups, qu'on prétend que c'est lui qui a fendu la montagne avec son épée.

« Dans un autre endroit est le vallon de Roncevaux, où, dit-on, il se fit tuer avec toute son armée, en défendant le passage contre les Sarrasins. On montre même un trou dans le rocher qu'on dit avoir été fait par le sabot du cheval de Roland. »

— Ce sont des contes, sans doute? dit Savinien.

— Bien sûr, mais ces contes prouvent la grande bravoure de Roland et la terreur qu'il inspirait à ses ennemis.

« Je n'en finirais pas, poursuivait Henri, si je voulais vous parler de tout ce que j'ai vu dans les Pyrénées; ce sera pour quand nous nous reverrons.

« Nous sommes à Toulouse depuis deux jours. C'est une belle ville, très bien située, qui fait un grand commerce et qui a de très beaux monuments; mais je n'ai pas le temps de vous en parler bien longuement, car papa vient de terminer sa lettre pour votre frère et me demande la mienne. Je vous embrasse donc bien vite, en vous souhaitant à tous deux bonne santé, et aussi en espérant que vous retrouverez bientôt votre père.»

QUESTIONNAIRE. — Que veut dire station *météorologique*? — Faut-il du courage pour passer l'hiver au pic du Midi? — Ceux qui refusent de se rendre aux avertissements de la science agissent-ils avec sagesse? — Combien de fois la cascade de Gavarni est-elle plus haute que le saut du Doubs, qui a vingt-sept mètres et dont a parlé Louise Popinel? — Où est située Toulouse et de quel département cette ville est-elle le chef lieu?

CXVII — Avignon. — Navigation sur le Rhône.

— Nous ne pouvons voyager à pied en Provence comme nous le faisions dans les montagnes de l'Ardèche ou de l'Auvergne, dit M. Delalande, quand il fut question de se remettre en route. Nous courrions risque de tomber malades, car la chaleur est devenue accablante et le soleil brûlant. Nous allons descendre le Rhône en bateau jusqu'à Arles, et de là nous prendrons le chemin de fer jusqu'à Marseille.

Une heure après ils étaient installés sur le pont du bateau à vapeur.

Les deux jeunes gens s'étaient trouvés dans l'impossibilité de visiter la ville. Bernard avait à ranger et à étiqueter les récoltes des derniers jours concernant l'histoire naturelle, besogne dans laquelle l'aide de Savinien ne lui était pas inutile. Par bonheur, ainsi que le leur avait annoncé M. Delalande, du bateau on découvrait Avignon presque tout entier.

— Quel est donc, monsieur, demanda Savinien au savant, cet immense château bâti au sommet de la ville, avec ses clochers, ses énormes tours de toutes formes, ses murailles crénelées d'une si grande élévation?

— C'est le Palais des papes; Avignon leur a appartenu

Le Palais des papes à Avignon.

pendant plusieurs siècles. La ville est environnée de fortifications, dont certaines parties très bien conservées, ainsi que vous pouvez le voir d'ici; Avignon est de plus une ville qui fait un grand commerce en soieries, en fer, en fruits secs et confits.

— Oh! je vois bien que dans ce pays-là on ne perd pas son temps, reprit le jeune garçon pendant que le bateau, glissant avec rapidité entre les îles verdoyantes formées par les bras du Rhône, laissait Avignon bien loin en arrière. Les villes sont belles et bien bâties; les villages paraissent jouir d'une grande prospérité. Au milieu de la verdure on aperçoit des cheminées d'usines qui disent que, là aussi, on travaille de tout cœur.

— Tu as raison; le Midi est fort industrieux.

— Comme ce fleuve est large! reprit encore Savinien; voyez, c'est à peine si on en aperçoit les deux bords; et puis, avec quelle vitesse nous marchons!

— Le Rhône est l'un des quatre grands fleuves de France, et c'est le plus rapide. Pendant bien longtemps on n'a pas pu, à cause de cela, y établir des ponts; les travaux qu'on faisait pour construire les piles étaient sans cesse entraînés par les eaux.

Le bateau s'arrêta en plusieurs endroits, pour descendre ou pour prendre des passagers, et entre autres à Beau-

Les voyageurs se réfugièrent dans la gare.

caire, où se tenait autrefois une foire célèbre dans tout le midi de l'Europe; mais nos voyageurs ne mirent pas pied à terre avant Arles.

A l'endroit où est située cette ville, le Rhône, avant de se jeter dans la mer, se sépare en plusieurs branches, laissant entre elles une sorte de grande île nommée *la Camargue*.

La Camargue est marécageuse; on y élève de grands troupeaux de chevaux et de bœufs noirs, qui paissent en liberté.

Après avoir visité Arles, qui, presque comme toutes les villes du Midi, renferme des restes de monuments romains, on prit le chemin de fer de Marseille, ainsi que cela avait été convenu. Lorsqu'on fût installé dans le wagon:

— On est mieux ici que là, dit Savinien, en désignant la campagne. Voyez, monsieur, ce soleil brûlant; et pas un arbre, pour ainsi dire : des cailloux, des cailloux, des cailloux! partout des cailloux!

— C'est la plaine de la *Crau*. Elle ne produit rien dans les endroits où elle n'est pas arrosée ; mais regarde là-bas, quelle verdure ! Eh bien ! c'est toujours la Crau. Autrefois le terrain était aussi stérile en cet endroit qu'il l'est encore ici ; on y a creusé des canaux et la contrée est devenue verdoyante. C'est l'eau qui manque dans le Midi ; partout où l'on en amène on amène en même temps la fertilité.

En ce moment le vent se mit à souffler avec violence ; les quelques arbres qu'on apercevait çà et là se plièrent comme des roseaux ; des tourbillons de poussière aveuglante s'élevèrent de tous côtés, et malgré la chaleur il fallut fermer les fenêtres du wagon.

— Oh ! quel vent ! s'écria Savinien.

— C'est le *mistral*, dit M. Delalande. Il souffle toujours dans la même direction en desséchant tout sur son passage.

— Écoutez, monsieur, il siffle autour des wagons, on dirait qu'il les secoue.

Il les secouait si fort, en effet, que, arrivés à Saint-Thomas, il fallut absolument s'arrêter ; le mistral menaçait de jeter le train dans l'étang de Berre, sorte de petite mer intérieure que le chemin de fer longe en cet endroit.

Les voyageurs descendirent des voitures et se réfugièrent dans la gare, en attendant que la violence de l'ouragan fût calmée.

Quelques heures après ils passaient sous le tunnel de la Nerthe, qui a plus d'une lieue de long, et entraient à Marseille.

QUESTIONNAIRE. — Dans quel département le Rhône entre-t-il en France ? Quels sont ceux qu'il parcourt et les principales villes qu'il baigne ? — Les papes résident-ils encore à Avignon ? — Pourriez-vous nous donner la raison pour laquelle le Rhône est plus rapide que la Seine ? — Qu'est-ce qu'une foire ? — Quelles matières supposez-vous que l'on doit principalement vendre à la foire de Beaucaire ? — L'eau a-t-elle la même utilité dans tous les pays ? — Montrez sur la carte la Camargue, la Crau, l'étang de Berre.

CXVIII. — La capitale de la Provence.

— Ah ! pour le coup, voici la plus grande ville que j'aie vue depuis Paris, s'écria Savinien lorsque, après avoir parcouru les principales rues de Marseille, ils arrivèrent au port. Voyez, monsieur, tous ces navires ; si on ne dirait pas une forêt ! Il me semble qu'il y a encore plus de mouvement ici qu'au Havre.

— Oui, Marseille est le premier port de France; le Havre n'en est que le second.

— Et d'où viennent tous ces navires?

— De tous les coins du globe. Ils apportent d'Espagne des vins; du thé et de la soie de Chine; du coton et du pétrole des Etats-Unis; du sucre, du café des Antilles;

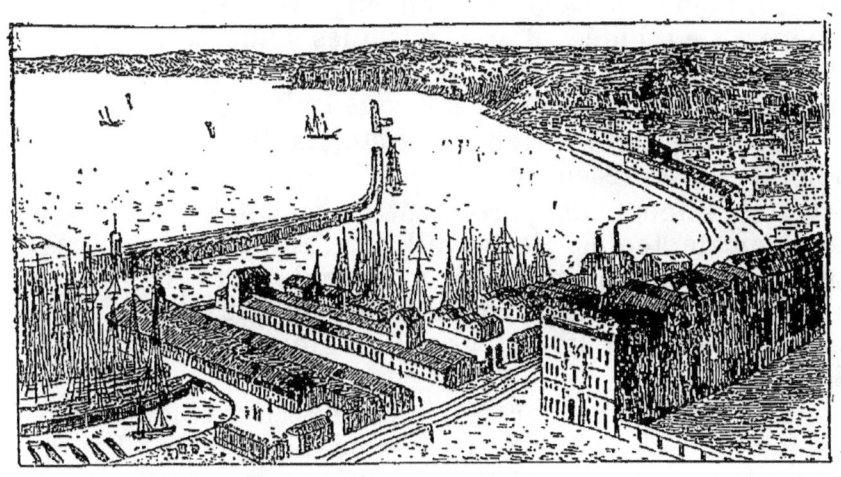

Vue de Marseille.

des cuirs, des bois précieux, des essences, du guano de l'Amérique du Sud.

— Le guano, dit le jeune garçon, j'en ai entendu parler. C'est un engrais pour fumer la terre. Il provient, à ce qu'on m'a dit, de nids d'oiseaux aquatiques.

M. Delalande continua :

— En retour, les navires qui partent de Marseille emportent dans les pays étrangers les productions du nôtre : les soies grèges, filées, teintes ou converties en étoffe. On expédie aussi de l'huile d'olive, des vins précieux, du savon de Marseille; puis des marchandises fabriquées, telles que meubles, étoffes, bijoux, etc.

— Oh! voici un bâtiment qui ressemble au paquebot transatlantique que nous avons visité au Havre! s'écria encore Savinien.

— C'est un paquebot de la Compagnie des Messageries, qu'on charge pour les Indes.

— Les Indes ou Hindoustan, cette grande contrée située au sud de l'Asie ?

17.

— Justement. Autrefois les navires qui s'y rendaient d'Europe étaient forcés de faire le tour par le sud de l'Afrique, au delà du cap de Bonne-Espérance ; maintenant ils s'y rendent par le canal de l'isthme de Suez.

— Je sais bien où est l'isthme de Suez ; c'est une langue de terre très étroite qui rattache l'Afrique à l'Asie.

— Eh bien, un savant ingénieur, un Français, M. de Lesseps, a eu l'idée, il y a quelques années, de percer cet isthme, d'y creuser un canal, et il a ouvert ainsi une route beaucoup plus courte pour les Indes.

— De sorte que l'Afrique, qui était autrefois une presqu'île, forme à présent une île.

— Précisément. Le percement de ce canal a demandé beaucoup de temps, de travail et d'argent, et a nécessité des études considérables ; mais maintenant le voyage qui exigeait plusieurs mois n'en prend plus qu'un seul. Marseille aussi fait un grand commerce avec l'Algérie.

— L'Algérie, dit encore Savinien, c'est une colonie française au nord de l'Afrique, n'est-ce pas, monsieur ? J'ai un camarade à Fréville dont le grand-père a fait la guerre en Algérie. Il parlait toujours du maréchal Bugeaud.

— C'est un des généraux qui ont aidé à conquérir cette contrée. Il était né à Limoges et a gagné la bataille d'Isly.

— Est-ce grand l'Algérie, monsieur ?

— Plus grand que la France.

— Vraiment ! Et est-ce un beau pays ?

— Oui, mon ami, le climat y est doux et le sol extraordinairement fertile. On y voit de magnifiques forêts, qui fournissent des bois pour les meubles et les constructions navales. La terre renferme des mines de plomb, de fer, de cuivre et des carrières de marbre précieux. On y cultive le maïs, le riz, le tabac, le mûrier, la canne à sucre, la vigne ; l'oranger et l'olivier y poussent tout seuls, ainsi que le dattier, dont les fruits servent de nourriture aux Arabes et aux Bédouins.

— Et le blé, monsieur, y vient-il bien ?

Parfaitement, l'Algérie est un des greniers de la France. Quand la récolte a été mauvaise chez nous, c'est d'Algérie qu'on fait venir du blé. Dans certaines parties on peut faire deux récoltes par an.

— Oh ! voilà un pays que j'aimerais. Ce doit être un plaisir de cultiver des terres d'un si bon rapport.

— Malheureusement le propriétaire algérien a un grand ennemi : la sauterelle, ou pour mieux dire le *criquet*.

Criquet voyageur (grandeur naturelle).

— Comment ! cet insecte que nous voyons dans les champs ?

— Oui, il devient un véritable fléau dans certaines années. Ils arrivent en bataillons si épais, qu'ils obscurcissent l'éclat du soleil. Lorsqu'ils s'abattent sur un pays, en quelques heures tout est dévoré.

— Oh ! alors, ce n'est pas la peine que le blé vienne si facilement, s'il s'en va de même ! J'aime autant la Sologne ; on a plus de mal pour cultiver la terre, mais au moins nous n'avons pas de méchants insectes pour nous enlever en un rien de temps le travail de toute une année !

— En outre du blé, reprit M. Delalande, l'Algérie produit aussi d'excellents bestiaux pour notre alimentation.

— A la bonne heure ! Je vois que c'est encore là un beau pays, et je suis bien aise qu'il appartienne à la France.

QUESTIONNAIRE. — Quels sont les départements qui ont été formés de la Provence et quels sont les chefs-lieux de ces départements ? — Où sont l'Espagne, la Chine, les Etats-Unis, les Antilles, le cap de Bonne-Espérance ? — Qu'appelle-t-on Amérique du Sud ? — L'Algérie a-t-elle toujours appartenu à la France ? — Le guano, le café, le savon de Marseille, le coton, les marbres des Pyrénées sont-ils *marchandises d'exportation* ou *marchandises d'importation ?*

CXIX. — La Corse. — La peste de Marseille.

— Et ce navire, monsieur, dit encore Savinien en montrant un bâtiment d'où on tirait des blocs de marbre, vient-il aussi d'Alger ?

— Non ; celui-là vient de la Corse, qui, comme tu le vois, renferme des carrières précieuses. Elle a aussi des grandes forêts où croissent des pins magnifiques qu'on emploie pour les mâts des vaisseaux.

L'olivier, l'oranger, le grenadier, le citronnier, la vigne y donnent des fruits excellents.

Sur les côtes de la Corse on pêche en abondance le *thon*, un poisson qu'on ne trouve que dans la Méditerranée et qu'on mange confit dans l'huile.

— Je vois que les gens de ce pays-là ne manquent pas de moyens de gagner leur vie.

— Oui, mais par malheur ils ne sont pas laborieux; ils aiment mieux se nourrir de bouillie de châtaignes, qu'ils appellent *polenta*, que de cultiver la terre.

— La farine de châtaignes comme celle que nous avons mangée dans notre voyage? Je comprends qu'on s'en contente quand le pays ne produit pas autre chose; mais les habitants de la Corse ont bien tort de le faire, eux dont le sol est si fertile. J'espère qu'ils changeront; en attendant, je n'irai pas chez eux prendre des leçons d'agriculture.

— C'est dans cette île, n'est-ce pas, monsieur, qu'est né l'empereur Napoléon Ier?

— Oui; sais-tu quelque chose sur lui?

— Il a fait la guerre à toute l'Europe, a remporté de grandes victoires, a été enfermé à l'île d'Elbe, d'où il s'est sauvé, puis à l'île Sainte-Hélène, où il est mort.

— Bravo! qui t'a appris son histoire?

— Je l'ai lue sur des images encadrées qui étaient dans la maison de grand-mère.

— Et sais-tu où est l'île d'Elbe?

— Non, monsieur.

— Eh bien, elle est située dans la Méditerranée, cette mer que voilà devant nous, près de la côte d'Italie, et c'est ici, sur la côte de Provence, au golfe Jouan, que Napoléon a débarqué lorsqu'il s'en est échappé.

En retournant à l'hôtel on passe près la *Canebière*, une des rues principales de la ville, et dont les Marseillais sont très fiers. Les jeunes gens remarquèrent une pyramide portant cette inscription : *A Belzunce*.

— C'est le nom, dit M. Delalande, d'un évêque de Marseille. Au siècle dernier, *la peste* se déclara dans la ville. C'est une maladie d'autant plus terrible qu'elle se gagne rien qu'en approchant de ceux qui en sont attaqués. Sans crainte d'en être frappé lui-même, l'évêque se consacra aux pestiférés avec le dévouement le plus complet. Il soignait les pauvres, les encourageait et excitait les habitants riches à suivre son exemple. Il en sauva ainsi un grand nombre.

Autrefois Marseille était souvent ravagée par cette maladie; elle y était apportée par les navires qui venaient d'Orient.

— Je croyais, monsieur, dit Bernard, que les bâtiments venant de l'étranger n'entraient pas tout de suite à Marseille, justement pour qu'ils n'y introduisissent pas la peste.

— Oui; on leur faisait faire *quarantaine*, c'est-à-dire qu'on les laissait quarante jours hors du port, et les personnes qu'ils amenaient étaient pendant ce temps-là enfermées dans un hospice appelé *Lazaret*.

— On faisait bien de prendre des précautions contre un mal si affreux, dit Savinien.

— Ces précautions n'étaient pas toujours suffisantes, comme tu vois. Cela vient de ce que la ville était alors très sale, et rien ne favorise le développement des maladies comme la malpropreté. Aussi la création du canal qui apporte à Marseille l'eau de la Durance en passant sur l'aqueduc de Roquefavour, dont je vous ai parlé dernièrement, a été un grand bienfait pour cette ville.

QUESTIONNAIRE. — La Corse est-elle située tout près de la côte de France ? — Comment est-elle grande par rapport au département des Bouches-du-Rhône ? — Quel en est le chef-lieu ? — A-t-elle toujours appartenu à la France ? — Peut-il y avoir en Corse de très grandes rivières ? — Où est située l'île d'Elbe par rapport à la Corse ? — La propreté est-elle utile ?

CXX. — Le lancement d'un navire.

« Trains de plaisir pour Toulon. — Lancement de la *Provençale*. » Ces mots se voyaient en lettres hautes d'un pied sur tous les murs de Marseille.

— Qu'est-ce que la *Provençale*? demanda Savinien.

— C'est le nom d'un vaisseau. On l'a terminé et on va le *lancer*, c'est-à-dire le mettre pour la première fois à la mer, répliqua M. Delalande.

— Que j'aimerais à voir cela !

— Moi de même. C'est pourquoi nous allons faire comme la plupart des Marseillais, et prendre le chemin de fer.

Oui, c'est un beau spectacle que le lancement d'un navire; aussi tous les habitants des environs étaient-ils accourus à Toulon pour en jouir.

La foule était si grande en arrivant près du chantier où l'on avait construit la *Provençale* qu'on avait peine à avancer. Chacun s'efforçait de parvenir au premier rang. Quoique les deux frères ne voulussent pousser personne, ils furent entraînés par une sorte de tourbillon et se trouvèrent transportés, sans savoir comment, tout près du bâtiment.

Ils jetèrent les yeux autour d'eux, cherchant M. Delalande; mais il avait disparu, entraîné dans une autre direction. Il ne fallait pas songer à le rejoindre, car on était comme cloué à l'endroit où l'on se trouvait.

Bernard fut d'abord très contrarié; il craignait que le

Le moment où le navire glisse sur le lit de madriers....

savant ne fût inquiet sur leur compte; mais il fut bientôt distrait de cette pensée par les remarques de Savinien et par ce qu'il avait sous les yeux.

Le navire, placé sur le bord de la mer, était soutenu par une sorte d'échafaudage formé de madriers énormes, qui le tenait incliné; c'est là qu'il avait été construit.

— Vois donc, Bernard! fit Savinien, ce bâtiment est comme qui dirait placé à l'envers; l'arrière est en avant. Pourquoi donc?

Le frère aîné eût été bien embarrassé de répondre à cette question. Heureusement un de leurs voisins, qui portait un costume de matelot, s'en chargea.

— C'est, dit-il, afin que le navire ne fende pas l'eau trop facilement quand on le laissera aller. Si sa pointe était en avant comme d'habitude, il ne rencontrerait pas du tout de résistance et il s'élancerait avec tant de rapidité qu'il pourrait en résulter des accidents.

Pendant qu'il parlait ainsi, des marins étaient occupés à détruire l'échafaudage qui entourait le bâtiment. Les étais tombaient les uns après les autres.

— Oh! dit Savinien, voilà qu'il ne reste bientôt plus que cette énorme poutre en avant. Comment pourra-t-on la renverser sans courir le risque d'être écrasé par le vaisseau? Aussitôt qu'il ne sera plus retenu par rien, il glissera dans la mer.

— Cette poutre, dit le matelot, s'appelle la *clef;* autrefois, c'était un homme qui était chargé de la détruire à coups de hache. On choisissait pour cela un condamné à mort, parce qu'en effet il était presque toujours tué. Maintenant on a trouvé un autre moyen de l'abattre et le lancement d'un navire ne coûte plus la vie à personne.

— Oh! cela vaut bien mieux, dit Savinien. Mais nous n'avons jamais vu de bâtiment si grand que cela, n'est-ce pas, Bernard?

— Il est sûrement très grand, mais pas plus que celui que nous avons visité au Havre. C'est parce qu'il est entièrement hors de l'eau qu'il te paraît ainsi.

— Comment s'appelle cette pièce de bois placée sous le vaisseau et qui va d'un bout à l'autre?

— C'est la *quille,* dit encore le voisin. Au-dessus est la *coque.*

— Oh! comme elle est grosse! Ces hommes qui se tiennent aux échelles ont l'air de mouches. Que de temps et de travail il a fallu pour construire un vaisseau comme celui-là, assembler tous ces morceaux de bois, les joindre ensemble assez exactement pour que l'eau n'y entre pas!

— On l'a *calfaté,* c'est-à-dire qu'on a bouché, avec des *étoupes* et du *goudron,* les ouvertures qui ont pu se former entre les pièces qui le composent. Oh oui! il y a de l'ouvrage, je vous en réponds, et il y en a encore : car, comme vous voyez, il manque encore à ce bâtiment les mâts, les cordages, la machine et bien d'autres choses. On ne le terminera complètement que lorsqu'il sera à flot, c'est-à-dire à la mer. Un bâtiment comme celui-là coûte plusieurs millions à établir. — Mais écoutez, n'entendez-vous pas le canon? La cérémonie va commencer.

— Que j'aimerais à savoir que M. Delalande est aussi bien placé que nous pour la voir! dit Bernard.

— Il l'est, et même encore mieux! s'écria Savinien joyeusement.

Il venait d'apercevoir le savant dans la tribune où se tenaient le préfet et les autres autorités qui présidaient à la cérémonie.

M. Delalande avait vainement essayé de rejoindre ses jeunes compagnons. N'y pouvant parvenir, il avait accepté l'offre d'un de ses amis qui justement était le constructeur de la *Provençale* et qui, par conséquent, pouvait disposer de quelques places d'honneur.

Il fit de là un signe d'amitié à Bernard et à Savinien, et

la cérémonie prit pour eux encore plus d'intérêt en voyant que M. Delalande allait se trouver pour ainsi dire l'un des acteurs.

On commença par prononcer des discours, mais nos amis étaient trop loin pour en saisir un mot.

Au bruit du canon s'était mêlé celui des cloches de la ville; puis la musique militaire joua une sorte de marche triomphale pendant que chacun attendait anxieux ce qui allait arriver.

C'était un moment plein d'émotion. Tout à coup, on entendit un craquement formidable et le navire, glissant avec la rapidité d'une flèche, plongea avec fracas dans l'eau du bassin, en envoyant de tous côtés de larges éclaboussures.

Alors éclatèrent les cris de joie et d'admiration de la foule; les casquettes, les chapeaux, les mouchoirs volèrent en l'air. Nos amis mêlèrent leurs exclamations à celles des gens qui les entouraient.

— Quel superbe navire! s'écriait Savinien. Vois, Bernard, comme il se balance sur l'eau. Il l'a écartée avec tant de force qu'il a formé des vagues comme on en voit en pleine mer, et que tous les vaisseaux qui l'entourent, avec leurs drapeaux et leurs banderoles, flottant au haut des mâts, se balancent comme lui. Tout le monde a l'air joyeux.

— C'est que, parmi les ouvriers qui sont ici, il y en a beaucoup qui ont travaillé à ce navire, et l'on est toujours content d'avoir contribué à créer quelque chose de beau et d'utile.

— Oh! alors ils doivent être satisfaits. Ce bâtiment rendra, j'en suis sûr, bien des services.

QUESTIONNAIRE. — D'où vient ce nom de la *Provençale* donné au navire qu'on va lancer. — Nommez les différentes parties d'un navire et les pièces qui s'y rattachent? — Comment un bâtiment peut-il sortir de la Méditerranée? — Par quelle route un bâtiment se rendra-t-il de Toulon en Chine? — à New-York? — en Suède? etc.

CXXI. — Toulon.

Peu après les deux frères rejoignirent M. Delalande.

— Je me sens un peu fatigué, dit celui-ci. Allez visiter la ville et les environs sans moi. Nous retournerons à Marseille ce soir; je vais me reposer jusque-là.

Pour jouir de la vue de la rade, nos amis gravirent une sorte de promontoire situé en avant de Toulon.

— Quelle vue magnifique on a d'ici! s'écria Savinien lorsqu'il fut parvenu en haut de l'éminence. Comme la mer est bleue et calme, l'air doux et agréable à respirer! Et puis là-bas, tout là-bas, cette verdure qu'on aperçoit et qui a l'air de sortir des flots!

En cet endroit était établi un *sémaphore*. C'est une réunion de mâts qui servent à hisser des *drapeaux* ou *pavillons*, et à l'aide desquels on fait des signaux aux navires qui sont en mer. Il y en a dans tous les ports; nos voyageurs en avaient vu dans ceux qu'ils avaient visités, à Dunkerque, au Havre, à Brest.

Ces pavillons sont manœuvrés par des soldats. L'un d'eux, un sergent, qui avait entendu la remarque de Savinien, répondit :

— Cette verdure dont vous parlez, c'est celle des *îles d'Hyères*. Le climat y est si bienfaisant, qu'on y envoie les malades pour rétablir leur santé.

— Je distingue un chemin de fer derrière Toulon. Où va-t-il, monsieur, s'il vous plaît?

— D'abord à *Draguignan*, le chef-lieu du département; ensuite à *Fréjus*, à *Cannes*, à *Grasse*; puis à *Nice* et à *Menton*.

— C'est une bien belle route, dit un douanier, qui avait là aussi sa petite guérite, d'où il surveillait ce qui se passait dans la rade. Tout le long du département des *Alpes-Maritimes* elle borde la mer et est comme suspendue au flanc de la montagne qui s'avance jusqu'au rivage. On l'appelle à cause de cela la route de la *Corniche*, et elle se prolonge jusqu'à Gênes, en Italie. Elle est célèbre par la vue magnifique dont on y jouit. La température de toute cette partie de la France est délicieuse; aussi les malades y viennent-ils en foule passer l'hiver. On n'y connaît ni la gelée, ni la neige.

— C'est bien agréable, dit Savinien, un bon pays pour les frileux! Je vois, continua-t-il en contemplant de nouveau la rade, que Toulon, comme Brest, est entouré de fortifications. Voilà de tous côtés des batteries et des redoutes.

— C'est que Toulon est, de même que Brest, un port militaire. De même que Brest, aussi, il contient un grand nombre de navires de l'Etat; des *arsenaux* où l'on fabrique et où l'on conserve des armes, des canons et des munitions de guerre; des corderies, pour fournir des câbles aux vaisseaux et tous les autres établissements nécessaires à la marine de la flotte.

— On l'aura choisi sans doute parce que la rade est très grande et entourée de hauteurs qui font qu'on peut la défendre facilement.

— C'est cela même.

— Oh ! il faudrait que les ennemis fussent bien habiles pour s'emparer de cette ville-là.

— Cela est pourtant arrivé une fois, dit le sergent. Il est vrai qu'ils avaient été aidés par la trahison et qu'ils ne l'ont gardée que quelques mois. Voyez-vous cette pointe qui s'avance dans la mer, en face de celle où nous sommes? Le fort qui y est construit est le fort de l'Éguillette. Il était, comme la ville, au pouvoir des Anglais et il était difficile de les en déloger. Un jeune officier d'artillerie, nommé Napoléon Bonaparte, y réussit pourtant.

— Napoléon Bonaparte, qui fut empereur sous le nom de Napoléon Ier ? demanda Savinien, se rappelant ce que M. Delalande lui avait dit de ce personnage deux jours auparavant.

— Précisément, c'est à Toulon qu'il se fit remarquer pour la première fois.

QUESTIONNAIRE. — Qu'est-ce qu'un promontoire ? — Quels sont les établissements nécessaires à la marine de la flotte ? — Qu'appelle-t-on munitions de guerre ? — Que vous a-t-on déjà dit de Napoléon ?

CXXII. — M. Delalande tombe malade.

A l'heure qu'il leur avait fixée, les deux frères regagnèrent l'hôtel. Ils trouvèrent M. Delalande très souffrant. Il se sentait hors d'état de voyager. Espérant que la nuit le rétablirait, il remit le départ au lendemain.

Mais le lendemain il lui fut impossible de se lever, il éprouvait un grand mal de tête et avait une fièvre violente. Bernard envoya Savinien chercher un médecin. Celui-ci déclara que l'état du malade était très grave.

Les deux jeunes garçons se trouvaient dans un grand embarras. Outre le chagrin que leur causait l'indisposition de leur respectable ami, ils craignaient de n'être pas en état de lui donner les soins nécessaires. Bernard crut ne pouvoir mieux faire que d'écrire à Mme Combier, la sœur de M. Delalande, qui habitait à Draguignan, pour lui annoncer la maladie de son frère, et le lendemain cette dame arrivait à Toulon.

Ce fut un grand soulagement pour nos amis de savoir M. Delalande entre des mains plus expérimentées que les leurs, et d'être assurés qu'il recevrait des soins assidus et affectueux.

Ils purent alors songer à leur départ. Cependant, malgré leur vif désir de se rendre à Lyon, où ils espéraient apprendre des nouvelles de leur père, ils ne voulaient pas quitter M. Delalande tant qu'il ne serait pas hors de danger. Après quelques jours d'inquiétude, le médecin ayant déclaré qu'il répondait du malade, les deux jeunes garçons se préparèrent à continuer leur voyage.

— Mais vois-tu, dit Bernard à son frère, quand ils eurent pris cette résolution, il ne faut pas en parler à M. Delalande. S'il apprend que nous sommes sur le point de partir, il ne nous laissera pas faire la route à pied ; il voudra bien sûr payer nos places en chemin de fer. Je serais bien fâché de lui causer encore cette dépense ; nous lui avons déjà tant d'obligations! Il s'est montré si bon et si généreux envers nous! Il a voulu absolument nous indemniser pour le temps que nous avons passé avec lui, et vraiment il ne nous devait rien, car nous avons bien plus profité dans sa compagnie que nous ne lui avons été utiles. J'ai encore tout l'argent qu'il m'a donné l'autre jour, pour mon mois, comme il a dit, et c'est plus qu'il ne nous en faut pour retourner à Fréville. Il serait peu délicat de notre part de souffrir qu'il se mît de nouveau en frais pour nous. Puisque le médecin dit qu'il est hors de danger, que dans une quinzaine il sera complètement rétabli ; si tu m'en crois, nous nous mettrons en route demain matin.

— Je ne demande pas mieux, dit Savinien. Si pourtant M. Delalande allait nous trouver ingrats de partir ainsi sans l'avertir.

— M. Delalande est trop bon pour avoir une si mauvaise opinion de nous. Dans tous les cas, il vaut encore mieux passer pour ingrat, quand on ne l'est pas, que de commettre une indélicatesse. Le proverbe dit : « Fais ce que dois, advienne que pourra. »

— Eh bien! partons, quoique je regrette beaucoup d'abandonner un si bon monsieur quand il est malade.

— Nous ne le laissons pas seul ; Mme Combier s'entend beaucoup mieux que nous à le soigner. Nous ne lui serions bons à rien.

— Partons alors ! répéta Savinien en soupirant.

Cependant, malgré la résolution que montrait Bernard, il n'avait pas moins de chagrin que son frère de se séparer de M. Delalande. Le soir, après avoir an-

noncé leur départ à Mme Combier, il ajouta timidement :
— Ah! madame, si j'osais vous demander une chose!
— Demandez, mon enfant, dit Mme Combier, à qui

son frère avait déjà parlé avantageusement de ses jeunes amis et qui elle-même, depuis plusieurs jours, avait pu remarquer leurs bonnes qualités.

— Madame, cela nous est très pénible de quitter monsieur votre frère avant qu'il ne soit complètement rétabli, et nous serions très heureux si vous vouliez bien...

Il n'osa pas aller plus loin.

— Si je voulais bien...

— Si vous vouliez bien, reprit Bernard, nous donner de ses nouvelles.

— Avec grand plaisir, mes amis, dit Mme Combier avec bonté. Vous trouverez une lettre de moi à Lyon, poste restante.

Le jeune homme remercia avec chaleur, et cette promesse consola un peu les deux frères.

Le lendemain ils entrèrent sans bruit dans la chambre de M. Delalande. Une de ses mains était étendue sur la couverture. Ils y posèrent leurs lèvres l'un après l'autre ; puis, après avoir respectueusement salué Mme Combier, qui avait passé la nuit dans un fauteuil auprès du lit de son frère, ils sortirent sur la pointe du pied.

QUESTIONNAIRE. — Que doit-on faire lorsqu'une personne tombe malade ? — Comprenez-vous la raison pour laquelle Bernard ne veut pas avertir M. Delalande de son départ ? — Feriez-vous de même à sa place ?

CXXIII. — Nouveau départ. — Le département du Var.

La veille de ce jour, Bernard avait tiré sa carte de sa poche pour l'étudier. Depuis près d'un mois il ne s'en était pas servi, car tout le temps que les deux frères avaient voyagé avec le savant, c'est lui qui décidait de la direction à suivre.

— Nous avons, dit-il après l'avoir examinée, deux routes à choisir pour nous rendre à Lyon : l'une par Avignon, l'autre par Grenoble, chef-lieu du département de l'Isère.

— Les bords du Rhône, que nous avons descendus d'Avignon jusqu'à Arles, étaient bien beaux, dit Savinien ; j'aimerais à les connaître au-dessus d'Avignon.

— Moi aussi ; mais je crains qu'en cette saison il ne fasse très chaud par là. En passant par Grenoble, nous resterons dans les pays de montagnes où la température est plus fraîche et la marche moins fatigante.

— J'aime bien aussi les montagnes, dit l'enfant ; j'ai eu grand plaisir à parcourir celles de l'Ardèche et de l'Auvergne.

— Va donc pour la route par Grenoble ! fit le frère aîné.

Le département du Var est charmant à parcourir; comme dans toute la Provence on y voit non seulement de grandes plantations d'oliviers, mais aussi des bois de citronniers et d'orangers dont les fleurs parfument l'air.

— Les oranges sont fort bonnes, dit Savinien, une fois qu'il venait de se régaler d'un de ces excellents fruits, mais je m'étonne de voir que les arbres qui les produisent sont en aussi grande quantité en ce pays que les pommiers en Normandie. Que peut-on faire de tant d'oranges?

— D'abord elles sont l'objet d'un grand commerce, car il y a beaucoup de personnes qui sont comme toi et qui les trouvent très bonnes, dit Bernard en riant; mais ce n'est pas pour le fruit seulement qu'on cultive l'oranger en Provence, c'est aussi pour la fleur. Tiens, ajouta-t-il en en cueillant une, et en la faisant respirer à son frère, que dis-tu de cette odeur?

— Oh! elle est délicieuse. Jamais je n'ai rien senti de plus agréable.

— Eh bien, on retire des pétales de cette fleur une eau appelée *eau de fleur d'oranger*.

— Ah! je me rappelle en avoir vu une petite bouteille chez grand'mère. Elle était entourée de papier blanc collé. Une fois que j'avais mal à l'estomac, elle m'en a donné une cuillerée dans un verre d'eau sucrée; une autre fois elle en a mis dans un gâteau qu'elle pétrissait.

— Et le parfumeur en met, lui, dans les pommades, savons et autres préparations qu'il fabrique, le confiseur dans ses friandises. Tu vois que la fleur d'oranger sert à une infinité d'usages. Dans la Provence il y a des établissements considérables, appelés *distilleries*, où l'on ne fait pas autre chose que d'extraire le parfum des fleurs d'oranger ou celui de roses, dont tu peux voir aussi de grandes quantités autour de nous. Dans les distilleries on fabrique encore des essences avec les fleurs des plantes sauvages, telles que la *menthe*, la *lavande*, la *violette*, l'*iris*.

Nos voyageurs traversaient aussi des champs d'*immortelles*, ces fleurs d'un jaune brillant, qui se conservent comme des fleurs artificielles, et dont on fait des couronnes pour parer les tombeaux; dans d'autres parties la campagne avait l'air d'un grand verger, planté de pêchers, de pruniers, d'amandiers. On fait sécher les fruits de ces arbres au soleil ou bien on les confit dans le sucre pour les expédier au loin.

Ils atteignirent bientôt les montagnes. Les flancs en-

étaient couverts de magnifiques forêts de chênes et de sapins. Au bas s'étendaient de beaux pâturages dont l'herbe était entremêlée de fleurs. Des petites filles en remplissaient des corbeilles destinées aux distilleries voisines : là on en tirerait ces essences, utiles aux parfumeurs et aux pharmaciens, dont parlait Bernard.

— Qui se serait jamais douté, dit Savinien, que des fleurs si communes eussent tant de valeur? Je vois bien, comme tu me l'as répété si souvent, qu'il n'y a rien d'inutile sur la terre. Je vois aussi combien le travail est précieux, lui qui transforme de simples fleurettes en substances utiles et même salutaires.

Tout en faisant leur récolte parfumée, les petites filles gardaient des troupeaux de mulets. Savinien n'avait jamais vu une si grande quantité d'animaux de cette sorte réunis.

— Cela vient, dit Bernard, que dans les pays de montagnes, comme celui où nous sommes, on préfère les mulets aux chevaux. Ils sont moins agiles ; mais ils ont le pied plus sûr. Ils peuvent suivre les sentiers les plus étroits au bord des précipices sans que la personne qu'ils portent coure le moindre risque. Ils sont sobres, patients, laborieux.

— Comme les ânes, dont ils ont les longues oreilles et dont on dit tant de mal injustement.

QUESTIONNAIRE. — Quels sont les départements par lesquels Bernard et Savinien auront à passer pour aller de Toulon à Lyon ? — S'ils allaient à Bordeaux, à Brest, par quels départements passeraient-ils ? — Avez-vous mangé quelquefois des fruits conservés ? — Connaissez-vous des fleurs utiles ?

CXXIV. — Les amateurs de truffes.

Un jour, dans le département des Basses-Alpes, en traversant une forêt de chênes, Bernard et son frère virent une douzaine de porcs conduits par un petit garçon, qui erraient au pied des arbres en fouillant le sol de leur groin.

— Ils cherchent des glands, sans doute, dit Savinien.

Mais les porcs ne semblaient pas faire grand cas des glands ; car, quoiqu'il y en eût beaucoup par terre, ils n'y touchaient pas et continuaient à flairer. Tout à coup, l'un d'eux, qui creusait la terre avec énergie, fit entendre un grognement de satisfaction ; il attira à lui une chose que les deux frères ne purent distinguer, la roula quelque temps entre ses pieds de devant, et s'apprêtait à y porter la dent lorsque le petit gardien accourut, l'écarta rudement et ramassa ce que l'animal venait de déterrer.

Bernard et Savinien s'avancèrent, curieux de savoir ce que ce pouvait être, et virent une sorte de petite boule noirâtre, qui n'avait rien de bien remarquable; l'enfant était occupé à la débarrasser de la terre qui y était attachée.

— Qu'est-ce donc que cela? demanda Savinien.

— C'est une *truffe;* sentez.

Et il l'approcha du nez du questionneur.

— Oh! la bonne odeur! fit celui-ci.

— Et à quoi cela sert-il, les truffes? ajouta-t-il.

— A quoi? On les mange, donc! après les avoir fait cuire.

Qu'est-ce que cela? demanda Savinien.

— Est-ce que c'est bien bon?

— Oh! fit l'autre avec une petite moue; pour mon compte, j'aime autant et même mieux une pomme de terre; mais il y a des gens riches qui s'en régalent et les payent cher. On en expédie dans des contrées très éloignées.

— Et comment les fait-on pousser? On les sème, sans doute?

— Non.

— On en plante des morceaux alors, comme pour les pommes de terre?

— On ne les sème ni ne les plante, elles ne poussent ni racines, ni tiges, ni feuilles, et elles ne donnent ni fleurs ni graines; on les trouve dans la terre, où elles viennent toutes seules.

— Comme les champignons chez nous alors. Seulement, les champignons se trouvent sur la terre; si les truffes ne viennent que dessous, comment fait-on pour les découvrir?

Le petit pâtre se mit à rire.

— Ce sont mes compagnons qui s'en chargent, dit-il en montrant les porcs qui continuaient à explorer le terrain autour d'eux; eux aussi, ils sont amateurs de truffes, ils les sentent et ils les déterrent. Au moment où ils vont les croquer, je les leur enlève.

— Les pauvres bêtes! dit Savinien en riant à son tour.

— Et tenez, tenez! en voilà un qui grogne, c'est de joie, il a trouvé quelque chose ; si je le laissais agir à sa guise, il aurait bientôt fait disparaître l'objet en question. Oh! le gourmand! Attends, attends, mon camarade. Ah bien! par exemple, si tu t'imagines que cette friandise-là est pour toi !...

Et s'élançant sur l'animal il lui arracha la truffe, que celui-ci eut grand'peine à se décider à lâcher.

Les deux frères se tenaient les côtes à force de rire.

— Ah! pour le coup! s'écria Savinien, voilà qui me guérirait pour toute ma vie du désir de goûter des truffes! Heureusement que ceux à qui on les vend n'assistent pas à pareille chasse, sans quoi ils penseraient sûrement comme moi. Ce serait bien fâcheux : car, comme le disait le père Ignace à Cancale à propos des huîtres, puisque cette récolte donne du pain à ceux qui s'en chargent, il est heureux qu'il y ait des gens pour en acheter le produit.

QUESTIONNAIRE. — Peut-on se passer d'aliments recherchés comme les truffes ? — Quels sont les aliments qu'on peut regarder comme nécessaires ?

CXXV. — En péril!

A mesure que nos voyageurs avançaient, le pays devenait plus accidenté. Autour d'eux se dressaient de hautes montagnes. C'étaient les *Alpes*, qui séparent la France de l'Italie et donnent leur nom à plusieurs départements. Au loin, à gauche, on apercevait quelques pics couronnés de neige, et parmi eux le *mont Viso*, situé sur la frontière. C'est au pied et de l'autre côté du mont Viso que le *Pô*, un grand fleuve qui coule en Italie, prend sa source.

— Ces montagnes forment comme une énorme muraille, dit Savinien. Comment la traverse-t-on?

— Cette muraille, ainsi que tu le vois, n'a pas partout la même élévation. Elle s'abaisse par places, de manière à laisser quelquefois entre les sommets des passages qu'on appelle *cols* ou *défilés*.

Les principaux pour se rendre de France en Italie sont le *col de Tende*, dans les Alpes-Maritimes; plus au nord, ceux du *mont Genève* et du *mont Cenis*; plus haut encore, celui du *Saint-Bernard*.

Ces passages, quoique moins élevés que les montagnes,

sont cependant encore très difficiles d'accès. Autrefois celui du mont Cenis n'était praticable que pour les *bêtes de somme,* c'est-à-dire les chevaux et les mulets. Napoléon Ier y a fait construire une route magnifique, et maintenant un chemin de fer le traverse par-dessous, au moyen d'une voûte. C'est le plus long tunnel qui existe en France.

— C'est agréable de causer avec toi, dit Savinien ; tu as toujours quelque chose à raconter sur ce que l'on voit.

— Cela vient, je te l'ai déjà dit, répliqua en riant Bernard, de ce que j'ai retenu ce qu'on m'a appris et ce que j'ai lu. Tout le monde peut en faire autant.

Nos voyageurs prenaient souvent des sentiers de traverse dans l'espoir de trouver de la fraîcheur, et aussi pour abréger la route, car les montagnes et les rivières avaient contraint les ingénieurs à lui faire faire de longs détours.

Mais souvent en croyant raccourcir son chemin on l'allonge. Il arriva à nos amis ce qui leur était déjà arrivé : ils s'égarèrent.

C'était cinq ou six jours après leur départ de Toulon. Ils se trouvaient alors au milieu de hautes montagnes, couvertes de magnifiques forêts, et un torrent roulait avec impétuosité au fond du précipice.

Ils marchaient aussi vite qu'ils le pouvaient dans l'espoir d'arriver à un lieu où ils pussent se renseigner sur leur direction, et aussi pour trouver un abri contre un orage qui se préparait.

Tout à coup il éclata avec violence et l'eau se mit à tomber abondamment.

Ils poursuivirent leur chemin néanmoins ; mais le vent devint bientôt si impétueux qu'ils eurent peine à avancer.

La pluie leur fouettait la figure et formait un nuage si épais, que c'est à peine s'ils voyaient à quelques pas devant eux. En peu de temps les habits des pauvres enfants furent transpercés.

Le tonnerre grondait sans interruption, répété par tous les échos de la montagne. Il n'y avait aucun endroit où se réfugier : pas une maison, pas une cabane, pas même une grotte. Bernard prit le bras de son frère pour l'aider à marcher. Savinien tremblait de peur, mais il ne disait rien et s'efforçait de se montrer courageux, ce qui est le meilleur moyen pour le devenir.

Le chemin montait toujours. A mesure qu'on s'élevait, le froid devenait plus aigu et plus piquant ; la pluie était glacée. Bientôt elle se changea en neige, dont les épais-

flocons tournoyaient de tous côtés. Les deux frères, serrés l'un contre l'autre, avançaient avec la plus grande difficulté, glissant et manquant de tomber à chaque pas.

Bernard ne cessait de regarder autour de lui, le cœur rempli d'inquiétude. Ne découvrirait-il donc pas un petit coin où ils pussent attendre en sûreté la fin de la tourmente? Mais il avait beau chercher, il ne voyait que les troncs noirs des sapins qui tranchaient sur le paysage tout blanc...

Le vent était devenu tout à fait furieux. Il soulevait d'énormes quantités de neige qu'il emportait en tourbillons. On ne savait plus où poser le pied, car le sentier avait complètement disparu sous un tapis glissant. A chaque instant on pouvait craindre d'être jeté dans un précipice.

En ce moment Bernard aperçut à peu de distance d'énormes pierres tombées du haut de la montagne. Quelques-unes étaient disposées de manière à former une sorte de petite guérite dont l'entrée était opposée au vent, et où la neige ne pénétrait pas. Quoiqu'elle ne pût leur fournir qu'un abri insuffisant, les deux frères se dirigèrent de ce côté. Après bien des efforts, ils l'atteignirent.

Il était impossible de se tenir debout dans cette logette. Bernard y fit d'abord entrer Savinien, qui s'accroupit au fond; son aîné se mit devant lui. L'enfant, protégé en arrière par le rocher et couvert en avant par le corps de son frère, ne tarda pas à se réchauffer.

Il n'en était pas de même de Bernard. Bien que Savinien se fît le plus petit possible, la place était si étroite que la neige continuait à fouetter sans interruption les épaules et les jambes du pauvre garçon, qui, tout heureux de voir son jeune frère en sûreté, ne songeait pas à se plaindre du bain glacé qu'il prenait. Savinien avait trop bon cœur pour ne pas souffrir

Il était impossible de se tenir debout...

de le voir ainsi exposé au froid et à l'humidité. Il le sentait grelotter.

— Prends ma place, Bernard, je t'en prie, lui disait-il ; seulement jusqu'à ce que tu sois un peu réchauffé.

Mais celui-ci ne voulait pas y consentir.

Le vent persistait à mugir, le tonnerre à gronder ; mais les deux frères ne voyaient ni n'entendaient plus rien.

La neige tombait toujours, montant peu à peu devant leur petit refuge et couvrant la moitié du corps de Bernard, sans que celui-ci s'en aperçût.

QUESTIONNAIRE. — Dans quel fleuve vont se jeter les rivières qui descendent sur le côté occidental des Alpes ? — Quelles sont les principales ? — Quel est le chef-lieu des départements auxquels ces rivières donnent leur nom ? — Quand il neige dans la montagne, neige-t-il toujours dans la plaine ?

CXXVI. — Le petit Savoyard

Tout à coup il se sentit violemment secoué par le bras. Il ouvrit les yeux : un jeune garçon était devant lui.

— Debout ! debout ! lui criait-il ; il ne fait pas bon dormir là !

En parlant ainsi, il secouait les bras et frappait dans le dos de Bernard, qui, n'étant pas encore revenu à lui, ne savait ce que cela voulait dire.

— Vite ! vite ! il ne s'agit pas de rester en place ! dit le jeune garçon, suivez-moi.

Il se mit à descendre la montagne pendant que les deux frères lui obéissaient sans faire d'observations.

La tourmente avait cessé et le soleil apparaissait de nouveau, faisant fondre la neige à vue d'œil. Le mouvement rendit bientôt à Bernard l'usage de ses membres, que le froid avait engourdis ; néanmoins il continua, ainsi que son frère, à suivre son guide en silence ; car le sentier rapide, qui descendait entre les pierres et en longeant un précipice, réclamait toute leur vigilance.

Après une bonne demi-heure de marche, ils atteignirent une route assez large qui leur permit de demander des explications.

— Je revenais, dit le nouveau venu, de voir mon oncle, qui est berger sur le mont Pelvoux ; c'est la montagne où nous sommes. J'ai été pris par l'orage et je me suis comme vous abrité sous des rochers. Quand le beau temps est revenu je me suis remis en route. Mais saviez-vous que c'était très imprudent ce que vous avez fait là, de vous endormir ici par un froid pareil ! Vous auriez pu ne pas vous réveiller !

Bernard remercia chaleureusement le jeune garçon qui était venu si à propos à son secours.

— Vous êtes de ce pays sans doute ? ajouta-t-il.

— Non, je suis de Chamounix, au pied du mont Blanc ; aussi la montagne, ça me connaît. J'ai quitté le village pour aller chercher du travail à Grenoble ; mais auparavant je suis venu, comme je vous disais, voir mon oncle Morin, qui habite un chalet là-haut.

— Et quel métier allez-vous faire à Grenoble ?

— J'ai un autre oncle qui y est fumiste ; je travaillera avec lui.

— Fumiste, dit Savinien, ce doit être un état bien désagréable. Il faut monter dans les cheminées ; on est toujours dans la malpropreté.

— On ne choisit pas son métier, dit le petit Savoyard avec bonne humeur ; qu'est-ce que cela fait qu'il soit agréable ou non ? le principal c'est qu'il vous procure de quoi vivre. Quand on travaille de bon cœur, d'ailleurs, on ne trouve jamais l'ouvrage déplaisant.

— Ça c'est bien vrai ! répliqua Savinien ; j'ai eu tort de parler comme je l'ai fait, car pour ma part je pense tout à fait comme vous.

— Je serai bien content de gagner mon pain, n'importe par quel moyen, pourvu que ce soit un moyen honnête, continua le petit Savoyard ; j'aime mieux cela que d'être à charge à ma mère, comme je l'ai été jusqu'ici. Elle a bien assez de mal à nourrir mes petits frères et sœurs. Voilà que j'ai onze ans, je sais lire et écrire : il est bien temps que je pourvoie à mes besoins.

— Vous êtes un bon garçon, dit Savinien, et j'aimerais mieux serrer votre main, quand même elle serait toute noire de fumée, qu'une main bien blanche, mais qui appartiendrait à quelqu'un de moins honnête.

— Et votre père, ajouta-t-il, était-il fumiste, lui aussi ?

— Non, dit l'enfant, qui s'appelait Pascal, il était *guide* à Chamounix, et il est mort dans une *ascension*.

— Qu'est-ce que d'être guide ?

— On appelle ainsi ceux qui conduisent les *touristes* ou voyageurs dans les montagnes. Mon père était guide au mont Blanc, la plus haute montagne non seulement de la Savoie, mais de la France et même de toute l'Europe.

— Pourquoi l'appelle-t-on le mont Blanc.

— A cause qu'elle est toujours couverte de neige ; des neiges éternelles, comme on dit, qui ne fondent jamais.

— Le froid doit y être terrible; rien que d'y penser je grelotte.

— Mon père m'a dit qu'il était tellement cuisant au sommet, que c'est à peine si l'on peut y rester quelques minutes ; la peau s'y gerce et même quelquefois le sang vous sort par les oreilles. De plus on a tant de peine à respirer, qu'il vous semble qu'on étouffe. On est comme tout étourdi et le cœur bat bien plus vite que d'habitude.

— Qu'on y gèle, je le comprends bien, puisque plus on s'élève plus il fait froid; mais pourquoi ne peut-on pas y respirer?

— Cela vient, dit Bernard, qu'il n'y a pas autant d'air sur les montagnes que dans les plaines. A une certaine hauteur même il n'y en a plus du tout. Si l'on pouvait monter toujours, toujours, il arriverait un moment où la respiration manquerait complètement faute d'air, et alors on mourrait, car il est impossible de vivre sans respirer. C'est ce qui est arrivé il y a quelques années à des savants qui s'étaient élevés en ballon pour faire des expériences. Ils sont montés trop haut, et quand le ballon est redescendu à terre, ceux qui le montaient n'existaient plus.

Savinien regarda Pascal d'un air qui voulait dire:

— Hein ! comme il est savant mon frère !

C'était tout à fait l'avis du petit Savoyard.

QUESTIONNAIRE. — Dans quel département est le mont Blanc ? — Comment sont situées les Alpes par rapport à la France ? à l'Italie ? — Quelles sont les autres montagnes qui sont encore couvertes de neiges éternelles ? — Vous sentez-vous de la sympathie pour Pascal? Dites pourquoi. — Saviez-vous qu'on ne pouvait vivre sans air?

CXXVII. — La Savoie. — Le mont Blanc.

Savinien reprit :

— Est-ce qu'il y a une route qui conduise au mont Blanc ?

— Une route ! ah ! bien oui ! une route ! Pas même un sentier.

— Comment peux-tu parler de route ? dit Bernard ; tu sais bien qu'il n'y en a pas pour atteindre le sommet des montagnes d'Auvergne, qui sont pourtant bien moins élevées que celles de la Savoie.

— Ah ! c'est vrai.

— Pour gravir le mont Blanc, reprit Pascal, on va comme on peut le long des précipices ou bien en escaladant les rochers. Quelquefois la montagne se dresse devant vous comme un mur; il faut alors creuser des trous dans la neige ou dans la glace avec des pioches, pour y poser le bout des pieds.

— En voilà un escalier qui ne doit pas être commode !

— De tous côtés, ce ne sont que pics escarpés, gouffres effrayants où l'on glisse au moindre faux pas, blocs de glace énormes qui vous barrent le passage.

— Est-ce que vous êtes monté là-haut ?

— Pas jusqu'en haut, bien sûr, car c'est très difficile, même aux hommes, et tout à fait impossible à un enfant comme moi. Il faut près de deux jours pour y arriver. Je suis seulement allé jusqu'à la *mer de glace*.

— La mer de glace ! Qu'est-ce encore que cela ?

— C'est un *glacier*. On appelle ainsi d'immenses espaces composés de couches de glace entassées. Les flancs du mont Blanc en sont couverts. On dirait des lacs ou de larges fleuves en pente gelés tout à coup. Cette glace est si épaisse qu'il est impossible de la mesurer ; elle est fendue par places et présente d'énormes crevasses dont on ne voit pas le fond. Les glaciers fondent tout doucement par-dessous, et l'eau qui en sort forme les rivières et les fleuves.

— Vous disiez tout à l'heure, demanda Bernard, que c'est dans une ascension que votre père est mort.

— Oui ; il conduisait deux Anglais, avec un autre de ses camarades. L'un d'eux s'est entêté à vouloir prendre un chemin différent de celui qu'on prend d'habitude. Le second monsieur a fait tout son possible pour l'en empêcher, mon père aussi, mais cela n'a servi à rien. L'Anglais a dit que si son guide refusait de l'accompagner il irait tout seul, et il s'est mis à faire comme il le disait.

— Et alors ?

— Alors il a bien fallu que mon père le suivît. Il se trouvait là une crevasse cachée sous la neige tous deux ont glissé dedans sans pouvoir se retenir. On n'a jamais pu les retrouver.

Il y eut un moment de silence.

Tous deux ont glissé...

— Votre père ne savait donc pas que cet endroit était dangereux ? demanda Savinien.

— Si, il le savait bien. Il avait prévenu l'Anglais ; mais puisque je vous dis que celui-ci n'a pas voulu entendre raison.

— A sa place je l'aurais joliment laissé aller tout seul !

— C'eût été mal, dit Pascal, avec une expression sérieuse sur la figure. Mon père était son guide ; son devoir lui ordonnait de ne pas le quitter, de l'aider, de le pro-

Le mont Blanc et la vallée de Chamounix.

téger. Jamais un guide de Chamounix n'abandonne le voyageur qui lui est confié. Quand je serai grand, je reviendrai dans mon pays et je me ferai guide comme mon père. Je tâcherai comme lui de faire toujours mon devoir ; et si je viens à périr en conduisant des voyageurs, eh bien ! on pourra dire de moi ce qu'on a dit de lui, que je suis mort à mon poste comme un brave soldat !

Savinien ne répliqua pas, mais il serra de nouveau la main de Pascal et Bernard fit de même.

Le petit Savoyard reprit au bout d'un instant :

— Mon frère Gilles n'a pas envie d'être guide, lui. Il préfère être chasseur de chamois, comme mon oncle Jacques.

— Qu'est-ce que le *chamois ?*

— C'est un joli animal, qui ne vit que dans les pays de montagnes. Il tient de la chèvre et du daim et porte deux jolies petites cornes recourbées sur la tête.

— Les chèvres sont joliment agiles, dit Savinien.

— Les chamois le sont bien davantage encore ; aussi il ne faut pas être maladroit pour les poursuivre. Comme eux il faut savoir escalader les rochers, sauter de pic en pic, franchir d'un bond les torrents et les précipices. Ils vivent au milieu des neiges et des glaces, et c'est là qu'on doit aller les chercher. Oh! mon oncle est un habile chasseur! Il ne manque jamais son coup. Quelquefois il guette un chamois toute une nuit. Quand il l'a tué, il le charge sur son épaule et revient au village. C'est cela qui n'est pas facile, de descendre la montagne avec un pareil fardeau!

— Je le crois bien. Et que fait-on du chamois?

— Sa peau est très recherchée et on la vend très cher. On en fait des gants, de la buffleterie et aussi des vêtements.

QUESTIONNAIRE. — Quelles qualités physiques faut-il avoir pour gravir le mont Blanc? — L'Anglais a-t-il bien agi en ne voulant pas obéir à son guide? — Vous rappelez-vous ce qui a déjà été dit au sujet de ceux qui exposent leur vie sans nécessité? — A quel sentiment a obéi le père de Pascal en n'abandonnant pas celui à qui il servait de guide? — Avec quel animal de votre connaissance le chamois a-t-il du rapport?

CXXVIII. — La Savoie et le Dauphiné

Les jours suivants, nos amis, qui devaient passer par Grenoble pour gagner Lyon, firent route avec le petit Savoyard, continuant à causer avec lui de bonne amitié.

Celui-ci ne tarissait pas sur les beautés de la Savoie.

— Vous aimez bien votre pays, dit Bernard, je le devine.

— Sans doute. Est-ce que ce n'est pas bien naturel?

— Oh! si. Il y a même un poète qui a exprimé cette pensée dans ce vers :

> A tous les cœurs bien nés que la patrie est chère!

— C'est bien dit.

— C'est donc cela, fit à son tour Savinien, que quoique j'aie visité de bien beaux endroits dans notre voyage, des villes riches et bien bâties, des contrées très fertiles, je sens que j'aurai beaucoup de plaisir à me retrouver en Sologne. Et pourtant les villages qu'on y voit sont laids et pauvres; les champs ne sont pas toujours bien cultivés, tant s'en faut. N'importe! je préfère cet endroit-là à un autre.

— Comment, d'ailleurs, reprit le petit Savoyard, n'aimerais-je pas mon pays, avec ses belles montagnes, ses lacs, ses cascades?

— Ah! vous avez des cascades? J'en ai vu en Auvergne.

— Pas de pareilles, je suis sûr, à celle de la Savoie. Il y en a chez nous qui se précipitent d'une telle hauteur que l'eau se change en un brouillard invisible; on dirait qu'elle reste en l'air, à moitié chemin.

— Ce doit être bien curieux. Et en Savoie il se trouve aussi des lacs?

— Oui, ceux d'*Annecy*, du *Bourget* et l'un des plus grands d'Europe, le *lac de Genève* ou *Léman*. Oh! celui-là

Vue de Grenoble.

est magnifique. L'eau en est bleue comme le ciel quand il fait beau. D'un côté il est bordé de hautes montagnes blanches de neige, de l'autre de collines couvertes de vignes.

— Je croyais que le lac Léman était en Suisse.

— La Suisse le borde du côté du nord, et la France, ou, si vous l'aimez mieux, la Savoie, du côté du midi.

— L'avez-vous vu?

— Oui, je l'ai même traversé en bateau à vapeur.

— S'il y a tant de montagnes chez vous, le pays ne doit pas produire grand'chose.

— Malgré cela nous avons de belles prairies couvertes de fleurs superbes, qui forment de bons pâturages pour les bestiaux.

— Ah! les bestiaux! rien ne m'intéresse davantage.

— Nous avons aussi des mines, des forges. A Chambéry on fabrique des étoffes de soie; dans les villes rapprochées de Genève on s'occupe d'horlogerie. Oh! nous ne sommes pas paresseux en Savoie! Ceux qui ne trouvent pas de l'ouvrage au village vont s'employer au loin.

— Voilà un beau pays! s'écria un jour Savinien, en apercevant du haut d'une côte une large vallée, traversée par une belle rivière au cours rapide. Que ces prairies sont fraîches, que ces terrains paraissent fertiles! C'est plaisir de voir des champs si bien cultivés en sortant des montagnes arides.

— Ce doit être la célèbre vallée du *Grésivaudan*, dit le

frère aîné, après avoir consulté sa carte. Cette rivière est sans doute l'*Isère*, qui descend du *Petit-Saint-Bernard* et va se jeter dans le Rhône, et la ville que nous voyons là-bas doit être *Grenoble*, chef-lieu du département et ancienne capitale du *Dauphiné*.

— Tu as raison, car voilà un poteau qui porte : — « Grenoble, 15 kilomètres. »

La contrée était très belle en effet et avait un air de prospérité qui réjouissait les yeux. Les trois amis s'arrêtèrent dans un village pour y déjeuner. Une femme travaillait sur la porte de l'auberge ; elle quitta son ouvrage pour leur donner ce qu'ils demandaient et vint le reprendre aussitôt qu'elle les eut servis.

— Que faites-vous donc là, madame ? demanda Savinien, qui s'était approché, tout en mordant dans son pain.

— Je tresse de la paille pour faire des chapeaux. Le Grésivaudan en produit de très blanche, très longue et très fine, qu'on emploie pour cet usage.

— Comme vous nattez bien ces brins et comme vous allez vite !

— Oh ! il y a des ouvrières bien plus habiles que moi ; quelques-unes font des chapeaux qu'on vend jusqu'à quatre et cinq cents francs. Il faut plusieurs mois pour en tresser un. Il n'y a pas longtemps que je fais ce métier-là. Autrefois j'étais ouvrière en gants. Dans les montagnes des environs on élève de grands troupeaux d'agneaux et de chevreaux dont la peau sert à les faire. Il y a par ici d'importantes fabriques de ganterie. On dit que la ville de Grenoble fournit plus de gants à elle seule que tout le reste de la France, et qu'on en expédie même en grande quantité à l'étranger.

Nos amis entrèrent bientôt dans la ville. En arrivant sur l'une des places principales, Savinien poussa un cri d'admiration.

Au delà de la vallée où elle est située s'élevait un amphithéâtre de montagnes, formant pour ainsi dire plusieurs étages, et dont le dernier était couvert de neige. Les jeunes garçons ne pouvaient se lasser de contempler le magnifique tableau qu'elles offraient.

— Grenoble est aussi une ville très industrieuse, dit Bernard. Écoute, de tous côtés on entend le bruit des machines ; au-dessus des maisons sortent de nombreuses cheminées d'usines.

— On doit aussi bien cultiver le blé dans un pays si

fertile et y élever des bestiaux. Je regrette seulement qu'il y ait tant de montagnes. C'est beau à voir, mais ne rapporte rien.

— Tu t'imagines cela; eh bien, tu te trompes. D'ailleurs, ainsi que te le dit Pascal, elles forment d'excellents pâturages; de plus, on y trouve en abondance des mines de fer, de plomb, d'argent, de houille. Elles renferment aussi des marbres très précieux.

— Comme les Pyrénées. A la bonne heure!

QUESTIONNAIRE. — Montrez sur la carte les lacs Léman, d'Annecy, du Bourget. — Quelle est la rivière que vous voyez sur la gravure? — Que fait-on encore avec la paille? — A quoi emploie-t-on encore la peau? — Quelle différence y a-t-il entre la peau et le cuir? — Dans quelle ville avons-nous vu qu'on préparait des peaux?

CXXIX. — Les grands hommes au Dauphiné

— Est-il né des grands hommes dans cette province? demanda Savinien.

— Oui; Bayard d'abord.

— Ah! le Chevalier sans peur et sans reproche. J'ai lu

Mort de Bayard.

son histoire dans un livre rempli d'images, et je me rappelle surtout sa mort.

— Voyons ce que disait ton livre.

— Il disait comment Bayard, après avoir fait la guerre toute sa vie, s'être toujours vaillamment battu, avoir été plusieurs fois blessé et fait prisonnier, fut atteint dans un combat d'un coup d'arquebuse. Alors ses soldats le déposèrent au pied d'un arbre. Tous pleuraient et ne voulaient pas le quitter, voyant bien qu'il allait mourir; mais lui leur ordonna de s'enfuir, car la bataille était perdue; les ennemis accouraient et Bayard ne voulait pas que ses braves soldats fussent faits prisonniers par eux. On le laissa donc là tout seul.

Les ennemis arrivèrent et, touchés de respect et de compassion pour le brave chevalier qui les avait si souvent vaincus, ils lui offrirent leurs services.

Parmi ceux-ci était un grand seigneur français, qui avait trahi son pays et servait contre la France. On l'appelait le *connétable de Bourbon*. Il dit à Bayard :

— J'ai grand'pitié de vous voir dans un si triste état, capitaine.

Le chevalier répliqua :

— Monseigneur, ce n'est pas de moi qu'il faut avoir pitié, mais bien de vous-même, qui êtes armé contre votre roi, votre pays et votre foi.

Et il mourut à cette même place, entouré des ennemis qui pleuraient, eux aussi, et sous une tente qu'ils avaient dressée pour l'abriter.

— J'aime ce Bayard, dit Pascal, quand Savinien eut terminé son récit; car le petit Savoyard n'avait pas encore quitté les deux frères.

— Moi aussi, répliqua Savinien, je suis content de voir le pays où il est né et de parcourir les campagnes que sans doute il a parcourues.

Connais-tu encore, Bernard, ajouta-t-il au bout de quelques minutes, d'autres personnages remarquables nés à Grenoble?

— Oui; il y a aussi un célèbre mécanicien nommé *Vaucanson*. Il avait de telles dispositions pour la mécanique que, étant enfant, il démonta une horloge pour voir comment elle était faite à l'intérieur.

— Et il la remonta?

— Sans doute. Il a construit des *automates*.

— Qu'est-ce que cela?

— Ce sont de petites machines représentant des créatures vivantes, et qui en reproduisent les mouvements. Ainsi Vaucanson avait fait un joueur de flûte, qui exécutait dans la perfection différents airs sur son instrument. On voyait remuer les doigts et les lèvres du petit personnage, comme remuent ceux d'un joueur de flûte véritable.

— C'est cela qui devait être curieux! s'écria Pascal.

— Mais le plus extraordinaire de ces automates était un canard qui battait des ailes, nageait, barbotait et même avalait des aliments. Il était si habilement fabriqué qu'on pouvait le prendre pour un canard véritable.

— Voilà un fameux tour de force! dit à son tour Savinien.

— On fait maintenant, répliqua Bernard en riant, des machines plus merveilleuses encore.

— Plus merveilleuses!

— Oui, et même tu en as vu.

— Moi! lesquelles donc?

— Celles qui servent à l'industrie; les machines à vapeur, par exemple. Elles sont encore plus savamment construites que les automates de Vaucanson, font des choses plus extraordinaires et en outre sont plus utiles.

— C'est vrai! Cependant j'aurais aimé à voir un oiseau tel que celui que tu viens de me décrire.

— Moi aussi, dit Pascal.

Le moment était venu pour les deux frères de quitter leur nouvel ami. Ils se séparèrent donc, après s'être serré cordialement les mains et s'être promis de se donner mutuellement de leurs nouvelles; puis nos amis poursuivirent leur route vers Lyon, et quelques jours après ils atteignirent les bords du Rhône.

Le fleuve roulait avec une impétuosité extraordinaire, et les deux frères s'arrêtèrent pour contempler le spectacle imposant qu'il présentait.

— Vois donc comme il court! s'écria Savinien d'un ton joyeux. Ne croirait-on pas qu'il est pressé d'arriver?

— Cela ne me fait pas rire, moi, dit un marinier qui réparait son bateau à quelques pas de là; je crains des catastrophes. Nous avons eu de grandes chaleurs depuis quinze jours; cela a fait fondre une partie des neiges et des glaces qui couvrent les montagnes, et c'est ce qui a enflé ainsi le fleuve. S'il survenait seulement un orage, comme celui d'il y a deux jours, bien sûr il y aurait des débordements. Voilà là-bas de gros nuages qui nous annoncent du mauvais temps.

Le marinier avait raison de craindre. Le soir même la pluie se mit à tomber, accompagnée de tonnerre et d'un vent violent. Le lendemain la journée fut aussi mauvaise. Par bonheur un voiturier consentit à prendre nos voyageurs dans sa carriole et à les mener à Lyon moyennant vingt sous chacun.

QUESTIONNAIRE. — A qui pouvez-vous comparer Bayard ? — La trahison est-elle un grand crime ? — Aimeriez-vous mieux ressembler à Bayard ou au connétable de Bourbon ? — Quelles qualités devait avoir Vaucanson pour exécuter les travaux qu'il a entrepris ? — De ce temps-ci, Vaucanson aurait-il fait des automates ou bien d'autres machines ?

CXXX. — Navigation sur le canal du Midi.

Pendant que nos amis parcouraient le Dauphiné, Henri et son père quittaient Toulouse.

Quelques jours avant celui qui avait été fixé pour le départ, M. Ferrière fit la rencontre d'un marinier qui naviguait sur le *canal du Midi* et qu'il connaissait depuis longtemps. C'était un très brave homme, qu'on appelait maître Gaspard.

Lorsqu'il eut appris qu'Henri et son père allaient à Cette :

— Cela se trouve bien, s'écria-t-il tout joyeux, j'y conduis justement un chargement de vin et de farine. Je peux vous offrir deux places sur le *Riquet*. La cabine vient d'être remise à neuf. Vous n'y serez pas mal vraiment, et j'aurai grand plaisir à vous avoir sur mon bateau.

M. Ferrière ne pouvait accepter cette proposition : ses affaires le retenaient encore à Toulouse. Cependant maître Gaspard insista si bien qu'il consentit à laisser partir Henri avec lui. Son père devait le rejoindre à Cette, où il serait en quelques heures par le chemin de fer, tandis qu'il faudrait au bateau plusieurs jours pour s'y rendre.

On se mit en route aussitôt, et peu après le *Riquet*, tiré par des chevaux, glissait entre les arbres plantés le long du canal.

Lorsque maître Gaspard eut terminé la manœuvre et mis son bateau en bon chemin, il vint s'asseoir sur un tonneau à côté d'Henri.

— Quel drôle de nom a votre bateau ! lui dit celui-ci.

— Quel drôle de nom ? mais c'est un beau nom ; c'est celui de l'ingénieur qui a creusé le *canal du Midi* ou *du Languedoc*, sur lequel nous naviguons. J'ai lu son histoire : car, moi, quoique je ne sois qu'un simple marinier, j'aime à connaître celle des personnages qui ont illustré mon pays ou qui lui ont été utiles. Eh bien ! Riquet, je vous en réponds, a rendu un fier service à tout le midi de la France par la construction de ce chemin d'eau.

Avant qu'il existât, les bateaux, partant de Marseille ou des autres ports de la Provence, et se rendant en Angleterre, par exemple, étaient obligés de tourner autour de l'Espagne et d'aller passer au détroit de Gibraltar, c'est-à-dire de faire cinq ou six fois plus de chemin qu'il n'était nécessaire ; maintenant ils prennent ce canal, qui va de Cette à Toulouse ; arrivés à Toulouse, ils enfilent la Garonne et les voilà à Bordeaux.

— De sorte que, par le moyen du canal du Midi, la Méditerranée et l'Océan Atlantique communiquent ensemble ?

— Justement. C'est pour cela qu'on l'appelle aussi le *canal des deux mers*.

— On économise ainsi bien du temps.

— Du temps et de l'argent. Sans compter qu'on n'est pas exposé aux tempêtes et aux naufrages.

— Depuis quand ce canal est-il fait ?

— Depuis plus de deux cents ans. C'était sous Louis XIV. Il y avait longtemps qu'on y pensait, mais sans avoir trouvé moyen de l'exécuter. Riquet fit des plans et les montra à Colbert.

Colbert trouva ces plans fort beaux et reconnut que celui qui les lui présentait était un habile homme.

— Qu'est-ce que ce canal a donc de plus remarquable qu'un autre ?

— D'abord il est à double pente ; c'est-à-dire qu'il monte d'un côté et qu'il descend de l'autre. Cela vient de ce qu'il y a, entre Toulouse et la Méditerranée, une chaîne de hauteurs considérables : les Montagnes Noires.

— Oui, qui font partie des Cévennes

— Traverser ces montagnes était déjà une grosse difficulté. Et puis, il ne suffit pas de creuser un canal, il faut encore lui fournir de l'eau, d'abord pour le remplir, ensuite pour l'entretenir plein. Il n'en est pas comme d'une rivière dont l'eau se renouvelle sans cesse par ses sources. Au contraire, un canal se vide peu à peu par les écluses, et si l'on n'y pourvoyait pas, il serait bientôt à sec. C'est là encore une grande affaire.

— Je comprends.

— Il faut de plus que cette eau lui soit donnée dans une juste mesure : car si elle venait à manquer, les bateaux ne pourraient plus naviguer ; si elle arrivait en trop grande quantité à la fois, le canal déborderait.

— Comment faire pour éviter ces inconvénients ?

— On enferme l'eau destinée à l'entretien d'un canal dans un réservoir et on la laisse s'échapper suivant qu'il en est besoin. Mais ces réservoirs ne ressemblent pas à ceux que vous avez pu voir en tôle ou en pierre.

Tenez, nous passons précisément devant Castelnaudary ;

c'est près de cette ville que se trouve le *bassin de Saint-Ferréol*, qui alimente le canal du Midi. Il y avait là un vallon, entouré presque entièrement de hautes montagnes, et au fond duquel coule une petite rivière. Figurez-vous une immense cuvette qui serait échancrée d'un côté. C'est cette cuvette que Riquet choisit pour son réservoir.

— En voilà un réservoir d'une belle taille !

— Il ferma l'issue de ce vallon par une forte muraille ou *digue*, allant d'une montagne à l'autre. Alors les eaux de la petite rivière, ne pouvant plus s'échapper, s'amassèrent, remplirent peu à peu la cuvette et formèrent comme un petit lac très profond. Ce lac est pour ainsi dire la source du canal du Midi.

Lorsque l'eau est abondante, comme après les grandes pluies ou la fonte des neiges, elle déborde en cascades par-dessus la muraille et tombe dans la *rigole* que vous voyez là, continua maître Gaspard, en faisant remarquer à Henri un petit canal qui, en cet endroit, débouchait dans le grand. Cette rigole vient du bassin de Saint-Ferréol, dont elle amène les eaux jusqu'ici par une pente douce. Dans les temps de sécheresse, l'eau ne déborde plus du réservoir; alors on ouvre des robinets pratiqués dans la digue même, et l'eau, renfermée dans le bassin, s'échappant par là, s'épanche dans la rigole et de là dans le canal.

— Je comprends très-bien.

— Nous sommes donc ici, dit le patron, à ce qu'on appelle le point de partage des eaux, c'est-à-dire dans la partie la plus élevée du canal. D'ici l'eau fournie par le réservoir s'épanche des deux côtés; une portion va alimenter la partie du canal qui conduit à la Méditerranée ; l'autre, celle qui va vers Toulouse. Jusqu'à présent les écluses que nous avons traversées nous ont fait monter, maintenant celles que nous rencontrerons nous feront descendre.

— Les écluses d'un canal sont alors comme l'escalier qui lui sert à gravir les pentes : autant d'écluses autant d'étages?

— C'est cela; la comparaison est très juste.

Le *Riquet* s'arrêtait dans les principales villes qu'on traversait, pour déposer des marchandises ou pour en prendre ; c'est ainsi qu'Henri put en visiter plusieurs, entre autres Carcassonne, dont les fortifications ont huit ou neuf cents ans d'existence, et Narbonne célèbre par son miel.

Le surlendemain du départ on atteignit Béziers. Les écluses se rapprochaient de plus en plus, car il y en a cent dans le canal du Midi, tant dans un sens que dans l'autre.

Tout à coup Henri s'écria :

— Eh! mais, regardez donc, patron! nous voilà au-dessus de l'eau maintenant, et j'aperçois des bateaux qui filent par-dessous le nôtre.

Maître Gaspard se mit à rire.

— Nous sommes sur un *pont-canal* ou *aqueduc*, et nous traversons la rivière.

Un canal qui traversait la rivière! Henri n'avait jamais entendu parler de rien de pareil. Il ne pouvait revenir de sa surprise.

Le soir du même jour on arriva à Cette, où Henri retrouva son père, ainsi que cela avait été convenu. De Cette à Lyon on ne s'arrêta plus qu'à Montpellier. M. Ferrière avait à y voir un jeune homme, le fils d'un de ses amis, qui y étudiait la médecine : car à Montpellier se trouve une *Faculté* ou école célèbre dans laquelle on enseigne cette science.

QUESTIONNAIRE. — Vous rappelez-vous à quelle occasion il a déjà été question de canaux ? — Décrivez-nous une écluse. — Pourquoi dit-on que le passage par le canal du Midi économise de l'argent ? — Les grands bâtiments qui vont de Marseille à Bordeaux peuvent-ils prendre ce chemin ? — Avez-vous bien compris la construction du canal du Midi, celle du bassin de Saint-Ferréol et ce qu'on appelle le pont de partage des eaux ? — Henri a-t-il raison de comparer des écluses à un escalier?

CXXXI. — Arrivée à Lyon.

Rejoignons maintenant nos amis Bernard et Savinien. On se rappelle que le mauvais temps les avait forcés de s'arrêter une demi-journée à peu de distance de Lyon, mais qu'ils avaient trouvé un voiturier qui, pour une petite somme, les avait conduits jusqu'au chef-lieu du département du Rhône.

Ils suivirent d'abord des quais magnifiques qui longent le Rhône et sont bordés de superbes maisons. Le fleuve se précipitait avec furie entre ses deux rives, et ses flots se brisaient bruyamment aux piles des ponts. Des hommes déchargeaient des bateaux amarrés au rivage.

— Il faut nous dépêcher, dit l'un d'eux à un autre; s'il survenait encore un orage, il pourrait bien y avoir des débordements.

— Ils parlent comme le marinier de l'autre jour, dit Savinien.

— Ils doivent s'y connaître, répliqua Bernard, car j'ai

entendu dire qu'il y a souvent des inondations à Lyon.

Tout en admirant les magasins, ils traversèrent une partie de la ville pour atteindre l'hôtel de France ; c'est là que M. Ferrière, dans la lettre que Bernard avait reçue de lui à Avignon, lui avait dit qu'il le trouverait.

En quittant les quais, les deux frères se trouvèrent au milieu d'une infinité de rues, entre lesquelles il leur était bien difficile de se reconnaître. Les unes étaient étroites et tortueuses, les autres larges et droites, bordées de trottoirs et de magasins qui, du haut en bas, semblaient remplis de marchandises. Dans toutes régnait une grande animation.

— On se croirait à Paris, dit Savinien. Les boutiques sont aussi brillantes que sur les boulevards, les maisons aussi hautes et chacun a cet air affairé qu'ont les Parisiens. Et puis ces voitures, ces omnibus, ces chariots qui se croisent dans tous les sens, et dont on a grand'peine à se garer, tout cela me rappelle notre course de la rue de Vaugirard au faubourg du Temple.

— C'est que Lyon est la seconde ville de France ; la plus vaste, la plus riche, la plus peuplée après Paris. Les Lyonnais sont très industrieux et font un commerce considérable.

Tout en admirant les magasins.

— Oh ! vois donc, Bernard, dit Savinien en s'arrêtant devant un magasin, les belles étoffes ! Il y en a de toutes les nuances ; cette rose est-elle brillante ! et puis cette autre veloutée ! et cette autre encore où se voient des fleurs aussi fraîches que celles d'un jardin ! C'est de la soie sans doute ?

— Oui ; tu te rappelles bien que M. Delalande nous a dit que nulle part on ne la tissait aussi bien qu'à Lyon et qu'on exportait les étoffes fabriquées ici dans le monde entier.

— C'est vrai, et j'en suis bien aise. J'aime à entendre dire que mon pays travaille mieux que les autres et à savoir que ce qu'on y fait est recherché des étrangers. Il doit alors y avoir ici de grands établissements pour le tissage des soieries, comme il y en a dans le Nord pour celui des étoffes de laine et de coton.

— Non ; j'ai lu dans un livre sur Lyon que les ouvriers lyonnais travaillent chez eux. Ils ont chacun un métier. On leur donne la soie filée et teinte ; ils la convertissent en étoffe et la reportent au fabricant. Celui-ci vend cette étoffe aux négociants ou aux marchands de nouveautés.

— Qui eux la revendent aux personnes qui en ont besoin.

— Oui ; les premiers font ce qu'on appelle le *commerce de gros* ; les autres, le *commerce de détail*.

En causant ainsi, les deux frères arrivèrent sur une place immense, plantée d'arbres, décorée de belles fontaines et entourée de superbes monuments. L'écriteau attaché au coin leur apprit que c'était la *place Bellecour*. Ils la traversèrent, puis s'aperçurent qu'ils avaient perdu leur chemin. Ils se renseignèrent de nouveau, et après s'être égarés encore deux ou trois fois, ils atteignirent enfin l'hôtel de France.

M. Ferrière y était arrivé depuis deux jours.

Il fit le meilleur accueil aux jeunes gens et s'informa de la manière dont ils avaient accompli leur voyage.

— Hélas ! mes pauvres enfants, leur dit-il ensuite ; j'ai le chagrin de n'avoir pas encore de bonnes nouvelles à vous donner. Dans toutes les lettres que j'ai reçues, en réponse à celles que j'ai adressées aux directeurs des mines, on me parle de plusieurs Jean Petit, mais aucun n'est de Fréville. Pourtant je ne désespère pas tout à fait. J ai écrit dernièrement à Anzin ; afin d'avoir des renseignements plus sûrs j'ai eu recours à l'un de mes amis, qui y occupe une place importante. Il était absent lorsque ma lettre est arrivée ; je n'aurai sa réponse que demain.

— Nous sommes déjà allés à Anzin, monsieur, dit Bernard.

— Je le sais ; mais vous n'avez eu que des indications incomplètes. Rien ne dit qu'il ne se trouvait pas, parmi les ouvriers, un autre Jean Petit que celui que vous avez suivi jusqu'à Brest et que le mauvais sujet avec lequel vous vous êtes rencontrés à Saint-Etienne.

— Il n'y a rien d'impossible à cela, en effet, puisque c'es bien à Anzin que Chrétien Vidal a vu mon père.

— Oh ! oui, c'est sûr, s'écria Savinien ; pendant que nous courions après le contre-maître qui portait le même nom que lui, notre père était bien tranquille à Anzin, occupé de ses travaux habituels.

— Cela se peut, mais rien n'est moins sûr, dit Bernard,

qui ne voyait pas les choses si en beau que son frère, et qui se sentait bien triste au fond du cœur de ce que les recherches faites par M. Ferrière étaient restées jusque-là sans résultat.

— Espérez, mon enfant, lui dit celui-ci, et surtout ne vous découragez pas. Soyez sûr que de bons et braves garçons comme vous et votre frère ne resteront pas sans amis et sans protecteurs.

Il prononça ces paroles d'un air qui toucha profondément les deux enfants et qui disait assez qu'ils n'auraient pas à chercher bien loin cette amitié et cette protection.

Après quelques instants les deux frères voulurent se retirer.

— Est-ce que vous avez déjà retenu une place dans une auberge? demanda M. Ferrière.

— Non, monsieur, dit Bernard.

— Eh bien, je vais vous faire donner une chambre ici.

— Le jeune garçon voulut s'excuser; il craignait d'être indiscret; M. Ferrière insista et il fut décidé qu'ils resteraient.

— Je désirerais néanmoins, monsieur, si vous le permettez, dit-il, aller à la poste, voir s'il y a des lettres pour nous. L'instituteur de Fréville, M. Liégard, devait nous écrire à Lyon et Mme Combier nous a promis de nous donner ici des nouvelles de M. Delalande.

— Il est trop tard, dit M. Ferrière; le bureau est loin d'ici et vous le trouveriez fermé en y arrivant. Il faut remettre cette course à demain. En attendant, puisque la soirée est belle, nous allons nous dépêcher de dîner, puis nous irons voir le soleil se coucher du haut de la colline de Fourvières.

QUESTIONNAIRE. — Que veut dire cette expression : *la seconde ville de France?* — Avec quoi fait-on la soie? — D'où le ver à soie est-il originaire? — Avec quoi le nourrit-on? — Élèverait-on facilement des vers à soie en Suède ou en Écosse? — Vous rappelez-vous comment la soie a été introduite en France? — Nommez des marchands qui font le commerce de gros; d'autres qui font le commerce de détail.

CXXXII. — La statue d'un simple ouvrier. — Panorama de la ville.

— Qu'as-tu vu d'intéressant à Lyon? demanda M. Ferrière à Savinien en dînant.

— Oh! beaucoup de choses : de beaux quais, de belles maisons, de beaux magasins, de belles places, et au milieu de l'une d'elles, j'ai remarqué la statue d'un homme en redingote, qui m'a fait l'effet d'un ouvrier.

— C'est celle de Jacquard, et c'était un ouvrier en effet. Il a rendu les plus grands services à l'industrie des étoffes de soie. Avant lui, ceux qui les fabriquaient y perdaient la santé ; mais depuis l'invention du métier Jacquard, leur besogne est devenue beaucoup plus facile.

— Je n'aurais pas cru qu'un ouvrier fût assez savant pour inventer une machine.

— Jacquard n'avait reçu de ses parents qu'une éducation fort incomplète ; mais il étudia avec tant d'ardeur qu'il parvint à acquérir la science qui lui manquait. Il passait la nuit à lire et à calculer ; il finit par réussir dans son entreprise, et c'est ce qui console un homme de cœur de ses peines, de ses travaux et de ses fatigues.

— Les ouvriers furent sans doute bien contents de pouvoir à l'avenir travailler sans risquer de se rendre malades comme auparavant ?

— Tu le crois, mon ami, et, en effet, il aurait dû en être ainsi ; eh bien, c'est tout le contraire qui arriva. Au lieu de savoir gré à Jacquard d'avoir consacré sa vie à une œuvre qui devait avoir de si bons résultats pour eux, ils le traitèrent en ennemi. Ils l'accusèrent de vouloir leur enlever leur gagne-pain, et sa machine fut brisée en place publique. Ce n'est qu'au bout de plusieurs années qu'on reconnut qu'elle pouvait rendre de très grands services et qu'elle fut adoptée.

— Vraiment, je n'aurais jamais cru les Lyonnais si peu raisonnables que cela. Ce pauvre Jacquard a dû bien regretter de s'être donné tant de mal pour de pareils ingrats.

— Jacquard n'était pas capable de se repentir d'avoir fait le bien. La preuve, c'est que, quoiqu'il fût pauvre, il refusa, par patriotisme, une grosse somme d'argent que lui offraient les Anglais, avec lesquels on était alors en guerre, pour aller monter des ateliers dans la ville de Manchester.

— Oh ! voilà qui est bien ! s'écria Savinien. Cela vaut beaucoup mieux que de montrer de la rancune. Ainsi, non seulement Jacquard était un grand mécanicien, mais encore un très honnête homme, qui avait un cœur vraiment français. Jamais je n'oublierai ni son nom, ni ce que je sais sur lui.

— Et tu feras bien, car son histoire est des plus intéressantes, et prouve que le travail, la persévérance et la réflexion rencontrent peu d'obstacles infranchissables.

Le repas terminé, on grimpa sur l'impériale d'un tramway. De là, on apercevait l'église de Notre-Dame de Fourvières, située sur la hauteur où l'on se rendait.

— Tiens ! dit Savinien, le Rhône m'avait semblé plus large ce matin.

— Mais cette rivière n'est pas le Rhône, dit Henri ; c'est la *Saône*. Elle se jette dans le Rhône à Lyon.

— Ah ! je comprends maintenant.

Il comprit bien mieux encore lorsque, du haut de la colline de Fourvières, il vit toute la ville s'étendre à ses pieds. Entre les quais bordés d'arbres on apercevait deux larges rubans brillants, couverts de barques et de bateaux à vapeur, qui réfléchissaient les teintes dorées du couchant et qui se réunissaient à l'extrémité de Lyon pour n'en former plus qu'un seul.

— Devines-tu, dit M. Ferrière à Savinien, pourquoi Lyon

Vue de Lyon.

est devenue une ville si riche, si peuplée et d'une si grande importance?

— Peut-être, répliqua l'enfant, est-ce à cause qu'elle est traversée par le Rhône et par la Saône. J'ai entendu dire que c'était un grand avantage pour une ville d'être bien pourvue de canaux. Il doit en être de même pour celles qui, comme Lyon, sont situées à la rencontre d'un fleuve et d'une rivière.

— Bravo! voilà qui est bien raisonné. De plus, outre ces deux larges voies navigables, il part encore de Lyon un grand nombre de routes et de chemins de fer.

— Oh oui! c'est une grande et belle ville. Que de maisons entassées! que de monuments! Il n'y manque pas de ponts non plus.

— Il y en a plus de vingt.

— Ces collines, qui entourent la ville, sont aussi bien jolies, avec leurs maisons de campagne au milieu des jardins.

Quand on eut bien contemplé le magnifique panorama que présente Lyon de cette hauteur :

— Allons, allons! il faut rentrer, dit M. Ferrière; voilà de gros nuages noirs qui s'amoncellent au midi; ils ne prédisent rien de bon.

On reprit le chemin de l'hôtel; comme on l'atteignait, de larges gouttes de pluie commencèrent à tomber.

QUESTIONNAIRE. — Qu'y a-t-il de particulier dans l'histoire de Jacquard? — Tous les ouvriers pourraient-ils faire ce qu'il a fait? — Donnez vos raisons. — Quelles sont les vertus que vous admirez en Jacquard? — En quoi est-il avantageux pour une ville d'être pourvue de moyens de communication? — Quels avantages particuliers présentent les voies navigables?

CXXXIII. — Le Rhône monte.

En revenant de la promenade, chacun gagna son lit. M. Ferrière et Henri occupaient des chambres du rez-de-chaussée, au fond du jardin; celle des deux frères était située au second étage, et dans un autre corps de logis.

Aussitôt couché, Savinien, comme toujours, s'endormit bien vite; mais Bernard, quoique très fatigué, ne put en faire autant. Il songeait à son père, et se disait avec chagrin qu'il ne leur restait plus que bien peu de chances pour le retrouver. Il finit pourtant par faire comme Savinien, et tomba dans un profond sommeil.

Il en fut tiré par un coup violent frappé à la porte.

— Debout! debout! criait une voix du dehors, le Rhône a débordé; tout à l'heure il sera ici!

Les craintes de M. Ferrière s'étaient réalisées. Un violent orage, accompagné d'une pluie torrentielle, avait éclaté. Le Rhône était sorti de son lit, et déjà une partie de la ville était couverte d'eau. C'est justement dans cette partie que se trouvait l'hôtel de France.

Bernard fut en bas du lit en un instant, et réveilla son

frère. On y voyait à peine dans la chambre, car il n'était que quatre heures du matin. Il continuait à pleuvoir à verse. Le tonnerre grondait. On entendait un bruit sourd et continu. Il était produit par les flots du Rhône qui battaient le bas des maisons du quai.

Quoique bien effrayé, Savinien s'habilla en toute hâte; en un clin d'œil les deux jeunes garçons furent vêtus et quittèrent leur chambre. Après s'être égarés plusieurs fois dans les nombreux couloirs et escaliers, ils parvinrent à une grande salle du rez-de-chaussée où les voyageurs qui avaient passé la nuit dans l'hôtel étaient réunis. On attelait une voiture pour les conduire dans un autre quartier de la ville, car la rue était déjà envahie par l'eau qui venait frapper le devant de la maison, et il n'y avait plus moyen d'en sortir.

Bernard chercha du regard Henri et son père parmi les personnes présentes : ils n'y étaient pas.

— Est-ce que M. Ferrière et son fils n'ont pas été prévenus? demanda-t-il à un domestique qui descendait des malles :

— Mais si, répliqua l'autre avec humeur, tout le monde l'a été.

— Pourtant je ne les vois pas parmi les voyageurs; on les aura oubliés.

— On n'a oublié personne. On a frappé à toutes les portes.

— Le voyageur du fond du jardin? dit un autre domestique, il est parti voilà beau temps! Il a passé devant moi comme j'allais cogner à ses volets. On n'y voyait guère clair, mais je l'ai bien reconnu.

Cette réponse ne satisfaisait pas Bernard; il se disait que M. Ferrière n'aurait pas quitté l'hôtel sans s'informer de ce que son frère et lui étaient devenus.

Voulant savoir au juste ce qui en était, il demanda le chemin de la chambre de son protecteur. La veille, il était monté à la sienne par un escalier différent de celui qu'il venait de prendre pour en descendre, de sorte qu'il ne s'y reconnaissait plus du tout.

— A quoi bon? dit le domestique, puisqu'on vous dit que ce monsieur n'est plus ici.

Bernard insista.

— Eh bien, traversez la cour. A droite, vous trouverez un passage qui conduit à une seconde cour; le jardin est après. La chambre de ce monsieur a une porte grise.

Le jeune homme ne se fit pas répéter ces renseignements et prit sa course, en défendant à Savinien de le suivre.

La pluie tombait toujours. Rien que pour traverser la cour ses habits furent transpercés. A peine distinguait-on les objets, cependant il trouva facilement la porte grise et y frappa de toutes ses forces.

Il y frappa de toutes ses forces.

— Qu'y a-t-il? répondit la voix d'une personne surprise dans son sommeil.

— Le Rhône a débordé, monsieur; levez-vous vite.

La porte fut ouverte aussitôt. Bernard alla réveiller Henri, qui couchait dans la chambre voisine, et selon son habitude dormait à poings fermés. Il l'aida à s'habiller; M. Ferrière saisit sa valise et tous trois s'apprêtèrent à reprendre de nouveau la route du jardin; mais au moment d'y mettre les pieds ils s'aperçurent que l'eau venait d'y pénétrer.

Heureusement il se trouvait dans la pièce une autre porte donnant sur un couloir intérieur. Un escalier conduisait de là au premier étage; ils le grimpèrent bien vite et gagnèrent les pièces de devant de la maison. Bernard avait le cœur tout joyeux d'avoir persisté, malgré les dires des domestiques, à aller à la recherche de ses amis; et en effet, si ceux-ci n'avaient pas été prévenus par lui, ils pouvaient être surpris par l'inondation dans leur sommeil et couraient le risque d'être noyés.

Les voyageurs avaient quitté l'hôtel dans la voiture qu'on avait préparée pour eux. Il n'y restait plus que le propriétaire et Savinien, qui, malgré les instances des voyageurs pour l'emmener, n'avait jamais voulu partir sans son frère.

Lorsque celui-ci reparut, l'enfant poussa un cri de joie.

En ce moment M. Ferrière dit à son fils :

— Tu as mon sac, n'est-ce pas?

— Votre sac? répéta Henri, en portant machinalement la main à son épaule.
— Ah! mon Dieu! s'écria le père, tu l'as oublié. Il contient des papiers et des valeurs de la plus grande importance. Je t'avais recommandé de le prendre pendant que je me chargeais de la valise.

Il n'avait pas fini de parler que Bernard reprenait à toutes jambes, et en sens contraire, le chemin déjà parcouru. Quand M. Ferrière s'aperçut de sa disparition, il était trop tard pour s'y opposer. Il voulut néanmoins s'élancer pour l'empêcher de commettre une imprudence; le maître d'hôtel le retint.

— Ce n'est pas la peine de courir après lui, dit-il; il va être obligé de revenir, on ne peut plus entrer dans les pièces d'en bas.

QUESTIONNAIRE. — A quel sentiment obéit chacun des personnages dont il est question dans ce chapitre : Bernard, Savinien, Henri, le propriétaire, le domestique?

CXXXIV. — Nouveau péril.

L'eau avait en effet déjà gagné la chambre de M. Ferrière, mais cela n'arrêta pas Bernard. Il y pénétra en se mouillant les pieds jusqu'à la cheville. Il chercha le sac en toute hâte sur les meubles de la première pièce, il n'y était pas. Il passa dans la seconde.

Là, on ne voyait pas clair du tout; les volets étaient encore fermés. Il les ouvrit. Après avoir tout remué inutilement, il finit par découvrir le sac sous la couverture du lit qu'Henri, dans sa précipitation, avait par mégarde jetée dessus. Il s'en empara bien vite; mais tout cela avait pris du temps. Comme il allait traverser de nouveau la première chambre, un flot d'eau bourbeuse s'y engouffra avec violence et lui barra le passage. Épouvanté, il n'eut que le temps de sauter sur la commode, tenant toujours le précieux sac.

Une fois là, il regarda autour de lui, cherchant des yeux le moyen de s'échapper; mais l'eau l'environnait de toutes parts. Pendant quelque temps elle demeura au même niveau; peu à peu pourtant elle finit par atteindre le dessus de la commode; puis elle couvrit ses chaussures, bientôt il en eut jusqu'à mi-jambes.

Les chaises, les fauteuils, les meubles légers flottaient au milieu de la chambre comme des tonneaux vides sur une rivière. Bernard parvint à saisir une petite table qui se balançait près de lui. Il la hissa sur la commode et grimpa dessus.

La position du pauvre garçon devenait très périlleuse.

Il lui restait pourtant un espoir; c'est que M. Ferrière ne l'abandonnerait pas. Sans doute il était occupé à chercher les moyens de le tirer de là. Cependant, le temps s'écoulait et Bernard ne voyait venir personne. L'eau continuait à monter le long des pieds de la table. Une inquiétude affreuse avait saisi le pauvre garçon. Qu'allait-il devenir? Il pensait à se jeter à la nage et à essayer de gagner l'escalier du couloir; mais outre qu'il n'est pas facile de nager tout vêtu, l'eau provenant des débordements ne coule pas tranquillement comme celle des rivières; elle forme des courants contre lesquels il est impossible de lutter.

Deux heures, deux heures de terrible anxiété se passèrent ainsi. Le refuge que Bernard avait trouvé allait lui manquer et la table être submergée à son tour. On n'entendait d'autre bruit que celui de l'eau qui battait tristement les murs du jardin, changé en lac, et le grondement lointain du fleuve débordé.

Mais voilà que tout à coup il sembla à Bernard qu'il s'y mêlait celui de voix d'hommes et du clapotement des rames. Ces sons se rapprochèrent et bientôt, dans la partie du jardin que le jeune garçon pouvait apercevoir de sa place, au-dessus des plates-bandes de fleurs et des arbustes qui disparaissaient sous l'eau, une barque s'avança, conduite par deux personnes. L'une d'elles était M. Ferrière!

QUESTIONNAIRE. — Supposiez-vous que M. Ferrière abandonnerait Bernard? — Qu'auriez-vous fait à la place du jeune homme?

CXXXV. — Des sauveurs.

Les deux hommes montant le bateau étaient armés de gaffes, ou longues perches terminées par des pointes de fer, avec lesquelles ils se dirigeaient entre les troncs d'arbres et le long des murs du jardin et de la maison.

La barque atteignit bientôt l'entrée de la chambre, dont la porte était restée toute grande ouverte.

— Dieu soit loué! vous voilà, mon pauvre enfant! s'écria M. Ferrière en apercevant Bernard.

Alors, sans perdre de temps en paroles, il manœuvra de manière à avancer le plus près possible de l'endroit où Bernard s'était réfugié ; puis il tira une planche du fond du bateau, en appuya un bout sur la table, et l'autre sur le bord de la barque. Pendant ce temps, son compagnon, placé à l'autre extrémité de l'embarcation, la tenait immobile, en appuyant fortement sa perche sur un point opposé.

Dieu soit loué! vous voilà!...

En un instant Bernard, se servant de la planche comme d'un pont, fut auprès de M. Ferrière; puis on reprit le chemin par lequel on était arrivé.

La navigation était très dangereuse et demandait beaucoup de précautions. Les arbustes, les tonnelles, les murs du jardin cachés sous l'eau, arrêtaient à chaque instant la barque et menaçaient de la faire chavirer. Les deux sauveurs de Bernard, occupés à la diriger, ne prononçaient une parole que pour s'avertir mutuellement des obstacles à éviter.

Après être sortis du jardin et avoir fait plusieurs longs circuits pour trouver un passage, la barque atteignit la rue, puis l'hôtel.

Au premier étage, qui maintenant se trouvait presque au niveau de l'eau, Savinien et Henri attendaient dans la plus vive inquiétude. Ils accueillirent la vue du bateau par des acclamations de joie.

La barque se dirigea de ce côté pour prendre les deux enfants. Le propriétaire de l'hôtel, qui, lui, ne voulait pas quitter sa maison, venait de faire passer Henri pardessus le balcon. Il allait aider Savinien à en faire autant lorsque le compagnon de M. Ferrière laissa échapper un cri.

Cet homme s'était tenu jusque-là à l'un des bouts du bateau, occupé à le diriger au milieu des difficultés de toutes sortes qu'il rencontrait, et Bernard n'avait pu voir sa figure. En ce moment il leva les yeux sur lui et poussa un cri semblable à celui qu'il venait d'entendre. Ce personnage était celui qu'il avait vu à Anzin quelques mois auparavant; l'homme à la barbe noire qu'on désignait sous le nom de Barbe-Bleue. Lui aussi venait de reconnaître les enfants.

On n'avait pas le temps de se faire des questions. Barbe-Bleue promena ses regards de l'un à l'autre des deux frères, afin d'être sûr qu'il ne se trompait pas, prit Savinien dans ses bras pour le déposer au fond de la barque, à côté d'Henri et le baisa au front, puis il reprit sa place à l'avant du bateau et se mit de nouveau à le conduire en silence, quoiqu'on pût voir qu'il était fortement ému.

Bernard et Savinien ne l'étaient pas moins, mais ils gardaient leurs réflexions pour eux. Le frère aîné secondait de son mieux les efforts de ses compagnons, tandis que l'autre se tenait tranquille à sa place, comme cela lui avait été recommandé, ainsi qu'à Henri.

QUESTIONNAIRE. — Quelles sont généralement les causes des inondations? — Pourquoi la ville de Lyon y est-elle plus exposée qu'une autre?

CXXXVI. — L'inondation.

On se dirigea alors vers les quartiers qui n'avaient pas été submergés.

La ville présentait un aspect de désolation, le rez-de-chaussée de toutes les maisons disparaissait sous l'eau. Aux fenêtres des étages supérieurs on voyait des femmes et des enfants les bras étendus, poussant des cris de détresse à fendre le cœur. Des barques, chargées d'hommes dévoués et courageux, parcouraient les rues changées en rivières, pour aller recueillir les habitants, dont les maisons mal construites menaçaient de s'effondrer, ou bien pour porter de la nourriture à ceux qui, comme le propriétaire de l'hôtel de France, préféraient ne pas quitter leurs demeures. On voyait flotter çà et là des meubles, des pièces de bois, des branches d'arbres, des débris de toutes sortes, même des cadavres d'animaux. Tous ces objets ajoutaient aux difficultés de la navigation.

Au tournant des rues le courant devenait si impétueux qu'il s'y formait des tourbillons redoutables. C'est à grand'peine que les deux conducteurs de la barque parvenaient à l'empêcher d'aller se briser contre les maisons.

En arrivant près de l'un de ces tournants, les oreilles des deux conducteurs furent frappées par des accents déchirants; ils étaient poussés par une vieille femme qui s'était réfugiée avec deux petits enfants sur le toit d'une masure, dépassant à peine le niveau de l'eau.

Barbe-Bleue prit Savinien dans ses bras.

— Prenez patience! lui crièrent des mariniers qui venaient de recueillir des malheureux dans une maison voisine et les transportaient dans un autre quartier, prenez patience, dans un quart d'heure ce sera votre tour.

— Prendre patience! gémissait la vieille femme d'une voix lamentable, mais la maison tremble. Je la sens remuer, elle va crouler! Dans un quart d'heure nous n'y serons plus! Sauvez-nous! Sauvez du moins mes petits enfants!

Mais les mariniers poursuivaient leur course sans l'écouter, car la barque pleine ne pouvait plus recevoir personne.

M. Ferrière jeta un regard à Barbe-Bleue pour lui demander conseil.

— Notre bateau est bien petit, dit celui-ci, et déjà lourdement chargé; je crains, si nous prenons du monde de plus, que nous n'ayons bien du mal à le gouverner. Cependant on ne peut pas voir des créatures humaines courir un danger pareil à celui qui menace cette femme et ces enfants sans faire ce qu'on peut pour les en tirer.

Comme il parlait encore on entendit un sourd craquement. C'était une partie de la construction sur laquelle la pauvre vieille s'était réfugiée, qui s'écroulait.

En voyant ainsi leur abri leur manquer tout à coup, les malheureux poussèrent des appels encore plus désespérés. Il n'y avait plus un moment à perdre: la barque se dirigea avec précaution vers ce qui restait de la masure.

Pendant que M. Ferrière maintenait l'embarcation en place, l'homme à la barbe noire, monté sur l'avant du bateau, parvint à saisir l'un après l'autre les deux enfants que lui tendait leur grand'mère. Lorsqu'ils furent en sûreté au fond de la barque, il s'occupa de faire passer la vieille femme.

C'était plus difficile ; il y parvint cependant ; mais, comme elle posait le pied sur le bord de l'embarcation, elle lui donna une secousse qui la fit chavirer, et Barbe-Bleue, perdant l'équilibre, fut lancé dehors.

Tous jetèrent un cri en le voyant disparaître. M. Ferrière plongea aussitôt et à plusieurs reprises sa gaffe dans les ondes épaisses et bourbeuses, mais ce fut inutilement. Frappés de douleur et d'épouvante, ceux qui étaient restés sur le bateau regardaient de tous côtés dans l'espoir que leur compagnon se montrerait à la surface de l'eau. Ce fut Savinien qui l'aperçut le premier.

— Là-bas ! là-bas ! s'écria-t-il.

En effet, au milieu de la rue, on voyait un homme se débattre contre le courant, qui l'entraînait rapidement

---

QUESTIONNAIRE. — Y a-t-il des cas où il soit beau de hasarder sa vie ? — Barbe-Bleue est-il dans ce cas ?

CXXXVII. — Une ancienne connaissance.

Il nageait avec énergie et parvint à se rapprocher des maisons ; puis, sentant ses forces s'épuiser, il saisit un bec de gaz, dont la lanterne seule dépassait l'eau, pour se reposer et prendre de nouvelles forces ; mais le sol était détrempé autour du candélabre ; il céda sous son poids et Barbe-Bleue disparut encore une fois.

Il allait infailliblement périr si un homme, qui le suivait des yeux par une fenêtre, n'eût trouvé un moyen de lui venir en aide. Cet homme était occupé à hisser au premier étage de sa maison de lourds ballots d'étoffe qui se trouvaient dans un magasin du rez-de-chaussée, afin de les préserver des atteintes de l'inondation. Il tenait à la main une grosse corde à nœuds qui lui servait pour cet usage. Voyant un homme lutter au milieu de l'eau et sur le point de se noyer, il lui jeta sa corde. Barbe-Bleue avait encore assez de force pour la saisir, et, avec l'aide de celui qui la lui avait envoyée, il parvint à gagner la fenêtre.

La barque s'avança alors avec précaution pour le rejoindre ; mais, en approchant de la maison, nos jeunes amis firent entendre de nouveau un cri de surprise. La personne qui était venue si à propos au secours de Barbe-Bleue n'était autre que notre ancienne connaissance le marchand forain, M. Popinel. Il était arrivé à Lyon depuis quelques jours et avait loué un petit magasin pour déposer ses ballots, et deux chambres au-dessus pour loger sa famille tout le temps de son séjour à Lyon. A la première annonce de l'inondation, il avait envoyé sa femme et sa fille dans un quartier où elles fussent à l'abri et il était resté pour mettre sa marchandise en sûreté.

Il saisit un bec de gaz...

On pense bien qu'il n'eut pas le temps de donner toutes ces explications, car, quoique Barbe-Bleue fût brisé de fatigue par les efforts qu'il venait de faire et que l'eau qu'il avait bue lui causât un violent malaise, il voulait absolument reprendre tout de suite sa place sur le bateau, sachant bien que M. Ferrière ne pouvait le manœuvrer, s'il n'avait que Bernard pour le seconder.

— Vous feriez mieux de vous reposer, dit M. Popinel, et de faire sécher vos habits ; je vous prêterai des miens en attendant, autrement vous allez vous rendre malade ; rester ainsi dans des vêtements mouillés, cela ne vaut rien.

— Bah! bah! dit Barbe-Bleue, c'est bien le moment de me reposer lorsque tant de pauvres gens sont exposés aux plus grands périls et attendent qu'on leur vienne en aide. Mes habits sécheront bien sur moi. Il ne faut pas s'écouter comme cela !

Un quart d'heure après on abordait dans la partie de Lyon qui n'avait pas été atteinte. La vieille femme témoigna chaleureusement sa reconnaissance à ses sauveurs, puis elle se dirigea avec ses enfants vers la Croix-Rousse, quartier élevé et que, par conséquent, l'inondation n'avait pas atteint.

— Je vais conduire mon fils et ses amis à l'hôtel de la Cloche-d'Or, c'est le plus rapproché, dit M. Ferrière à son compagnon ; attendez-moi ; je reviens dans l'instant.

Quelques minutes après il était de retour, résolu à accompagner de nouveau l'homme à la barbe noire pour porter des secours où cela était nécessaire; mais il ne trouva plus le bateau. Averti par d'autres mariniers qu'une maison, où étaient restés des habitants, menaçait ruine à peu de distance, Barbe-Bleue s'était immédiatement rendu de ce côté.

Le quartier où était située la poste n'avait pas été envahi par l'eau. Les deux frères, à peine débarqués, s'empressèrent de s'y rendre. Il avait deux lettres pour eux; l'une était timbrée de Toulon, l'autre de Fréville.

— Voyons d'abord, dit Bernard, comment se porte M. Delalande.

Il ouvrit la première. Elle était de Mme Combier. Son frère, leur disait-elle, allait de mieux en mieux; il était presque complètement rétabli et pourrait partir dans peu de jours.

Les deux jeunes gens se réjouirent de cette bonne nouvelle, puis Bernard décacheta la seconde lettre.

Elle portait la signature de M. Liégard. A peine le jeune garçon y eut-il jeté les yeux, qu'il poussa une exclamation et la tendit à Savinien.

Elle contenait ce qui suit :

« Votre père est de retour, mes chers enfants; il est arrivé à Fréville avant-hier. En apprenant par moi que vous deviez être à Lyon bientôt, il n'a pas eu le courage de vous attendre ici et il part ce soir pour vous rejoindre. Il me charge de vous l'annoncer et de vous dire que vous le trouverez à l'auberge de la Croix-Blanche, quartier de Perrache.

On devine quel effet la lecture de cette lettre produisit sur les deux frères. Ils sortirent tout joyeux et tout émus de la poste, avec l'intention de se rendre à l'adresse indiquée; mais lorsqu'ils demandèrent leur chemin, on leur dit que le quartier de Perrache était un de ceux qui avaient été envahis par les eaux et qu'il était inabordable.

Ils retournèrent à l'hôtel pour faire part à Henri de l'heureuse nouvelle qu'ils venaient d'apprendre. Celui-ci partagea de tout son cœur le bonheur de ses amis, et aussi leur regret de ne pouvoir immédiatement aller trouver leur père. Quant à M. Ferrière, il était absent; il avait pris place sur une autre barque de sauvetage et ne rentra pas de la journée à l'hôtel.

La pluie avait enfin cessé; le ciel était redevenu serein et les eaux se retiraient peu à peu. Vers le soir, le sol de quelques-unes des rues submergées commençait à reparaître et une partie des habitants pouvaient rentrer dans leurs maisons. Toutefois le quartier de Perrache n'était pas encore praticable

QUESTIONNAIRE. — Vous sentez-vous de la sympathie pour l'homme à la barbe noire? — Comment expliquez-vous votre sympathie?

CXXXVIII. — L'homme à la barbe noire.

Le lendemain, au point du jour, Bernard et Savinien, qui n'avaient guère dormi, étaient debout. Ils sortirent sans bruit de l'hôtel. Les eaux s'étaient presque complètement retirées et le Rhône était rentré dans son lit. Une épaisse couche de boue liquide couvrait encore les rues. Les habitants s'efforçaient de réparer les désastres causés par l'inondation. On ouvrait les maisons et les boutiques ; on pompait l'eau des caves ; on exposait au soleil les marchandises qui avaient été atteintes par l'eau pour les faire sécher ; mais la plus grande partie était perdue sans ressource et bien des gens se trouvaient ainsi ruinés tout à coup. On enlevait les immondices apportées par le courant et entassées devant les portes. Chacun déployait une extrême activité.

Après plusieurs détours, nécessaires pour éviter les endroits encore submergés, les deux frères arrivèrent à l'auberge de la Croix-Blanche.

— M. Jean Petit? demanda Bernard à l'hôtelier avec une émotion qui lui faisait battre le cœur.

— Jean Petit? dit celui-ci, il vient justement de rentrer. Ah! c'est un bien brave homme! L'autre nuit, aussitôt qu'il a entendu battre le rappel et qu'il a appris qu'on demandait des hommes de bonne volonté pour organiser des secours, il s'est présenté. Il paraît qu'il a sauvé bien du monde. Et pourtant il n'est pas d'ici et rien ne l'obligeait à s'exposer. Mais il y a des gens ainsi toujours prêts à se dévouer pour les autres. Je le répète, c'est un bien brave homme!

On devine avec quelle satisfaction de cœur Bernard et Savinien écoutaient les paroles de l'aubergiste, car il n'y a pas de joie plus douce que d'entendre dire du bien de ceux qu'on doit aimer et respecter ; néanmoins, ces éloges leur donnaient une nouvelle impatience d'embrasser leur père.

— Où est sa chambre ? demanda le frère aîné.
— N° 8, au fond du couloir.

Les jeunes gens frappèrent à la porte indiquée.
— Entrez ! fit une voix de l'intérieur.

Le son de cette voix redoubla l'émotion des enfants ; il leur semblait l'avoir déjà entendue. Tout interdits, ils demeuraient immobiles, sans oser tourner la clef, qui était à la serrure.

— Entrez ! répéta l'habitant de la chambre, en venant lui-même ouvrir la porte.

Les deux frères levèrent les yeux sur lui et n'eurent pas de peine à le reconnaître ! C'était l'homme qu'ils avaient vu à Anzin, celui qui la veille, en compagnie de M. Ferrière, avait tiré Bernard du danger auquel il était exposé, celui qui avait failli perdre la vie en arrachant à la mort la vieille femme et ses enfants, qui tout le jour précédent, aussi bien que la nuit, s'était dévoué aux victimes de l'inondation : c'était l'homme à la barbe noire !

M. Jean Petit, demanda Bernard.

Lui aussi avait reconnu ses jeunes compagnons de la veille. Il leur prit vivement les mains :

— Ah ! vous voilà, mes amis ! fit-il. Il ne put en dire davantage, et il était facile de voir qu'il était fortement ému.

— M. Jean Petit ? demanda Bernard.
— Jean Petit ? c'est moi ; mais vous, qui êtes-vous ? reprit-il, d'une voix toute tremblante.
— Nous sommes Bernard et Savinien Petit.
— Mes enfants ! mes chers enfants ! s'écria Jean Petit, car c'était lui-même, en ouvrant ses bras où tous deux se jetèrent.

CXXXIX. — Enfin !

Quand leur émotion fut un peu calmée, Jean Petit se leva du siège où il s'était laissé tomber, écarta doucement ses enfants, se recula de quelques pas afin de les mieux voir et les considéra avec satisfaction.

C'étaient en effet deux garçons à la figure ouverte et intelligente, sur laquelle brillait un air de santé et dont un père pouvait être fier. Quand il eut fini de les examiner, il les attira de nouveau à lui.

— N'est-ce pas, papa, dit Savinien, après une heure de conversation pleine d'abandon et de tendresse, que c'est bien vous que j'ai vu après cet accident de chemin de fer, près de Moulins ?

— Oui, mon enfant ; j'allais à *** pour les affaires de la compagnie des mines. A ce moment-là, je ne savais pas encore que vous aviez quitté Fréville.

— Mais pourquoi donc, papa, reprit l'enfant, ne nous écriviez-vous jamais ? Cela ne vous faisait donc pas de peine d'être éloigné de nous, de ne pas savoir ce que nous devenions ?

— Un père, mon enfant, ne se sépare jamais de sa famille sans un grand chagrin. C'en a été un bien vif pour moi de vous quitter, car je n'ai jamais cessé de vous aimer de tout mon cœur ; mais je ne voulais pas que vous entendissiez parler de moi tant que je n'aurais pas réussi dans mon entreprise. Pourtant je n'ai jamais rien ignoré des choses qui avaient rapport à vous.

Un de mes amis, Louis Rougelot, le forgeron de Fréville, m'a toujours tenu au courant de ce qui vous concernait. Je savais que vous vous portiez bien tous deux, que vous étiez d'excellents garçons, soumis à votre grand'mère, pleins d'affection pour elle, et que vous lui donniez de la satisfaction ; que toi, Bernard, tu devenais un savant et que Savinien avait plus de goût pour la culture.

— Comment se fait-il alors qu'il ne vous ait pas annoncé la mort de notre pauvre grand'mère ?

— C'est que, à ce moment, Louis Rougelot lui-même est tombé très gravement malade. On n'a pas voulu lui apprendre cet événement de peur d'augmenter son mal. Ce n'est qu'environ deux mois après qu'il l'a su. Il me l'a écrit alors ; mais il y avait déjà longtemps que vous étiez partis.

Pendant cet entretien, Jean Petit faisait disparaître les traces que les événements de la veille et de la nuit avaient laissées sur ses mains et sa figure. Après avoir endossé ses habits de rechange, il suivit Bernard et Savinien à l'hôtel de la Cloche d'or. Malgré les fatigues qu'il avait endurées, il ne sentait pas la moindre envie de se reposer. Il désirait vivement, au contraire, aller au plus tôt remercier la personne qui avait témoigné tant de bienveillance à ses enfants. Ceux-ci n'avaient pas moins de hâte de présenter leur père à leur protecteur.

On peut penser que M. Ferrière lui fit le meilleur accueil; ce fut pour lui une grande satisfaction de voir que ses jeunes amis étaient les fils de l'homme qui avait fait preuve de tant de courage et de dévouement, dans le désastre dont la ville de Lyon venait d'être victime.

— J'aurais toujours fini par retrouver votre père, dit-il gaiement aux deux frères, après quelques instants de conversation. Et tirant une lettre de sa poche, il leur en montra le timbre.

— Anzin! s'écria Savinien.

— Je viens de la recevoir, dit M. Ferrière en l'ouvrant.

Elle était ainsi conçue :

« Nous avons en effet, parmi nos ouvriers, un homme du nom de Jean Petit, né à Fréville (Eure-et-Loir) et âgé d'une quarantaine d'années. Il est absent pour le moment, ayant demandé un congé pour affaires de famille. Ses camarades lui ont donné le surnom de Barbe-Bleue, sous lequel seulement il est connu ici. C'est un excellent sujet, bon travailleur, très consciencieux. A plusieurs reprises, il a été chargé de missions en dehors de l'établissement et il s'en est acquitté avec zèle, intelligence et probité. Depuis un an environ qu'il est ici, il a déjà eu de l'avancement et il en aura encore. »

Pendant cette lecture, Jean Petit était devenu tout rouge et, ne sachant où porter ses yeux, les baissait avec confusion; mais ses enfants, eux, tenaient levés les leurs, au contraire, et une expression de joie et de fierté s'y lisait. C'est que, nous l'avons déjà dit, il n'est pas pour des fils de bonheur plus grand que d'entendre les louanges de leur père, rien qui remplisse leur cœur d'un orgueil plus légitime, rien qui resserre autant les liens de tendresse qui doivent exister entre les parents et leurs enfants. Bernard et Savinien savaient déjà, par la conduite qu'il avait tenue la veille, que leur père était brave et tout prêt à se sacrifier pour les autres; ils étaient heureux d'apprendre que de plus c'était un homme honnête, laborieux, estimé de ceux qui l'employaient, et dans le fond de leur âme ils se promettaient de faire tous leurs efforts pour qu'on pût dire un jour de ses fils ce qu'on disait de lui maintenant.

M. Ferrière tira une seconde lettre de sa poche. Celle-là était de M. Delalande. Il était complètement

Louise surtout manifesta son contentement...

guéri. Ayant su par Bernard que M. Ferrière était à Lyon, il avait fait le projet de s'y arrêter en retournant à Rouen, où l'on se rappelle qu'il demeurait.

Il devait arriver le jour même et comptait précisément descendre à l'hôtel de la Cloche d'or. Les deux frères furent heureux d'apprendre que le savant qui leur avait témoigné tant de bonté et d'intérêt avait recouvré la santé, et accueillirent avec un vif contentement la pensée de le revoir.

M. Delalande apprit avec une véritable satisfaction la manière dont s'étaient terminées les recherches de ses jeunes amis pour trouver leur père.

Il parla à Jean Petit de ses fils en termes qui émurent profondément son cœur paternel, et ce fut une grande joie pour l'ouvrier de reconnaître que ses enfants, par leur aimable caractère, leur bon cœur, leur tendresse mutuelle et leurs excellentes qualités, avaient su, dans leur abandon, inspirer des sentiments d'intérêt et d'affection à des hommes tels que M. Ferrière et M. Delalande.

Ce même jour aussi, nos amis se rendirent à la maison

où ils avaient aperçu M. Popinel, et par la fenêtre de laquelle celui-ci avait aidé Jean Petit à se tirer de l'eau. Ils le trouvèrent avec sa femme et sa fille, occupés tous trois à remettre en ordre leurs marchandises qui, par bonheur et grâce à son activité, n'avaient pas souffert. On pense bien que, eux aussi, partagèrent la joie de leurs jeunes amis et furent enchantés de faire connaissance avec leur père. Louise surtout manifesta son contentement avec une grande animation. Elle avait de si bons parents qu'elle avait plaint bien souvent Bernard et Savinien d'être privés de famille, et elle était bien heureuse de savoir qu'ils avaient maintenant quelqu'un pour les aimer.

On se sépara en se promettant de se revoir avant de quitter Lyon, où le marchand devait rester encore quelques jours.

CXL. — Conclusion.

M. Ferrière n'avait pas oublié que Bernard avait sauvé la vie à Henri dans les sables de Dunkerque. Il désirait vivement lui en témoigner sa reconnaissance.

Il consulta M. Delalande.

— Ce jeune garçon, dit le savant, a du goût pour les travaux de l'intelligence ; il faut lui procurer les moyens de compléter ses études en le faisant entrer dans un collège.

Lorsqu'on parla de ce projet à Bernard, les yeux de notre jeune ami brillèrent d'une telle joie qu'on vit bien que rien ne pouvait lui être plus agréable. S'instruire ! Il ne désirait rien autre chose.

— Et qui sait? ajouta M. Delalande, dans quelques années, si vous vous distinguez, peut-être parviendrons-nous à vous faire entrer à l'Ecole normale.

A l'École normale ! cette école où l'on instruit les jeunes gens pour en faire des professeurs ! Bernard en était passé tout près à Paris, et avait alors exprimé à son frère la satisfaction qu'il aurait à profiter des leçons qu'on y donnait. Il ne croyait pas que ce désir pût jamais se réaliser, et voilà que cela ne dépendait plus que de lui, pour ainsi dire : de son travail, de son application, de sa persévérance.

— Et Savinien, que comptez-vous lui faire faire? demanda M. Delalande à Jean Petit, car il s'intéressait tout particulièrement au jeune garçon.

— Il a du goût pour la culture, dit le père. J'espère que quand il sera grand, il pourra faire valoir le petit bien qui leur vient de leur grand'mère. Elle l'avait affirmé, et c'est sur cela qu'elle vivait. Le bail doit finir vers l'époque de la majorité de Savinien.

— Mais d'ici là, que ferez-vous de cet enfant?

— Je n'en sais rien encore.

— Eh bien! moi, j'ai une idée : c'est de le mettre à l'*École de Grignon*.

— Qu'est-ce, monsieur, s'il vous plaît, que cette école?

— C'est un établissement de l'Etat où l'on enseigne l'agriculture et toutes les sciences qui s'y rattachent. Il y a plusieurs écoles de ce genre en France. Lorsque Savinien sortira de là, il connaîtra les meilleurs procédés pour cultiver la terre, élever les bestiaux, conduire une ferme; il sera en état de tirer de votre bien le parti le plus avantageux.

— Qu'en dis-tu? continua-t-il en s'adressant à l'enfant, cette proposition te plaît-elle?

— Je le crois bien, monsieur! et je vous en remercie du fond du cœur. J'aime les travaux des champs et je serais bien content de connaître le moyen d'améliorer nos terres et de leur faire rendre le plus possible. J'ai vu des contrées très bien cultivées dans nos allées et venues, et je voudrais que la Sologne leur ressemblât.

— Tu n'es donc pas fâché d'avoir voyagé?

— Oh! non, monsieur. Certainement j'aurais mieux aimé retrouver papa plus tôt, cependant je suis content d'avoir visité la France. J'ai vu que c'était un beau et grand pays, qui donne toute espèce de productions bonnes et utiles; qui contient des villes belles, riches et industrieuses, et qui mérite qu'on l'aime et le serve de son mieux, comme M. Liégard, notre instituteur, nous a toujours dit que nous devions le faire. Et puis, je me suis aperçu qu'il y avait au monde beaucoup de personnes bonnes, obligeantes, disposées à rendre service à ceux qui sont dans l'embarras et le malheur. Nous en avons rencontré plusieurs; d'abord vous, monsieur et M. Ferrière, qui avez été si bons pour nous; d'autres encore : Maître Pierre, le patron de la Belle-du-Nord, le père Ignace, la famille Popinel, Pascal, le petit Savoyard. Nous en avons vu aussi, comme Lehidec, le marin de Brest, tout prêts à risquer leur vie pour leurs semblables. J'ai trouvé que ces gens-là méritaient l'affection, l'admiration et le respect de tout le monde, et je me suis promis de les prendre pour modèles. J'ai remarqué encore que dans les pays où l'on travaille avec mollesse et négligence, où l'on n'étudie pas, on reste dans la misère. Dans ceux, au contraire, où l'on met du soin, de l'ardeur et de la persévérance à l'ouvrage, où l'on cherche à s'instruire, on vit dans l'aisance; car il ne manque pas de moyens de gagner de l'argent pour ceux qui veulent prendre de la peine. J'ai résolu d'être de ceux-là; aussi je vous serai bien reconnaissant de me donner les moyens de devenir un bon cultivateur, et je tâcherai de profiter de mon mieux des leçons que je recevrai.

— Voilà de bonnes résolutions, mon ami, dit M. Delalande, en donnant une petite tape sur la joue de l'enfant. En agissant ainsi, non seulement tu amasseras une petite fortune, mais encore tu acquerras de la considération : car elle s'attache toujours à ceux qui remplissent leurs devoirs. Tu donneras le bon exemple aux autres et tu seras utile à tous.

Les choses se sont passées ainsi que l'avaient arrangé M. Ferrière et M. Delalande. Bernard a été mis au collège à Orléans et Savinien à l'Ecole d'agriculture de Grignon. Tous deux travaillent avec ardeur et s'efforcent, comme ils l'ont promis, de profiter de leur mieux des leçons qu'ils reçoivent. Jean Petit est retourné à Anzin. A l'époque des vacances, ses fils vont le voir et lui porter les récompenses qu'ils ont reçues à la distribution des prix ; l'ouvrier les montre avec orgueil à ses camarades. Les jeunes gens passent le reste de leurs congés, soit chez M. Ferrière, qui leur témoigne toujours la même bienveillance, soit avec M. Delalande, qui, presque tous les ans, fait un voyage scientifique et qui, chaque fois, emmène les deux frères. Ceux-ci sont maintenant en état de lui rendre des services plus efficaces qu'ils ne le firent lors de leur première excursion.

Nos jeunes amis continuent donc à mériter la protection de ceux qui s'intéressent à eux et les soins de leurs maîtres.

Bientôt ils sortiront des établissements où ils ont acquis de l'instruction, capables d'être utiles à eux-mêmes et aux autres, et de faire honneur à leur pays en contribuant à sa grandeur, à son élévation, à sa richesse et à sa prospérité.

FIN

TABLE DES MATIÈRES

I. La Grand'mère. 1
I. La Grand'mère (suite). 4
II. A pied ou en chemin de fer . . 5
III. Préparatifs de voyage. 8
IV. La carte de France 9
V. Malheur inattendu 10
VI. Comment on s'oriente 12
VII. Plus d'arbres, plus de fertilité 16
VIII. Les chemins de fer 17
IX. La statue d'une héroïne. . . . 20
X. Orléans. Le gaz. Le fragment d'obus. 23
XI. La locomotive. 26
XII. Bon voyage jusqu'à la mer! Ce que c'est qu'un bassin . . . 29
XIII. Les fleuves, rive droite, rive gauche. En amont, en aval . . . 32
XIV. La fête de la paix. 33
XV. Promenade à travers Paris. Le Luxembourg. Le Panthéon. . 36
XVI. Notre-Dame, le Palais de justice, les Halles. 41
XVII. L'ouvrier serrurier 45
XVIII. Les boulevards, la place de la Concorde, les Champs-Elysées, les fortifications 49
XIX. Les environs de Paris, la Manufacture des glaces de Saint-Gobain 53
XX. Les productions du département de l'Aisne. 56
XXI. Saint-Quentin 59
XXII. La filature. 61
XXIII. Philippe de Girard. 63
XXIV. En bateau. Le canal. L'écluse 64
XXV. Comment on s'oriente la nuit 68
XXVI. Les villes du Nord, Cambrai, Valenciennes, Roubaix 70
XXVII. Anzin. 72
XXVIII. Arrivée à Dunkerque. Nouvelle déception. 77
XXIX. Que faire? 79
XXX. Le port et la plage de Dunkerque 81
XXXI. Un pêcheur imprudent. . . . 82
XXXII. La Belle du Nord. Calais. Les grands marins français. Le tunnel sous-marin 86
XXXIII. Les côtes, les phares. . . 91
XXXIV. Les falaises. Dieppe. Fécamp 94
XXXV. Le Havre. — Les Bassins. . 97
XXXVI. Visite à un bâtiment transatlantique. 98
XXXVII. Suite de la visite au transatlantique. 101
XXXVIII. Le Mascaret 104
XXXIX. Rouen. 106
XL. En route de nouveau. 110

XLI. Le drap. 113
XLII. Les herbages normands. — Le beurre et le fromage. — Les chevaux normands. 114
XLIII. Un accident. 118
XLIV. Dans la carriole. — Les Vosges. 120
XLV. Les broderies de Nancy. — La dentelle. — Les images d'Épinal. 121
XLVI. Baccarat. — Les fruitiers du Jura. 124
XLVII. L'horlogerie e Besançon. — Le cours du Doubs. — Le commerce de Me Popinel 125
XLVIII. Jeanne d'Arc. — La Champagne. 129
XLIX. Séparation. — Le Mont-Saint-Michel — Les sables mouvants. 134
L. Cancale. — Les huitres. — Saint-Malo 137
LI. La Bretagne. 139
LII. Les dolmens. — Les druides. 142
LIII. Le viaduc de Morlaix — Chez M. Franquelin. — Un des potagers de la France 144
LIV. M. Jean Petit 148
LV. Brest. 151
LVI. La médaille de sauvetage. . 155
LVII. Encore en mer. 156
LVIII. Le pont de Sein. — Le phare d'Ar-Men 158
LIX. Le passage du Raz. 161
LX. Carnac et les men-hirs. . . . 164
LXI. Y a-t-il des sorciers? . . . 166
LXII. Depuis quand la Bretagne est française 168
LXIII. Bon accueil et consultation. 169
LXIV. Cherbourg et le Cotentin. . 171
LXV. Nouvelle navigation. — Deux grands hommes. 173
LXVI. Les marais salants. — Le sel. 176
LXVII. Les plantes et les fleurs de la mer. 178
LXVIII. Sur la Loire. — Indret. — Nantes. — Les conserves alimentaires. 181
LXIX. Visite à une raffinerie. . 183
LXX. Angers. — Le sculpteur David. — Les carrières d'ardoises. 185
LXXI. Le peintre en bâtiments. — Les châteaux de la Loire. . . . 187
LXXII. Les grands ministres français — Poitiers 190
LXXIII. Le centre de la France. — La porcelaine 192
LXXIV. Autre rencontre. — Les tapisseries d'Aubusson. 195

TABLE DES MATIÈRES

LXXV. La mère du maçon. — Savinien écrivain 196
LXXVI. Une apparition 198
LXXVII. La vallée de flammes. . 201
LXXVIII. Le Creuzot 204
LXXIX. Le marteau-pilon ... 206
LXXX. Il n'est plus ici!..... 209
LXXXI. Le concours régional.. 210
LXXXII. Saint-Étienne. — Pénible entrevue............. 213
LXXXIII. Cruelle découverte. — Six francs pour deux vestes. . 217
LXXXIV. Triste journée. — Les fabriques de Saint-Étienne. . . 220
LXXXV. Dans la mine....... 222
LXXXVI. Le grisou 225
LXXXVII. Les dangers de la désobéissance 227
LXXXVIII. Bonnes réflexions. . . 228
LXXXIX. Rencontre providentielle. 230
XC. Manufacture d'armes de Saint-Étienne. — La trempe. — Les canons 232
XCI. Départ. — Annonay 234
XCII. Les ballons. — Les pigeons voyageurs 237
XCIII. Le département de l'Ardèche. — Une feuille bien utile ... 239
XCIV. Une chenille qui file des robes de soie.......... 241
XCV. Le Palais du Roi. — Les premiers habitants de la terre. 243
XCVI. Ce que c'est que l'histoire naturelle............ 246
XCVII. Une habitation souterraine. 249
XCVIII. Le mystérieux architecte. 252
XCIX. Une colonnade naturelle. . 254
C. Le berceau d'un fleuve. — A quoi servent les forêts........ 256
CI. Le Puy-en-Velay. — Sur la tête de Notre-Dame de France. 258
CII. La cuisine en plein air. ... 260
CIII. Source bouillante et source glacée............. 262
CIV. Lettre de Savinien à M. Liégard. — Les routes de montagne. 264
CV. Suite de la lettre de Savinien. — Le Plomb de Cantal 266
CVI. Suite de la lettre de Savinien. — Terrible danger....... 268
CVII. Suite de la lettre de Savinien. — Clermont et les grands hommes de l'Auvergne........ 271
CVIII. Vichy. — Les eaux minérales. 274
CIX. D'anciens amis. — Le Berry et le Morvan......... 275
CX. Les grands hommes de la Bourgogne........... 278
CXI. Une méprise......... 279
CXII. Un messager expéditif. . . 280
CXIII. Nîmes. — Les monuments romains............ 283
CXIV. Une autre lettre. — Bordeaux. — Les Landes...... 287
CXV. Suite de la lettre d'Henri. — Il n'y a plus de Pyrénées! 289
CXVI. Suite de la lettre d'Henri. — Observatoire du Pic du Midi. 292
CXVII. Avignon. — Navigation sur le Rhône.......... 293
CXVIII. La capitale de la Provence. 296
CXIX. La Corse. — La peste de Marseille 299
CXX. Le lancement d'un navire . 301
CXXI. Toulon........... 304
CXXII. M. Delalande tombe malade. 306
CXXIII Nouveau départ...... 309
CXXIV. Les amateurs de truffes . 311
CXXV. En péril!......... 313
CXXVI. Le petit Savoyard. . . . 316
CXXVII. Le mont Blanc...... 318
CXXVIII. La Savoie et le Dauphiné. 321
CXXIX. Les grands hommes du Dauphiné........... 324
CXXX. Navigation sur le canal du Midi 327
CXXXI. Arrivée à Lyon 330
CXXXII. La statue d'un simple ouvrier. — Panorama de la ville 333
CXXXIII Le Rhône monte.... 336
CXXXIV. Nouveau péril...... 339
CXXXV. Des sauveurs....... 340
CXXXVI. L'inondation....... 342
CXXXVII. Une ancienne connaissance.............. 344
CXXXVIII. L'homme à la barbe noire.............. 347
CXXXIX. Enfin!.......... 349
CXL. Conclusion.......... 351

FIN DE LA TABLE

PARIS. — IMPRIMERIE P. MOUILLOT, 13, QUAI VOLTAIRE. — 27946

A LA MÊME LIBRAIRIE
ENCYCLOPÉDIE DES ÉCOLES

LECTURE

MÉTHODE DE LECTURE ET DE PRONONCIATION, par MICHEL, In-12, br. » 20
— Livre du Maître. In-12, br. » 90
PREMIERS EXERCICES DE LECTURE COURANTE ET DE PRONONCIATION, par LE MÊME. In-12, cartonné. » 40
Autorisés pour les écoles de la Ville de Paris.
SECONDS EXERCICES. In-12, cart. » 80
(Pour les *Tableaux*, voir le Catalogue.)

LECTURE COURANTE

PREMIÈRES LECTURES des petits enfants, suivies d'exercices d'après la méthode Frœbel, par E. DUPUIS. In-12 avec nombreuses vignettes, cartonné. » 65
PREMIÈRES LEÇONS DE CHOSES USUELLES, à l'usage des enfants de 7 à 9 ans, par E. DUPUIS. In-12 avec 115 figures explicatives, cartonné. » 80
Autorisées pour les écoles de la Ville de Paris.
LECTURES COURANTES des écoliers français (*la famille*, — *la maison : habitation, alimentation, vêtement*, — *le village*, — *notre pays*), par CAUMONT.
Livre de l'Élève, avec lexique, exercices, vignettes. In-12, cartonné. 1 50
Livre du Maître. In-12, cartonné. 2 50
Autorisés pour les écoles de la Ville de Paris.

LANGUE FRANÇAISE

COURS DE LANGUE FRANÇAISE (Théorie et exercices), par BERGER, inspecteur de l'instruction primaire, Paris.
Cours élémentaire. In-12, cart. » 80
— Livre du Maître. In-12, cart. 2 »
Cours moyen. In-12, cart. 1 25
— Livre du Maître. In-12, cart. 2 50
Cours supérieur. In-12, cart. 1 50
— Livre du Maître. In-12, cart. 3 »
Autorisés pour les écoles de la Ville de Paris.

HISTOIRE ET GÉOGRAPHIE

HISTOIRE SAINTE, par EDOM. Nouvelle édition refondue avec vignettes.
Cours élémentaire. In-12, cart. » 80
Cours moyen. In-12, cart. 1 25
Cours supérieur. In-12, cart. 2 »
Autorisés pour les écoles de la Ville de Paris.
HISTOIRE DE FRANCE, par A. MAGIN, revue par L. GRÉGOIRE, professeur au lycée Fontanes.
Cours élémentaire. In-12, cart. » 80
Cours moyen. In-12, cart. 1 25
Cours supérieur. In-12, cart. 1 50
Autorisés pour les écoles de la Ville de Paris.
HISTOIRE DE FRANCE, par G. RUBAULT, professeur au lycée Louis-le-Grand.
Petit Cours. In-12 avec vignettes, cart. » 85
Cours moyen. In-12 (15 cartes dans le texte et 2 hors texte), cart. 1 50
Cours supérieur. In-12, cart. 2 50
Autorisés pour les écoles de la Ville de Paris.
GÉOGRAPHIE, par E. LEVASSEUR (de l'Inst.).
Petit Cours. — Petit résumé, avec 19 figures ou cartes. In-12, cart. » 35
— Premières notions, avec vignettes et cartes coloriées. In-12, cart. 1 »
— Texte atlas des premières notions. 12 cartes en chromo, texte avec fig. In-4°, cart. 1 75
— Les cartes seules. In-4°. 1 10
Autorisées pour les écoles de la Ville de Paris.
Cours moyen. Géographie des écoles primaires. In-12, cart. 1 »
— Atlas correspondant (31 cart.). In-12, cart. 1 50
— Géographie des cinq parties du monde. In-12, avec figures, cart. 1 25
— Atlas correspondant (16 cartes en chromo). In-4°, cart. 1 »
Autorisées pour les écoles de la Ville de Paris.

— Texte atlas des cinq parties du monde (16 cart. en chromo, avec un texte orné de figures). In-4°, cartonné. 2 »
Cours supérieur. Géographie de la France et de ses colonies. In-12, avec figures, cart. 1 »
— Atlas correspondant (22 cartes et 16 cartons ou coupes en 5 couleurs). In-4°, cart. » 75
— Texte atlas de la France et de ses colonies (8 planches avec un texte orné de figures). In-4°, cartonné. 1 25
Autorisés pour les écoles de la Ville de Paris.
Texte atlas des cinq parties du monde et de la France (24 cartes en chromo, avec un texte orné de figures). In-4°, cart. 3 »
— Les mêmes cartes sans le texte. In-4°, cart. 2 25
Autorisés pour les écoles de la Ville de Paris.

ARITHMÉTIQUE

LEÇONS D'ARITHMÉTIQUE (théorique et pratique, de tenue de livres et de géométrie, par TRÉPIED, professeur au lycée de Vendôme, et MIMUR, professeur de l'enseignement secondaire spécial.
Petit Cours. In-12, cart. » 80
Solutions. In-12, br. 1 25
Cours élémentaire. In-12, cart. 1 50
Cours supérieur. In-12, cart. 1 50

CHANT

CHANTS DE L'ÉCOLE, Recueil de chants anciens et modernes à une, deux et trois voix, paroles de A. LINDER, musique de MOUSIN, professeur au Conservatoire national de Paris.
Première partie. In-12, br. » 75
Deuxième partie. In-12, br. » 75
Troisième partie. In-12, br. » 75

ÉCRITURE

L'ÉCRITURE DES ÉCOLES ET DES FAMILLES, par CLERGET, ancien professeur à l'École normale et au lycée de Dijon.
Album calligraphique (80 pl.). Broché. 2 50
Le prix des cahiers, dont le détail suit, est pour l'unité de : 10 c.; le cent : 8 fr.
Nos 1. Éléments et lettres droites.
2. Lettres droites.
3. Lettres rondes.
4. Lettres bombées.
5. Majuscules et écriture des premiers devoirs.
6. Écriture des premiers devoirs.
7. Ronde.
8. Gothique.
9. Écriture française.
10. Bâtarde et expédiée.
11 et 12. Allemand.
Modèles pour tous les genres. La feuille 15 c.
Le cent. 9 »
La collection des feuilles modèles. 13 planches sur carton. 12 »
Transparents d'application, nos 1, 2, 3 et 4. Le transparent, 5 c. Le cent. 3 »
Transparents expéditionnaires. Le transparent, 10 c. Le cent. 6 »
Une main moulée, indiquant la tenue de la plume. 6 »
(Frais de port et d'emballage en sus.)
Plumes Clerget. La boîte. 1 15
Porte-plume Clerget. Le cent. 4 50
Encre noire Clerget. Le litre. » 60

DESSIN

LE DESSIN A L'ÉCOLE PRIMAIRE, par CL. SAUVAGEOT, de l'Union centrale des Beaux-Arts appliqués à l'Industrie.
Collection de 10 cahiers de 550 figures.
Prix du cahier, 25 c. Le cent. 20 »

SCHMIT. — IMP.

www.ingramcontent.com/pod-product-compliance
Lightning Source LLC
Chambersburg PA
CBHW070850170426
43202CB00012B/2019